禪의 시각으로 읽는
반야심경

越祖 송준영

越祖 송준영

眞理의 스승 西翁禪師와 함께

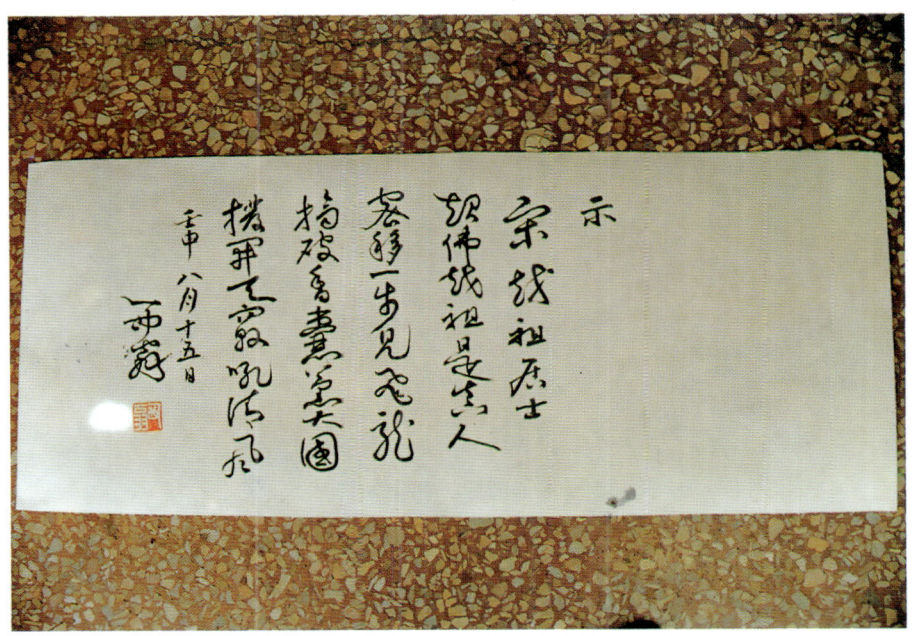

西翁 石虎 禪師의 眞理를 전하는 노래
〈示 宋越祖 居士〉

般若心經 原本
산스크리트語 貝葉古本

  산스크리트 原本 가운데 現存하는 最古의 本으로 日本 法隆寺에 전해 내려 오던 바, 明治시대 때 日王에게 선물로 준 것이 지금은 上野공원에 있는 東京國立博物館에 소장 되었음.
  오스트리아의 인도 고문서학자 Georg Bühler는 이 貝葉經에 대하여 방대한 논문을 발표하였는데 그 가운데 이렇게 말했다. "법륭사에서 발견된 棕櫚의 寫本은 같은 類의 모든 古文書보다 훌륭하다. 고문서 학자에게는 至上의 意義를 갖게 한다. 6세기 초 북인도에서는 약간 틀리는 字體를 썼다고 하는 것이 확증되었다. 또 인도의 碑文에 있어서 자체의 변화는 일반 문서의 자체로부터 영향을 받아서 생겼다는 것도 알게 되었다." 함과 같이 이 貝葉經의 발견이 인도문화사에 고증할 수 있는 확증적인 자료로 제시된다 하겠다.
  또 Max Müller는 8세기 초의 것이라 하는가 하면, 日本의 하카다 류유소(千潟龍祥)는 8세기 후반에 쓰여진 것이라 한다. 이 貝葉經에 근거하여 日本에서 몇 가지의 산스크리트語 英字音寫本이 만들어 졌는데 이것들이 산스크리트 小本의 原典이다.

- 品名 : 梵本心經(般若心經)並 尊勝陀羅尼
- 형질 : 貝多羅葉
- 크기 : 梵本心經 27.8×4.8cm (下)
    尊勝陀羅尼 27.7×4.8cm (上)
- 所在 : 日本 東京國立博物館

序

般若劍芳殺佛祖하니

吹毛用了急須磨하라

木鵲飛翔徹天外하니

直透千峯萬巖去로다

반야칼이여 부처와
조사를 쳐죽이고
날어린 칼을 쓰고는
급히 갈어라
나무 까치는 날러서
하늘 밖에 사모치니
바로 천 봉오리 만
산악을 통과해 가도
다

佛紀2535年 辛未年 4月3日 西翁

摩訶般若波羅蜜大明呪經

姚秦天竺三藏鳩摩羅什譯

觀世音菩薩行深般若波羅蜜時照
見五陰空度一切苦厄舍利弗色空
故無惱壞相受空故無受相想空故
無知相行空故無作相識空故無覺
相何以故舍利弗非色異空非空異
色色即是空空即是色受想行識亦
如是舍利弗是諸法空相不生不滅
不垢不淨不增不減是空法非過去
非未來非現在是故空中無色無受
想行識無眼耳鼻舌身意無色聲香
味觸法無眼界乃至無意識界無無
明亦無無明盡乃至無老死無老死
盡無苦集滅道無智亦無得以無所
得故菩薩依般若波羅蜜故心無罣
礙無罣礙故無有恐怖離一切顛倒
夢想苦惱究竟涅槃三世諸佛依般
若波羅蜜故得阿耨多羅三藐三菩
提故知般若波羅蜜是大明呪無上
明呪無等等明呪能除一切苦真實
不虛故說般若波羅蜜呪即說呪曰

竭帝 竭帝 波羅竭帝 波羅僧竭
帝 菩提僧莎呵

摩訶般若波羅蜜大明呪經
戊戌歲高麗國大藏都監奉
勅彫造

般若波羅蜜多心經

唐三藏法師玄奘譯

觀自在菩薩行深般若波羅蜜多時
照見五蘊皆空度一切苦厄舍利子
色不異空空不異色色即是空空即
是色受想行識亦復如是舍利子是
諸法空相不生不滅不垢不淨不增
不減是故空中無色無受想行識無
眼耳鼻舌身意無色聲香味觸法無
眼界乃至無意識界無無明亦無無
明盡乃至無老死亦無老死盡無苦
集滅道無智亦無得以無所得故菩
提薩埵依般若波羅蜜多故心無罣
礙無罣礙故無有恐怖遠離顛倒夢
想究竟涅槃三世諸佛依般若波羅
蜜多故得阿耨多羅三藐三菩提故
知般若波羅蜜多是大神呪是大明
呪是無上呪是無等等呪能除一切
苦真實不虛故說般若波羅蜜多呪
即說呪曰

揭帝揭帝 般羅揭帝 般羅僧揭
帝 菩提僧莎訶

般若波羅蜜多心經
戊戌歲高麗國大藏都監奉
勅彫造

海印寺 大藏經版. 上은 구마라습역 下는 현장역

禪의 시각으로 읽는
반야심경

■ 서문

『禪의 시각으로 읽는 반야심경』 재간본을 내며

2010년 반야심경 자간본을 내다.

1987년 반야심경을 대불련과 청년회에 강론하며 집필하다.
1992년 서옹 스승께 심경 육필원고를 보여드려 서문 게송을 받다.
1993년 『반야심경 강론』 초간본을 내다.
1997년 스승으로부터 「시 송월조거사」란 題로 진리의 노래를 받다.
2005년 스승께서 입적하다.

2010년 정초 낙원난야에서 송준영 칠배하다.

나는 죽어서 소가 되려나 보다 참!
아무짝에 쓸데없는 천삼라지만상이
하하하 소리 내 웃다 별도 자라가
마는 겨울비 스러지는 초저녁이다

乙丑年 除夜

越祖居士 송준영 謹識

차 례

序·· 西翁
서장 지혜의 완성 ······································· 頓然 ···19

第一編 心經異本 및 諸譯本

1. 法隆寺 貝葉心經 ···29
2. 고려대장경 해인사본 반야심경 ·······························30
3. 산스크리트 語本과 漢文對照本 ·······························31
   1) 類型 ··31
   2) 類型 ··32
4. 心經 漢譯本 및 한글 譯本 ·······································33
   1) 玄奘의 般若波羅蜜多心經 ··································33
   2) 醉玄의 한글 譯, 摩訶 般若로 돌아서는 心臟의 말씀 ···35
   3) 鳩摩羅什의 摩訶般若波羅蜜多明呪經 ···················40
   4) 般若共利言의 般若波羅蜜多心經 ························42
   5) 法月重譯 普遍智藏般若波羅蜜多心經 ···················47
   6) 法月의 般若波羅蜜多心經 ··································52

7) 義淨의 佛說般若波羅蜜多心經·················54
   8) 智慧輪의 般若波羅蜜多心經···················54
   9) 施護의 佛說聖母般若波羅蜜多心經·········59
5. 산스크리트語 英字音寫本
   1) 法隆寺 貝葉心經 英音寫本····················64
   2) conze 유포本·······································65
   3) 大本英字音寫本····································68
6. 산스크리트語 漢字音寫本
   1) 玄奘三藏本··73
   2) 蘭溪大覚本··77
7. 英譯本
   1) Prajna paramita Hai Daya Sutra ADoRation to the omniscient!······78
   2) The Heart Sutra by Edward Conze············80
8. 法隆寺 貝葉梵本心經考察
   1) 法隆寺 貝葉 梵本寫·······························83
   2) 法隆寺 梵本 英字音譯····························85
   3) Max Müller 修正本································86
   4) 法隆寺 梵本과 英字音譯對照···················88
   5) 法隆寺 梵本研究對校·····························90

第二編 總 說

제1장 序 說···111
      講義 心經의 성격 비중 및 경의 위치

제2장 心經의 原典고 그 翻譯本 및 註釋書················122
　　　 講義
제3장 廣本心經, 序分··130
　　　 講義

第三編　本文解說

제1장 經의 題目··143
　　　 講義　摩訶般若波羅蜜多心經
제2장 經文의 解譯··164
　　　 講義　觀自在菩薩 行深般若波羅蜜多時
　　　　　　 照見五蘊皆空 度一切苦厄
제3장 삿됨을 깨트림(破邪分 109字)
　　　 1) 五蘊의 空함을 밝힘.(五蘊의 照明)···············193
　　　　 講義　舍利子 色不異空 空不異色 色即是空
　　　　　　　 空即是色 受想行識 亦復如是
　　　 2) 波羅蜜 本地의 聖德을 나타냄(顯功德)··········222
　　　　 講義　舍利子 是諸法空相 不生不滅 不垢不淨 不增不減
　　　 3) 波羅蜜 本地의 聖德을 낱낱이 해석함(別釋)···237
　　　　 ◦5온 12처 18계의 공함을 밝힘
　　　　 講義　是故 空中無色 無受想行識 無眼耳鼻舌身意
　　　　　　　 無色聲香味觸法 無眼界 乃至 無意識界
　　　 4) 12因緣의 空함을 밝힘·······························256
　　　　 講義　無無明 亦無無明盡 乃至 無老死 亦無 老死盡

5) 四聖諦의 空함을 밝힘·················· 278
　　　　講義　無苦集滅道
　　　6) 智慧와 얻음이 없음을 밝힘·················· 297
　　　　講義　無智亦無得
　제4장　法대로 닦아 證得하는 대문(功能分 61字)
　　　1) 보살이 열반에 이름을 밝힘·················· 316
　　　　講義　以無所得故 菩提薩埵 依般若波羅蜜多故 心無罣碍
　　　　　　　無罣碍故 無有恐怖 遠離顚倒夢想 究竟涅槃
　　　2) 모든 부처님이 無上正覺을 얻음·················· 344
　　　　講義　三世諸佛 依般若波羅蜜多故 得阿耨多羅 三藐三菩提
　제5장　위대한 功能을 찬탄함(讚功能)
　　　1) 不思議한 바라밀다의 功能을 찬탄함·········· 372
　　　　講義　故知 般若波羅蜜多 是大神呪 是大明呪
　　　　　　　是無上呪 是無等等呪 能除一切苦 眞實不虛
　　　2) 비밀한 말씀(蜜說般若)·················· 387
　　　　講義　告知 般若波羅蜜多呪 卽說呪曰
　　　　　　　아제아제 바라아제 바라승아제 모지사바하
　　　子正日誌·················· 407
　제6장　流通分·················· 415
　　　　講義

※참고문헌 및 인용도서 색인·················· 421
　跋文, 내친구 송준영·················· 崔敦善······424

서 장

지혜의 완성

頓 然

(1)

 행복과 고통은 삶의 본질적 요소다. 행복은 고통없이 존재할 수 없다. 고통 또한 행복없이 홀로 설 수가 없다. 반야심경은 이렇게 말하고 있다.
 부처님께서 기쟈드라쿠타산에 계실 때 관자재보살과 사리자는 반야바라밀에 대해 묻고 대답한다. 뭇 삶들이 내는 그 고통의 음성을 가장 예민하게 듣고 해결하는 관자재와 지혜의 실상을 가장 완벽하게 체험하려는 사리자의 짧은 대화는 왠일인지 대반야부 600권 속에 포함되지 않았다. 그러나 이 경은 엄청난 사람들에게 반야의 실상과 지혜를 보고 비추는 힘을 주었다. 반야바라밀에 대해 이토록 영향이 크고 놀라운 힘을 지닌 경전은 그 유래를 찾을 수 없는 정도다. 오늘 이 시간에도 헤일 수 없이 많은 사람들이 이 짧은 말씀 속에서 인생의 의미를 새롭게 찾고 있다. 이 경전만큼 부처님이 말씀하신 전도선언문의 뜻을 완벽하게 실천하는 것도 없다.

"비구니들이여! 나는 사람과 신들을 묶고 있는 모든 구속에서 해탈하였노라. 그대들도 역시 사람과 신들의 모든 속박으로부터 벗어났도다.

비구니들이여! 이제 나아가 많은 사람들의 안락과 안명과 행복을 위해 편력하라. 이 세상에 대한 자비심에서 신들과 인간들의 이익과 행복, 평온을 위해 편력하라. 두 사람이 한 방향으로 같이 가지 말라. 시작도 훌륭하고 끝도 훌륭한 이 법을, 의미와 표현을 갖추어, 더할 나위없이 완벽한 이 법을 설하라. 청정한 삶을, 티없이 순결한 이 고귀한 삶을 설하라. 세상엔 아직 눈이 먼 덜 가리워져 있어 법을 듣기만 하면 길을 올바로 찾아들 수 있는 사람들이 있다. 세상엔 반드시 법을 이해하는 사람들이 있을 것이다. 나는 세나니가마의 우루벨라로 가서 법을 가르치겠노라."

(2)

이 짧은 반야심경은 이 책의 저자가 수록하여 비교하여 있는 것처럼 많은 이역본이 있다. 쌍스크리트어본은 물론이고, 다수의 한역본과 티벳이역본이 있다. 이것은 이 경전이 오래전부터 여러 지역에서 사람들에게 애송되어 왔음을 말한다.

근대에 들어와, 영어, 독어, 불어로 번역되어 유럽에 퍼졌고, 우리나라에도 구마라습과 현장이 번역한 두 본이 모두 유통되고 번역되어 사람들의 사랑을 받아 왔다.

살피자면, 방대한 반야사상의 요약으론 이보다 더 난해한 경전도 드물 것이다. 그럼에도 불구하고 이 반야심경이 오랫동안 사람들을 사로잡고 있는 내력은 어디에 있는 것일까. 짧기 때문에 외우기 쉽다는 점에서, 또는 소품반야와 대품반야의 넓고 깊은 뜻을 그대로 온축하고 있다는 점에서 라고 얘기할 수 있겠지만, 그 두 가지 이유로만 설명하기에는 뭔가 부족한 느낌을 지울 수가 없다. 물론 짧고 외우기 쉽고, 온축된 사상의 경전으로 반야심경 만한 경전이 없다는 것은 거의 확실하다. 비슷한 내용이 없는 것은 아니다. 특히 숫타니파타의 일부는 더욱 그렇다.

"여러가지 맛에 탐착하지 말고, 욕구하지도 말며, 마음속의 다섯 가지 덮개를 벗기고, 온갖 번뇌를 제거하여 의지하지 않으며, 애욕의 허물을 끊어버리고 전에 경험했던 즐거움과 괴로움을 내던져버리고, 또 쾌락과 우수를 떨쳐버리고, 맑은 고요와 안식을 얻어, 최고의 목적에 도달하기 위해 노력 정진하고, 마음의 안일을 물리치고, 수행에 게으리지 말며, 용맹 정진하여 몸의 힘과 지혜의 힘을 갖추고, 홀로 앉아 선정을 버리지 말고, 모든 일에 항상 이치와 법도에 맞도록 행동하며, 살아가는 데 있어서 무엇이 근심거리인지 똑똑히 알고, 애착을 없애는 일이 게으리지 말고, 벙어리도 되지 말라. 학문을 닦고 마음을 안정시켜 이치를 분명히 알며 자제하고 노력해서 소리에 놀라지 않는 사자와 같이, 그물에 걸리지 않는 바람과 같이, 흙탕물에 더럽히지 않는 연꽃과 같이, 이빨이 억세고 뭇 짐승의 왕인 사자가 다른 짐승을 제압하듯이, 자비와 고요와 동정과 해탈과 기쁨을 적당한 때를 따라 익히고, 모든 세상을 저버림없이 탐욕과 혐오와 헤매임을 버리고 속박을 끊어 목숨을 잃어도 두려워 말라 사람들은 자신의 이익을 위해 벗을 사귀고 또한 남에게 봉사한다. 오늘 당장의 이익을 생각하지 않는 그런 벗은 보기 드물다. 자신의 이익만을 아는 사람은 추하다.

삶의 고귀한 바탕인 자비와 봉사를 염두에 두고 정진의 해탈을 구하고 누리되, 세상을 저버림 없이 하라는 말씀은 반야심경의 내용과 흐름에 모두 일치한다. 그러나, 이 말씀은 숫타니파타의 65~75

게송으로 따로 독립되어 유포되거나 간행되지는 않았다.
　이 반야심경은 한역된 반야십본(般若十本) 소품반야, 대품반야, 인용반야, 금강반야, 반야심경 유수반야, 문수반야, 승천왕반야, 대반야, 이취반야 중에서도 가장 짧은 경전이다. 팔천송, 일만송, 십만송의 방대한 분량의 많은 반야경은 물론 짧게 짧게 설해져 있는 잡아함의 여러 경전과 비교할지라도 이 경전은 매우 단편이다. 그리고 또 대승불교의 실천덕목으로 성립된 보시(布施), 정계(淨戒), 안인(安忍), 정려(精慮), 지혜(智慧) 중에서 오직 지혜바라밀만을 목적으로 설해진 경전이다. 따라서 보시, 정계, 안인, 정려는 언급되지 않고 있다.
　이 뜻은 '관자재보살이 깊이 반야바라밀다를 행할 때 오온이 텅 빈것을 깨달아 모든 괴로움에서 벗어났다.'는 말씀으로 서두를 장식하고 있는 것에서 더욱 드러난다. 반야심경의 큰 뜻으로 일컬어지는 이 구절이야말로 반야바라밀다의 정신을 한마디로 나타낸 것이다. 그리고 또 결론부에 가서 힘 주어 설해진다. '능히 모든 이들의 괴로움을 없앤다. 진실하다. 허망하지 않다. 여기에 이르러 반야로 지칭되는 지혜의 샘물이 끝없이 흘러나오고 있다. 무엇을 더 말할 수 있을 것인가.
　반야심경의 오래도록 많은 사람들의 사랑을 받는 이유는 이렇게 명백하다. 모든 삶의 고통을 벗겨 주는 지혜의 완성 즉 반야의 샘물이기 때문이다.
　행복을 추구하는 욕구의 강열함 저편에 도사린 또 하나의 희망은 고통으로부터의 해방일 것이다. 반야심경은 여기에 명쾌하고 간결한 해답을 제시한다. '오온이 텅 비었음을 관조하라.' '그리하여 '모든 고통을 벗어났다.'는 피안 즉 열반에 이르게 한다는 것,
　예로부터 선지식들은 반야를 실상, 관조, 문자로 나누었다. 실상

반야는 지혜 그대로의 모습, 관조반야는 지혜로 보고 비추는 힘, 문자반야는 지혜를 말과 글로 나타냄을 뜻한다. 진리가 그렇게 나뉘진다는 뜻이 아니다. 하나의 과일이 씨앗과 살과 껍질로 제 모양을 갖추는 것과 같다. 실상은 씨앗이요, 관조는 살이요, 문자는 껍질에 각각 비유하고 있을 뿐이다. 껍질 속에 살이 있고 살속에 씨앗이 들어 있다. 옛 선지식들이 문자반야와 관조반야와 실상반야를 두어 잃고 이해하고 증득하게 한 노파심절을 어찌 탓할 수 있으랴.

　물론 이 반야심경에도 침밀하게 구성된 반야의 도식은 어김없이 전개되고 있다. 고통으로부터의 해방을 위해, 색즉시공(色卽是空)으로 표현된 연기록적 사상이 등장하고, 불생불멸의 중도 논리와 늙음과 죽음이 없다는 재법실상의 생사초월 그리고 전도몽상을 여읜 구경열반 즉 최상의 지혜르 결론되는 방식은 모든 반야계통의 경전뿐 아니라 모든 불교경전의 공통적인 형식이기도 하다.

　모든 수행자들은 깨달음에 닻을 내린다. 그리하여 생명의 근원인 반야의 샘물을 마신다. 반야바라밀은 춤추는 생명의 바다, 현란한 삶 속, 몸서리치는 진리의 느낌이다. 그리하여 혜능선사는 이 반야의 바다에서 이렇게 노래했다

> 자성이 본래 청정함을 내 어찌 알았으리요
> 자성이 본래 불생불멸함을 내 어찌 알았으리요
> 자성이 본래 구족함을 나 어찌 알았으리요
> 자성이 본래 동요가 없음을 내 어찌 알았으리요
> 자성이 모든 법을 창조함을 내 어찌 알았으리요.

(3)

　뜻한 바 있어 두타산의 북쪽 기슭에 두어칸 초암을 짓고, 반나절 정좌하고 반나절 김매기 벌써 3년이 되었다.
　어찌 알았는지 하루는 취현거사가 불쑥 오더니 '반야심경 강론, 육필초본을 내놓고, 그동안 재가수행자로서 밑천입니다 했다. 이곳과 강릉은 불과 두어시간 거리지만 그동안 사람의 일로 왕래한 바가 없었던 차라 반갑기도 번거롭기도 두루 한 일이었다.
　경전을 강론했으니 읽지 않을 수도 없는 일, 어지간히 간도 크다 했다. 평생수좌도 감히 입떼기가 어렵다고 느끼는 반야심경을 강하고 논했다. 이 땅의 선지식 원측법사가 반야심경에 주소를 놓아 저 중국의 불교에 빛 밝혔던 일도 있지만, 재가수행자가 어디라고 감히 반야심경을 강하고 논했을까보냐고 내심 걱정스러운 점 없지 않았다. 그러나 경은 초목와석(草木瓦石)이 강(講)하고 논(論)해도 경은 역시 경설사 나찰이라도 한 귀절 기리어 목을 던진 부처님의 전생사도 있을진대, 역시 한 장 한 장 눈여겨 읽지 않을 수 없었다.
　세간의 일이란 본디 소유로 씨를 삼고 분주함으로 날을 삼는 법, 온갖 잡사에 시달리고 관계되면서 오로지 정진일념을 잃지 않고, 경전을 읽고 이해하며, 흩어진 본을 모으고 번역하고 해석하며 주소를 단 일은 매우 희유한 일이 아닐 수 없다.
　법화경에도 말씀하기를 삼천대천세계를 손가락으로 튕겨내고, 수미산을 발가락에 올려놓은 재주가 있을지라도 이 경을 읽고 외우고 남에게 전해 주는 일의 공덕에는 비할 수가 없다고 하셨다.
　요즈음 더욱 그렇다. 문자에 뜻 두지말라. 사람의 마음 부처 이름에 달려있다는 옛 조사의 간절한 가르침을 잘못 알고 조만간 몇

철 지낸 다음에 내가 부처다. 내가 부처야 라고 만용하거나, 한문 경전은 뜻이 어려워 읽지 않고 또 한글경전은 뜻이 얇다 하여 읽지 않는다. 그리하여 머리가 없는 몸이 되거나 팔 다리가 없는 몰골로 된 사람들이 코에 걸면 코걸이 귀에 걸면 귀걸이고 자구해석을 막무가내로 하여 근본없이 판을 치고 있다.

그런데 취현거사 이 사람은 그렇지 않는 사람이다. 그는 출가 사문도 아니고, 드러난 불교학자도 아니다. 오직 삶을 헤아리는 생활인일 뿐이다. 그러나 책장을 넘겨본 이는 다 알겠지만, 이역본을 수집하고, 고본을 대조하고 그리고 국내 선지식들의 번역을 한데 모으고 낱낱히 대조하여 읽는 이로 하여금 경의 뜻에 조금이라도 가깝게 하려고 애썼다. 옛 주소의 요긴한 곳을 낱낱히 찾아내어 해석을 도왔다. 참으로 간절한 노파심이요, 지중한 자비심이다. 때론 강의가 좀 산만하고, 요긴한 곳을 게으르게 넘어간점도 없지 않다. 그러나 위에서 언급한 공덕에 비하며 그러한 허물은 아무것도 아니다. 혹 말할지 모른다. 한 사람 헛됨을 전하면 만 사람이 그 전함을 상실한다고. 그러나 이 흐린 세상에 뉘 있어 이렇듯 오랜 세월 정진에 뜻 두고 경전에 침잠하여 반야의 샘물을 퍼올릴 수 있으리오. 수희찬탄(隨喜讚嘆)하고 수희찬탄할 일이다.

기도하는 자는 죽지 않는다고 말했다. 반야의 샘물 마신 이들이 어찌 죽음이 있으리요. 읽는 이들의 저자의 공덕을 단분의 일이라도 나눠 갖는다면 지극히 다행한 일일 것이다.

불기 2536년 10월
頭陀草庵에서　　頓　　然　　合掌

第一編　心經異本 및 諸譯本

一。法隆寺 貝葉心經

2. 고려대장경 해인사본 반야심경

摩訶般若波羅蜜大明呪經

姚秦天竺三藏鳩摩羅什譯

觀世音菩薩行深般若波羅蜜時照見五陰空度一切苦厄舍利弗色空故無惱壞相受空故無受相想空故無知相行空故無作相識空故無覺相何以故舍利弗非色異空非空異色色即是空空即是色受想行識亦如是舍利弗是諸法空相不生不滅不垢不淨不增不減是空法非過去非未來非現在是故空中無色無受想行識無眼耳鼻舌身意無色聲香味觸法無眼界乃至無意識界無無明亦無無明盡乃至無老死無老死盡無苦集滅道無智亦無得以無所得故菩薩依般若波羅蜜故心無罣㝵無罣㝵故無有恐怖離一切顚倒夢想苦惱究竟涅槃三世諸佛依般若波羅蜜故得阿耨多羅三藐三菩提故知般若波羅蜜是大明呪無上明呪無等等明呪能除一切苦眞實不虛故說般若波羅蜜呪即說呪曰

竭帝 竭帝 波羅竭帝 波羅僧竭帝 菩提僧莎呵

摩訶般若波羅蜜大明呪經

戊戌歲高麗國大藏都監奉勅彫造

般若波羅蜜多心經

唐三藏法師玄奘譯

觀自在菩薩行深般若波羅蜜多時照見五蘊皆空度一切苦厄舍利子色不異空空不異色色即是空空即是色受想行識亦復如是舍利子是諸法空相不生不滅不垢不淨不增不減是故空中無色無受想行識無眼耳鼻舌身意無色聲香味觸法無眼界乃至無意識界無無明亦無無明盡乃至無老死亦無老死盡無苦集滅道無智亦無得以無所得故菩提薩埵依般若波羅蜜多故心無罣㝵無罣㝵故無有恐怖遠離顚倒夢想究竟涅槃三世諸佛依般若波羅蜜多故得阿耨多羅三藐三菩提故知般若波羅蜜多是大神呪是大明呪是無上呪是無等等呪能除一切苦眞實不虛故說般若波羅蜜多呪即說呪曰

揭帝揭帝 般羅揭帝 般羅僧揭帝 菩提僧莎訶

般若波羅蜜多心經

戊戌歲高麗國大藏都監奉勅彫造

3 산스크리트語本과 漢文對照本

一。 類型

二. 類型

4. 心經 漢譯本 및 한글譯本

1) 般若波羅蜜多心經
반야바라밀다심경

唐　三藏法師　玄奘譯
당　삼장법사　현장역

觀自在菩薩　行深般若波羅蜜多時　照見五蘊皆空　度
관자재보살　행심반야바라밀다시　조견오온개공　도
一切苦厄　舍利子　色不異空　空不異色　色卽是空　空
일체고액　사리자　색불이공　공불이색　색즉시공　공
卽是色　受想行識　亦復如是　舍利子　是諸法空相　不
즉시색　수상행식　역부여시　사리자　시제법공상　불
生不滅　不垢不淨　不增不減　是故　空中無色　無受想行識
생불멸　불구부정　부증불감　시고　공중무색　무수상행식
無眼耳鼻舌身意　無色聲香味觸法　無眼界　乃至　無意
무안이비설신의　무색성향미촉법　무안계　내지　무의
識界　無無明　亦無無明盡　乃至　無老死　亦無老死盡
식계　무무명　역무무명진　내지　무노사　역무노사진
無苦集滅道　無智亦無得　以無所得故　菩提薩埵　依般
무고집멸도　무지역무득　이무소득고　보리살타　의반
若波羅蜜多故　心無罣礙　無罣礙故　無有恐怖　遠離顚
야바라밀다고　심무가애　무가애고　무유공포　원리전

倒夢想　究竟涅槃　三世諸佛　依般若波羅蜜多故　得阿
도몽상　구경열반　삼세제불　의반야바라밀다고　득아

耨多羅三藐三菩提　故知般若波羅蜜多　是大神呪　是大
녹다라삼먁삼보리　고지반야바라밀다　시대신주　시대

明呪　是無等等呪　能際一切苦　眞實不虛　故說般若波
명주　시무등등주　능제일체고　진실불허　고설반야바

羅蜜多呪　即說呪曰　揭帝揭帝　波羅揭帝　波羅僧揭帝
라밀다주　즉석주왈　아제아제　바라아제　바라승아제

菩提沙婆訶
모 지 사 바 하

2) 摩訶般若로 돌아서는 心臟의 말씀

摩訶般若로 돌아서는 心臟의 말씀인
摩訶般若波羅蜜多心經에
목숨을 들어 돌아가고자 합니다.
돌아가고자 합니다.

觀自在菩薩이 반야의 心臟인 저 언덕으로 돌아서서
깊은 般若에 들어섰을 때에
觀自在 차원에서 내려다 보시고
모든 물질적 현상을 五蘊인 물질(色), 느낌(受), 다짐
(想), 의지적 충동(行), 버릇(識)으로 이루어졌으며
또한 五蘊 역시 모두 비었음을 분명히 아시고
일체의 괴로움에서 벗어나셨다.

사리자야
물질적현상(色)과 본질(空)은
그 자체가 다르지 않고
본질의 순수함(空)이 모든 구체화된 현상(色)과
다르지 않으니

물질적 현상과 본질의 순수함이 바로 같으며
본질의 순수함
이것의 活性化가 바로 물질적 현상으로 구체화된 것
이다.

이와 같이
우리의 느낌, 따짐, 의지적 충동, 버릇들이
바로 부처님의 自發光 지혜이며
부처님 實相이 바로 우리의 모습이다.

사리자야
이 모든 是非가 사라진 본질의 순수한 바탕은
생겨나는 것도 없어지는 것도 아니다.
더러워지는 것도 깨끗해지는 것도 아니다.
불어나는 것도 줄어드는 것도 아니다.

그러므로 분명히 알아라
이름할 수 없는 이 본질의 순수함에는
물질적인 현상도 없으며
느낌, 따짐, 의지적 충동, 버릇들도 없다.

또 눈(眼), 귀(耳根), 코(鼻根), 혀(舌根), 몸(身根)
그리고 생각의 능력과 그 작용(意根)조차도 없다.
그 대상이 되는 현상생멸계의 모든 색깔과 형상(色境),

소리(聲境), 냄새(香境), 맛(味境), 닿임(觸境)은
물론 비감각적인 그 도리조차도(法境) 없다.

아니, 보는 영역(眼界)으로 부터
생각하는 영역(意識界)까지도 없다.

밝음(明)을 그릇되게 보는
잠재적인 충동(無明)도 없으며
밝음을 밝게 보았다는 것조차 없으므로
드디어 늙음도 없고 죽음도 없으며
늙음과 죽음이 모두 없어졌다는 생각조차 없다.

오! 苦의 고귀한 진리도 없고
이 괴로움의 원인(集)도 없으며
이 괴로움의 소멸도 없고
이 괴로움을 벗어나는 수행방법(道)까지도 없으므로

摩訶般若라는 것도 거기에 없으며
깨달았다는 것도 없고
또한 깨닫지 못했다는 그런 생각조차 없다.

그러므로 사리자야
깨달은 일이 없기 때문에
보살은 반야바라밀다가 되어

마음에 걸림이 없다.
일체의 걸림이 없으므로
마음에 두려움이 없으며
마침내 뒤바뀐 꿈의 세상을 멀리 여의어서
문득, 더 나아갈 수 없는 涅槃에 든다.

과거, 미래, 현재의 모든 부처님도
반야바라밀다가 되어
위 없는 바른 깨달음을 얻었다.

그러므로, 마땅히 알아야 한다.
반야바라밀다는
위대한 만트라(大神呪),
수승한 지혜의 만트라(大明呪),
위 없는 만트라(無上呪),
더 견줄 바 없는 만트라 임을(無等等呪)

또 이 만트라는
충분히 모든 피로움을 제거시켜 준다.
거짓이 없는 진실만 충만한 세계이니

그럼
반야바라밀다가 되어서
이 만트라를 곧 바로 읊으니 들어라.

"가테 가테 파아라가테 파아라상가테 보디 스바아하"
(건너감이여 건너감이여 저 언덕으로 건너감이여
  저 언덕에 완전히 감이여
  오! 이 놀라운 꺼갈음이여 만만세!)

이로써 摩訶般若로 돌아서는 心臟의 말씀이 완성되었다.

佛紀 2531年 8月
     吹風 無心日에
              宋 醉 玄 우리갈 옮김

3) 摩訶般若波羅蜜大明呪經[1)]
마하반야바라밀대명주경

姚秦天竺三藏鳩摩羅什[2)] 譯
요진천축삼장구마라십   역

觀世音菩薩行深般若波羅蜜時照見五陰空度一切苦厄
관세음보살행심반야바라밀시조견오음공도일체고액
舍利弗 色空故無惱壞相 受空故無受相 想空故無知相
사리불 색공고무뇌괴상 수공고무수상 상공고무지상
行空故無作相 識空故無覺相 何以故 舍利弗 非色異空
행공고무작상 식공고무각상 하이고 사리불 비색이공
非空異色 色即是空 空即是色 受相行識亦復如是 舍
비공이색 색즉시공 공즉시색 수상행식역부여시 사
利弗 是諸法空相不生不滅 不垢不淨 不增不減 是空
리불 시제법공상불생불멸 불구부정 불증불감 시공
法非過去非未來現在 是故空中無色 無受想行識 無眼
법비과거비미래현재 시고공중무색 무수상행식   무안
耳鼻舌身意 無色聲香味觸法 無眼界乃至無意識界 無
이비설신의 무색성향미촉법 무안계내지무의식계   무
明亦 無無明盡 乃至無老死亦 無老死盡 無苦集滅道
명역 무무명진 내지무노사역 무노사진 무고집멸도
無智亦無得 以無所得故 菩薩依般若波羅蜜故 心無罣
무지역무득 이무소득고 보살의반야바라밀고 심무가
礙 無罣礙故 無有恐怖 離一切顚倒夢想苦惱究竟涅槃
애   무가애고 무유공포 이일체전도몽상고뇌구경열반
三世諸佛依般若波羅蜜 故得阿耨多羅三藐三菩提 故知
삼세제불의반야바라밀 고득아뇩다라삼먁삼보리 고지
般若波羅蜜 是大明呪 無上明呪 無等等明呪 能除一
반야바라밀 시대명주 무상명주 무등등명주 능제일
切苦眞實不虛 故說般若波羅蜜呪 即說呪曰
체고진실불허 고설반야바라밀주 즉설주왈
揭帝 揭帝 波羅揭帝 波羅僧揭帝 菩提僧沙訶
아제 아제 바라아제 바라승아제 모지승사하

관세음보살이 깊은 반야바라밀을 행할 때 오음(五陰：五蘊)이 공한 것을 비추어 보고 일체의 괴로움을 건넜느니라.

사리불이여, 물질(色)이 공하므로 번거롭구·무너진다는 생각이 없으며, 느낌(受)이 공하므로 느끼는 생각이 없으며, 따짐(想)이 공하므로 지식된 생각이 없으며 저지름(行)이 공하므로 하는 생각(作相)이 없으며 버릇〔識：최후 인식〕이 공하므로 집착하는 이념(覺相)이 없느니라. 사리불이여, 왜냐하면 물질과 허공이 다른 것이 아니고, 허공이 물질과 다른 것이 아닌지라 물질이 곧 허공이고 허공이 곧 물질이니 느낌·따짐·저지름·버릇(識 ： 최후의 인식)도 또한 이러하기 때문이니라.

사리불이여, 현상계의 모든 것이 다 공한 그 자리는 나는 것도 아니고 없어지는 것도 아니며, 더러운 것도 아니고 깨끗한 것도 아니며, 늘어나는 것도 아니고 주는 것도 아니니, 이 공한 법은 과거도 아니며 미래도 아니며 현재도 아니니라. 그러므로 공한 가운데에는 물질도 없고, 느낌도, 따짐도, 저지름도, 버릇(최후인식)도 없으니 눈·귀·코·혀·몸·뜻도 없으며 물체·소리·냄새·맛·닿음·이치도 없으며, 보는 일도 없고

---

1) 大正新修大藏經 8卷 P.47에 수록되어 있음.
2) Kumanajiva（343～413) 중국 秦의 왕 姚興이 국빈대우를 하여 장안에서 여러 경전을 번역하게 하였음.〈誠實論〉,〈十誦律〉,〈大品般若經〉,〈法華經〉,〈阿彌陀經〉,〈中論〉등 經律論 74部 38여卷 등의 번역이 있으며, 특히 三論 中觀에 힘썼으므로 三論宗의 祖師로 받든다. 그의 제자로는 道生, 僧肇, 道融, 僧叡를 四哲이라 한다.

내지 생각하는 일도 없으며, 미(迷)한 마음(無明)도 없고 또한 미한 마음이 없어진 것도 없으며, 괴로움과 그 원인(集)과 열반 (滅)도 방법(道)도 없으며 지혜도 없고 얻음도 아니며 얻을 것이 없기 때문이니라. 보리살타가 반야바라밀을 의지하므로 마음에 거리낌이 없고 거리낌이 없으므로 두려움이 없으며 온갖 뒤집힌 꿈같은 생각과 고뇌를 여의어 마침내 열반에 이르는 것이며, 삼세의 모든 부처님도 반야바라 밀을 의지하므로 아뇩다라샴막삼보리를 얻느니라. 그러므로 알라. 반야 바라밀은 크게 밝은 주문이며, 위 없이 밝은 주문이며, 보변하고 절대한 밝은 주문이니 능히 일체의 괴로움을 없애어 진실하고 헛되지 않느니라. 그러므로 반야바라밀주를 말하노라.

아제 아제 바라아제 바라승아제 모지승사하.

4) 般若波羅蜜多心經[3]
반야바라밀다심경

嚴賓國三藏　般若[4]共利言等譯
엄빈국삼장　반야　공이언등역

如是我聞　一時佛在王舍城耆闍崛山中　與大比丘衆
여시아문　일시불재왕사성기사굴산중　여대비구중
及　菩薩衆俱　時佛世尊即入三昧　名廣大甚深　爾時衆
급　보살중구　시불세존즉입삼매　명광대심심　이시중

中有菩薩摩訶薩　名觀自在　行深般若波羅蜜多時　照見
중유보살마하살　명관자재　행심반야바라밀다시　조견
五蘊皆空　離諸苦厄　卽時舍利弗承佛威力　合掌恭敬白
오온개공　이제고액　즉시사리불승불위력　합장공경백
觀自在菩薩　摩訶薩言　善男子　若有欲學甚深般若波羅
관자재보살　마하살언　선남자　약유욕학심심반야바라
蜜多行者　云何修行　如是問已　爾時觀自在菩薩摩訶薩
밀다행자　운하수행　여시문이　이시관자재보살마하살
告具壽舍利弗言　舍利子　若善男子善女人　行甚深般若
고구수사리불언　사리자　약선남자선여인　행심심반야
波羅蜜多行時　應觀五蘊性空　舍利子　色不異空　空不
바라밀다행시　응관오온성공　사리자　색불이공　공불
異色　色卽是空　空卽是色　受想行識亦復如是　舍利子
이색　색즉시공　공즉시색　수상행식역부여시　사리자
是諸法空相　不生不滅不垢不淨　不增不減　是故空中無
시제법공상　불생불멸불구부정　부증불감　시고공중무
色　無受想行識　無眼耳鼻舌身意　無色聲香味觸法　無
색　무수상행식　무안이비설신의　무색성향미촉법　무
眼界乃至無意識界　無無明亦無無明盡　乃至無老死亦無
안계내지무의식계　무무명역무무명진　내지무노사역무
老死盡　無苦集滅度　無智亦無得　以無所得故　菩提薩
노사진　무고집멸도　무지역무득　이무소득고　보리살
　依般若波羅蜜多故　心無　礙無　礙故　無有恐怖　遠
타　의반야바라밀다고　심무가애무가애고　무유공포　원
離顚倒夢想　究竟涅槃　三世諸佛　依般若波羅蜜多故
리전도몽상　구경열반　삼세제불　의반야바라밀다고
得阿耨多羅三藐三菩提　故知般若波羅蜜多呪　是大神呪
득아뇩다라삼먁삼보리　고지반야바라밀다주　시대신주
是大明呪　是無上呪　是無等等呪　能除一切苦　眞實不
시대명주　시무상주　시무등등주　능제일체고　진실불

3) 大正新修大藏經 8卷 p849에 수록되었음
4) 般若(748〜810)

虛故　說般若波　羅蜜多呪　即說呪曰
허고　설반야바　라밀다주　즉설주왈

蘗諦蘗諦　波羅蘗諦　波羅僧蘗諦　菩提娑婆訶
아제아제　바라아제　바라승아제　모지사바하

如是舍利弗　諸菩薩摩訶薩　於甚深般若波羅蜜多行
여시사리불　제보살마하살　어심심반야바라밀다행

應如是行　如是說已　即時世尊從廣大甚深三摩地起　讚
응여시행　여시설이　즉시세존종광대심심삼마지기　찬

觀自在菩薩摩訶薩言　善哉善哉　善男子　如是如是　如
관자재보살마하살언　선재선재　선남자　여시여민　여

汝所說　甚深般若波羅蜜多行　應如是行　如是行時一切
여소설　심심반야바라밀다행　응여시행　여시행시일체

如來皆悉隨喜　爾時世尊說是語已　具壽舍利弗大喜充遍
여래개실수회　이시세존설시어이　구수사리불대회충변

觀自在菩薩摩訶薩亦大歡喜　時彼衆會天人阿修羅乾闥
관자재보살마하살역대환회　　시피중회천인아수라건달

婆等　聞佛所說　皆大歡喜　信受奉行
바등　문불소설　개대환회　신수봉행

　　이와 같이 나는 들었다. 언젠가 부처님이 왕사성 기사굴산 중에서 큰 비구대중과 보살대중과 더불어 계셨다.
　　그때 부처님 세존께서는 광대심심이라는 삼매경에 들어가 계셨다. 이 때 그 대중 가운데 한 보살마하살이 있어 이름을 관자재라고 했는데 깊은 반야바라밀다를 행할 때에 다섯가지 요소가 다 공하였음을 보고 일체의 고액을 벗어난 분이었다.
　　이 때에 사리불이 부처님의 위력에 승복하며 공손히 합장하고서 관자재보살 마하살에게 말했다. "선남자로서 만일 아주 깊은 반야바라밀다의 행을 배우고자 하는 자가 있다면 어찌 수행을 해야 합니까"라고. 이와 같이 묻자 이때 관자재보살마하살께서 사리불의 말에 고하여 말씀하시기를, "사리자야, 만일 선남자 선여인으로서 아주 깊은 반야바라밀다의 행을 하고자 하는 이가 있다면 마땅히 다섯가지 요소의 성질이 공하였음을 비추어 보아야만 하느니라. 사리자야, 물질이 허공과 다르지 않고 허공이 물질과 다르지 않아 물질이 곧 허공이고 허공이 곧 물질이니 느낌이나 따짐이나 저지름이나 버릇(受想行識)도 또한 이와 같느니라. 사리자야, 현상계의 모든 것이 다 공한 그 자리는 나는 것도 아니고 없어지는 것도 아니며 더러운 것도 아니고 깨끗한 것도 아니며 늘어나는 것도 아니고 주는 것도 아니니라. 그러므로 이 공한 가운데는 물질도 없고 느낌도 따짐도 저지름도 버릇 (최후 인식)도 없으며 눈도 귀도 코도 혀도 몸도 뜻도 없으며 물체·소리·향내·맛·닿음·이치도 없으며 보는 것도 없고 내지 생각하는 일도 없으며 미한 마음(無明)도 없고 또한 미한 마음 없어진 것도 없으며 내지 늙고 죽는 것도 없고 또 늙고 죽음이 없어진 것도 또한 없으며, 괴로움과 그 원인과 이상(滅)도 방법도 없으며 지혜도 없고 얻음도 없으니 얻을 것이 없기 때문이니라. 보리살타가 반야바라밀다를 의지하므로 마음에 걸림이 없고 걸림이 없으므로 두려움이 없으며 뒤집힌 꿈같은 생각을 멀리 벗어나서 마침내 열반에 이르는 것이니라. 삼세의 모든 부처님도 반야바라밀다를 의지하므로 아뇩다라삼먁삼보리를 얻느니라. 그러므로 알라. 반야바라밀다는 이 큰 신성한 주문이며, 이 큰 밝은 주문이며, 이 큰 위없는 주문이며, 보변하고 절대인 주문이기 때문에 능히 일체의 괴로움을 없애주고 진실하며 헛된 것이 아니니라. 그러므로 여기에 반야바라밀다 주문을 말하노라.

아제 아제 바라아제 바라승아제 모지사바하.

이와 같으므로 사리불아, 모든 보살마하살이 아주 깊은 반야바라밀다의 행을 마땅히 이와같이 행하는 것이니라." 이렇게 설법을 마치셨다.

그때 세존께서 광대심심 삼매경으로부터 일어나시어 관자재보살마하살을 칭찬하시며 이렇게 말씀하셨다. "거룩하고도 거룩하도다, 선남자야, 이와 같을지라, 이와 같을지라. 네가 말한대로 아주 깊은 반야바라밀다의 행을 마땅히 이와같이 행한다면, 이와같이 행할 때에 일체 여래가 다 함께 따라서 기뻐하리라."

이때 세존께서 말씀을 마치시자 사리불은 큰 기쁨으로 가득찼으며 관자재보살마하살도 또한 크게 기뻐했으며 저 대중 가운데 있던 하늘·사람·아수라·건달바 등이 부처님의 말씀을 듣고 모두 크게 기뻐하며 믿고 받아 받들어 행했다.

5) 普遍智藏般若波羅蜜多心經[5]
보변지장반야바라밀다심경

摩竭陀國三藏沙門法月[6]重譯
가 갈 타 국 삼 장 사 문 법 월

如是我聞 一時佛在王舍大城靈鷲山中 與大比丘衆滿
여시아문 일시불재왕사대성영취산중 여대비구중만

百天人 菩薩摩訶薩七萬七千人俱 其名曰觀世音菩薩
백천인 보살마하살칠만칠천인구 기명왈관세음보살

文殊舍利菩薩 彌勒菩薩等 以爲上首 皆得三昧摠持
문수사리보살 미륵보살등 이위상수 개득삼매총지

住不思議解脫 爾時觀自在菩薩摩訶薩在彼敷坐 於其衆
주불사의해탈 이시관자재보살마하살재피부좌 어기중

中即從座起 詣世尊所 面向合掌曲躬恭敬 瞻仰尊顏而
중즉종좌기 예세존소 면향합장곡궁공경 첨앙존안이

白佛言世尊 我欲語此會中 說諸菩薩普遍智藏般若波羅
백불언세존 아욕어차회중 설제보살보변지지장반야바라

蜜多心 唯願世尊聽我所說 爲諸菩薩宣救法要 爾時世
밀다심 유원세존청아소설 위제보살선구법요 이시세

尊以妙梵音 告觀自在菩薩摩訶薩言 善哉善哉具大悲者
존이묘범음 고관자재보살마하살언 선재선재구대비자

聽汝所說與諸衆生作大光明 於是觀自在菩薩摩訶薩蒙
청여소설여제중생작대광명 어시관자재보살마하살몽

佛聽許 佛所護念 入於慧光三昧正受 入此定已以三昧
불청허 불소호념 입어혜광삼매정수 입차정이이삼매

力行深般若波羅蜜多時 照見五蘊自性皆空 彼了知五蘊
역행심반야바라밀다시 조견오온자성개공 피료지오온

自性皆空 從彼三昧安詳而起 即告慧明舍利弗言 善男
자성개공 종피삼매안상이기 즉고혜명사리불언 선남

子 菩薩有般若波羅蜜多心 名普遍智藏 汝今諦聽善思
자 보살유반야바라밀다심 명보변지장 여금제청선사

念之 吾當爲汝分別解說 作是於已 慧命舍利弗自觀自
염지 오당위여분별해설 작시어이 혜명사리불자관자
在菩薩摩訶薩言 唯大淨者 願爲說之 今正是時 於斯
재보살마하살언 유대정자 원위설지 금정시시 어사
告舍利弗 諸菩薩摩訶薩應如是學 色性是空空性是色
고사리불 제보살마하살응여시학 색성시공공성시색
色不異空空不異色 色卽是空空卽是色 受想行識亦不如
색불이공공불이색 색즉시공공즉시색 수상행식역부여
是 識性是空空性是識 識不異空空不異識 識卽是空空
시 식성시공공성시식 식불이공공불이식 식즉시공공
卽是識 舍利子 時諸法空相 不生不滅不垢不淨不增不
즉시식 사리자 시제법공상 부생불멸불구부정부증불
減 是故空中無色 無受想行識 無眼耳鼻舌身意 無色
감 시고공중무색 무수상행식 무안이비설신의 무색
性香味觸法 無眼界乃至無意識界 無無明亦無無明盡
성향미촉법 무안계내지무의식계 무무명역무무명진
乃至無老死亦無老死盡 無苦集滅道 無智亦無得 以無
내지무노사역무노사진 무고집멸도 무지역무득 이무
所得故 菩提薩唾依般若波羅蜜多故 心無가礙無가礙故
소득고 보리살타의반야바라밀다고 심무가애무가애고
無有恐怖遠離顚倒夢想 究竟涅槃 三世諸佛依般若波羅
무유공포원리전도몽상 구경열반 삼세제불의반야바라
蜜多故 得阿耨多羅三藐三菩提 故知般若波羅蜜多 是
밀다고 득아뇩다라삼먁삼보리 고지반야바라밀다 시
大神呪 是大明呪 是無上呪 是無等等呪 能除一切苦
대신주 시대명주 시무상주 시무등등주 능제일체고
眞實不虛故 說般若波羅蜜多呪 卽說呪曰
진실불허고 설반야바라밀다주 즉설주왈

---

5) 大正新修大藏經 8卷 p.849 수록 되었음.

6) 法月은 중인도 미갈타에서 중국 唐에 온 승려다. 738년에 重譯되었다.

揭諦 揭諦 波羅揭諦 波羅僧揭諦 菩提莎婆詞
아제　아제　바라아제　바라승아제　모지사바하

佛說是經已 諸比丘及菩薩衆 一切世間天人阿修羅乾闥
불설시경이　제비구급보살중　일체세간천인아수라건달

婆等 聞佛所說皆大歡喜 信受奉行
바등　문불소설개대환희　신수봉행

　　이와같이 나는 들었다. 언젠가 부처님이 왕사 대성의 영취산 속에서 계실 때 큰 비구의 무리 백천명과 보살마하살 7만 7천인과 더불어 가득했으며 그 이름은 관세음보살·문수사리보살·미륵보살 등이라 하는 분들을 우두머리로 하고 있었는데 모두 삼매총지를 얻고 부사의한 해탈에 이른 분들이었다.
　　이때 관자재보살마하살이 저 대중 가운데 자리를 펴고 앉아 있었는데 자리로부터 곧 일어나서 세존이 계신 곳으로 나아가 합장하고 몸을 굽혀 공경하고 거룩한 부처님을 우러르며 부처님께 아뢰었다. "세존이시여, 저는 이 모임에서 모든 보살의 보변인 지혜의 곳간인 반야바라밀다심을 설법코자 하오니 바라옵건대 세존께서는 제가 설법할 수 있도록 하시고 모든 보살을 위해 비밀하고 요긴한 진리를 베풀게 해주시옵소서."
　　이때 세존께서 범음으로 묘하신 목소리로 관자재보살마하살에게 이르셨다.

"착하고 착하도다, 대비를 갖춘이여. 너의 설법을 들어 주노니 모든 중생과 더불어 큰 광명을 지으라"고.

이때에 관자재보살마하살이 부처님의 허락하심을 받고 또한 부처님의 보살펴 주시는 마음 아래 혜광삼매에 들어 갔는데 이 정(定)에 깊이 드시고 나서 삼매의 힘으로 깊은 반야바라밀다를 행할 때 다섯가지 요소(五蘊)의 자성(自性)이 모두 공했음을 비추어 보시고 오온의 자성이 다 공했음을 속속들이 아시고 나자 저 삼매로부터 가만히 일어나서 곧 혜명 사리불에게 말했다. "선남자여, 보살에게 반야바라밀다심이 있는데 이를 일러 보변지장이라 하느니라. 너는 이제 자세히 듣고 이것을 잘 생각하도록 할지어다. 내 마땅히 너를 위해 분별하고 해설해 주리라."

이 말을 마치고 나자 혜명 사리불이 관자재보살마하살에게 아뢰었다. "크게 청정(淸淨)하신 분이여, 원하옵나니 그것을 설법해 주십시오. 지금이 바로 그러한 때인가 합니다"라고. 그와같이 사리불이 아뢰이자,

"모든 보살마하살은 마땅히 이와같이 배워야 하느니라. 물질의 성품이 공하고 공의 성품이 바로 물질이니 물질이 허공과 다르지 않고 허공이 물질과 다르지 않으므로 물질이 곧 허공이고 허공이 곧 물질인지라 느낌·따짐·저지름·버릇(최후 인식)도 또한 이와 같은 것이니라. 버릇(최후 인식)의 성품이 공이고 공의 성품이 바로 버릇이니 버릇이 허공과 다르지 않고 허공이 버릇과 다르지 않으므로 버릇이

곧 허공이고 허공이 곧 버릇이니라. 사리자여, 현상계의 모든 것이 다 공한 그 자리는 나는 것도 아니고 없어지는 것도 아니며 더러운 것도 아니고 깨끗한 것도 아니며 늘 어나는 것도 아니고 주는 것도 아니니, 그러므로 이 공 가운데에는 물질도 없고 느낌도 따짐도 저지름도 버릇(최후 인식)도 없으며 눈도 귀도 코도 혀도 몸도 뜻도 없으며 물체·소리·향내·맛·닿음·이치도 없으며 보는 일도 없고 내지 생각하는 일도 없으며 내지 늙고 죽는 것도 없고 또 늙고 죽음이 없어진 것도 또한 없으며 괴로움과 그 원인과 이상(滅)도 방법도 없으며 지혜도 없고 얻음도 없으니 얻을 것이 없기 때문이니라. 보리살타가 반야바라밀다를 의지하므로 마음에 걸림이 없고 걸림이 없으므로 두려움이 없어서 뒤집힌 꿈같은 생각을 멀리 벗어나 마침내 열반에 이르는 것이며 삼세의 모든 부처도 반야바라밀다를 의지하므로 아뇩다라삼먁삼보리를 얻느니라. 그러므로 알라. 반야바라밀다는 곧 대신주이고 곧 대명주이고 곧 무상주이그 곧 무등등주이니 능히 일체의 괴로움을 없애주고 진실하며 헛되지 않느니라. 그러므로 여기서 반야바라밀다의 주문을 말하노라.

　아제 아제 바라아제 바라승아제 모지사바하."

　부처님께서 이 설법을 다하시고 나자 모든 비구와 보살대중과 일체 세간의 하늘과 사람과 아수라·건달바 등이 부처님의 설법하신 바를 듣고 크게 기뻐하며 믿고 받아 받들어 행했다.

6) 般若波羅蜜多心經
반야바라밀다심경

東天竺國沙門 法月三藏 譯
동천축국사문 법월삼장 역

如是我聞 一時佛在王舍城耆闍崛山中 與大比丘衆
여시아문 일시불재왕사성기사굴산중 여대비구중
百千人俱 菩薩七萬七千人俱 其名曰觀世音菩薩 文殊
백천인구 보살칠만칠천인구 기명왈관세음보살 문수
舍利菩薩 彌勒菩薩等 以爲上首 皆得三昧總持 住不
사리보살 미륵보살등 이위상수 개득삼매총지 주불
思議解脫 爾時觀世音菩薩在彼衆中即從座起 合掌向佛
사의해탈 이시관세음보살재피중중즉종좌기 합장향불
瞻仰尊顔 目不蹔捨白佛言
첨앙존안 목불참사백불언
世尊我欲於此衆中宣說諸菩薩普遍 智藏般若波羅蜜多
세존아욕어차중중선설제보살보변 지장반야바라밀다
心 唯願世尊聽我所說 爾時世尊以梵音告觀世音菩薩言
심 유원세존청아소설 이시세존이범음고관세음보살언
善哉善哉具大悲者 聽汝宣說 與諸衆生作大光明 於是
선재선재구대비자 청여선설 여제중생작대광명 어시
觀世音菩薩摩訶薩蒙佛聽許 以佛神力入於慧光三昧 行
관세음보살마하살몽불청허 이불신력입어혜광삼매 행
心般若波羅蜜多照見五蘊自性皆空 彼了知五蘊自性皆
심반야바라밀다조견오온자성개공 피료지오온자성개
空 三昧定起告舍利子言……
공 삼매정기고사리자언

이와같이 나는 들었다. 어느때 부처님이 왕사성 기사굴산 가운데서 큰 비구의 무리 백천명과 보살 칠만 칠천명과 더불어 계셨다. 보살들은 관세음보살·문수사리보살·미륵보살 등을 우두머리로 하는 이들르서 다 삼매총지를 얻어서 불사의한 해탈의 경지에 머문 분들이었다.

이때 관세음보살이 저 대중 가운데 계시다가 자리로부터 곧 일어나시어 합장하며 부처님께 향하여 거룩하신 얼굴을 우러러 눈길을 잠시도 돌리지 않으면서 부처님께 이렇게 아뢰었다. "세존이시여, 제가 이제 이 대중 가운데서 모든 보살의 보변한 온갖 지혜의 곳간인 반야바라밀다심을 베풀고자 하오니 세존께서 아무쪼록 저의 설법을 허락해 주시옵소서"라고.

그때 세존께서 범음으로 관세음보살께 일러 말씀하셨다. "훌륭하고 훌륭하도다, 대비를 갖춘 이여. 그대의 설법을 들어주노니 모든 중생들과 더불어 큰 광명을 지으라"고.

이로서 관세음보살마하살께서 부처님의 허락을 받으시고 부처님의 신력(神力)에 힘을 입어 혜광삼매에 드시고 깊은 반야바라밀을 행할 때 다섯 가지 요소의 성품이 다 공했음을 비추어 보셨으며 다섯가지 요소의 성품이 다 공했음을 사무쳐 아시고 나서는 삼매의 정(定)으로부터 일어나시어 사리자에게 이렇게 말씀하셨다……

7) 佛說般若波多蜜多心經
불설반야바다밀다심경

唐三藏法師　義淨三藏　譯
당삼장법사　의정삼장　역

이하 현장의 역본과 동일하되 끝의 주문 '아제 아제……' 만이 범어로 되어 있다.

誦此經破十惡五逆九十五種邪道若　欲供養十方諸佛
송차경파십악오역구십오종사도약　욕공양시방제불
報十方諸佛恩　當誦觀世音般若百遍千遍　無問晝夜常誦
보시방제불은　당송관세음반야백변천변　무문주야상송
此經　無願不果
차경　무원불과

이 경을 외우면 십악과 오역과 구십 오종의 사도를 깨뜨리느니라. 만일 시방(十方)의 모든 부처님께 공양하고 시방의 모든 부처님의 은혜에 보답하고자 하는 이는 마땅히 관세음반야를 외울 것이니, 백번 천번 주야로 이 경을 읽으면 원대로 그 과보를 받지 않음이 없으리라.

8) 般若波羅蜜多心經[7]
반야바라밀다심경

上道大興善寺三藏沙門　智慧輪奉　詔譯
상도대흥선사삼장사문　지혜륜봉　소역

如是我聞　一時薄誐梵住王舍城鷲峯山中　與大苾蒭衆
여시아문　일시박아범주왕사성취봉산중　여대필추중

及大菩薩衆俱　爾時世尊入三摩地名廣大甚照見時　衆中
급대보살중구　이시세존입삼마지명광대심조견시　중중
有一菩薩摩訶薩　　名觀世音自在行甚深般若波羅蜜多行
유일보살마하살　　명관세음자재행심심반야바라밀다행
時　照見五蘊自性皆空　即時具壽舍利子承佛威神　合掌
시　조견오온자성개공　즉시구수사리자승불위신　합장
恭敬白觀世音自在菩薩摩訶薩言　聖者若有欲學甚深般
공경백관세음자재보살마하살언　성자약유욕학심심반
若　波羅蜜多行　云何修行　如是問已　爾時觀世音自在
야　바라밀다행　운하수행　여시문이　이시관세음자재
菩薩摩訶薩告具壽舍利子言　舍利子　若有善男子善女人
보살마하살고구수사리자언　사리자　약유선남자선여인
行甚深般若波羅蜜多行時　應照見五蘊自在皆空離諸苦
행심심반야바라밀다행시　응조견오온자재개공이제고
厄　舍利子　色空　空性見色　色不異空　空不異色是色即空
액　사리자　색공　공성견색　색불이공　공불이색시색즉공
是空即　色受想行識亦復如是　舍利子　是諸法性相空
시공즉　색수상행식역부여시　사리자　시제법성상공
不生不滅　不垢不淨　不減不增　是故空中無色　無受
불생불멸　불구부정　불감부증　시고공중무색　무수
想行識　無眼耳鼻舌身意　無色聲香味觸法　無眼界乃至
상행식　무안이비설신의　무색성향미촉법　무안계내지
無意識界　無無明亦無無明盡　乃至無老死盡　無苦集滅
무의식계　무무명역두무명진　내지무노사진　무고집멸
道　無智證無得　以無所得故　菩提薩타依般若波羅蜜多
도　무지증무득　이무소득고　보리살타의반야바라밀다
住　心無障礙故無有恐怖　遠離顚倒夢想究竟寂然　三世
주　심무장애고무유공포　원리전도몽상구경적연　삼세
諸佛依般若波羅蜜多故　得阿耨多羅三藐三菩提現成正
제불의반야바라밀다고　득아뇩다라삼막슨보리현성정

---

7) 大正 新修大藏經 8卷 p850에 수록되었음

覺故知般若波羅蜜多是 大眞言 是大明眞言 是無上眞
각고지반야바라밀다시 대진언 시대명진언 시무상진
言 是無等等眞言 能除一切苦 眞實不虛 故說般若波
언 시무등등진언 능제일체고 진실불허 고설반야바
羅蜜多眞言 即説眞言
라밀다진언 즉설진언
唵 誐帝誐帝播羅誐帝 播羅散誐帝 冒地娑婆賀 如是
옴 아제아제파라아제 파라산아제 모지사바하 여시
舍利子 諸菩薩摩訶薩於甚深般若波羅蜜多行應如 是學
사리자 제보살마하살어심심반야바라밀다행응여 시학
爾時世尊從三摩地安詳而起 讚觀世音自在菩薩摩訶薩
이시세존종삼마지안상이기 찬관세음자재보살마하살
言 善哉善哉 善男子如是如是 如汝所說甚深般若波
언 선재선재 선남자여시여시 여여소설심심반야바
羅蜜多行應如是行 如是行時一切如來悉皆隨喜 爾時世
라밀다행응여시행 여시행시일체여래실개수희 이시세
尊如是說已 具壽舍利子 觀世音自在菩薩 及彼衆會一
존여시설이 구수사리자 관세음자재보살 급피중회일
切 世間天人阿蘇羅巘馱礴等 聞佛所說 皆大歡喜 信
체 세간천인아소라헌타박등 문불소설 개대환희 신
受奉行
수봉행

나는 이와같이 들었다. 어느 때 박아범[부처님]께서 왕사성 취봉산 속에서 필추[비구]와 큰 보살의 무리와 더불어 계셨느니라. 이때 세존께서는 크고 넓고 아주 깊은 삼마[삼매]란 경지에 들어가 계셨는데 굽어 살피실 때 무리 중에 관세음자재라는 이름의 보살마하살이 하나 있었다. 반야바라밀다를 아주 깊이 행할 때 다섯 가지 요소의 자성이 다 공한 것을 비추어 보는 것을 보셨다. 그러자 곧 구수 사리자는 부처님의 거룩하신 신력을 받들고 공손히 합장 우러르고, 관세음자재보살마하살께 다뢰었다. "성자이시여, 만일 아주 깊은 반야바라밀다의 행을 배우고자 하는 이가 있다면 어떻게 수행해야만 합니까"라고.

이와같이 묻고 나자 이때 관세음자재보살마하살이 구수사리자에게 이렇기 말씀하셨다. "사리자야, 만일 선남자 선여인으로서 아주 깊은 반야바라밀다의 행을 할 때 마땅히 다섯가지 요소의 자성(自性)이 모두 공하였음을 비추어 본다면 모든 괴로움에서 떠날 수 있으리라. 사라자야, 둗질이 공했으니 공한 성품으로 물질을 보아라. 물질이 허공과 다르지 않고 허공이 물질과 다르지 않으니 물질이 곧 공이고 공이 곧 물질이며 느낌·따짐·저지름·버릇〔최후인식〕도 또한 이러하니라. 사리자야, 현상계의 이 모든 것이 그 성품이나 모습이 다 공하여 나지도 않고 없어지지도 않으며 더럽지도 않고 깨끗하지도 않으며 줄지도 않고 늘지도 않느니라. 그러므로 공한 이 자리에는 물질도 없고 느낌도 따짐도 저지름도 버릇〔최후인식〕도 없으며 눈·귀·혀·몸·뜻도 없으며 물체·소리·냄새·맛·닿음·이치도 없으며 보는 것도 없고 내지 생각하는 일도 없으며 미한 마음도 없고 또한 미한 마음이 없어진 것도 없으며 내지 늙고 죽음이 없어진 것도 없으며 괴로움과 그 원인과 이상〔滅〕도 방법〔道〕도 없으며 지혜도 징험할 것도 없고 얻음도 없으니 얻을 것이 없기 때문이니라.

보리살타가 반야바라밀다를 의지하여 머무르고 마음에 거리낌이 없으므로 두려움이 없고 뒤집힌 꿈같은 생각을 멀리 떨쳐버려 마침내 고요해지며 삼세의 모든 부처님도 반야바라밀다를 의지하므로 아뇩다라삼막삼보리를 얻어 정각(正覺)을 이룩하느니라, 그러므로 알라. 반야바라밀다는 이 큰 진언(眞言)이며 크게 밝은 진언이며 위가 없는 진언이며 보변하고 절대한 진언이니 능히 온갖 괴로움을 없애 주어 진실하고 헛되지 않느니라. 그러므로 반야바라밀다의 주문을 여기에 말하노라.

옴 아제 아제 바라아제 바라승아제 모지사바하

이와 같으니 사리자야, 모든 보살마하살이 아주 깊은 반야바라밀다의 행을 마땅히 이와 같이 배울것이니라."

그때 세존께서 삼마로부터 가만히 일어나시어 관세음자재보살마하살을 칭찬하며 말씀하셨다. "훌륭하고도 훌륭하도다, 선남자여, 그러하고 그러하리라. 네가 설법한 것과 같으니, 아주 깊은 반야바라밀다행은 마땅히 이와같이 행할지어다. 이와같이 행할 때에 모든 여래가 함께 모두 따라 기뻐하리라"고.

그때 세존께서 그와 같이 설법하고 나자 구수사리자와 관세음자재보살 및 저 모임 가운데 있었던 무리인 온갖 세간의 하늘과 사람과 아소라와 헌타박 등이 부처님의 말씀하신 바를 듣고 모두 크게 기뻐했으며 믿음으로서 행했다.

9) **佛說聖佛母般若波羅蜜多經**[8]
불설성불모반야바라밀다경

宋西天譯經三藏　朝散大夫試光祿卿
송서천역경삼장　조산대부ㅅ광록경

傳法大師紫臣　施護等　詔譯
전법대사자신　시호등　소역

如是我聞　一時世尊在王舍城鷲峯山中　與大苾芻衆
여시아문　일시세존재왕사성취봉산중　여대필추중
千二百五十人俱　幷諸菩薩摩訶薩衆而共圍遶　爾時世尊
천이백오십인구　변제보살마하살중이공위요　이시세존
卽入甚深光明宣說正法三摩地時　觀自在菩薩摩訶薩在
즉입심심광명선설정법삼마지시　관자재보살마하살재
佛會中　而此菩薩摩訶薩已能修行甚深般若波羅蜜多　觀
불회중　이차보살마하살이능수행심심반야바라밀다　관
見五蘊自性皆空
견오온자성개공

爾時尊者舍利子　承佛威神　前白觀自在菩薩摩訶薩
이시존자사리자　승불위신　전백관자재보살마하살
言　若善男子善女人　於此甚深般若波羅蜜多　法門樂欲
언　약선남자선여인　어차심심반야바라밀다　법문악욕
修學者當云何學
수학자당운하학

時觀自在菩薩摩訶薩告尊者舍利子言　汝今諦聽爲汝
시관자재보살마하살고존자사리자언　여금제청위여
宣說　若善男子善女人　樂欲修學此　甚深般若波羅蜜多
선설　약선남자선여인　악욕수학차　심심반야바라밀다
法門者　當觀五蘊自性皆空　何名五蘊自性空耶　所謂卽
법문자　당관오온자성개공　하명오온자성공야　소위즉

---

8) 大正新修大藏經 8卷 P.852에 수록되었음.

色是空　即空即色　色無異於空　空無異於色　受想行識
색시공　즉공즉색　색무이어공　공무이어색　수상행식
亦復如是　舍利子　此一切法如是空相　無所生無所滅
역부여시　사리자　차일체법여시공상　　무소생무소멸
無垢染無清淨　無增長無損減　舍利子　是故空中無色
무구염무청정　무증장무손감　사리자　시고공중무색
無受想行識　無眼耳鼻舌身意　無色聲香味觸法　無眼界
무수상행식　무안이존설신의　무색성향미촉법　무안계
無眼識界　乃至無意界　無意識界　無無明無無明盡　乃
무안식계　내지무의계　무의식계　무무명무무명진　내
至無老死　亦無老死盡　無苦集滅道無智　無所得亦無無
지무노사　역무노사진　무고집멸도무지　무소득역무무
得　舍利子　由是無得故　菩薩摩訶薩依般若波羅蜜多相
득　사리자　유시무득고　보살마하살의반야바라밀다상
應行故　心無着亦無　礙　以無着無礙故無有恐怖　遠離
응행고　심무착역무가애　이무착무애고무유공포　원리
一切顛倒妄想究竟圓寂　所有三世諸佛依此般若波羅蜜
일체전도망상구경원적　소유삼세제불의차반야바라밀
多故　得阿耨多羅三藐三菩提是故　應知般若波羅蜜多是
다고　득아뇩다라삼먁삼보리시고　응지반야바라밀다시
廣大明　是無上明　是無等明　而能息除一切苦惱　是即
광대명　시무상명　시무등명　이능식제일체고뇌　시즉
眞實無虛妄法　諸修學者當如是學　我今宣說般若波羅蜜
진실무허망법　제수학자당여시학　아금선설반야바라밀
多大明曰
다 대 명 왈
　　　恒寧他　唵　誐帝　誐帝　播囉誐帝　播囉僧誐帝　冒
　　　다냐타　옴　아제　아제　파라아제　파라승아제　모
提莎賀　舍利子　諸菩薩摩訶薩若能誦是般若波羅蜜多明
지사하　사리자　제보살마하살약능송시반야바라밀다명
句　是即修學甚深般若波羅蜜多
구　시즉수학심심반야바라밀다

爾時世尊從三摩地安祥而起 讚觀自在菩薩摩訶薩言
이시세존종삼마지안상이기 찬관자재보살마하살언
善哉善哉 善男子如汝所說 如是如是 般若波羅蜜多當
선재선재 선남자여여소설 여시여시 반야바라밀다당
如是學 是卽眞實最上究竟一切如來亦皆隨喜
여시학 시즉진실최상구의일체여래역개수희
佛說此經已 觀自在菩薩摩訶薩 抃諸苾芻 乃至世
불설차경이 관자재보살마하살 변제필추 내지세
間天人 阿修羅 乾闥婆等 一切大衆聞佛所說 皆大歡喜
간천인 아수라 건달타등 일체대중문불소설 개대환희
信受奉行
신수봉행

나는 이와같이 들었다. 한 때 세존께서 왕사성 취봉산 속에 계실 때 큰 비구 천 이백 오십명과 더불어 모든 보살마하살 대중이 둘러싸고 있었다. 이때 세존께서는 아주 깊은 광명 가운데 정법(正法)을 베푸시고 설법하시는 삼매에 들고 계셨는데 관자재보살마하살도 부처님 모임 가운데 있었고, 이 보살마하살은 아주 깊은 반야바라밀다를 이미 닦고 행하고 있어 다섯가지 요소의 자성이 모두 공함을 보고 있었다.

이때 사리자 존자가 부처님의 위엄있는 신력을 입어 관자재보살마하살 앞으로 나아가 아뢰었다. "만일 선남자와 선여인이 이 아주 깊은 반야바라밀다 법문을 꼭 닦아 배우고자 하는 이가 있으면 어떻게 배워야 하겠습니까"라고.

이때 관자재보살마하살이 사리자 존자에게 말했다. "그대는 이제 자세히 들어라. 내 그대를 위해 자세히 말해 줄테니까.

만일 선남자 선여인으로서 이 아주 깊은 반야바라밀다 법문을 즐겨 배우고자 하는 이가 있다면, 마땅히 다섯가지 요소인 자성(自性)이 모두 공함을 보아야만 하느니라. 무엇을 다섯가지 요소의 자성이 공했다고 하는가? 이른바 물질이 곧 허공이요, 허공이 곧 물질이니 물질이 허공과 다를 것이 없고 허공이 물질과 다를 것이 없으며 느낌·따짐·저지름·버릇(최후인식)도 또한 이러 하니라. 사리자야, 현상계의 모든 것이 공한 이 자리에는 나는 바도 없고 없어질 것도 없으며 더러운 것도 없고 깨끗한 것도 없으며 더 버릇이 길러지는 것도 없고 줄어 덜어지는 것도 없느니라. 사리자야, 이와같은 까닭에 이 공 가운데에는 물질도 없고 느낌도 따짐도 저지름도 버릇(최후인식)도 없으며 눈도 귀도 코도 혀도 몸도 뜻도 없고 물체도 소리도 냄새도 맛도 닿음도 이치도 없으며 볼 것도 없고 보아 아는 일도 없으며 내지 생각할 것도 없고 생각하여 인식될 것도 없으며 미한 마음도 없고 미한 마음 없어진 것도 없으며 내지 늙고 죽는 것도 없고 또한 늙고 죽어 없어지는 것도 없으며 괴로움도 그 원인도 이상도 방법도 없고 지혜도 없으며 얻은 것도 없고 얻을 것이 없는 것까지 없느니라. 사리자여, 그런 연유로 얻을 것이 없기 때문에 보살마하살이 반야바라밀다를 의지하여 그대로 행하므로 마음에 집착이 없고 또한 걸림이 없으며 집착이 없고 걸림이 없으므로 두려움이 없어 온갖 뒤집힌 꿈과 같은 생각을 떠나 마침내 원적(圓寂)에 이르는 것이니라. 있는 바 삼세의 모든 부처들도 이 반야바라밀다에 의지하는 까닭에 아뇩다라삼먁삼보리를 얻었느니라. 그러므로 마땅히 알아야 한다. 반야바라밀다는 이 넓고 큰 밝음이며 이 위없는 밝음이며 이같은 것이 없는 밝음이어서 능히 온갖 고뇌를 없애주느니라. 이것은 진실하며 허당함이 없는 법이기 때문에 닦고 배우는 이들은 마땅히 그와같이 배워야만 하느니라. 내가 이제 반야바라밀다의 크고 밝음을 말하노라.

다냐타 옴 아제 아제 바라아제 바라승아제 모지사하.

사리자야, 모든 보살마하살이 만일 이 반야바라밀다의 밝은 글귀를 외우면 이것이 곧 아주 깊은 반야바라밀다를 닦고 배우는 것이니라."

이때 세존께서 삼매경으로부터 가만히 일어나시어 관자재보살마하살을 찬탄하고 말씀하셨다. "훌륭하고도 훌륭하도다, 선남자여. 그대가 말한 바와같이 그렇고 그렇도다. 반야바라밀다는 마땅히 이와같이 배워야 하나니 이것은 진실이고 최상이며 구경(究竟)이니 모든 여래가 또한 다 따라서 기뻐하리라"고.

부처님께서 이 경을 말씀하시고 나자 관자재보살마하살이 모든 비구와 내지 세간의 하늘과 사람과 아수라와 건달타 등 온갖 대중이 부처님의 말씀을 듣고 모두 다 크게 기뻐했으며 믿고 받아 받들어 행했다.

5. 산스크리트語 英字音寫本

1) 法隆寺 貝葉心經 英字寫本

Namaḥ sarvajñāya[9]
Āryāvalokiteśvara-bodhisattvo gaṃbhirayāṃ prajñāpāramitāyāṃ caryāṃ caramāṇo vyavalokayati sma/pañca skandhāḥ/taṃś ca svabhāva-śūnyān paśyati sma/Iha Śāriputra rūpaṃ śūnyatā śūnyataiva rūpaṃ rūpānna pṛithak śūnyatā śūnyatā na pṛithag rūpaṃ yad rūpaṃ sā śunyatā yāśūnyatā tad rūpāṃ

Evam eva vedanā-saṃjñā-saṃskara-vijñānāni.

Iha Śāriputra sarva-dharmāḥ śūnyatā-lakṣaṇā aniruddhā amalā na vimalā nonā na paripūrṇāḥ.

Tasmāc Chāriputra śūnyatāyāṃ na rūpaṃ na vedanā na saṃjnā na saṃskārā na vijñānāni. na cakṣuḥ-śrotraghrāṇa-jihvā-kāya-manāṃsi. Na rūpā-śabda-gandha-rasa-spraṣṭavya-dharmāḥ.

Na cakṣurdhātur yāvan na mano-vijñāna-dhātuḥ.

Na vidyā nāvidyā na vidyā-kṣayo nāvidyā-kṣayo yāvan na jarā-ṃ araṇaṃ na jarāmaraṇa-kṣsyo na duḥkha-samudaya-nirodha-mārgā na jñānaṃ na prāptir aprāptitvena.

Bodhisattvasya prajñā-pāramitām āśritya viharaty acittāvaraṇaḥ.

Cittāvaraṇa-nāstivād atrasto viparyāsātikrānto niṣṭhanirvāṇaḥ.

---

9) 산스크리트語의 英字로 음역된 本은 Edward Conze가 유포한 세칭 Conze本과 나카무라 하지메가 교정한 岩波文庫 本을 비교 분석하였으며, 한글분은 李箕永 博士 번역을 옮겼다. 9)는 法隆寺 貝葉古本을 英字化한 것이다. p.29의 法隆寺 具葉梵本考察의 木神修正本을 참고하기 바람.

Tryadhva-vyavasthitāḥ sarvabuddhāḥ prajñāpāramitām āsrityānuttarāṃ saymaksaṃbodhim abhisaṃbuddhāḥ.

Tasmāj jñātavyaḥ prajñā-pāramitā-mahā-mantro mahā-vidyā-mantro 'nuttara-mantro 'samasama-mantraḥ sarvaduḥkha-prasamanaḥ satyam amithyatvāt prajñāpāramitāyām ukto mantraḥ.

Tad yathā gate gate pāragate pārasaṃgate bodhisvāhā./
Iti prajñā-pāramitā-hridayam samāptam.

2) Conze 유포本

Oṃ namo Bhagavatyai Ārya-Prajñāpāramitāyai ! [10)]

Ārya-Avalokiteśvaro bodhisattvo gambhīrāṃ prajñāpāramitācaryām caramāṇo vyavalokayati sam : pañca-skandhās tāṃś casvabhāvasūnyān paśyati sma. iha Śāriputra rūpaṃ śūnyatā śūnyataiva rūpaṃ, rūpān na prithak śūnyatā śūnyataya na prithay rūpaim, yad rūpaṃ sa śūnyata yā śūnyatā tad rupaṃ ; evam eva vedanā-saṃjñā-saṃskāra-vijñānaṃ.

Iha Śāriputra sarva-dharmāḥḥ śūnyatā-lakṣaṇā, anutpannā aniruddhā, amalā avimalā, anūnā aparipūrṇāḥ.

Tasmāc Chāripurta śūnyatāyāṃ na rūpaṃ na vedanā na saṃjñā na saṃskārāḥ na vijñāram. na caksuḥ srotra-ghrāṇa-jihvā-kāya-manāṃsi. na rupa-sábba-gancha -rasa-spraṣṭavya-dharmāḥ. na cakṣur-dhātur yāvan na manovjñāna-dhātuḥ. na avidyā na-avidyā-kṣayo yavan maraṇam na jarāmaraṇa-kṣayo. na duḥkha-samudaya-nirodha-mārgā. na jñānam, na prāptir na-aprāptiḥ.

Tasmāc Chāriputra aprāptitvād bodhisattvasya prajñāpāramitām āsritya viharaty acittāyaraṇaḥ. cittāvaraña-nāstitvād atrasto viparyāsa-atikrānto nishṭhā-nirvāṇa-prāptaḥ. tryadhva-vyavasthitāḥ sarva-buddhāḥ prajñā pāramitāmāsritya-anuttarāṃ samyaksambodhim abhisambuddhāḥ.

　Tasmāj jñātavyam : prajñāpāramitā mahā-mantro mahā-vidyāmantro 'nuttara-mantro' samasama-mantraḥ, sarva-duḥkhaprasamanaḥ, satyam amithyatvāt. prjñāpāramitāyām ukto mantraḥ. tadyathā : gate gate pāragate pārasaṃgate bodhisvāhā. iti prajñāpāramitā-hridayaṃ samāptam.

반야바라밀다심경 산스크리트 번역

　全知者인 覺者에게 예배합니다.
　求道者이신 거룩하신 觀音은 深遠한 지혜의 완성을 실천하고 있을 때에, 존재에는 다섯가지 구성요소로 되어 있고 그 本性은 実体가 없음을 깨달았다.
　Sariputra여!
　이 세상에 있어서 물질적 현상에는 실체가 없으며, 실체가 없기 때문에 바로 물질적 현상이 있게 되는 것이다.
　실체가 없다고 하더라도 그것은 물질적 현상을 떠나 있지는 않다. 또 물질적 현상은 실체가 없는 것으로 부터 떠나서 물질적 현상인 것은 아니다.

---

10) Edward Conze 本으로 「Buddhist Wisdom Books」의 金剛經과 般若心經의 산스크리트 Text 중 Heard sutra이다.

이리하여 물질적 현상이란 것은 실체가 없는 것이다. 대개 실체가 없다는 것은 물질적 현상인 것이다.

이와 같이 感覺도, 表象도, 意志도, 知識도 도두 실체가 없는 것이다.

Sariputra여!

이 세상에 존재하는 모든 것들은 실체가 없다는 특성이 있다. 生했다는 일도 없고, 滅했다는 일도 없고, 더러운 것도 아니고, 더러움에서 떠난 것도 아니고, 주는 일도 없고, 느는 일도 없다.

그러므로 Sariputra여!

실체가 없다는 입장에 있어서는 물질적 현상도 없고, 감각도 없고, 표상도 없고, 의지도 없고, 지식도 없다. 눈도 없고, 귀도 없고, 코도 없고, 혀도 없고, 신체도 없고, 마음도 없고, 형태도 없고, 소리도 없고, 내음도 없고, 맛도 없고, 촉각의 대상도 없고 마음의 대상도 없다. 눈의 영역에서 부터 의식의 영역에 이르기까지 모두 없는 것이다.

깨달음이 없기 때문에 미혹도 없고, 깨달음이 없어지는 일도 없으므로 미혹이 없어지는 일이 없다. 이리하여 마침내 늙음도 죽음도 없고, 나아가 늙음과 죽음이 없어지는 일도 없다. 고통도, 고통의 원인도 고통을 제거하는 것도, 고통을 제거하는 길(道)도 없다. 아는 일도 없고, 얻는 바도 없다. 그러므로 얻는다는 일이 없어서 모든 구도자는 지혜의 완성의 덕택으로 마음에 걸림이 없다. 마음에 걸리는 것이 없으므로 두려움이 없고, 顚倒된 마음을 떠나서, 영원히 平安에 들어가 있는 것이다. 과거·현재·미래에 계시는 깨달으신 분들은 모두 지혜의 완성의 덕택으로, 위없는 올바른 깨달음을 얻으셨다.
그러므로 사람은 마땅히 알아야 한다. 지혜의 완성의 위대한 진언, 위대한 깨달음의 진언, 無上의 진언, 無比의 진언은 모두 고통을 가라 앉히는 것이며, 속임이 없으므로 진실하다. 이 진언은 지혜의 완성에 있어서 다음과 같이 설해졌다.
가테 가테 파아라 가테 파아라상가테 보디 스바아하
(가신 분이여, 가신 분이여, 彼岸에 가신 분이여, 피안에 온전히 가신 분이여, 깨달음이여, 행운이 있으라)
여기에 지혜의 완성의 마음을 끝낸다.

3) 大本 英字音寫本

namas sarvajnāya
　Evaṃ mayā śrutam. ekasmin samaye bhagavān Rājagṛhe viharati sma Gṛdharakūte parvate mahatā bhikṣusaṃghena śārdhaṃ mahatā ca bodhisattvasaṃghena tena khalu samayena bhagavān Gaṃbhiravasaṃbodhaṃ nāma samādhiṃ samāpannaḥ. tena ca samayenāryā alok iteśvaro bodhisattvo mahāsattvo gaṃbhirāyāṃ prajñā-pāramitāyāṃ caryāṃ caramāṇa evam vyavalokayati sma. paṃca skaṃdhās tāṃś ca svabhāvaśūnyān vyavalokayati. athāyuṣmān chāriputrobuddhānubhāvenāryāvalokiteśvaraṃ bodhisattvaṃ etad avocat yaḥkaścit kula putro gaṃbhi-rayaṃ prajñapāramitayaṃ caryāṃ cartu-kāmaḥ kathaṃ śikṣitavyaḥ. evam uktāātyāvalokiteśvarobodhisattvo maha-sattva āyuṣmaṃ taṃ Śāriputram etad avocat. yaḥ kaścic Chāriputra kula-putro vā kuladuhihā vā gaṃbhîrāyāṃ prajñā-pāramitāyām caryāṃ cartukāmas tenai-

vaṃ vyavalokayitavyaṃ. paṃca ska-mdhās tāṃs ca svabhāvasūnyān sama-nupaśyati sma. rūpaṃ śūnyatā sunya-taiva rūpaṃ rūpān na pṛthak śūnyatā śunyatāyā na pṛthag rūpaṃ yad rūpaṃ sā śunyatā yā śunyatā tad rūpaṃ evaṃ vedanā-saṃjñā-saṃs-Kāra-vijñānāni ca śūnyata. evaṃ Śāriputra sarvadharmā śunyatālakṣaṇā anutpannā aniruddhā amalāvimalā anū-nā asaṃpūrṇāḥ.

Tasmāt tarhi Śāri-putra śūnyatāyāṃ na rūpaṃ na veda-nā nasaṃjñā na saṃskācrā na vijñānaṃ na cakṣur na śrotraṃ na ghrāṇaṃ na jihvā na kāyo na mano na rūpaṃ na śabdo na gaṃdho na raso na spraṣṭayyaṃ na dharmāḥ. na cakṣurdhātur yāvan na manodhātur na dharmadhātur na manovijñānadhātuḥ na vidyā nāvidyā na kṣayo yāvan na jarāmaraṇaṃ na jarāmaraṇakṣayaḥ na duḥkhasamudayanirodhamārgā na jñānaṃ na prāptir nāprāptiḥ.

Tasmāc Chāriputra aprāptitvena bod-hisattvānāṃ. prajñāpāramitām āśritya viharaty acittāvaraṇaḥ. cittāvaraṇā-stitvād atrasto viparyāsātikrāṃto Niṣṭhanirvāṇaḥ tryadhvavyavasthitā sarvabuddhāḥ. prajñāpāramitām āśrit-yānuttarāṃ samyak-saṃbo dhim abhisaṃ-buddhāḥ tasmāj jñātavyaḥ-prajñāpāramitāmahāmaṃtro mahāvidyāmaṃtro' nuttaramaṃtro' amasamamaṃtraḥ sarva-duḥkhaprasamana-maṃtraḥ satyam amith-yatvāt. prajñāpāramitāyāṃ ukto maṃ-traḥ, tadyathā, gate gate pāragate pārasaṃgate bodhi svāhā,

Evaṃ Śāriputra gambhīrāyaṃ prajñā-pāramitāyāṃ caryāyaṃ Śikṣitavyaṃ bodhi-sattvena. atha khalu bhagavān tas-māt samādher vyutthāyāryāvalokiteśva-rasya bodhisattvasya sādhukāram. adāt sādhu sādhu kulaputra evam etat ku-laputra. evam etad gambhīrāyāṃ pra-jñāpāramitāyāṃ caryāṃ cartavyaṃ yathātvayā nirdiṣṭam anumodyate tathāgatair arhadhiḥ. idam avocad bhagavān. āna-mdamañā āyuṣmān. Chāriputra āryā-valokiteśvaraś ca bodhisattvaḥ sā ca sarvāvati parṣatsadevamānuṣāsura-prajñāpāramitāhṛdya sūtraṃ samāptam.

〈대본 반야심경 번역〉[11]

이와 같이 내가 들었다. 어느 때에 세존(世尊)이 많은 수행승(修行僧), 많은 구도자(求道者)들과 함께 Rājagriha(王舍城)의 영취산(靈鷲山)에 계시었다. 그 때에 세존은 심원(深遠)한 깨달음이라고 불리어지는 명상(瞑想)에 잠겨 있었다. 그 때에 훌륭한 사람·구도자 Avalokiteśvara는 심원한 지혜의 완성을 실천하고 있을 때에 철저히 보았다.-존재하는 것에는 다섯 가지 구성 요소가 있다고-그런데 그는 이 구성 요소들이 그 본성(本性)으로 말하면 실체(實體)가 없는 것이라고 간파했다. 그 때에 Śāripūtra 장로(長老)는 부처님의 힘을 입어 구도자 성(聖) Avalokiteśvara에게 이와같이 말했다. '만약에 누구든지 어떤 훌륭한 젊은이가 심원한 지혜의 완성을 실천하고자 원했을 때 어떻게 공부하면 좋겠습니까?' 이렇게 말하자, 구도자, 성 Avalokiteśvara는 장로 Śāripūtra에게 다음과 같이 말했다.

'Śāripūtra여, 만약에 훌륭한 아들·훌륭한 딸이 심원한 지혜의 완성을 실천하겠다고 원할 때에는 다음과 같이 철저히 보아야 할 것이다.-존재하는 것에는 다섯 가지 구성 요소가 있다고.- 그리고 그는 이들 구성 요소가 그 본성으로 말하면 실체가 없는 것이라고 간파한 것이었다. 물질적 현상에는 실체가 없는 것이며, 실체가 없기 때문에 바로 물질적 현상을

---

11) 위 반야심경 대본은 나카무라 하지메 교정 岩波文庫本이며, 우리말 번역은 李箕永博士의 반야심경 주해의 것을 그대로 옮겼다.

떠나 있지는 않다. 또 물질적 현상은 실체가 없는 것을 떠나서 물질적 현상인 것은 아니다. 이와같이 하여 무릇 물질적 현상이라고 하는 것은 모두 실체가 없는 것이다. 대개 실체가 없다는 것은 모두 물질적 현상이다. 이와 마찬가지로 감각도 의지도, 표상(表象)도 지식도 모두 실체가 없는 것이다.

Śāripūtra여, 이 세상에 있어서는 모든 존재하는 것들은 실체가 없다는 특성이 있다. 생겼다는 일도 없고, 멸(滅)했다는 일도 없고, 더러운 것도 아니고, 더러움을 떠난 것도 아니고, 준다는 일도 없고, 는다는 일도 없다. 그러므로 Śāripūtra여, 실체가 없다는 입장에 있어서는 물질적 현상도 없고, 감각도 없고, 표상도 없고, 의지도 없고, 지식도 없다. 안(眼)·이(耳)··비(鼻)·설(舌)·신(身)도 없고, 마음도 없고, 모양도 없고, 소리도 없고, 냄새도 없고, 맛도 없고, 촉각의 대상도 없고, 마음의 대상도 없다. 눈의 영역으로부터 의식의 영역으로까지 모두 다 없는 것이다.

깨달음도 없고, 미(迷)함도 없고, 깨달음이 없어지는 일도, 미혹(迷惑)이 없어지는 일도 없다. 그리하여 늙음도, 죽음도 없고, 늙음과 죽음이 없어지게끔 되는 일도 없게끔 된다. 고통도, 고통의 원인도, 고통을 없이 하는 길도, 고통이 없는 일도 없다. 아는 일도 없고, 얻는 일도 없다.

그러므로 Śāripūtra여, 얻는다는 일이 없으므로 구도자의 지혜의 완성에 만족하여 사람은 마음을 '덮어씌움'이 없이 머물러 있는 것이다. 마음을 덮어씌우는 것이 없으므로 두려움이 없고, 전도(顚倒)된 마음을 멀리 떠나서, 영원한 평안에 들어가 있는 것이다.

과거·현재·미래의 삼세(三世)에 계시는 깨달은 사람들은 모두 지혜의 완성에 만족하여, 이 위없는 올바른 깨달음을 깨달아 얻으셨다.

그러므로 사람들은 알아야 될 것이다. 지혜의 완성의 커다란 깨달음의 진언(眞言)을, 무상(無上)의 진언을, 무비(無比)의 진언을, 모든 고통을 가라 앉히며 거짓이 없으므로 진실이라고.

이 진언은 지혜의 완성에 있어서 다음과 같이 설해졌다.

간 자여, 간 자여, 피안(彼岸)에 간 자여, 피안에 온전히 간 자여, 깨달음이여, 행운이 깃드소서.

Śāriputra여, 심원한 지혜의 완성을 실천할 때에 구도자는 이와 같이 배워야 할 것이다.

그 때 세존은, 그 명상으로부터 일어나 구도자 Avalokiteśvara에게 찬의(贊意)를 표시하셨다. '그러하도다, 그러하도다. 홀륭한 젊은이여, 깊은 지혜의 완성을 실천할 때에는 그와 같이 행하지 않으면 안 된다. 너에 의해서 설해진 그대로 깨달은 사람들이나 존경받을 만한 사람들이 기뻐 받아들일 것이다.' 세존은 기쁨에 넘친 마음으로 이와 같이 말씀하셨다. 장로 Śāriputra, 구도자 성 Avalokiteśvara, 일체의 회중(會中), 및 천(天)·인(人)·아수라(阿修羅)·건달바(乾闥婆)까지를 포함하는 모든 세계의 존재들은 세존의 말씀을 듣고 환희(歡喜)하였다.

여기에 지혜의 마음의 완성이라는 경전을 끝낸다.

6. 산스크리트語 漢字音寫本

1) 玄奘三藏本

梵本般若波羅蜜多心經
　觀自在菩薩與三藏法師玄奘親教授梵本
　不潤色

鉢囉(二合)誐攘(二合)播(波)囉(羅)弭(蜜)哆(多)紇哩(二合)那野(心)
素怛囕(經)阿哩也(二合)嚩嚕(觀)枳帝(自)濕嚩路(在)冒
地(菩)娑怛嚩(薩三)儼鼻囕(深)鉢囉(二合)誐攘(若)播(波)囉
(羅)弭(蜜)哆(多)左哩欽(論行)左囉(行)麽如尾也(二合時四)嚩
嚕(引)迦(照)底娑麽(讀)畔左(五)塞建(引)馱(引薩)娑怛(引)室
左(二合彼)娑嚩(自)嚩(引性)戌儞欽(二合空)跛失也(二合)底娑麽(二合覩)
伊賀(此七)捨(舍)哩(利)補怛囉(子六)嚕畔(色)戌儞欽(二合空)戌
儞也(二合空)嚩(性)嚕畔(是色)嚕播(色)曩(イ)七噪(二合)他(異)
戌儞也(二合)哆(多十一)戌儞也(二合)哆野(亦十)曩(リ不)比噪(二合)他(異)
蘗嚕(二合)畔(色十三)夜(是)怒噜(二合)畔(色)娑戌(彼)儞也(二合)哆夜(空十三)

74　第一編　心經異本 및 諸譯本

戍˙是儞也˙哆˙空娑˙彼嚕畔˙色喹嚩˙如弭嚩˙是吠那
曩˙受散誐攘˙想散娑迦˙引囉˙行尾誐攘˙喃˙識伊賀
˙此捨˙舍哩˙利補怛囉˙子˙薩囉嚩˙諸達麽˙法戍儞
也˙哆˙空落乞叉˙相拏˙阿怒˙不哆播˙曩˙生阿寧˙不
嚕駄˙阿˙不尾麽攞˙淨阿˙不怒曩˙增阿˙不播哩補
攞拏˙減哆˙是娑毎˙故捨˙舍哩˙利補怛囉˙子˙戍儞
也˙空哆焔˙中曩˙無嚕畔˙色˙曩˙無吠˙引那曩˙受˙曩˙無
散誐攘˙想˙曩˙無散娑迦囉˙行˙曩˙無尾誐攘˙喃
˙識曩˙無斫乞蒭˙眼戍嚕怛囉˙耳迦囉˙拏鼻嚩賀
˙舌嚩迦野˙身麽曩勒˙意曩˙無嚕畔˙色攝那˙聲彥馱
˙香囉娑˙味娑播囉˙瑟吒尾也˙觸達麽˙法曩˙無斫
蒭˙眼駄都˙界哩也˙乃嚩˙至曩˙無麽怒˙意尾誐攘誐
喃˙識駄都˙界曩˙無尾儞也˙明曩˙無尾儞也˙明盡˙無曩˙無
尾儞也˙明乞叉喩˙盡曩˙無尾儞也˙明乞叉喩˙盡野
˙乃嚩˙至嚡囉˙老麽囉˙喃˙無曩˙無嚡囉˙老麽囉拏˙無乞叉
喩˙盡曩˙無耨佉˙苦娑敏那野˙集寧嚕駄˙滅誐攘˙二合道
曩˙無誐攘˙喃曩˙無鉢囉˙比底˙得曩˙無鼻娑麽˙證哆˙以
娑毎˙無那˙所鉢囉˙比府˙得怛嚩˙故四冒˙菩地˙提娑˙薩怛
嚩喃˙鉢囉˙誐攘˙般若播˙波囉弭˙麽室哩底也˙依

尾賀於囉底也二合佳四十四 只跢心嚩無囉早拏礙四十五 尾儞也明乞叉喻盡卅三 曩無尾儞也明乞叉喻盡卅四 野•乃嚩囉飛•工•無嚧囉•老麼囉喃•死卅五 曩•無嚧囉•老麼囉拏•死乞叉喻•盡卅六 曩•無耨佉•苦娑每那野•集寧嚕馱•滅麼哩誐攘二合•道卅七 曩•無誐攘喃•智八 曩•無鉢囉二合 比底•得卅九 曩•無 鼻娑麼•證四十哆•以娑每•無那•所鉢囉二合比底•得二合怛嚩•故四十一 冐•菩地•提娑•薩怛嚩喃•埵四十二 鉢囉•般二合 誐攘•若播•波囉•羅弭•蜜哆•多四十三 麼室哩底也二合•依 尾賀於囉底也二合•佳四十四 只跢•心嚩•無囉•罣拏•礙四十五 只跢•心囉•罣拏•礙四十六

曩•無 悉底怛嚩二合•有 那•恐 怛哩二合 素都二合•怖四十七 尾播•顚哩也二合 娑•倒底•遠伽蘭哆•離四十八 寧•究瑟吒•竟寧哩也嚩二合•涅 喃•槃四十九 底哩也三二合 馱嚩•世二合五十 尾也二合 嚩•所悉體跢•經娑嚩•諸沒馱•佛五十一 鉢囉•般誐攘二合•若 播•波囉•羅弭•蜜哆•多五十二 麼室哩•故底世1二合•得 耨•無 跢蘭•上 糝藐世[1]二合•等糝•正 沒地•竟五十三 麼鼻糝沒馱哆•引是 娑每•故二合 誐攘二合哆•應尾演•知五十四 鉢囉•般誐攘二合•若播•波囉•羅弭•蜜哆•多五十五麼賀•大滿怛嚕•咒五十六 麼賀•引大 尾儞也•明二合 滿怛囉•咒五十七阿•無耨哆囉•上滿怛囉•咒阿五十八•無 娑麼•等娑底[2]•等滿怛囉•咒五十九 薩•一嚩•切 耨佉•苦鉢囉二合 捨•止曩•息卒 娑•眞底

也・實麼弭・不贊哩也二合怛嚩・虛二合鉢囉二合誐攘・若播
・波囉・羅弭・蜜哆六十二目訖姤・說滿怛嚩二合怛爾・也他
二合誐諦誐諦六十播囉誐諦六十五播囉僧誐諦六十六冒地
引娑嚩賀六十七 梵語般若波羅蜜多心經一卷僧之□□

1. 世恐也의 誤値   2. 底恐麼의 誤

2）蘭溪大覺本

梵　語　心　經　　　　　宋蘭溪大覺禪師將來

八羅娘波囉彌陀逆哩馱耶素怛囉阿列婆嚕枳帝室縛羅 母 帝
薩埵崩嚴毘覽八囉娘波囉弭哆左焔左耶頗嚕也縛嚕迦野　地
娑麼畔左思建駄娑怛寫娑婆婆縛戌涅縛室底娑麼伊賀
舍哩補怛囉嚕畔戌涅多縛嚕縛嚕畔曩比曩戌涅哆戌涅
多夜曩比曩迦嚕畔夜嚕也嚕畔娑戌涅哆也庶涅多娑嚕
畔伊縛弭縛吠怛多三迦南散娑三迦喃尾迦南伊賀舍哩
補怛囉薩囉縛達磨戌涅多洛叉拏阿耨多播左阿里也嚕
馱阿磨攞阿尾也嚕攞阿怒拏阿播哩布攞怛多娑摩舍哩
布怛囉庶涅哆耶戌涅多薩嚕畔曩吠怛多散迦南三散娑
迦喃尾誐南曩斫葯助嚕囉迦囉迦囉拏即賀縛迦野頗那
悉娑嚕畔攝那彦馱囉娑娑播囉瑟吒尾演達摩曩斫葯馱
都也縛那麼怒尾迦南馱都那尾喃那尾南那尾南吒喻那
尾南又欲夜縛那槎囉麼囉喃那左羅麼囉拏叉喻那耨佉
娑畝那野寧嚕馱縛室哩誐尾演鉢囉誐婆囉弭多縛室里
誐尾賀囉野枳陀婆囉誐枳陀婆囉誐　那悉帝達麼那鉢囉
尾地那備娑曼也馱三曼曩鉢囉尾帝娑馱冒地三埵喃鉢
囉誐婆囉弭哆縛室哩耶奴答覽三藐三牟備牟備娑曼馱
縛室里誐尾演鉢囉誐娑囉彌陀摩訶曼怛羅摩訶尾欲曼
怛羅阿耨多羅曼怛囉阿娑婆三備曼怛囉娑婆奴迦鉢囉
舍婆那娑帝冒帝地演達摩鉢囉誐婆囉弭多目託妒滿怛
囉惜姪哆㾓帝㾓諦播羅㾓諦播羅僧㾓諦菩提娑婆訶

7. 英譯本

1) PRAJÑA-PĀRAMITĀ-HRIDAYA-SŪTRA ADORATION TO THE OMNISCIENT! [12]
by Max Müller

The venerable Bodhisattva Avalokitesvara, perfomring his study in the deep Prajñāpāramitā(perfection of widsom), thought thus :
'There are the five Skandhas, and these he considered as by their nature empty(phenomenal)'.

'O Śāriputra,' he said, 'form here is emptiness, and emptiness indeed is form. Emptiness is not different from form, form is not different from emptiness, what is form that is emptiness, what is emptiness that is form.'

'The same applies to perception, name, conception, and knowledge.'

Here O Śāriputra, all things have the character of emptiness, they have not imperfect and not perfect. Therefore, O Śāroputra, in this emptiness there is no form, no perception, no name, no concepts, no knowledge. No eye, ear, nose, tongue, body, mind. No form, sound, smell, taste, touch, objects.'

'There is no eye,' &c., till we come to 'there is no mind.'

(What is left out here are the eighteen Dhātus or aggregates,

---

12) Max Müller가 法隆寫 具葉本과 중국 梵寫本을 비교·연구하여 英譯한 것임(1884).

viz, eye, form, vision; ear, sound, hearing: nose, odour, smelling: tongue, flavor, tasting; body, touch, feeling; mind, objects, thought.)

'There is no knowledge, no ignorance, no destruction of knowledge, no destruction of ignorance,' &c., till we come to 'there is no decay and death, no decay and destruction of death; there are not(the four truths, viz. that there) is pain, orgin of pain, stoppage of pain, and the path to it. There is no knowledge, no obtatining (of Nirvaṇna)'

'A man who has approached the Prajñāpāramitā of Bodhisattva dwells enveloped in consciousness. But When the envelopment of consciousness has been annihilated, then he becomes free all fear, beyond the rach of change, enjoying final Nirvâṇa.

'All Buddhas of the past, present, and future, after approaching the Prajñāpāramitā, have awoke to the highest perfect knowledge.

'Therefore one ought to know the great verse of the Prajñāpāramita, the verse of the great wisdom, the unsurpassed verse, the peerless verse, which appeases all pain—it is truth, because it is not false—the verse proclaimed in the Prajñāpāramitā: "O wisdom, gone, gone, gone to the other shore, landed at the other shore, Svāhā!"'

Thus ends the cheart of the Prajñāpāramitā.

2) THE HEART SUTRA
by Edward Conze

Homage to the Perfection of Wisdom, the Lovely, the Holy! Avalokita, The Holy Lord and Bodhisattva, was moving in the deep course of the Wisdom which has gone beyond. He looked down from on high, He beheld but five heaps, and he saw that in their own-being they were empty.

Here, O Śariputra, form is emptiness and the very emptiness is form: emptiness does not differ from form, form does not differ from emptiness; whatever is form, that is emptiness, whatever is emptiness, that is form, the same is true of feelings, perceptions, impullses and consciousness.

Here Śariputra, all dharmas are marked with emptiness; they are not produced or stopped, not defiled or immaculate, not dificient or complete.

Therefore, O Śariputra, in emptiness there is no form, nor feeling, nor percetion, nor impulse, nor consciousness; No eye, ear, nose, tongue, body, mind; No forms, sounds, smells, tastes, touchables or objects of mind; No sihgt-organ element; There is no ignorance, no extinction of ignorance, and so forth, until we come to: There is no decay and death, no extinction of decay and death. There is no suffering, no origination, no stopping, no path. There is no cognition, no attainment and no non-attainment.

Therefore, O Śariputra, it is because of his nonattainmentness that a Bodhisattva, through haveing relied on the perfection of wisdom, dwells without thought-coverings. In the absence of thought-coverings he has not been made to tremble, he has overcome what can upset, and in the end the he attains to Nirvana.

All those who appear as Boddhas in the three periods of time fully awake to the utmost, right and perfect enlightenment because they have relied on the perfection of wisdom.

Therefore one should know the prajñāpāramitā as the great spell, the spell of great knowledge, the utmost spell, the unequalled spell, allayer of all suffering, in truth-for what could go wrong?

By the Prañāpāramitā has this spell been dilivered. It runs like this: Gone, gone, gone, beyond, gone altogether beyond, O what an awakening, all-hail! — This completes the Heart of perfect wisdom.

2) 法隆寺 梵本 英字音譯

Namas sarvaġñāya āryāvalokitosśvara vodhisatvo gambhīraṁ praġ ñāpāpāramitāyaṁ karyāṁ karamāno vyāvalokayati sma pañka skandhās tāska svabhāva śūnyaṁ pasyaṭi sma iha śāripntra rūpaṁ śūnyatā śūnyataiva rūpaṁ rūpān na pṛithak sūnyatā sūnyatāyā na pṛithag rūpaṁ yad rūpaṁ sā śūnyatā yā sūnyatā tad rūpaṁ evameva vedanā saṁġñā saṁskāra viġñānāni iha śāriputra sarva dharmā śunyatā lakshaṇā anutpannā yu(for a?)nirūdhā apalāvimaiā nona na paripūrṇā tasmāk khāriputra śūnyatāyāṁ na rūpaṁ na vedanā sañġñā nā saṁ-skārā na viġñāui na kakshu srotra ghrāṇa gihvā kāya manonà na rūpaṁ śabda gandha rasa spashtvya dharmā na kakshurdhātu yāvan na manodhāta na vidyā nāvidyā na vidyākshayo navidyākshayo yāvan na ġarā-maraṇaṁ na ġarāmaraṇakshayc na duḥkha samudaya nirōdha mārga na ġñānaṁ na prāptitvaṁ bodhisatvasya praġñāpāramitā māśrinyā viharani kitta (for ttā?)varanaḥ kittavarana nāstitvād atrasto vipadya ātikrāntaḥ tishtha nirvāṇaḥ tryadhvavyavasthittā sarva buddhāḥ praġñāpāramitām āśu(for sri?)nyā nuttarāṁ samyaksaṁbodhim abhisaṁbuddhā tasmā ġñātavyaṁ praġñāpāramitā mahā mantro mahā-vidyāmantraḥ anuttara mantra asamasamamantra sarvaduhkha praśamanaḥ satyam amithyatvāt praġñāpāramitāyām ukto mantraḥ tadyathā gate gate pāragate pārasaṁgate bodhi svāhā praġñāpāramita hri(da?)ya samaptā

3) Max Müller 修正本
（法隆寺梵本）

PRAGÑA-PARAMITA-HRIDAYA-SUTRA.
Shorter Text Restored.

॥ नमः सर्वज्ञाय ॥

आर्यावलोकितेश्वरबोधिस्त्वो गंभीरायां प्रज्ञापारमितायां चर्यां चरमाणो व्यवलोकयति स्म । पंच स्कंधाः तांश्च स्वभावशून्यान्पश्यति स्म ।

इह शारिपुत्र रूपं शून्यता शून्यतैव रूपं रूपान्न पृथक् शून्यता शून्यताया न पृथग्रूपं यद्रूपं सा शून्यता या शून्यता तद्रूपं ।

एवमेव वेदनासंज्ञासंस्कार-विज्ञानानि ।

इह शारिपुत्र सर्वधर्माः शून्यतालक्षणा अनुत्पन्ना अनिरुद्धा अमला न विमला नोना न परिपूर्णाः । तस्माच्छारिपुत्र शून्यतायां न रूपं न वेदना न संज्ञा न संस्कारा न विज्ञानानि । न चक्षुः श्रोत्रघ्राणजिह्वाकायमनांसि । न रूपशब्दगंधरसस्प्रष्टव्यधर्माः ।

न चक्षुर्धातुर्यावन्न मनोधातुः।

न विद्या नाविद्या न वि-
द्याक्षयो नाविद्याक्षयो यावन्न
जरामरणं न जरामरणक्षयो
न दुःखसमुदयनिरोधमार्गा न
ज्ञानं न प्राप्तित्वं।

बोधिसत्त्वस्य प्रज्ञापारमि-
तामाश्रित्य विहरति चित्ताव-
रणः। चित्तावरणनास्तित्वादत्र-
स्तो विपर्यासातिक्रांतो निष्ठ-
निर्वाणः।

व्यध्वव्यवस्थिताःसर्वबुद्धाः प्र-
ज्ञापारमितामाश्रित्यानुत्तरां स-
म्यक्संबोधिमभिसंबुद्धाः।

तस्माज्ज्ञातव्यो प्रज्ञापारमि-
तामहामंत्रो महाविद्यामंत्रो
ऽनुत्तरमंत्रोऽसमसममंत्रः सर्व-
दुःखप्रशमनः सत्यममिथ्यत्वात्
प्रज्ञापारमितायामुक्तो मंत्रः।
तद्यथा गते गते पारगते पार-
संगते बोधि स्वाहा।

॥ इति प्रज्ञापारमिताहृदयं
समाप्तं ॥

4) 法隆寺 梵本과 英字音譯對照

॥ अथ प्रज्ञापारमिताहृदयसूत्रं ॥

॥ नमः सर्वज्ञाय ॥

आर्यावलोकितेश्वरबोधिसत्त्वो गंभीरायां प्रज्ञापारमितायां चर्यां चरमाणो व्यवलोकयति स्म । पंच स्कन्धाः ॥ तांश्च स्वभावशून्यान्पश्यति स्म ।

इह शारिपुत्र रूपं शून्यता शून्यतैव रूपं रूपान्न पृथक् शून्यता शून्यताया न पृथग्रूपं यद्रूपं सा शून्यता या शून्यता तद्रूपं । एवमेव वेदनासंज्ञासंस्कारविज्ञानानि ।

इह शारिपुत्र सर्वधर्माः शून्यतालक्षणा अनुत्पन्ना अनिरुद्धा अमला न विमला नोना न परिपूर्णाः ।

तस्माच्छारिपुत्र शून्यतायां न रूपं न वेदना न संज्ञा न संस्कारा न विज्ञानानि । न चक्षुःश्रोत्रघ्राणजिह्वाकायमनांसि । न रूपशब्दगंधरसस्प्रष्टव्यधर्माः । न चक्षुर्धातुर्यावन्न मनोविज्ञानधातुः ।

Namaḥ sarvajñāya [1]
Āryāvalokiteçvara-bodhisattvo gaṁbhīrāyāṁ prajñā-pāramitāyāṁ caryāṁ caramāṇo vyavalokayati sma| pañca skandhāḥ | tāṁçca svabhāva-çūnyān paçyati [2] sma |

Iha Çāriputra rūpaṁ çūnyatā çūnyatāiva rūpaṁ rūpānna[1] pṛithak çūnyatā çūnyatāyā na pṛithag rūpaṁ yad rūpaṁ sā çūnyatā yā çūnyatā tad rūpam[2].
Evam eva vedanā-saṁjñā-saṁskāra-vijñānāni.
Iha Çāriputra sarva-dharmāḥ çūnyatā-lakṣaṇā anutpannā aniruddhā amalā na vimalā nonā na paripūrṇāḥ.

Tasmāc Chāriputra çūnyatāyāṁ na rūpaṁ na vedanā na saṁjñā na saṁskārā na vijñānāni. Na çakṣuḥ-çrotra-ghrāṇa-jihvā-kāya-manāṁsi. Na rūpa-çabda-gandha-rasa-spraṣṭavya-dharmāḥ. Na cakṣurdhātur yāvan[1] na mano-vijñāna-dhātuḥ.

法隆寺 貝葉梵本心經考察 89

न विद्या नाविद्या न विद्याक्षयो नाविद्याक्षयो यावन्न जरामरणं न जरामरणक्षयो न दुःखसमुदयनिरोधमार्गा न ज्ञानं न प्राप्तिरप्राप्तित्वेन ।

बोधिसत्त्वस्य प्रज्ञापारमितामाश्रित्य विहरत्यचित्तावरणः । चित्तावरणनास्तित्वादत्रस्तो विपर्यासातिक्रान्तो निष्ठनिर्वाणः ।

त्र्यध्वव्यवस्थिताः सर्वबुद्धाः प्रज्ञापारमितामाश्रित्यानुत्तरां सम्यक्संबोधिमभिसंबुद्धाः ।

तस्माज्ज्ञातव्यो प्रज्ञापारमितामहामंत्रो महाविद्यामंत्रोऽनुत्तरमंत्रोऽसमसममंत्रः सर्वदुःखप्रशमनः सत्यममिथ्यत्वात् प्रज्ञापारमितायामुक्तो मंत्रः ।

तद्यथा गते गते पारगते पारसंगते बोधि स्वाहा ॥

॥ इति प्रज्ञापारमिताहृदयं समाप्तं ॥

Na vidyā nāvidyā na vidyā-kṣayo nāvidyā-kṣayo yāvan[2] na jarāmaraṇam na jarāmaraṇa-kṣayo na duḥkha-samudaya-nirodha-mārgā na jñānam napraptir aprāptitvena.

Bodhisattvasya prajñā-pāramitām āçritya viharaty acittāvaraṇaḥ. Cittāvaraṇa-nāstitvād atrasto viparyāsātikrānto niṣṭha-nirvāṇaḥ. Tryadhva-vyavasthitāḥ sarvabuddhāḥ prajñā pāramitām āçrityānuttarām samyaksambodhim abhisambuddhāḥ.

Tasmāj jñātavyo prajñā-pāramitā-mahā-mantro mahā-vidyā-mantro' nuttara-mantro' samasama-mantraḥ sarvaduḥkha-praçamanaḥ satyam amithyatvāt prajñā-paramitāyām ukto mantraḥ.

Tad yathā[1] gate gate pāragate pārasaṁgate bodhi svāhā.|
Iti prajñā-pāramitā-hṛidayam samāptam.

1. Tad yāthā = Tad · yathānuçruyate.

5. 法隆寺 梵本 研究對校

梵文	｡ॐ नमः	सर्वज्ञाय	आर्य	वलोकितेश्वर
音譯	Namas	sarva jñāya	Āryā	valokiteśvara
修正	Namah	〃	〃	〃
英譯	Adoration to	the omniscient	the venerable	Bodhisattva
現行	—	—	—	觀自在
直譯	敬禮	一切智者	聖	〃
醉玄	摩訶般若로 돌아서는 심장의 말씀인 마하바라 밀다 심경에 목숨을 들어 돌아가고자 합니다. 돌아가고자 합니다.			觀自在菩薩이

梵文	बोधिसत्त्वो	गम्भीरायं	प्रज्ञा	पारमितायां
音譯	Bxdhisatvo	Gambhiram	Prajñā	Pāramitāyam
修正	Bodhisattvo	Gambhirāyam	〃	〃
英譯	Avalokitesvara	in the deep	pragna (perfection of wisdom)	paramita
現行	菩薩	行深	〃	波羅蜜多
直譯	〃	深	智慧	究竟
醉玄		반야의 심장인 저 언덕으로 돌아서서 깊은 반야에 들어섰을		

梵文	(Sanskrit script)					
音譯	karyāṁ	karamāṇo	vyāvalokayati	sma	pañka	skandhās
修正	〃	〃	〃	〃	panca	skandhāḥ
英譯	performing	his study	thought thus:		'these	be
現行	一	時	照見		一	蘊
直譯	行	行	照見眞觀		〃	〃
醉玄	관자재 차원에서 내려다 보시고	때에			모든 물질적 현상은 五蘊인 물질(色), 느낌(受), 따짐(想), 의지적충동(行), 버릇(識)으로 이루어 졌으며	

梵文	(Sanskrit script)				
音譯	tāśka	svabhāva	śūnyaṁ	paśyati	sma	iha
修正	tāṁçca	〃	çūnyān	〃	〃	〃
英譯	considered	as by their nature empty(phenomenal)'			he said O	
現行	一	一	皆空		度一切苦厄	
直譯	其等	自性	空	正見體得	却說	
醉玄	또한 五蘊 역시 모두 비었음을 분명히 아시고				일체 괴로움에서 벗어 나셨다.	

法隆寺 貝葉梵本心經考察　93

梵文	(梵字)	(梵字)	(梵字)	(梵字)	(梵字)	(梵字)
音譯	śāriputra	Rūpaṁ	śūnyatā	śūnyataiva	Rūpaṁ	Rūpān
修正	〃	〃	〃	〃	〃	〃
英譯	sariptra,	form	here is	emptiness,and	is form.	emptiness
現行	舍利子	—	—	—		—
直譯	舍利弗	色	空	空即	色	〃
醉玄	사리자야				물질적현상 色과	

梵文	(梵字)	(梵字) 조금히	(梵字)	(梵字)	(梵字)	(梵字)	(梵字)
音譯	na	pṛthak	śūnyatā	śūnyatāyā.	na	pṛthag	rūpaṁ
修正	〃	〃	〃	〃	〃	〃	〃
英譯	is not	different	from form,	form			
現行	不	異	空	空	不	異	色
直譯	〃	〃	〃	〃	〃	〃	〃
醉玄	본질(空)은 그 자체가 다르지 않고			본질의 순수함(空)이 모든 구체화된 현상(色)과 다르지 않으니			

梵文	𑀬𑀤	𑀭𑀽𑀧𑀁	𑀲𑀸	𑀰𑀽𑀦𑁆𑀬𑀢𑀸	𑀬𑀸	𑀰𑀽𑀦𑁆𑀬𑀢𑀸	𑀢𑀤्	𑀭𑀽𑀧𑀁
音譯	yad	Rūpaṁ	sā	śūnyatā	yā	śūnyatā	tad—	rūpaṁ
修正	〃	〃	〃	〃	〃	〃	〃	〃
英譯	what is form that is emptiness, what is emptiness that is form.
現行		色 即 是 空			空 即 是 色
直譯		即 色 — 是 空			即 空 — 是 色
醉玄	물질적 현상과 본질의 순수함이 바로 같으며			본질의 순수함 이것의 活性化가 바로 물질적 현상으로 구체화된 것이다.

梵文							
音譯	evam	eva	vedanā	saṁgñā	saṁskāra.	vigñānāni	iha
修正	〃	〃	〃	〃	〃	〃	〃
英譯	the same applies to perception, name, conception, and knowledge here (
現行			受	想	行	識亦復如是
直譯	如是	〃	〃	〃	〃	識	却說
醉玄	이와같이 우리의 느낌, 따짐, 의지적 충동,					버릇들이 바로 부처님의 自發光의 지혜이며 부처님 實相이 바로 우리의 모습이다.

法隆寺 貝葉梵本心經考察 95

梵文	𑀰𑀸𑀭𑀺𑀧𑀼𑀢𑁆𑀭	𑀲𑀭𑁆𑀯	𑀥𑀭𑁆𑀫	𑀰𑀽𑀦𑁆𑀬𑀢𑀸	𑀮𑀓𑁆𑀱𑀡
音譯	śāriputra	sarva	dharmā	śūnyatā	lakshaṇa
修正	〃	〃	dharmāh	〃	lakṣaṇā
英譯	sariputra,	all	things have	the character of	emptiness,
現行	舍利子	是諸	法	空	相
直譯	舍利弗	一切	〃	〃	,
醉玄	사라자야	이 모든 是非가 사라진		본질의	순수한 바탕은

梵文	𑀅𑀦𑀼𑀢𑁆𑀧𑀦𑁆𑀦𑀸	𑀬𑀼𑀦𑀺𑀭𑀼𑀤𑁆𑀥𑀸	𑀅𑀫𑀮𑀸	𑀯𑀺𑀫𑀮𑀸
音譯	anutpannā	(for a?) yuniruddhā	amalā	vimalā
修正	〃	aniruddhā	〃	na-vimalā
英譯	they have no beginning, no end,		they are faultless	and not faultless,
現行	不生	不滅	不垢	不淨
直譯	〃	〃	〃	〃
醉玄	생겨나는 것도 아니다.	없어지는 것도 아니다.	더러워지는 것도 아니다	깨끗해지는 것도 아니다

梵文	𑖡 𑖡𑖯	𑖡 𑖢𑖨𑖰𑖢𑖳𑖨𑖿𑖜𑖯	𑖡 𑖝𑖭𑖿𑖦𑖯𑖎𑖿	𑖎𑖯𑖨𑖰𑖢𑖲𑖝𑖿𑖨
音譯	no nā	na paripurṇā	tasmāk	khāriputra
修正	〃 〃	〃 paripūrṇāḥ	tasmac	chāriputra
英譯	they are not imperfect	and not perfect.	therefore,	O sariputra,
現行	不 增	不 減	是故	―
直譯	不 減	不 增	〃	舍利弗
醉玄	불어나는 것도	줄어드는 것도 아니다	그러므로 분명히 알아라	

梵文	𑖫𑖳𑖡𑖿𑖧𑖝𑖯𑖧𑖯𑖽	𑖡 𑖨𑖳𑖢𑖽	𑖡 𑖪𑖸𑖟𑖡𑖯	𑖭𑖽𑖕𑖿𑖗𑖯
音譯	śūnyatāyāṁ	na	rūpaṁ	na vedanā	saṅgñā
修正	〃	〃	〃	〃	na-saṃjñā
英譯	in this emptiness	there is no form,	no	perception,	no name,
現行	空中	無	色	無 受 ―	無
直譯	空	〃	〃	〃 〃	無 想
醉玄	이름할 수 없는 이 본질의 순수함에는	물질적 현상도 없으며		느낌,	따짐,

法隆寺 貝葉梵本心經考察　97

梵文	𑖡 𑖭𑖽𑖭𑖿𑖎𑖯𑖨𑖯	𑖡	𑖪𑖰𑖕𑖿𑖗𑖯𑖡𑖰	𑖡	𑖎𑖬𑖲	𑖫𑖿𑖨𑖺𑖝𑖿𑖨	𑖑𑖿𑖨𑖯𑖜
音譯	nā saṁskārā	ma	vignāni	na	kakshu	śrotra	ghrāṇa
修正	〃 〃	〃	vignānāni	na	cakṣuḥ	〃	〃
英譯	no concepts,	no	knowledge.	no	eye,	ear,	nose,
現行	一 行	一	識	無	眼	耳	鼻
直譯	無 行	無	識	〃	〃	〃	〃
醉玄	의지적 충동		버릇들도 없다	또	눈(眼根)	귀(耳根)	코(鼻根)

梵文	𑖕𑖰𑖮𑖿𑖪𑖯	𑖎𑖯𑖧	𑖦𑖡𑖺𑖽𑖭𑖰	𑖡	𑖨𑖳𑖢𑖽	𑖫𑖤𑖿𑖟	𑖐𑖡𑖿𑖠
音譯	gihvā	kāya	manonsi	na	rūpaṁ	śabda	gandha
修正	〃	〃	manāṁsi	〃	rūpa	〃	〃
英譯	tongue,	body,	mind.	no	form,	sound,	smell,
現行	舌	身	意	無	色	聲	香
直譯	〃	〃	〃	〃	〃	〃	〃
醉玄	혀(舌根),	몸(身根)	그리고 생각의 능력과 그 작용(意根) 조차도 없다		그 대상이 되는 현상생멸계의 모든 색깔과 형상(色境)	소리(聲境),	냄새(香境),

梵文	\[Sanskrit script\]							
音譯	rasa	spashtavya	dharmā	na	kakshur	dhātu	yāvan
修正	〃	spraṣṭavya	dharmāḥ	〃	kakṣur	dhātur	〃
英譯	taste,	touch,	objects.	there is no	eye, etc,	till we come to
現行	味	觸	法	無	眼	界	乃至
直譯	〃	〃	〃	〃	〃	〃	〃
醉玄	맛(味境), 닿임(觸境)은		비감각적인 그 도리(法境)조차도 없다.	아니,	보는 영역(眼識)으로 부터		

梵文	\[Sanskrit script\]		
音譯	na	mano	dhātu
修正	〃	〃	vijnāna dhātuḥ
英譯	'there is no mind' { what is left out here are the eighteen dhatus of aggregates, viz, eye, form, vision; ear, sound, hearing; nose, odour, smelling; tongue, flavour, tasting; body, touch, feeling; mind, objects, thoughts; }
現行	無	意識	界
直譯	無	意 一	界
醉玄	생각하는 영역(意識界)까지도 없다

法隆寺 貝葉梵本心經考察　99

梵文	𑀦 𑀯𑀺𑀤𑁆𑀬𑀸	𑀦 𑀯𑀺𑀤𑁆𑀬𑀸	𑀦 𑀯𑀺𑀤𑁆𑀬𑀸	𑀓𑁆𑀱𑀬𑁄
音譯	na vidyā	nā vidyā	na vidyā	kshayo
修正	〃 〃	〃 〃	〃 〃	kṣıyo
英譯	there is no knowledge,	no ignorance,	no destruction of	knowledge,
現行	一	無	無 明 亦	一 一 一
直譯	無 明	無	無 明	一 無 明 滅盡
醉玄	밝음(明)을 그릇되게 보는 잠재적인 충동(無明)도 없으며			

梵文	𑀦 𑀯𑀺𑀤𑁆𑀬𑀸	𑀓𑁆𑀱𑀬𑁄	𑀬𑀸𑀯𑀦𑁆	𑀦 𑀕𑀭𑀸	𑀫𑀭𑀡𑀁
音譯	⊙ na vidyā	kshayo	yāvan	na ġarā	maraṇaṁ
修正	nā vidyā	〃	〃	〃	〃
英譯	no destruction of	ignorance etc,	till we come to	'there is no decay and death';	
現行	無 無 明	盡	乃至	無 老 死 亦	
直譯	無 無 明	滅盡	〃	〃 〃 〃	
醉玄	밝음을 밝게 보았다는 것조차 없으므로 드디어 늙음도 없고 죽음도 없으며				

梵文					
音譯	na	ġarā	maraṇa	kshayo	na	duḥkha
修正	//	//	//	//	//	//
英譯	no destruction of decay and death;			(the four truths, viz, that there is) there are not pain,		
現行	無	老	死	盡	無	苦
直譯	//	//	//	滅盡	//	//
醉玄	늙음과 죽음이 모두 없어졌다는 생각조차 없다.			오! 고(苦)의 고귀한 진리도 없고		

梵文					
音譯	samudaya	nirodha	mārga	na	gñānaṁ
修正	//	//	mārgā	//	jñānaṁ
英譯	origin of pain,	stoppage of pain, and the path to it.		there is no knowledge,	
現行	集	滅	道	無	智 亦
直譯	//	//	//	//	//
醉玄	이 괴로움의 원인(集)도 없으며	이 괴로움의 소멸도 없고	이 괴로움을 벗어나는 수행 방법(道)까지도 없으므로	摩訶般若라는 것도 거기에 없으며	

梵文	𑀦 𑀧𑁆𑀭𑀸𑀧𑁆𑀢𑀺𑀢𑁆𑀯𑀁		𑀩𑁄𑀥𑀺𑀲𑀢𑁆𑀯𑀲𑁆𑀬	𑀧𑁆𑀭𑀚𑁆𑀜
音譯	na prāptitvaṁ	—	Bodhisatvasya	praġñā
修正	〃 prāptir	aprāptitvena	〃	〃
英譯	no obtaining (of nirvana).	a man who has approached		the prajna
現行	無 得 —	以 無 所 得 故	菩 提 薩 埵	依 般 若
直譯	無 得 —	—	覺 有 情	智 慧
醉玄	깨달았다는 것도 없고 또한 깨닫지 못했다는 그런 생각조차 없다	그러므로 사리자야 깨달았다는 일이 없기 때문에	보살은	반야

梵文	𑀧𑀸𑀭𑀫𑀺𑀢𑀸𑀁	𑀆𑀰𑁆𑀭𑀺𑀢𑁆𑀬	𑀯𑀺𑀳𑀭𑀢𑀺	𑀘𑀺𑀢𑁆𑀢	𑀯𑀭𑀡𑀂
音譯	pāramitāṁ	āśrinyā	viharani	kitta (for ttā?)	varaṇaḥ
修正	〃	āśritya	viharaty	acittā (aū)	varaṇaḥ
英譯	paramita of the Bodhisattva,		dwells	enveloped in consciousness.	
現行	波 羅 密 多	故	—	心 無	罣 礙
直譯	究 竟	依	住	無 心 —	罣 礙
醉玄	바라밀다가 되어			마음에 걸림이 없다	

梵文	(Devanagari)	(Devanagari)	(Devanagari)	(Devanagari)
音譯	kittā	varana	nāstitvād	atrasto
修正	〃	〃	〃	〃
英譯	but when the envelopment of-—consciousness has been annihilated,		then he becomes free of all fear.	
現行	無罣礙故		無有	恐怖
直譯	心 一 罣礙		無有 故	無恐
醉玄	일체의 걸림이 없으므로		마음에 걸림이 없으므로 마음에 두려움이 없으며	

梵文	(Devanagari)	(Devanagari)	(Devanagari)	(Devanagari)
音譯	vipadyasā	tikrāntaḥ	tishṭha	nirvāṇaḥ
修正	viparyāsā (aa)	tikranto	niṣṭha	〃
英譯	Beyond the reach of change,		enjoying final	nirvana.
現行	遠離	顚倒夢想	究竟	涅槃
直譯	顚倒	遠離	〃	滅
醉玄	마침내 뒤바뀐 꿈의 세상을	멀리 여의어서 문득, 더 나아갈 수 없는 涅槃에 든다		

法隆寺 貝葉梵本心經考察   103

梵文	[Sanskrit]	[Sanskrit]	[Sanskrit]	[Sanskrit]	[Sanskrit]
音譯	tryadhva	vyavasthitā	sarva	Buddhāḥ	pragñā
修正	〃	〃	〃	〃	〃
英譯	all Buddhas of the past, present and future,				
現行	三世	―	諸	佛	依般若
直譯	〃	居住	一切	〃	智慧
醉玄	과거, 미래 현재의		모든 부처님도		반야

梵文	[Sanskrit]	[Sanskrit]	[Sanskrit]	[Sanskrit]	[Sanskrit]
音譯	pāramitām	(for sri?) aśunyā	nuttaraṁ	samyak	sambodhim
修正	〃	acrityā	〃	〃	sambodhiṁ
英譯	after approaching the pragna paramita,		have awok to the highest		perfect knowledge.
現行	波羅蜜多	故	得 阿耨多羅	三藐	三菩提
直譯	究竟	依	一 無上	正	等覺
醉玄	바라밀다가 되어		위없는	바른	깨달음을

梵文	音譯	修正	英譯	現行	直譯	醉玄
(Sanskrit)	abhi sam Buddhā tasmā ġñātavyaṁ pragñā	〃 sam Buddhāḥ tasmāj jñātavyo 〃	therefore one ought to know the great	故 知 般若	證得 正 覺者 是故 〃 智慧	얻었다. 그러므로, 마땅히 알아야 한다 반야

梵文	音譯	修正	英譯	現行	直譯	醉玄
(Sanskrit)	pāramitā mahā mantro mahā vidyā mantraḥ	〃 〃 , 〃 〃 mantro	verse of the prajna paramita, the verse of the great wisdom,	波羅蜜多 是大 神呪 是大 明 呪 是	究竟 一 大 一 呪 大 明 呪 一	바라밀다는 위대한 만트라, 수승한 지혜의 만트라,

梵文	𑖀𑖡𑖲𑖝𑖿𑖝𑖩	𑖦𑖡𑖿𑖝𑖿𑖨	𑖀𑖭𑖦𑖭𑖦	𑖦𑖡𑖿𑖝𑖿𑖨	𑖭𑖨𑖿𑖪
音譯	anuttara	mantra	asamasama	mantra	sarva
修正	'nuttara	mantro	'samasama	mantraḥ	〃
英譯	the unsurpassed	verse,	the peerless	verse, which	appeases
現行	無上	咒	是 無等々	咒	能除 一切
直譯	〃	—	一 無等々	咒	— 一切
醉玄	위없는	단트라	더 견줄 바 없는	만트라임을 또 이 만트라는	충분히 모든

梵文	𑖟𑖲𑖾𑖏	𑖢𑖿𑖨𑖫𑖦𑖡𑖾	𑖭𑖝𑖿𑖧𑖦𑖿	𑖀𑖦𑖰𑖞𑖿𑖧	𑖝𑖿𑖪𑖝𑖿
音譯	duḥkha	praśamanaḥ	satyam	amithya	tvat
修正	〃	〃	〃	〃	〃
英譯	all pain,		—it is truth, because it is not false—		
現行	苦		眞實	不虛	故 說
直譯	苦	鎭	眞實	不虛	—
醉玄	괴로움을 제거 시켜준다		거짓이 없는 眞實만 충만한 세계이니		그럼

梵文	\[Sanskrit script\]					
音譯	pragñā	pāramitāyām	ukto	mantraḥ	tad—yathā	
修正	prajñā	pāramitāyaṁ	〃	〃	〃	
英譯	the verse proclaimed in the prajna paramita. O wisdom,					
現行	般若	波羅蜜多		咒	卽說卽曰	
直譯	智悲	究竟	曰說	咒	卽曰	
醉玄	반야 바라밀다가 되어서			이 만트라를 곧 바로 읊으니 들어라		

梵文	\[Sanskrit script\]					
音譯	gate	gate	pāra	gate	pārasaṁ	gate Bodhi
修正	〃	〃	〃	〃	〃.	〃 〃
英譯	gone, gone, gone to the other shore, landed at the other shore,					
現行	揭諦	揭諦	波羅	揭諦	波羅僧	揭諦 菩提
直譯	〃	〃	〃	〃	〃	〃 〃
醉玄	가테 (건너감이여 건너감이여	가테	파아라 가테 저 언덕으로 건너감이여		파아라상 가테 저 언덕에 완전히 건너감이여	보디 오! 이 놀라운 깨달음이여

法隆寺 貝葉梵本心經考察   107

梵文	𑖭𑖿𑖪𑖯𑖮𑖯	𑖢𑖿𑖨𑖕𑖿𑖗𑖯	𑖢𑖯𑖨𑖦𑖰𑖝𑖯	𑖮𑖴𑖟𑖧	𑖭𑖦𑖯𑖢𑖿𑖝
音譯	svāhā	pragñā	pāramita	(da?) hri ya	samapta
修正	〃	iti	〃	hridayaṁ	samāptaṁ
英譯	svaha.	thus ends	the heart	of the prajna	paramita.
現行	娑婆訶	般若	─	心	經 ─
直譯 醉玄	〃 (스바아하) 만만세!	智慧	究竟	心	─ 終

이로써 摩訶般若로 돌아서는 심장의 말씀이 완성되었다

第二編 總說

제1장 序 說

◎ 般若心經은 八萬大藏經의 心臟

(1) 世尊의 49년 동안 말씀인 八萬四千法門을 담은 책을 八萬大藏經이라 한다.

　◉ 8 만대장경 분류

　　三藏 ┬ 經 : 세존의 말씀
　　　　 ├ 律 : 계율문
　　　　 └ 論 : 부처님 말씀을 정리하였고, 불법의 대의를 천명하신 보살님네들의 글.

　　　　　 疏 : 三藏에 통한 스님들이 經文을 註釋한 글

　　　　 語錄 : 見性하신 祖師님네나 善知識님네들의 法語를 기록한 글.

　◉ 부처님의 직설만도 약 3,000여 권이 되며, 조사스님네나 선지식님네들의 주소(註疏)를 합치면 모두 1,000여권이 넘는다. 이 심오한 요체를 이해하는 데 각 종파간 견해 차이를 보이고 있으며 —— 우리 新羅의 大善知識인 元曉의 十門百宗이 서로 다를 것이 없음을 변증한 十門和諍論이 있다.

(2) 팔만대장경을 分類하였을 때 心經의 위치는?

역사상, 敎相判釋法이 일반적으로 天台宗의 五時敎判法과 法相宗의 有空中, 三敎分類法 또 華嚴宗의 五時法이 가장 잘 알려졌을 뿐 아니라 가장 과학적으로 잘된 것이라 한다.

① **天台五敎** : 天台智者의 判釋
- ㉠ 華嚴時 – 成道후 21일간(3·7)
   이 때의 내용이 화엄경으로 결집되었다.
- ㉡ 阿含時 – 12년간 소승교를 설하심. 이때에 결집한 經이 阿含經이다.
- ㉢ 方等時 – 소승과 대승의 가르침을 두루 설하시어 고르게 중생에 이익을 주었던 8년간이다. 결집된 經은 維摩經, 勝鬘經, 金光明經, 楞伽經, 無量壽經 등의 대승경전들이다.
- ㉣ 般若時 – 대승경전. 600部 般若經을 21년 동안 설한 때를 말한다. 결집 經으로는 般若心經, 金剛般若波羅蜜多經, 광찬반야바라밀경, 방광반야바라밀경 등이 있다.
- ㉤ 法華涅槃時 – 法華經을 8년동안 설하시고, 열반하시기 직전 하루밤 하루낮 동안 涅槃經을 설하시었다.

② **華嚴五時敎**

華嚴宗에서는 華嚴經의 如來性起品에 있는 「해가 동쪽에서 떠오르면 먼저 높은 산을 비치고 나서 다음 산골짜기를 비치며 그 다음에 평지에 비치게 된다」라고 한 말에 배대하여 高山, 幽谷, 食時, 中, 正中(높은 산, 골짜기, 아침, 반낮, 한낮)의 五時로 나눈다. 이는 成道

하신 처음 3·7일 동안 화엄경을 설하심은 해가 뜨면 가장 높은 산 봉우리를 비친다는 이치에 비유하신 것이다.
③ 法相宗의 有空中의 三敎
㉠ 有敎 —— 눈앞에 나타나 있는 현상계에 관한 교법을 말한다.

일체 현상계의 물리적 과학적 제 현상과 우리가 인식할 수 있는 일체 존재물은 서로 상대적인 원리에 의해 건립된 것인데, 이러함을 바탕으로 하여 설명된 교법을 일컫는다. 이는 일반적으로 大乘의 가르침에 들어 오기전 소승불교의 교리임. 經典으로 阿含經이 있다.

㉡ 空敎 —— 현상계의 이면인 본질 세계에서 볼 때 일체의 현상과 모든 존재는 근본적으로 아무 것도 없는 것이라는 空의 道理를 가르치는 교법을 이른다.

근본 실체는 절대 불변이나 우리가 인식할 수 있는 일체 존재는 찰나찰나 상대적으로 변하여서 소멸한다. 이 고정 불변의 실체가 없는 無自性의 이치를 가르침이 바로 空敎이다. 결집 經典으로는 方等經, 般若經 계통의 경이 이에 속한다.

㉢ 中敎 —— 有敎와 空敎의 가르침을 원융케하여 드러낸 수승된 차원을 中道라 하는데 이야말로 부처님의 구경의 참다운 가르침이다. 바다로 비유하면 일렁이는 파도, 곧 현상계의 차별상에 치중하여 가르침이 有敎이고, 空敎는 망망한 大海만이 바다의 진면목이라 주장하는 것이다. 그러나 中敎는 천태만상의 파도가 바로 바다이며 또 바닷물 없이 파도가 일어날 수 없으니 파도 그대로 바다이며 바다 그대로 파도라 보는 것이 中道 혹은 中敎라

한다.
　　결집된 經典은 法華經, 華嚴經, 維摩經, 涅槃經 등이 있다.

※ 모든 부처님의 설법이 有敎, 空敎, 中敎로 구별할 수 있음은 중생의 근기가 모두 다르기 때문이다. 그러나 부처님의 가르침은 오묘하여 소승교리인 有敎의 가르침을 펴는 가운데에도 空敎의 도리나 中道의 원리를 빼어 놓으시지 않으셨고 또 空敎의 가르침을 펴면서도 有敎와 中道의 가르침을 포함하시어 말씀하심. 이는 上·中·下의 어느 근기의 사람이라도 모두 中道의 구경 진리에 이르게 하신 자비 위신력이다.
④ 般若心經은 一實中道의 가르침이다.
　　心經은 표면상 空敎에 속하는 般若六百部 가운에 있으며 처음 空門으로 들어가나 그 내용의 뜻을 음미하여 보면 眞實, 이 한 자로 귀착되는 一實中道의 최상의 경이다.
⑤ 心經은 成佛作祖의 바탕이다.
　　"般若心經은 大般若의 중심이고 六百部의 綱要이며 八萬大藏經의 골수인 동시에 成佛作祖의 근원이다."
⑥ 心經은 言說을 초월한 究竟의 진리이다.

〈講義〉

먼저 般若心經이 팔만대장경이라 총칭되는 부처님 일대의 가르침 가운데 차지하는 비중, 성격, 그 위치를 규명할까 합니다. 心經의 위치나 성격을 명확히 안다는 것은 더할 수 없는 확고한 信心을 피어나게 함이니 이 신심이야 말로 일체 부처님의 근본 마음인 것입니다. 여기에 慈悲曲盡하신 관자재보살의 말씀인 이 심경을 한번이라도 흘끗보거나 귀로 들을지라도 일체 중생 누구나 막론하고 一實中道의 세계로 뛰어들어 解脫成佛되는 밑거름이 되기 때문입니다.

대개 석가 부처님이 49년 동안 對機說法한 八萬四千法門을 실은 경전을 八萬大藏經이라 하는데 이 팔만대장경을 분류하면 부처님 말씀인 經과 도덕적인 규범과 교단의 질서를 기록한 律과 부처님의 말씀을 체계있게 정리하여 그 대의를 천명한 보살님네나 祖師님네들 글인 論, 그리고 經律論에 달통한 선지식네들이 그 경문의 뜻을 자세히 벌려 주석한 疏가 있고 祖師와 善知識네의 法語集인 語錄으로 되어 있습니다 여기서 經律論을 합쳐 三藏이라 합니다. 또 팔만대장경 가운데 부처님의 직설만도 3000여권이 되고 또 조사의 어록과 삼장에 통한 스님네들의 註疏를 모두 합치면 만여권 이상이 되는 방대한 내용입니다.

그럼 이 般若心經은 어느 위치에 있는 經인가?
경전을 체계있게 과학적으로 쪼개어 분류하는 법을 敎相判釋法이라 하는데 이 교상판석법 중 역사상 가장 잘 되었다고 말하여 지는 것은 華嚴宗과 天台宗의 五時敎判法과 法相宗이 말한 有·空·中의 三敎로 나누는 敎判法입니다.

앞 Note에서 敎判한 대략을 알아 보았습니다. 그것을 참고로 하여 전반적으로 말씀드릴까 합니다.

世尊께서 보리수 아래에서 12월 8일 새벽, 샛별을 보신 후 無上正等正覺(Anuttarā - Sammak - Sambodhi) 곧 위없는 바른 깨달음을 성취하였습니다. 그리고 21일 동안 깨달음의 법열에 잠겨 명상여행을 하셨는데 이를 글로 표현한 것이 華嚴經입니다.

세존께서 깨달음을 얻으시자 眞理세계의 주인, 진리 바로 그것인 우주 자체, 비로자나불이 되어 버립니다. 그리고는 옛소식, 옛우물, 옛하늘 아니, 대우주 자체의 三昧소식을 나타냅니다. 이 세상에 존재해 있는 온갖 存在와 非存在가 모두 참가하여 합주하는 영원의 대교향악을 흘려 보이었습니다. 이 때 모든 중생, 아니 天下가 귀머거리가 되어 버립니다.

여러분! 너무 소리가 크거나 또 너무 작거나, 전혀 意外의 소리일 때 귀는 없어져 버립니다. 이것은 無始以來이어져 내려온 전도된 삶의 버릇 때문입니다.

참을 거짓으로 알았고 거짓은 참으로 확신하고, 또 중요한 것은 가벼운 것은 무겁게 顚倒夢想된 생활을 하여왔던 것입니다. 그래서 法을 펴시기 주저하시던 석가세존께서는 梵天의 권유로, 눈에 보이는 현상계부터 차례 차례 설법을 하시게 된 것입니다. 이것이 바로 阿含經입니다. 저 華嚴五時敎에 아침에 해가 뜨면 산 頂上, 곧 높은 산 부터 비춘다 함은 바로 世尊의 깨달음 자체인 입을 열기전 21일간 침묵의 禪定을 말합니다. 그래서 華嚴의 次元, 眞如의 차원으로 의식을 승화하기 위하여 世尊께서는 49년간에 걸치어 阿含단계, 方等部단계, 般若部단계, 法華·涅槃部經典의 단계, 즉 4단계로 분류하여 가르침을 펴왔습니다.

앞 Note에서도 간단히 정리하여 보았지만, 살펴보면 저 天台 智者스님의 天台五時敎나 華嚴五時敎나 法相宗에서 말하는 有·空·

中 三敎判釋法이나 모두 같음을 알 수 있습니다.

제1단계는 阿含經의 경전들이며 설법기간은 12년입니다. 곧 增一阿含經 51卷, 長阿含經 21卷, 中阿含經 60卷, 雜阿含經 50卷의 漢譯經典이 있고, 南方小乘圈에는 위에 기술한 四阿含經 외에 小部經典이 있는데 한역 四阿含經보다 늦게 형성된 것이라 합니다. 이 아함경은 주로 객관적인 현상물질계의 가변성에 대하여 말씀하시고 있으며 욕망 절재에 관한 설법인 것입니다. 바로 客觀의 否定이 골수입니다. 처음 말씀하신 곳을 따서 鹿苑時라고도 합니다.

제2단계는 方等時라 하며 설법기간은 8년입니다
주로 大乘圈의 경전들이 여기에 속하며 方等部 경전들로는 維摩經, 勝鬘經, 金剛明經, 楞伽經, 無量壽經 등의 경전들입니다. 方等이란 말은 대승경전을 총칭하는 갈인데, 대승의 진리는 橫으로 넓게 두루(方)하고 堅로는 自性 平等하므로 붙여진 이름입니다. 주로 나(ego)의 非實在性에 대하여 말하고 있으며 緣起의 法則에 대하여 말씀하십니다. 즉 主觀, ego의 성성과 분리 이산에 대하여 언급되고 있으며 이는 면밀히 살펴보면 主觀의 否定에 대하여 말씀하고 있음을 알 수 있습니다.

제3단계는 般若 600부의 經典을 21년간 말씀하였습니다. 바로 大般若經 736권이 그것이며 이를 般若時라 부릅니다 이제 講論하게 될 般若心經, 金剛般若波羅蜜多經 등이 대반야경의 일부인 것입니다. 이 般若部 경전이야말로 석가세존의 말씀 중 가장 絶頂의 내용들 입니다.

阿含의 경전을 통하여 客觀을 否定하셨고 方等의 경전을 통해서 主觀을 否定하였습니다. 그럼 主觀과 客觀을 모두 否定한 후에 남는 것은 무엇인가?

일체가 없는 空虛, 이 빈자리마저 否定하였을 때, 즉 否定의 否定,

이것이 寂이며 照인 것입니다.

있다 없다, 이다 아니다 즉, 有無 是非 양변을 모두 막고 그 빈자리마저 꿰뚫었을 때, 無我無心이란 낱말로 포착되어 지는 그 消息, 세존께서는 중생을 이 차원으로 올리기 위해, 이 차원으로 끌어 올려 놓으려고 하신 法門이 般若의 경전들이며 이 반야의 경전들 중 最絶頂의 말씀이 이번 講論할 心經입니다. 이 절정을 이름하여 無念無心, 空, 眞如自性이며 또 觀自在 차원이며, 이 체험의 계합이 見性이며 究竟覺입니다. 이러함에 있어서 600部 大般若經이 8萬大藏經의 頂上이고, 이 頂上 중 가장 心臟이 바로「心經」입니다.

제4단계는 8년동안 法華經을 설하시고 입적 직전 하루낮 하루밤 동안의 말씀이 涅槃經입니다.

저 大般若經에서의 否定을 다시 否定한 寂의 세계, 主・客 양쪽으로 치우친 偏見을 막아서 들어낸다. 흔히 생각하기 쉬운 그 빈자리인 空虛 마저 들추어낸 후 나타나는 大肯定의 세계, 곧 照의 세계, 眞如自性인 空性의 顯現, 예컨대 이것은 농부가 씨뿌리고 정성들여 키우고 베어서 추수하여 남는 곡식, 이 열매야 말로 空의 活性化 구체화시킨 말씀이 法華의 말씀에 해당하며 이것을 더욱 잘 알게 간추려 유촉하신 말씀이 涅槃의 말씀입니다.

다시 간추려 말씀드리자면, 覺・空・眞如自性이라 일컬어지는 圓融無礙한 진리 자체의 세계의 소식이 華嚴의 말씀이고, 般若의 말씀 이전 阿舍과 方等의 말씀은 곧 眞如를 드러내기 위하여 客觀과 主觀을 否定한 후 남는「없다」하는 허무주의 마저 걷어내어 大肯定의「고요」(寂)가 般若의 말씀이면, 그와 동시에「되바침」(照)의 오롯함이 法華나 涅槃의 말씀인 것입니다.

그러나 우리가 분명히 인식해야 할 것은 이 네 단계가 어느 것

하나 저 大華嚴의 바다를 벗어나지 않았다는 것입니다.

왜냐? 華嚴의 말씀은 우주 자체의 三昧인 동시에 세존의 깨달음 바로 그것이기 때문입니다.

그럼 이제 心經을 주석하신 여러 祖師님네나 善知識분들의 글을 빌려 心經의 위치와 중요성을 들어내며 이 대문의 결론으로 삼고자 합니다.

　　이 經이 땅과 같으니 어느 물건이 땅에 의해서 나지 않는 것이 있겠는가. 일체의 부처님도 오직 한 마음을 가르키실 뿐이니, 어느 법이든 마음에 근거하지 않고 일어 날 수 있으랴. 단지 마음 바탕을 사무쳐 깨달을 것이니, 그런 까닭에 온갖 지혜를 다 지녔다하여 總持라 하며 이 진리를 깨달아 태어남이 없으면 이름하여 妙覺이라 한다. 한 생각 초월하면 어찌 번거로운 이론이 필요하랴.
　　이것이 바로 般若心經임을 알라
　　(玆經喩如大地 何物不從地之所生所生 諸佛唯指一心 何法不因心地所立 但了心地 故號總持 悟法無生 名爲妙覺 一念超越 豈在繁論者爾
　　般若波羅蜜多心經序)

위의 글은 六祖慧能[1]의 傳法제자이신 南陽 慧忠[2] 國師의 般若羅蜜多心經三註 序文에서 발췌한 글입니다.

이 心經은 言語를 초월한 究竟의 진리이고 모든 부처님을 이루는

---

1) 六祖(1562~713): 名은 慧能. 중국 禪宗의 중흥조 初·達摩. 二祖 慧可, 三祖僧璨四祖 道信, 五祖 弘忍에 이어 世尊의 以心傳心의 禪法을 받다
2) 慧忠(?~775): 六祖 慧能의 法을 받다. 중국 당나라 현종·숙종·대종, 3대임금의 두터운 귀의를 받고 국사로 주석하다.

바탕이 되는 心地를 사무쳐 깨닫는 心地法門임을 증명하시는 것입니다. 그래서 古人들은 이 心經을 大般若經의 중심이고 六百部의 綱要이며 八萬大藏經의 골수인 동시에 成佛作祖의 근원이다 하신 것입니다.

또 華嚴宗의 三祖이신 法藏賢首[3]스님은 아래와 같이 말씀하십니다. 현수스님은 많은 경론을 漢譯하신 三藏일 뿐 아니라 그의 견해가 光明하기로 드높은 大善知識입니다. 이 현수스님의 般若波羅蜜多心經 略疏의 序文을 옮겨적으며 이 心經의 序說을 결론코자 합니다.

　　무릇 참다운 구경자리인 眞源[4]은 더할바 없이 맑고 素素하여 그대로 두어도 조금도 어긋남이 없는 진리의 軌範이니[5] 과거 미래 현재의 시간을 꿰뚫고 전 공간세계를 뛰어 넘어서(沖漠)[6] 고기를 잡으면 통발을 잃고 토끼를 붙들면 그 그물을 잃듯이 참된 진리를 보고나면 말과 글을 버린다. 묘한 깨달음은 그윽하고 지극한 진리에 계합됨이니 방편적인 언어나 일시적인 道가 아닌 깊고 깊은 것이어서 분별과 사고를 초월하는 것이다.

　　비록 眞과 俗을 모두 여의어서 본질과 현상생멸계를 모두 초월하였으나, 본질의 세계와 현상계는 본래 따로 있는 것이 아니어서 늘 보이지 않지만 그대로 있다. (眞俗 雙泯[7] 二諦恒存) 빈것과 있는 것이

---

3) 賢首(643~712): 중국화엄종 3조. 이름은 法藏, 賢首는 하사받은 호. 80 華嚴經 漢譯이 있고 저서로는 〈화엄탐헌기〉〈화엄오교장〉〈대승기신론의기〉〈반야심경약소〉 등이 있다.
4) 眞源: 반야의 實體, 즉 波羅蜜 本地를 말한다.
5) 素範: 끝없이 깨끗하고 소소하여 본지의 自發光, 곧 自性의 형상화는 다듬지 않고 그대로 두어도 규범에 조금도 벗어남이 없다는 말이다.
6) 沖漠: 冲은 沖, 三世(과거. 미래. 현재)의 시간을 꿰뚫어 사무치고 十方(東西南北과 間方, 또 上下)의 공간세계, 즉 理體의 量을 나타냄.

모두 무너져 한 맛으로 늘 나타난다(空有兩亡 一昧常顯) 眞空의 도리는 일찌기 없는 것이 아니드로 空한 것으로 있다고 규정하며 幻으로 있을뿐 일찌기 있는 것이 아니니(幻有未始不空)[8] 있는 듯 空한 것이라 밝힌다.

현상계의 有는 空한 것으로 있을 따름이니 본래 있는 것이 아니고, 진리인 참된 空은 空으로 있는 空이어서 空한 것이 아니다(空有空故不空)[9]

(夫以眞源素範 冲漠隔於筌四弟 妙覺玄猷 奧賾超於言象 雖眞俗雙泯 二諦恒存 空有兩亡 一昧常顯 良以 眞空未當不有 即有以辯於空 幻有未始不空 即空以明於有 有空故不有 空有空故不空)

이 현수스님의 心經略疏에 나란히 써놓은 序의 일부인데, 여기에서 보는 바와 같이 이 心經은 불경 전반의 頂上이며 말과 글을 초월한 더 나갈 수 없는 究竟의 眞理 자체이며 千佛萬祖의 소굴임을 알 수 있습니다.

---

7) 眞俗雙泯 : 有無, 是非의 상대적 兩邊을 모두 막음. 곧 眞俗不二를 말한다. 中道를 나타낸 말 雙泯雙存, 雙遮雙照란 말이 있다.
8) 幻有未始不空 : 幻이라 하는 현상생멸계가 단지 인연따라 넘나들 뿐 自性은 본래 없는 것으로 일찌기 있는 것은 아니다.
9) 空有空故不空 : 진공인 바라밀 본지의 경계인 空은 그냥 그대로 空으로 있는 것이어서 그 본체가 있는 것이 되는 까닭에 결국 空한 것이 아니다.

제 2 장 心經의 原典과 그 飜譯本 및 註釋書

〔NOTE〕

(1) 心經의 산스크리트語 原本과 諸譯本
　① 廣本(大本)과 略本(小本)이 現存한다.
　　⦿ 略本의 산스크리트語本 가운데 가장 오래된 것이라 고증된 것은 日本 法隆寺인데 筆寫本이다.(AD 8세기초)
　　⦿ 廣本의 산스크리트 寫本은 역시 日本의 長谷寺에 전해온다.
　② 그 외에도 異本의 산스크리트語本이 몇 종 있다. 특히 Edward Conze가 英譯의 저본으로 사용한 산스크리트語本이 있는데 세칭 Conze本이라 알려진 本이 있다.
(2) 漢譯本
　　　다음 10여종이 잘 알려져 있다.
　① 鳩摩羅什(402-413) : 摩訶般若波羅蜜大明呪經
　② 玄　奘(649) : 般若波羅蜜多心經(우리가 독송하는 심경)
　③ 義　淨(700) : 佛說般若波羅蜜多心經
　④ 法　月(738) : 重譯 普遍智藏般若波羅蜜多心經(廣本)
　⑤ 法　月(738) : 般若波羅蜜多心經(廣本)

⑥ 般　若(790)와 利言의 共譯：般若波羅蜜多心經(廣本)
⑦ 智慧輪(850)：般若波羅蜜多心經(廣本)
⑧ 法　成(858전후)：般若波羅蜜多心經 (돈황석실본)
⑨ 施　護(980)：聖佛母般若波羅蜜多心經(廣本)
⑩ 郭尙先(淸代)：般若波羅蜜多心經 (필사본)
　　※ 구마라집, 현장, 의정, 곽상선 본은 略本이고 나머지는 廣本
(3) 英譯本
　① Max Mü"ller(1884)：日本 法隆寺 寫本과 중국 寫本을
　　　　　　　　　　　　비교 영역함.
　② Edward Conze(1948)：산스크리트語 콘즈本 영역.
(4) 기타
　　佛譯本, 獨譯本, 티벳역본, 몽고어역본, 만주어역본 등이
　있다. 그외〈梵本般若波羅蜜多心經〉이라 불리는 산스크리
　트語를 漢字로 音寫한 本이 있다.

◉ 註釋書
(1) 우리나라 註釋書
　　① 新羅 圓測(632~696)：般若波羅蜜多心經贊 1卷
　　② 新羅 元曉(617~686)：般若心經疏 1卷
　　　(현존하지 않으나 근래 凡述스님이 復元한 것이 있음)
(2) 中國의 註釋書
　　많은 주석서 가운데 10여 종만 소개하고자 한다.
　　① 慧淨：般若波羅蜜多心經疏 1卷
　　② 靖邁：般若波羅蜜多心經疏 1卷
　　③ 窺基(632~682)：般若波羅蜜多心經幽疏 2卷
　　④ 法藏(643~712)：般若波羅蜜多心經略疏疏 1卷

⑤ 明曠 : 般若波羅蜜多心經疏 1卷
⑥ 慧忠(？~775) : 般若波羅蜜多心經註 1卷
　　　※ 以上 唐人
⑦ 提婆 : 般若波羅蜜多心經註 1卷(中天竺人)
⑧ 師會(？~1166) : 般若心經略疏連 珠記
　　　※ 以上 모든 心經註疏의 대본은 唐 玄奘의 略本임
⑨ 宗泐·如玘 共註 : 般若心經註解 2卷(明人)
　　　※ 鳩摩羅什의 略本이 대본임
⑩ 弘贊 : 般若波羅蜜多心經添足 (明人)
⑪ 大顚了通(1100전후) : 大顚注心經(淸人)

◉ 心經의 구조(科目分斷)
　(1) 科判 ~ 經文分類法
　◉ 經文은 序分·正宗分·流通分인 삼단으로 나눈다.
　◉ 심경은 일반적으로 略本, 곧 正宗分에 해당하는 玄奘의 번역본이 유통되는데 序分만 다음 강의에서 다루기로 한다.
　(2) 玄奘三藏의 略本 科判
　◉ 歷史上 많은 註疏가 있었고 또 그 註疏마다 서로 조금씩 다른 科判을 하였다.

◉心經 ─┬─ 1. 經題釋 : 摩訶般若波羅蜜多心經, 經題目 10字 解釋.
　　　　└─ 2. 經文釋　1) 顯說般若(言說로 드러냄)
　　　　　　　　　　　2) 蜜說般若(비밀을 비밀로 전함)

1) 顯說般若
    ① 心經의 大義(綱要) : 觀自在菩薩~度一切苦厄 (25字)
    ② 破邪分 (法이 空함을 드러냄 : 舍利子 色不異空 ~無智亦無得 (10字) : 正示法空)
    ③ 功能分 (般若에 의한 法을 修證 : 以無所得故 ~得阿耨多羅三藐三菩提 (61字)
    ④ 讚功能 (功能을 찬탄한 결론) : 故知般若波羅蜜多 ~眞實不虛 (34字)
2) 蜜說般若 (비밀한 말씀)
    ① 전제의 말씀 故說般若波羅蜜多呪 卽說呪曰 (13字)
    ② 正說呪詞 (眞言으로 말씀함) : 아제 아제 바라아제 바라승아제 모지 사바하 (18字)
※ 玄奘의 心經은 제호 10字와 본문 260字로 되어 있다.

〈講 義〉

이 般若心經은 8만대장경의 중심부인 대반야경의 심장인 까닭에 옛부터 모든 불경 가운데 가장 異本이 많이 내려왔습니다. 그 이유는 대중들에게 너무 많이 유포 독송되어 중요시 되었기 때문입니다.
 흔히 經을 구분할 때 序分・正宗分・流通分으로 크게 세 단락을 짓는데 序分은 서론이고 正宗分은 本論이며 流通分은 요즘 결론에 속하나, 여기서는 마지막 부처의 말씀과 중생이 믿고 자라서 받들어 유통함을 보이어 더욱 독송하는 이로 하여금 마음을 돈독하게 하는 글입니다. 의식때마다 절에서 독송하는 心經은 唐 玄奘 三藏의 번역본인데 本論만 있는 略本입니다.

　이 略本으로 가장 오래 되었다고 고증된 산스크리트語 筆寫本은 日本의 法隆寺에 소장되어 있는데, 8세기 초의 것으로 연구결과 판별되었습니다.

　1884년 Max Müller가 중국에 전해 내려오는 寫本과 비교 검토하여 英譯하였습니다. 그외 몇 편의 산스크리트語 寫本이 더 전해지며 또 요즘 라지니쉬라는 인도 명상가에 의해 강의되어 서점가에 퍼진 心經은 1948년 Edward Conze가 산스크리트語本을 영역한 Conze本이 대본이 되었습니다.

　그리고 漢字로 音寫된 本이 돈황석굴에서 발견되었는데 그 명칭은 〈梵本般若波羅蜜多心經〉[1]이라 하며 지금 大英博物館에 소장 되어 있습니다.

　廣本은 산스크리트語 寫本이 일본 長谷寺에 전하여 오며 慧運이라는 승려가 入唐했다가 847년 귀국하면서 가져온 것입니다. 이 廣本을 프랑스인 Feer가 1866년 파리에서 간행, 출판한 것이 있습니다.

　漢譯本으로는 現存하는 10여 本이 있는데 제일 오래된 것은 姚秦시대 鳩摩羅什(402~413)의 역본이며 이를 구본이라 하고 唐 玄奘三藏의 역본을 신역이라 합니다. 이 현장본이 東洋三國에 가장 많이 유포 독송되고 있습니다. 또 약본으로 앞 Note에도 서술한 것 같이

---

1) 앞 73page에 全文이 나와 있음. 관자 재보살이 현장삼장에게 친히 전수한 법본이라 하였으며 돈황석굴에서 출토 되었음. 이 經의 연기는 현장이 천축을 가기위해 익주 空惠寺 도량에 가게 되었는데 그곳에서 나병환자인 병든 노승을 만나 지극히 간병을 하여 쾌유케 하였는데 떠나올때 노승이 오랫동안 간직한 작은 범어경전을 주었는데 이것이 바로 般若心經이다. 그 후 이 경을 아침 저녁 독송하며 큰 고난없이 천축국에 도착하게 되었다. 이로 세상은 〈神僧傳受梵本〉 혹은 〈觀自在親敎授梵本〉이라 한다.

義淨과 郭尙先 필사본은 略本이고 그외 法月, 般若·利言共譯이나 智慧輪, 法成, 施護등의 역본은 廣本입니다. 또 한역본 외에 티벳역, 몽고역, 만주어역본으로 번역 유표된 것만 보아도 이 心經의 중요성을 짐작되는 것입니다. 이와같이 유통되는 異本과 번역본이 많은 것 같이 心經의 註釋書도 엄청난 숫자입니다. 사실 이 공부에 뜻을 두어 깊이 탐구하여 본 사람이면 누구나 註釋의 붓을 세워 보지 않았겠습니까?

그러나 그 많은 주석서가 모두 소멸되어 버리고 우리나라에는 新羅때 入唐하여 玄奘스님의 上足이된 圓測스님의 〈般若波羅蜜多心經贊〉 한권이 현존하며, 元曉스님의 〈般若心經疏〉는 문헌상 제목만 기록되어 있을뿐 현존하지 않아 안타까운 일입니다. 근래 돌아가신 曉堂 凡述스님이 분실된 元曉疏를 복원하여 발표한 적이 있습니다.

그리고 中國에는 앞 Note에서 기록한 것과 같이 慧淨의 〈般若波羅蜜多心經疏〉, 靖邁의 〈般若波羅蜜多心經疏〉 1卷, 窺基의 〈般若波羅蜜多心經略疏〉 2卷, 慧忠國師의 〈般若波羅蜜多心經註〉, 法藏賢首의 〈般若波羅蜜多心經略疏〉, 提婆의 〈般若波羅蜜多心經註〉 1卷과 師會의 〈般若波羅蜜多心經連珠記〉와 大顚의 〈大顚注心經〉, 弘贊의 〈般若心經添足〉이 알려졌고, 특히 〈大顚注心經〉은 中國에는 전하지 않으며 우리나라에 1441년에 重刊된 本이 현존하며 얼마전 九山스님께서 序를 쓰시고 영인하여 지금 서점가에 유포되고 있습니다. 가능한 한 위 註釋書를 그때마다 알맞게 인용하여 心經의 이해를 더욱 충실히 돕기로 하겠습니다.

그리고 산스크리트語 寫本을 한글 번역한 이기영 박사 번역본과 현장법사 한역본과 Edward Conze의 영역본, Conze의 산스크리트語本을 비교 연구하여 강론하겠습니다.

그럼 心經의 구조를 살필까 합니다.

혼히 우리가 말하는 문단 나누기를 經文科判이라 합니다. 經文, 즉 廣本의 반야심경 중 序分의 내용은 다음 전체적으로 한번 풀이하기로 하고 本論인 略本을 科判하면 經의 題號해석과 經文해석으로 나눌 수 있습니다.

經文은 첫째 말로 드러내어 표현한 顯說般若와 둘째 비밀을 비밀로 전한 蜜說般若로 나눌 수 있습니다.

두번째의 밀설반야는 '반야바라밀다가 되어서 이 만트라를 곧 읊으니 들어라'하는 진언 전제의 말씀과 眞言(Mantra)인 '가테 가테 파라아가테 파아라 상가테 보디 스바아하'입니다.

顯說般若에는 첫째 心經의 大義를 보였으니 그 내용은 「반야바라밀다 차원에서 보니 일체의 현상(五蘊)이 空하였음을 분명히 아시고 모든 괴로움에서 벗어나셨다」하는 '觀自在菩薩 ~度一切苦厄'의 25字입니다.

둘째는 破邪分인데 일체 存在物과 제 현상조차도 空함을 나타내므로 전도몽상된 삿된 생각을 깨어버리고 바로 잡아주는 부분에 해당합니다.

여기서는 즉 觀自在차원에서는 일체의 현상이 空입니다.

이 空性은 常住하며 일체 곳에 두루 널려 있어 六根, 六塵, 六識, 十二因緣法 내지 四聖諦까지도 도무지 空임을 드러냅니다. 그리하여 마침내는 「성취되는 바가 없는 空, 無所得空」임을 露呈시킵니다.

色不異空 空不異色에서 부터 無知亦無得까지 109子가 이에 해당합니다.

세째는 般若波羅蜜多에 의해 法을 닦고 증득하면 마침내 大自由人이 되어 걸림이 없이 無碍自在하여 드디어 大安樂地인 無心地에 이르러 見性成佛」함을 나타내는 功能分입니다.

以無所得故에서 得阿耨多羅 三藐三菩提까지 61字에 해당합니다.

마지막 넷째는 功能을 찬탄하여 결론에 이르는 부문인데 般若波羅蜜多가 諸佛의 母이며 眞如實相地 이어서 한량없는 聖德을 自發光」하는 그곳임을 찬탄합니다.
故知 般若에서 眞實不虛까지 34字입니다.
그리고 마지막 만트라(진언)의 전제 말씀 '가테 가테 파아라가테 파아라상가테 보디 스바아하'는 깨달음에 대한 讚句이며 현묘함을 평범으로 대평범으로 끝을 맺고 있습니다.
眞言은 산스크리트語로 Mantra인데, 이는 우주본연인 眞如 자체의 파동하는 音입니다. 다시 말하면 만트라는 音은 音인데 眞如本性이 파동하는, 표출되는 목소리란 말입니다. 이런 것을 禪師들은 '구멍 없는 피리소리' '그림자 없는 나무 그늘' '바닥없는 배' 등으로 표현하고 있습니다.

제 3 장 廣本心經의 序分

〔NOTE〕

(1) 漢譯本

① 般若波羅蜜多心經

(般若·利言 共譯)

「如是我聞. 一時佛在王舍城 耆闍崛山中. 與大比丘 衆及菩薩衆俱. 時佛尊卽入三昧. 名廣大甚深. 爾時衆中有菩薩摩訶薩. 名觀自在. 行深般若波羅蜜多時. 照見五蘊皆空離諸苦厄. 卽時舍利弗承佛威力. 合掌恭敬白觀自在菩薩摩訶薩言. 善男子. 若有欲學甚深般若波羅蜜多行者. 云何修行. 如是問巳爾時觀自在菩薩摩訶薩告具壽 舍利弗言. 舍利子 若善男子 善女人. 行甚深般若波羅蜜多行時. 應觀五蘊性空. 舍利子 ……」

「이와 같이 내가 들었다. 한때 부처님이 왕사성 기사굴산 에서 대비구와 보살들과 함께 계셨다. 그때 세존께서 삼매에 드시니 그 이름을 〈廣本甚深〉이라 한다. 이때 그 대중 가운데 한 보살마하살이 있었으니 이름이 관자재였는데, 깊은 반야바라밀다를 행할 때에 다섯가지 요소가 다 공하였음을 비추어 사무쳐 보고 모든 괴로움과 액난을 벗어났다. 그때에 사리불이 부처님의 위신력을 입고 합장 공경하여 관자재 보살께 말씀드렸다.

"어떤 선남자가 만약 깊은 반야바라밀다의 행을 닦고자하면 어떻게 수행하오리까?"

이와같이 물으니 그때에 관자재보살께서 사리불에게 이렇게 말씀하셨다.

"사리자야 만약 어떤 선남자와 선여인이 아주 깊은 반야바라밀다가 되고자 할 때는 응당히 다섯가지 요소의 성품이 공함을 비추어 사무쳐야 한다.……」

② 普遍智藏般若波羅蜜多心經

(法月 重譯)

如是我聞. 一時佛在王舍大城靈鷲山中. 與大比丘衆滿百千人. 菩薩摩訶薩七萬七千人俱. 其名曰觀世音菩薩. 文殊舍利菩薩. 彌勒菩薩等. 以爲上首. 皆得三昧摠持. 住不思議解脫. 爾時觀自在菩薩摩訶薩在彼敷坐. 於其衆中即從座起. 詣世尊所. 面向合掌曲躬恭敬. 瞻仰尊顏而白佛言. 世尊. 我欲於此會中. 說諸菩薩普遍智藏般若波羅蜜多心. 唯願世尊聽我所說. 爲諸菩薩宣秘法要. 爾時世尊以妙梵音. 告觀自在菩薩摩訶薩言. 善哉善哉 具大悲者. 聽汝所說. 與諸衆生作大光明. 於是觀自在菩薩摩訶薩蒙佛聽許. 佛所護念. 入於慧光三昧正受. 入此定已以三昧力行深般若波羅蜜多時. 照見五蘊自性皆空. 彼了知五蘊自性皆空. 從彼三昧安詳而起. 即告慧命舍利弗言. 善男子. 菩薩有般若波羅蜜多心. 名普遍智藏. 汝今諦聽善思念之. 吾當爲汝分別解說. 作是語已. 慧命舍利弗白觀自在菩薩摩訶薩言. 唯大淨者. 願爲說之. 今正是時. ……

「이와같이 내가 들었다. 한때 부처님이 왕사성 영취산 중에서 대비구의 무리 백천인과 보살마하살 칠만칠천인이 함께 계셨다.

관세음보살, 문수사리보살, 미륵보살 등이 우두머리인데, 그들은 모두 삼매총지를 얻어서 부사의한 해탈 경지에 있었다. 그때 관자재보살 마하살이 저들 가운데 앉아계시다가 곧 자리에서 일어나, 세존이 계신 곳으로 나아가 합장하고 허리를 굽혀 공경하고 거룩한 부처님 얼굴을 우러러 이렇게 여쭈었다.

"세존이시여, 저가 이 회중에서 모든 보살들의 넓고 두루한 지혜의 주머니인 반야바라밀다심을 말하고자 하오니, 오직 청하온데 세존께서는 저가 말씀할 수 있도록 들어주시와 모든 보살들을 위해 비밀하고 요긴한 진리를 펴게 하여 주십시오."

그때 세존께서 묘한 법음으로 관자재보살마하살에게 말씀하셨다.

"거룩하고 거룩하도다. 대비를 갖춘이여, 너의 말을 들어 주마. 모든 중생과 더불어 대광명을 지으라."

이 때에 관자재보살마하살이 부처님의 허락을 받고, 또 부처님의 호념으로 혜광삼매에 드니, 이 定에 깊이 드시어 삼매의 힘으로 깊은 반야바라밀다가 되시어 오온의 자성이 모두 공했음을 비추어 보시어, 오온의 자성이 다 공했음을 사무쳐 아시고는 저 삼매로 부터 가만히 일어나시어 곧 혜명사리불에게 말씀하셨다.

"선남자야, 보살에게 반야바라밀다심이 있으니 이름이 普遍智藏이니라. 네가 이제 잘듣고 잘 생각하여라. 내가 너를 위해 마땅히 분별해설하여 주겠다."

廣本心經의 序分   133

이 말씀을 마치니 혜명사리불이 관자재보살마하살에게 사뢰었다.

"그대 거룩한이여, 원하건데 말씀하여 주십시오. 지금이 그때인가 싶습니다. ……」

(2) 산스크리트語 廣本 般若心經[1]

namas sarvajñaya

evaṃ mayā śrutam. ekasmin samaye bhagavān Rājagṛhe viharati sma Gṛdharakūṭe parvate mahatā bhikṣusaṃghena sārdhaṃ mahatā ca bodhisattvasaṃghena tena khalu samayena bhagavān Gambhirava-sambodhaṃ nāma samādhiṃ samapannaḥ. tenaca samayenāryā alok iteśvaro bodhisattvo mahāsattvo gambhirāyāṃ prajñā-pāramitāyāṃ cayāṃ caramāṇa evam vyavalokayati sam. paṃca skaṃdhās tāṃś ca svabhāvaśūnyān vyavalokayati. athāyuṣmān chāriputro buddhānubhāve-nāryāvalokiteśvaram bodhisattvam etad avocat yaḥkaścit kulaputro gambhi-rāyām prajñīpāramitāyām caryām cartu-kāmaḥ kathaṃ śikṣita-vyaḥ. evam uktaāryāvaokiteśvarobodhisattvo mahā-sattva āyuṣmaṃtaṃ Śāriputram etad avocat. yaḥ kaścic Chāriputra kula-putro vā kuladuhitā vā gambhīnāyām prajñā-pāramitāyām caryām cartukāmas

〈대본 반야심경 번역〉

이와 같이 내가 들었다. 어느 때에 세존(世尊)이 많은 수행승

---
1) 산스크리트語本 : 英字로 음역된 본이다.
李箕永譯註 般若經(1983. 양현각 발행 p104)

(修行僧), 많은 구도자(求道者)들과 함께 Rājagriha(王舍城)의 영취산(靈鷲山)에 계시었다. 그 때에 세존은 심원(深遠)한 깨달음이라고 불리어지는 명상(瞑想)에 잠겨 있었다. 그 때에 훌륭한 사람·구도자 Avaokiteśvāra는 심원한 지혜의 완성을 실천하고 있을 때에 철저히 보았다.―존재하는 것에는 다섯가지 구성요소가 있다고.― 그런데 그는 이 구성 요소들이 그 본성(本性)으로 말하면 실체(實體)가 없는 것이라고 간파했다. 그 때에 Śāripūtra 장로(長老)는 부처님의 힘을 입어, 구도자, 성(聖) Avaokiteśvāra에게 이와 같이 말했다. '만약에 누구든지 어떤 훌륭한 젊은이가 심원한 지혜의 완성을 실천하고자 원했을 때 어떻게 공부하면 좋겠습니까?' 이렇게 말하자, 구도자, 성 Avaokiteśvāra는 장로 Śāripūtra 에게 다음과 같이 말했다. Śāripūtra여, 만약에 훌륭한 아들·훌륭한 딸이 심원한 지혜의 완성을 실천하겠다고 원할 때에는 다음과 같이 철저히 보아야 할 것이다.―존재하는 것에는 다섯 가지 구성 요소가 있다고.

⦿ 心經의 說主는 觀自在菩薩이다.

廣本 (大本)
- 序分(序論)
  - 六成就 (信·聞·時·主·處·衆)
  - (如時我聞 一時佛在 ○○○ 處與大比丘衆 ……)
- 正宗分(本論) : 현재 독송되고 있는 心經은 玄奘의 역본이며 本論만 있는 略本(小本)임.
- 流通分 : 結論에 해당하나, 여기서는 모든 대중이 환희심을 내어 믿고 따르고 받들어 유통시킴을 말함.
  (……○○○ △△△ 가 皆大歡喜 信受奉行)

※ 心經의 序分에 관자재보살이 說主임이 나타남.

〈 講 義 〉

우리가 독송하지 않아서 잊어버리고 있었던 서분에 대하여 살펴볼까 합니다.

보통 經의 序分에는 六成就라 하여, 의례적으로 준하여 온 法藏의 결집에 철학이 있습니다.

가령「如是我聞 一時佛 在○○○處 與大比丘衆 ……」하면서 시작되는데 이것은 信・聞・時・在・處・衆이 갖추어져 있음을 말하는 것입니다. 그래서 이 序分이 생략된 略本心經인 玄奘스님의 譯本인 우리가 독송하는 心經은 이 經의 說主가 나타나 있지 않습니다. 그러므로 우리는 상식적으로 석가세존의 친설로 인식하여 왔을 뿐입니다. 그러나 실제 廣本心經의 서분을 볼 것 같으면 세존께서 중생들을 성숙시키고자 하시는 大慈悲願力에 의하여, 관자재보살이 성취하신 自在解脫의 경지인 저 如來無心地를 그윽히 내려다 보시게 됩니다. 그리고는 大三昧인 廣大甚深의 위신력으로 舍利弗로 하여금 대자재 頓悟解脫法을 관자재보살에게 묻게 하시므로 이 本心經이 이루어졌습니다. 또 이것이 부처님의 曲盡한 대자비 원력의 소산임을 우리는 알아야 하겠습니다.

다시 말씀드리면 관자재보살은 바로 부처님의 자비가 의인 인격화된 보살의 이름입니다. 또 眞如自性의 自發되는 慈悲光인 것입니다. 그런 까닭에 전체적으로 볼 때 說主가 세존으로 되어 있든 관자재보살로 되어 있든 본글의 내용에는 하등의 차이가 없다 하겠습니다.

지금 앞 NOTE의 般若와 利言三藏의 공역 廣本心經의 서분을 살펴 보아도「舍利弗이 부처님의 위신력에 힘입어 합장하고 공경하여 관자재보살에게 사뢰기를 "선남자가 아주 깊은 반야바라밀다를 배우고자 하면 어떻게 수행해야 합니까"」하고 물으므로 관자재보살이 心經을 설하게 되는 것으로 되었습니다.

「관자재보살이 부처님 앞으로 나아가 합장하여 허리를 굽히고 공경하며 존안을 우러러 이렇게 사뢰었다. "세존이시여 저가 이 회중에 있는 모든 보살에게 普遍智藏般若波羅蜜多心을 설법하고자 하나니 청허하여 주시옵소서." 하였는데 세존께서 보살에게 "갸륵하다. 갸륵하도다. 大悲者여, 그렇게 하라."」
하심에 관자재보살이 부처님의 허락을 받으시어 설법하신 것으로 되어 있습니다.

또 智慧輪 삼장의 심경 서분에도 般若·利言삼장의 공동 역과 같이 舍利弗이 五蘊自性이 空함을 관조하는 관자재보살에게 청법을 하고 관자재보살께서 사리불에게 말씀하신 것으로 되어 있습니다.

그외 宋나라 施護 삼장의 심경 서분에도 대동소이하게 기록되어 있습니다. 또 앞 NOTE에 소개한 李箕永박사 산스크리트語 번역본에도 같은 내용입니다.

위 序分의 내용을 요약할 것 같으면 다음 세가지로 말씀드릴 수 있습니다.

첫째, 부처님이 廣大甚深이란 三昧에 드신 가운데 설해졌으며,

둘째, 이 經은 사리불존자가 부처님의 위신력에 힘입어 관자재보살에게 여쭈어 봄으로 이루어졌고, 다시 말하면 묻게 하시므로 이루어졌고,

셋째, 이에 관자재보살께서는 실제로 아주 깊은 반야바라밀다를 실천 증득하시었는데, 그 실천 수행방법의 사실을 설하시게 된 것입니다.

廣本心經의 序分   137

　실제로 내용을 사무쳐 살펴보면 「廣大甚深」이라 이름하는 삼매에 드신 부처님께서 저 보리수 아래에서 열으신 無上正覺의 화엄차원으로 중생을 끌어 올리기 위하여 이 차원으로 頓入하려고 맴도는 舍利弗에게 위신력을 보이시어 사리불로 하여금 하게 하시어 스스로 관자재의 자비한 천의 손을 뻗치신 것입니다.
　우리가 여기서 명심해야 하는 것은 이러한 사실들은 관념이나 공허한 망상이나 고상한 논리의 체계가 아닌 實在한 사실입니다.
　진실로 이 부처님의 자비의 빛이 바로 이 經의 탄생 자체란 것입니다.
　앞에서도 말씀드린 것같이 세존께서 오랜 고행끝에 보리수 아래에서 새벽별을 브신 후 無上正覺을 열으시고 21일 동안 법열에 잠기시었는데, 이것이 곧 화엄경이라고 한 일이 있습니다.
　여기에 우리 세존께서 보이신 3·7일 동안의 無言의 說法을 잠시 생각하여 보겠습니다. 우선 會中에 참여한 存在와 非存在, 곧 胎·卵·濕·化의 四生이라 일컫는 생물과 고체·액체·기체로 된 일체가 빠짐없이 참여하여 가르침을 받는데, 여기에 합당한 전달 매개체는 무엇일까?
　우리가 우리의 意中을 전달할 때, 언어, 문자, 표정, 행위 등의 방법이 있습니다.
　　　석가세존의 보리수 회상
　저 박테리아, 똥, 구데기는 물론 지나가는 하늬바람과 그에 실려 떠다니는 홀씨와 無限天空에 한맺힌 원혼까지도 있었을 겝니다. 이 인간본연의 순수차원, 이 眞如 차원의 웅웅하고 헌출함에 모든 會上의 存在와 非存在들이 귀머거 버립니다. 顚倒夢想, 이것이 그들의 사실이였으니까!

無始以來, 인류가 아니 모든 存在가 형성한 이후 뒤바뀐 가치관이 앙금으로 이 참 나인 本來面目을 가리어 현금까지 習性化되었기 때문입니다.

예를 들어 말씀드리자면, 우리에게 박진감있게 다가오는 自我성숙이니 자아계발이니 하는 것조차도 본질에서 떼어내어 자기화한 것일 수 밖에 없는 것이라 할 수 있습니다. 우리 차원에서는 무엇하나 안다는 것 자체가 全體에서 분리된 것입니다. 本質에서 분리된 지식, 개성, 개인 등의 관념의 복합체가 하나하나 쌓이어서 본래의 빛은 막혀버리고 쌓여있는 위에 쌓인 幻相의 빛이 축적되어져 고상함을 좋아하고, 유명해짐을 따르고, 결국 자기 자신의 미화의 길로 천리만리 치달아 결국 眞如의 본래 바다, 전체의 바다와 다른 빛깔, 다른 맛의 물로 굳어져 허망되고 돌어설 줄 모르는 ego의 확산으로 빠져듭니다.

저 禪의 三祖인 僧璨스님은 이렇게 노래합니다.[2]

    지극한 道는 어려울 것이 없다.
    오직 꺼리는 것은 간택하는 것 뿐
    다만 憎愛만 사라지면
    맑은 대낮처럼 환하게 드러난다.

    털끝만한 차이가 있어도
    하늘과 땅사이로 멀어진다.
    道가 앞에 나타나길 바라거든

---

2) 達摩―慧可―僧璨으로 이어지는 중국 禪宗의 三祖. 그의 노래인 信心銘은 4言 140句 584字로 된 禪門第一頌이다. 위 노래는 모두의 글귀이다.

順逆의 분별을 두지 말라.
(至道無難 唯嫌揀擇
但莫憎愛 洞然明白

毫釐有差 天地懸隔
欲得現前 莫存順逆)

還至本處. 제자리로 돌아옴. 선택의 분별심, ego의 발생 이전으로 돌아섬이 發心이요, 돌아서는 그 순간이 이미 全體가 본래 華嚴의 바다임[3]이 분명합니다.

참으로 우리는 학문과 사상 또 종교를 말하지만, 이는 본질 그 자체에서 相卽相入[4]함이 아니라 분별과 간택한 후에 인식하여 마침내는 귀환될 수 없어질 목적과 환상의 충족을 위해 내달릴 뿐입니다.

이는 결국 사회의 부조리, 나와 남의 분쟁의 씨앗인 것입니다. 이 모든 것이 바로 ego의 찬란하고 현란한 빛깔임이 분명합니다.

밖으로 치닫는 ism의 범람을 보고 스스로 마음의 문을 걸어 잠그는 굳은 견책보다는 자기를 스스로 사무쳐 비추어 보아 본질에서 분리되기 전의 眞面目, 온전한 眞如의 바다로 귀환하는 것만이 일체의 부조리를 단절하는 유일한 一路임을 三世諸佛과 모든 祖師님과 現善知識들께서 간곡히 천명하신 것입니다.

그리고 마음의 경(心經)인 The heart sutra의 序分에 보이는 것같이

---

3) 우리 新羅 義湘스님의 法性偈에「처음 발심한 때가 바로 정각이니, 生死와 涅槃이 늘 함께 어울린다.(初發心時便正覺 生死涅槃常共和)」라는 글이 있다.
4) 相卽相入은 혀와 혀가 날름거리며 온갖 것을 주고 받는 것과 같은 말.

Avalokitesvara(관자재보살)께서 증득하신 實在를 설하시는 것이며 부처님께서도 삼매에 드시어 증명하신 絶代無謬[5]의 설법입니다.

---

[5] 絶代無謬는 완벽하여 샘이 없음. 하늘이 새어 비 내릴때 하늘로 막으면 어떨까?

第三編　本文解說

제1장 經의 題目

(NOTE)

※ 廣本心經 중 序分과 流通分이 생략된 것이다.

1. 經의 題目(經題釋)

> 摩訶般若波羅蜜多心經[1]
> 마 하 반 야 바 라 밀 다 심 경
> Prajña-pāra-mitá-hṛdaya-sūtra
>
> 摩訶般若로 돌아서는 心藏의 말씀인 摩訶般若心經에
> 목숨을 들어 돌아가고자 합니다,
> 돌아가고자 합니다.[2]

---

1) 산스크리트語 prajña-pāra-mitā-hṛdaya-sūtra의 번역이다. 이 經名은 원래 산스크리트語本 말미에 prajñāparamita-hrdayam samaptam 곧 '반야바라밀다 精髓가 완성되다'라는 글귀가 漢譯者에 의해 첫머리에 옮겨져 와서 經의 이름이 된 것이다. 지금 강론되는 저본은 玄奘 삼장 역본인데, 이 本에는 摩訶(maha)란 말이 없다. 이 maha란 말이 붙어 있는 本은 鳩摩羅什과 實叉難陀의 번역본이 있다. 추론하건대 maha란 말은, 현장삼장의 역본을 독송하면서도 뜻을 더욱 확실히 해 주는 까닭에 관행상 소멸되지 않고 쓰이는 것이 분명하다.

2) 玄奘三藏의 역본에는 생략되어 있으나, 내가 본 몇 종류의 산스크리트語本이나 그에 대한 漢譯本에는 眞心을 들어 귀의하는 찬탄 기도문구가 들어 있다. 또 실제로 우리가 독송할 때 조용히 합장하고 '마하반야바라밀다심경'할 때도 역시 기원과 찬탄, 경건이 뭉뚱그려져 있다.

> Prajñāparamitā-hrdayam samaptam
>
> - 반야바라밀다의 **精髓**가 완성되다.
> - 지혜의 완성 마음을 끝낸다.
> - 반야바라밀다의 心要를 마친다.
> - This completes the Heart of perfect wisdom[3]

○   經의 題號는 經의 大意이다.

---

* 'Oṃ namo Bhagavatyai Arya-prajñāpāramitāyai'
(지혜를 완성하신 거룩한 이에게 귀의합니다)―산스크리트어 Conze本―
* Namas Sarvajnāya
(귀의하나이다. 正遍知이시여!) ― 法隆寺 具葉 산스크리트어本

ㅈ ㅈ ㅈㅐㅌㆆㄹㅣ
歸命 一切 智
(일체를 아는 이에게 목숨을 들어 돌아가나이다.) ―
또 馬鳴스님의 大乘起信論 모두에도 이런 偈頌이 있다.
* 목숨을 들어 돌아 가나이다.
　어디에서나 어느 때에나
　가장 훌륭한 일을 하시며,
　두루 모르시는 바 없이 다 아시며,.
　그 人間性이 自由自在하시고
　世上을 救하고자
　큰 慈悲를 베푸는 者이시여,

　목숨을 들어 돌아 가나이다.
　그 몸체의 相이시여,
　참되고 永遠함이
　저 바다와 같은 眞理여.

　목숨을 들어 돌아가나이다.
　헤아릴 수 없는 功德의 씨여,
　있는 그대로, 사실대로
　生活하는 그 많은 求道者들이여. ― 이기영저 원효사상.

팔만대장경의 精髓가 般若部의 六百卷이고 그 核이 心經260字이다. 또 心經 260字의 참뜻이 「摩訶般若波羅蜜多心經」, 이 10字에 함축되어 있다.

(낱말 해석)

摩訶 (mahā)
- 大, 多, 勝. 곧 크다, 많다, 수승하다, 위대하다의 뜻이 있다.

般若 (prajñā)
- 慧, 明, 智慧이며 玄奘삼장의 五種不飜[4]의 원칙에 의해 번역하지 않고 般若라 그냥 쓴다.
- 산스크리트語 prajñā를 팔리어로는 pañña 라 하며, 이를 음역하였다.
- Knowledge(지식)는 경험을 갖지 않고 얻어지며 Wisdom(지혜)는 삶의 경험을 통하여 얻어지는 지혜이나 prajñā 는 存在自體의 自發光으로 本質에서 솟아나는 근원적인 예지이다. 곧 無分別智이다.

　　　(歸命盡十方　最勝業偏知
　　　　色無礙自在　救世大悲者
　　　　及彼身體相　法性眞如海
　　　　無量功德藏　如實修行等)
3) Edward Conze의 心經英譯本
4) 玄奘삼장이 번역하면서 세운 다섯가지 원칙이다.
　　첫째, 秘密之故不飜 (비밀스런 뜻이 있을 때 번역치 않고. 例)眞言)
　　둘째含多義故不飜 (한 단어에 많은 의미를 포함하고 있을 때, 例)摩訶)
　　셋째, 此方所無故不飜 (현 중국에서 쓰여지지 않은 말일 때 例)염부수, 찰나)
　　넷째, 古例故不飜 (현장이전부터 번역되지 않고 내려오는 말일 때 例) 아뇩다라삼먁삼보리)
　　다섯째, 尊重故, 生善故不飜 (뜻이 가볍게 오해되어 신심을 떨어뜨려질 때 例) 반야).

波羅蜜多 (Pāramitā)
- 完全에 도달한(pārami) 상태(ta), 곧 지혜의 완성, 生命 以前의 곳.
- 到彼岸, 度無極, 事究竟으로 번역되며, 우리가 사는 곳을 此岸, 이 언덕이라 할 때 생사를 뛰어넘는 해탈, 열반의 저 세계 곧 저 언덕으로 건너갔다는 뜻이다.

心 (hrdaya)
- 마음, 마음자리, 心臟, 精髓, 精要. 곧 自性淸淨心을 이른다.

經 (sūtra)
- 부처님의 말씀, 修多羅라 음역하고 契經이라 의역하기도 한다.
- 經은 律과 論을 합쳐 三藏을 이룬다.
- 부처님의 가르침을 일반적으로 dhārma(法)라 하는데 그 중 가르침의 綱要를 sūtra라 한다.

〈 講　義 〉

　우리가 지금 독송하고 있는 玄奘 삼장의 역본을 底本으로 삼아서 講論하고자 합니다. 이미 누차 언급하여 왔듯이 序分, 正宗分, 流通分이 갖추어진 心經을 廣本心經이라 하며, 본론인 正宗分 부분만 있는 것을 略本心經이라 합니다.
　이 玄奘 역본이 바로 略本心經인 것입니다.
　이 心經을 科判[5]하면 經의 題號와 經文으로 나눌 수 있고, 또 이 경문은 크게 두 단락을 지우는데, 곧 顯說般若와 密說般若입니다. 顯說般若라 하면 般若, 즉 眞如自性[6]을 나타낼 수 있는 데까지 말로 드러낸 대문이고, 密說般若는 고스란히 眞如法性을 만트라(Mantra)

---

5) 經 전체를 일목요연하게 파악할 수 있도록 하는 경문 분류법, 곧 科目 分斷을 말한다.

로 비밀히 전해주는 것을 말합니다.

다음의 顯說般若는 다시 네 문단으로 科判되어 집니다.

첫째는 心經의 大義이며, 두번째는 번뇌망상을 깨어 부수므로 法이 空했음을 드러나게 하는 破邪分이고, 세번째는 破邪하여 당연히 드러난 眞如自性의 샘솟는 自發光의 功能에 의해 닦아 증득되는 문단이니, 곧 功能分입니다.

끝으로 네번째는 그 眞如自性의 性能을 찬탄하고 결론하는 부분입니다. 顯說般若와 같이 큰 단락인 密說般若는 만트라[7]「가테 가테 파아라가테 파아라상가테 보디 사바아하」와 만트라를 읊기 위한「故說般若波羅蜜多呪卽說呪曰」인데 이렇게 科判하여 心經 260字를 말씀드리고자 합니다.

이 經의 題號를 일반적으로 「摩訶般若波羅蜜多心經」이라 부릅니다. 본래 산스크리트語 원본에는 이 經의 題號는 없고 단지 끝에 「iti prajnā paramitā-hṛdayam samaptam」이라는 귀절을 漢譯하면서 앞 NOTE에 기록한 것과 같이 經의 題號로 쓴 것입니다. 이를 번역하면 「여기에 반야바라밀다의 精要가 완성되었다」이렇게 됩니다.

또 우리가 독송하는 玄奘역본의 원 제호는 「般若波羅蜜多心經」인데, 언제부터인가 우리나라에서는 이 제호 위에 摩訶(mahā)라는 낱말을 붙여 독송하여 왔습니다. 이것은 玄奘역본보다 미리 번역되어 유포되었던 鳩摩羅什 역본에 제호로 붙었던 낱말이 관행상

---

6) 眞如自性은 法性, 佛性, 本來面目, 等 수많은 이름으로 불린다. 곧 存在者의 本性, 本質. 存在者를 存在케 하는 근거라는 뜻이며, 차별적 현상으로서의 存在者를 통일하면서 이를 顯現시키는 當体로서의 存在이다. 心經에서 波羅蜜本地, 혹은 波羅蜜實地를 이른다.
7) 산스크리트語 Mantra는 呪, 呪文이라 하며 眞言을 말한다. 곧 진리 本然의 音聲의 波動형태이다. 원래 모든 存在者는 진리의 具存者며 그 표현인 까닭에 그 본연의 순수한 音은, 곧 眞言은 不可思議한 위력을 含藏하고 있다.

그대로 쓰여왔는 것 같습니다. 또 摩訶를 붙이면 우리에게 훨씬 더 가깝게 眞如가 느껴지기 때문입니다.

예컨대 摩訶의 般若, 根本을 사무쳐 正見되어지는 摩訶, 이 마하야말로 平等自性의 우회한 표현인 摩訶(mahā), 바로 그런 전달의 기능으로 原典에 없는 낱말이 생명력을 가지고 이어온 것이라 추측되어 집니다.

摩訶般若波羅蜜多心經
마하반야바라밀다심경

Prajñāparamita-hrdayam samaptam

옛부터 이름은 實相의 표현이라 일컬어 왔습니다. 특히 불교에서 經의 이름은 經 전체의 내용을 가장 함축성있게 표현되어 지므로 經의 題號를 이해하는 것은 經 전체를 이해하는 지름길이라 할 수 있습니다.

心經은 대장경 가운데 가장 짧은 경문입니다. 특히 玄奘삼장의 略本心經은 단지 260字 밖에 되지 않지만, 이 260字는 반야부 600卷의 압권이고, 또 반야부는 8만대장경의 중심부이므로 이「摩訶般若波羅密多心經」10字는 당연히 8만대장경의 압축이라 하여도 과언이 아닙니다. 그럼 한 낱말씩 나누어서 가름해 보고자 합니다.

〈 摩訶 mahā 〉

이 摩訶의 의미는 크다는 大와 많다는 多와 위대하다, 殊勝하다의 勝이 마하가 품고 있는 뜻입니다. 이는 부처님의 깨달음이 無上正覺이므로 大의 mahā이고, 부처님의 깨달음이 一切智, 곧 無分別智이므로 多의 mahā이며, 또 부처님의 깨달음은 世間, 出世間에 모두 벗어나 殊勝하므로 勝의 mahā입니다.

그리고 이 摩訶는 五種不飜 가운데 두번째인「많은 뜻을 포함하고 있어 번역하지 않는다」라는 含多義故不飜에 해당하며, 또 깊이 살펴보면은 우리가 돌아가고자 하는 本來面目을 우회하여 표현하고 있음을 알 수 있습니다. 곧 眞如實相의 세계, 波羅密本地가 위없이 높고, 限없이 크고 하나와 같이 온전하여 많고 위대하고 수승함을 mahā, 이 첫 자에서 완연히 드러났다고 할 수 있습니다.

그래서 옛 어른들이 말씀하시기를 우리들이 서로 칭송하는, 깊은 생각이니 대사상이니 하는 것은 전체에서 나누어진 부분의 지혜이고, 이러한 分別心은 곧 조각난 작은 마음이며, 般若를 깨달은 摩訶心은 바로 우리 누구나 다 가지고 있는 本來眞心이라 하였습니다.

사람마다 다 가지고 있는 큰 마음이며, 따라서 사람마다 본래 한 권의 마음의 經을 지니고 있다. 이것이 너그러울 때엔 法界를 다 갈무리하고 좁을 때엔 터럭끝도 용납하지 않으며, 이것이 드러나면 온 우주안에 이르지 않는 곳이 없고, 숨으려 들면 겨자씨나 건지끝도 들어갈 수 없다. 이것이 마음의 근원 바탕 자리이다.[8]
(即是人人本有一卷心經 寬則包藏法界容則 不立纖毫 顯則八荒九弗無所不至 隱則纖芥微塵 無所不入 乃人之本源也)

이것은 산스크리트語 mahā의 大, 多, 勝이 그 뜻이라는 뜻풀이에만 뜻이 있음이 아니라 이 摩訶 두字를 통하여 眞如本性인 波羅蜜実地를 우리로 하여금 보게끔 한 간절한 마음의 발로임을 알 수 있습니다.

이어 나오는 古人이 쓴 摩訶의 偈頌을 음미하여 보기로 하겠습니다.

摩訶의 한 소식이여
이제까지는 알지 못했었다.
오늘이야 겨우 그 모습을 만났으니
세상의 어떠한 것과도 견줄 수 없도다[9]

(摩訶一消息 從來不得知
今日纔會面 世上無物比)

그럼 이 摩訶 한 소식은 어떠한 것인가?
雲門선사께서 말씀하시었습니다.[10]

이 한가닥의 주장자가 龍으로 변하여 온세상을 집어 삼켰으니 山河 大地가 어디서 나오겠는가?[11]
(雲門山 文偃禪師 拈柱杖示象云 柱杖子
化爲龍 吞却乾坤 了也 山河大地 甚處得來)

---

8) 9) 이 예문은 저자 불명의 〈반야바라밀다심경주소〉에서 인용한 것임.
涵虛 得通의〈金剛經五家解〉序說에 이런 말이 있다. "여기에 한 물건이 있으니, 이름과 모양이 끊어지고, 옛과 지금 뚫혔으며, 또 한 티끌속에도 머물기도 하고 동서남북상하 즉 육합을 쌀 수도 있다. 그리고 안으로는 어떠한 기묘함도 포함하였고 밖으로는 뭇 기틀에 대응하며, 또 天地人 삼제의 대표가 되고 일체법의 왕이 되니, 넓고 커서 비유가 없으며 높고 우뚝하여 그 짝이 없다"
(有一物於比 絶名相 貫古今 處一塵 圍六合 內含衆妙 外應群機 主於三才 王於萬法 蕩蕩乎其無比 巍巍乎其無倫)

10) 雲門(864 — 949)
法名은 文偃. 雲門宗의 開祖. 法系는 六祖-青原-石頭-天皇-龍潭-德山-雪峰, 처음 睦州 道明을 찾고 뒤에 雪峰 義存에 나가 크게 깨치어 雪峰의 法을 잇다.

11) 禪門拈頌〈1006則 爲龍〉
여기에 도움되는 黃龍 祖心선사의 말씀이 있다.
「눈 밝은 종사가 지금까지 있었도다. 만일 어떤 사람이 나서서 말하기를 "그것은 주장자이니 山河大地가 무슨 허물이 있는가?"한다면 그에게 한쪽 눈이 있음을 허락하리라.」하시었다. (黃龍心 拈 明眼宗師至今猶在 忍若有 漢 出來道 者介是柱杖子 山河大地有甚過也 許伊一雙眼)

〈 般若 prajña 〉

　반야는 산스크리트語로는 prajña이며 속어인 팔리語로는 paññā 의 音譯입니다. 일반 통례적으로 智慧라 번역하지만 인간 생명의 근원을 깨달았을 때 나타나는 '근원적인 예지'를 말합니다.
　그래서 智慧라 번역하여도 알맞지 않는 것입니다. 우리가 알고 있는 현대 서구화된 개념의 지식 즉 Knowledge는 삶의 경험 없이 얻어지는 것이며, 또 지혜라 번역되는 Wisdom은 삶의 경험을 통해서 축적되는 앎인 것입니다.
　여기의 prajña는 의의 지식과 지혜와는 전연 다른 것입니다. 곧 分別智(Vijñana)나 차별지가 아닌 無分別智며 온통 그대로 圓證되는 원천, 그 자체인 것입니다. 또 원질에서 쏟아보내는 自發光의 빛입니다. 그래서 眞面目인 波羅蜜實地를 사무쳐 관조하는 것도 이 prajña이니, 玄奘삼장의 五種不飜 가운데, 다섯째인 듯이 중하게 전달되지 않아 진리를 사무쳐 관조하는 마음이 일어나지 않을까봐 번역하지 않는다 하여 그냥 음역하니 般若입니다.
　그럼 우리나라 대선지식인 元曉스님의 논저인 〈金剛三昧經論〉[12]의 般若에 관한 말씀을 빌려 이해를 더욱 심화코저 합니다.

　　일체의 성스러운 德을 고루 갖추었고, 모든 존재를 두루 망라 하였으니 두루뭉실하고 툭 터져서 둘이 아닌 불가사의한 진리가 摩訶般若임을 알아야 한다.[13] (摠持諸德 該羅萬法 圓融不二 不可思議 當知是法 却是 摩訶般若)

---

12) 金剛三昧經에 대한 論. 元曉(619-686)스님이 지은 논서로서 3권으로 되었다. 이에 대한 연기는 宋高僧傳 4권에 기록되어 있다.
13) 金剛三昧經論 五,眞性空品

다시 말씀드리면 일체의 存在者와 存在의 內性을 明徹히 사무쳐 보는 지혜가 반야입니다. 또 바깥경계에 끄달리어 다니지 않고 分別心을 내어 집착하는 이것을 깨뜨리는 지혜, 이렇게 하여 드러나는 지혜가 반야인 것입니다.

그럼 이것을 반야라 일컬으며 일상사에 일일이 일어나서 분별하고 알음알이를 내는 이 놈은 무엇일까?

그렇습니다.

우리들이 바깥경계를 대할 때마다 일으키는 차별하는 分別智도 실상을 바로 알고 보면, 이것은 바로 般若智를 떠나고서는 이루어지는 것이 아닙니다.

왜 그런가 하면 바로 무엇이든 나름대로 알수 있는 지혜, 그 원천이 바로 眞如本性에서 쏟아져 나오는 般若의 自發光이기 때문입니다. 그래서 우리들은 날마다 이 般若光을 쓰면서, 아니 行·住·坐·臥가 온통 그대로 반야 자체이어서 우리들은 自覺하지 못할 뿐입니다.

이것을 自覺하면 지혜로워지고 깨닫지 못하면 어리석어집니다.

그러나 般若는 본래 깨달음과 어리석음이 있는 것이 아니라 오직 우리들이 깨쳤다가 어리석어 졌다 할 뿐이어서 실제 살펴보면 중생이다 부처다 하는 것도 허망한 것일 따름입니다. 그래서 般若를 스스로 깨달은 가운데 살아가면 어느것 하나 반야 아님이 없습니다.

그래서 大顚了通선사는 "본성을 바로 알아 진리를 깨달으면 온갖 것이 모두 반야로 돌아가니 이는 범부가 성인됨이다"라고 그의 저서인 〈大顚注心經〉[14]에서 다음과 같이 말씀하시고 있습니다.

---

14) 大顚了通(1100년대) 중국 조동종의 선사. 동산 양개 스님으로 부터 10代가 된다. 〈大顚和尙注心經〉은 중국 卍 속장경에도 들어 있지 않으며, 우리나라에는 조선 태종 11년 전북고창 문수사에서 공선화상이 중간한 본이 현재 九山스님의 重刊序를 붙여 영인하여 유통되고 있다.

큰 지혜를 내어 자기의 본성을 바로 알아 나고 죽음이 없는 진리를 깨달으면 지나간 세월의 어리석음과 또 지혜와 복덕을 돌이키어 모든 것이 공적으로 돌아가서 신통묘용일 것이며 살림살이를 꾸리어 생업으로 이어가는 것이나, 세상에 쓰이는 온갖 말들도 모두 다 반야로 돌아가게 되니 범부를 돌이키어 성인을 이루게 된다.
(發大智慧 見自本性 頓悟無生 反前愚癡 智慧福德 皆歸空寂 神通妙用 治生産業 治世語言 同歸般若 轉凡成聖)

지금까지 말씀하여 온 般若를 옛부터 셋으로 나누어 생각하여 왔습니다. 곧 實相般若, 觀照般若, 文字般若인데, 이는 반야의 실체가 셋 있다는 것은 아닙니다. 사람마다 지니고 있는 마음자리는 하나일 뿐입니다.

첫째 實相般若는 참다운 진리, 본래면목을 말합니다. 그럼 참진리, 眞面目은 무엇을 지칭함일까?

그것은 우리가 사는 차별로 나타나는 현상계의 본 바탕, 곧 眞如自性이므로 우리의 思考인 分別智에 의하여 개념이나 언어로서는 표현될 수 없을 뿐 아니라, 시간적인 개념이나 공간적인 개념을 설정하기 이전이고 우리의 생명이 목숨을 받기 이전의 자리가 바로 實相인 것입니다.

이런 實相을 正見證得하여 내가 곧 實相임을 깨달아 眞如自性의 大海로 되돌아 가 있는 지혜, 이것이 바로 實相般若입니다.

다음 중국 명나라 때 선지식인 弘贊선사의 〈般若波羅蜜多心經添足〉 가운데 제목을 해석하는 데 있는 實相般若의 풀이로 이해를 돕고자 합니다.

실상반야는 진리의 본바탕인 法身眞空의 본체이니 원래 이름과 모양이 없다. 이제 이름과 모양이 없는 가운데 거짓 이름을 세워서 실상이라 말하는 것이니, 그런 까닭에 이름하여 실상인 것이다. 마음의 근원자리가 고요하고 맑고 적적담담하여 모양없는 모양인데 이름하여 實相이라 할 뿐이다. 이러한 것은 우리 마음에 비추어진 바 참다운 성품이며 우리의 마음이 텅비어 허공과 같이 영험스러워져서 본래 깨달음의 참마음이 어두워지지 않는 때이며 이는 그윽함(寂)도 아니며 되비침도(照)아니어서 진리의 성품이 상주하여 그 본체가 나고 없어지고 물들고 깨끗하고 허망한 등의 법을 여원자리이다.

(實相般若者 謂法身眞空之體 元無名相 今於無名相中 建立假名而談實相 故名實相 以心源湛寂 無相而相 名爲實相 是所觀之眞性 即吾人虛靈不昧 本覺眞心 非寂非照 理性常住 體離生滅染淨虛妄等法)

둘째 觀照般若이니 우리의 진여본성인 實相般若를 잘 밝혀서 아는 지혜, 곧 근원자리를 사무쳐 아는 지혜를 말합니다. 바로 이 관조반야가 있으므로 우리의 成佛이 가능해 지는 것입니다. 비록 때묻지 않은 진여본성의 자리가 있다 하더라도 이 자리를 되돌려 觀하는 지혜가 없으면 本地本鄕으로 되돌아 가는 길을 잃고 말뿐 아니라 영원히 그곳을 찾을 수 없게 됩니다.

이러할 때 우리에게는 괴로운 윤회의 계속만 남게 되는 것입니다. 하루에도 아니 한시간, 한순간에도 지옥과 천상을 수백번 수천번씩 돌곤 합니다. 이것은 우리의 본래면목인 眞如本性을 온통 그대로 실상대로 보지 못하고 분별심을 내어 홀연히 無明이 생겨 삶의 시초가 되어 지는 것입니다. 이 떠나온 생명 이전의 자리로 되돌아 가는 것이 바로 悟道이며 그 지팡이가 관조반야입니다.

다음 弘贊禪師의 〈般若波羅蜜多心經添足〉에서 이 부분을 살펴 보겠습니다.

관조반야는 實相의 체로 부터 일으킨 用이니 곧 능히 觀하는 묘한 지혜이다. 마음의 법성이 그윽하고 깊음으로 두루 밝게 비추지 않음이 없나니, 모든 부처님들도 이로써 진리의 법신에 묘하게 계합하셨고, 보살님네들은 이로써 진공을 문득 뛰어넘어 증득하였다. 곧 우리의 無分別智 또한 비추는 일 없이 비추며 모든 법을 비추어 사무치면 진공이니, 중생의 어두운 마음 無明이 곧 實相般若이다. 그런 까닭에 經에서 色이 곧 空이라 하였다. (觀照般若 乃實相體 所起之用 即能觀之妙慧 良由法性幽玄 非比莫罄 諸佛以此而妙契法身 菩薩以此而頓證眞空 即吾人無分別智 非照而照 照了一切諸法 皆即眞空 無明即實相 故之 色即是空)」

셋째는 文字般若로서 49년 동안 부처님께서 설법하신 말씀인 八萬大藏經은 문자로 엮어졌는데 이를 넓게 문자반야라 하는 것입니다. 바로 弘贊선사의 해 ㅅ으로 설명을 대신하고자 합니다.

문자반야는 문자로 모든 부처님의 진리의 가르침을 나타낸 것이니 문자의 그 성품이 공하였으며, 성품의 공한 본체는 반야이다. 그래서 천태교종에서〈문자는 곧 물질과 같은데 물질은 곧 실상이다〉라 하였다. (文字般若者 文字是諸佛詮理之教 而文字性空 性空之體 即是般若故台教 云 文字是色 是色即實相)

이제 끝으로 禪話 한편을 소개 하면서 眞般若의 一喜消息을 가름하고자 합니다.

---

15) 無分別智는 올바르게 진리를 체득한 지혜이다. 곧 實相智慧이며 부처님의 온전한 지혜이다.

大慈선사에게 趙州선사가 묻되 "般若는 무엇으로 근본을 삼습니까?" 하니 대자스님이 도리어 묻되 "반야는 무엇으로 근본을 삼습니까?" 하니 조주스님이 껄껄거리며 크게 웃었다. 이튿날, 조주스님이 마당을 쓰는데 대자스님께서 다시 물었다. "반야는 무엇으로 근본을 삼습니까?" 하니 조주스님께서 비를 던지고 손을 모으며 크게 웃으니 대자스님께서 방장으로 돌아갔다.16)

(大慈 因趙州問 般若 以何爲體 師云般若 以何爲體 州呵呵大笑 師明日 見州掃地次 却問 般若 以何爲體 州置箒 拊掌大笑 師便歸方丈)」

〈波羅蜜多〉는 pāramita의 산스크리트語의 음역입니다. 여기에 여러가지 견해가 있지만 그중 대표적인 것은 pāram(피안의)tita(도달한) 즉 과거수동형분사이어서 pārmita라 하였다는 것과 또 pārami(피안에 도달한) + tā(상태, 추상명사의 의미)로서 pāramita 곧 〈완전에 도달한 것〉이라는 說이 있습니다.

그래서 종래 波羅蜜多를 저 언덕에 이른다는 到彼岸과 끝닿음이 없는 곳을 건넌다는 度無極, 더 나갈 수 없다는 事究竟으로 번역하여 왔습니다. 곧 生死의 이 언덕인 此岸에서 생사를 뛰어넘는 涅槃의 세계인 彼岸으로 건너간다는, 저 언덕에 이르렀다는 뜻입니다.

그러나 이 波羅蜜多의 올바른 참 말씀은 '이 언덕에서 저 언덕으로 갈 곳이 있어 가는 것이 아니라, 이 언덕과 저 언덕은 우리의 마

---

16) 禪門拈頌(400則 般若)
　　大慈와 趙州, 두 노인네가 창피스러운 줄 모르고 처절하게 물고 늘어지는데, 우리는 절대로 속지 말아야 한다.…… 山을 내려와 집에 돌아오면 지팡이는 거두어 둔다.
　　여기 설두 중현선사의 게송이 있다.
　　먼저 와도 웃고 나중 와도 웃는다　　　　前來也笑 後來也笑
　　웃음 속 칼 있는 줄 대자는 아시는가?　　笑中有刀 大慈還識麽*
　　설사 아시어도 몸과 목숨 잃을 뿐　　　　直饒識得 也未免喪身失命)

음에서 일어나는 幻의 江일 뿐입니다. 彼岸인 저 언덕은 계속 앞으로 앞으로 찾아 나서드로 찾아지고 건너갈 수 있는 그런 곳이 있음이 아니라 바로 고개를 돌려 신발을 되돌려 신고 돌아옴으로 있는 것입니다. 돌아설 수 없는 돌아지지 않는 자리, 누구도 알아 주지 않고 알아 주는 이 없는 오직 빈 손의 손인 그 자리로 돌아서는 것입니다. 또 나아가든 돌아오든 한자리의 다른 이름임을 홀연히 아는 데 있습니다.'

그래서 青潭스님께서는 心經을 說法하실 때 "到彼岸이 아니고 到此岸이라 해야 한다'고 하신 것입니다.

大顚了通선사께서는 그의 注心經에서 波羅蜜에 대하여 到彼岸 이라 말씀 하시며 彼岸은 곧 極樂이라 말씀하시고 계십니다.

'波羅는 범어로 이를 번역하면 저 언덕에 이른다'이다. 곧 미혹하면 이 언덕이요 깨달으면 저 언덕이다.
(波羅梵語 此飜到彼岸 迷者此岸 悟者彼岸)

만약 누구든 眞源으로 되돌아가면 일체의 이치와 본성을 깊이 궁구하여 자기의 本來面目을 친견하게 되어 남이 없는 도리를 단박 깨달아 저 언덕에 오르게 된다. 한번 얻으면 영원히 얻게 되고 한번 깨달으면 영원히 깨닫게 되어 다시는 깨어나지 않게 되며 윤회를 영원히 쉬게 되어 나고 죽음을 영원히 끊게 되니, 하나의 物外閑人이 되어 자기 본성에 맡기어 소요하면서 고요한 즐거움을 느끼니 이를 이름하여 極樂이라 한다. 그럼 어떤 것이 극락인가?

……내 집안의 친자식이 아니고서는 어느 누가 그 속을 향해 가리오.[17]

---

17) 갑자기 이렇게 쓰고 싶다.
그럼 일체를 접어두고 그 속을 향해 감은 어느 속인가?
스승이여, 가난과 부요로움을 가리지 않으니
말과 글로는 어려웁나니
어찌 그 은혜 잊으리
잊으리.

(若一人 反眞歸源 窮理盡性 親見本來面目 頓悟無生 便登彼岸 一得永得 一悟永悟 更不復生 輪廻永息 生死永斷 作一箇物外閑人 任性消遙 寂然快樂 名曰極樂 如何是極樂? 除是我家親的子 誰人肯向裏頭行.)」

摩訶般若波羅蜜多
마하반야로 돌아서는

그럼 이 지극한 말뜻은 우리나라의 대 선지식 元曉스님이 체험 증득한 活句法門이므로 깊이 새겨 볼까 합니다. 스님의 말씀을 음미하면 할수록 일반적으로 흔히 접할 수 있는 般若나 到彼岸의 견해와는 다른 것을 느낄 수 있으며 또한 우리를 진리의 근원으로 성큼 들어서게끔 하고 있습니다. 저 한 바다를 한 칼로 자르는 동일 평면상의 소식이라 할까?
一實中道의 한 맛, 하여튼 그럴 수 밖에 없습니다.

마하반야바라밀이란 저 서역의 말로서 한문으로는 大慧度라 번역한다. 아는 것이 없으므로 말미암아 알지 못하는 것이 없기에 慧(슬기)라 하고, 이르는 것이 없으므로 이르지 않는 곳이 없기 때문에 度(건너감)라 한다. 그러므로 능하지 못하는 것이 없어 위없는 큰 사람을 내며, 끝없는 大果를 나타내나니 이런 이치로 大慧度라 한다. [18]
(摩訶般若波羅蜜者皆是彼語 此土譯之云大慧度 由無所知無所不知故名爲慧. 無所到故無所不到乃 名爲度 由如是故 無所不能 能生無上大人 能顯無邊大果 以此義故名大慧度)」

(大慧度經宗要)

---

18) 元曉스님의 〈大慧度經宗要〉의 대의를 서술한 부분이다.

〈心〉은 산스크리트語로는 hrdaya이니 心臟, 精要의 뜻과 마음, 즉 마음의 근본자리를 말하는 뜻이 있습니다.

精要, 精髓, 心臟은 근본 核을 말함이니 곧 〈마음의 본래자리〉를 가리키는 것으로 결국 둘이 같은 뜻으로 이해되어 집니다. 여기에 마음이라 함은 自性淸淨心을 말하니 곧 생각 이전의 생각을 낼줄 아는 우리의 근본 마음 자리를 말합니다. 그래서 화엄경에 이르시기를 '온 천지는 빈 것이며 헛된 것이다. 단지 이것은 마음의 조작이다' 또 '마음은 교묘한 화가와 같아서 갖가지 존재를 그린다. 일체 세계 중 어느 법치고 이렇게 만들어지지 않음이 없다.[19]' 하시었으며 또 馬鳴스님 역시 '온 세상은 오직 마음이 지은 바이니 마음만 여의면 모든 눈앞의 경계가 없으리라[20]' 하신 것입니다.

위의 말씀은 일체의 법, 즉 눈앞에 펼쳐지고 머리 속에 헝클어진 存在와 非存在들은 모두 마음이 펼치어 놓은 것이며, 움직이면 무궁무진한 세계를 펴보이고 가만히 있으면 實相 그대로 온전히 있음을 말합니다. 이것은 일치 존재는 바로 마음의 다른 이름임을 말하는 것입니다.

摩訶般若波羅蜜
반야의 저 언덕에 이르는

이 prajña-paramita 는 自性淸淨心인 마음을 화선지로 하는 동일 평면상의 소식입니다. 이 언덕에서 계속 전진하여 도달하는 곳이

---

19) 三界虛妄 但是一心作 (華嚴經 十地品)
　　心如工畵師 畵種種五蘊 一切世界中 無法而不造 如心佛亦爾 如佛衆生然 心佛及衆生 是三無差別 諸佛悉了知 一切從心轉 若能如是解 彼人見眞佛
　　(華嚴經 夜摩天宮菩薩偈品)
20) 三界 唯心所作 離心則無六塵境界 (大乘起信論)

있는 저 언덕이 아니라, 오히려 지식도 명예도 학문도 사상도 아니 지혜조차 있지 않을 때, 또 우리가 암기하고 학습하고 한 숙달축적된 결과마저 인식되지 않을 때, 이 언덕이 아니라 저 언덕으로 오는 것입니다.

이곳은 우리가 마음의 신발을 되돌려 신고 돌아 달릴 때에야 점점 가까워지는 곳이며,〈저 언덕에 이름이 아니라 이 언덕에 이르는 곳〉, 이 곳이 바로 摩訶般若波羅蜜多心經의 心인 hrdaya 입니다.

그럼 이 마음 얼굴(心印)을 멋지게 그려 놓은 한편의 시를 옮겨 드리며 결론으로 삼고자 합니다.

마음 얼굴

그대에게 묻노니 마음얼굴 어떻던가
마음을 뉘라서 주고 받고 하나
긴긴날 지나오며 한결같고 변함없어
마음이다 얼굴이다 그런것 조차 빈말인 걸
분명히 알라.
그 본질 텅비어서 저 허공같아
불속에 핀 연꽃, 이렇게나 불러볼까
무심, 그것 도라 이르지 말라
무심 마저 한겹 막힘이 있는 것[21]

心印
問君心印作何顔　心印何人敢授傳
歷却坦然無異色　呼爲心印早虛言

---

21) 十玄談의 열편의 詩 가운데 첫째 번의 詩. 저자는 同安常察이며 靑原 行思로부터 6세째 되는 九峯道虔에게 사법하였음. 이 十玄 詩는 文字를 통하여 文字밖의 禪理를 절묘하게 드러냈다고 후세의 師家에게 극찬을 받곤 한다.

須知體自虛空性　　將喩紅爐火裡蓮
　　勿謂無心云是道　　無心猶隔重關

〈經〉은 산스크리트語로 sūttra이니 음역하여 修多羅, 修吒羅라 하며 契經, 正經, 貫經이라 합니다. 이 경장은 율장, 논장과 함께 三藏을 이루며 부처님 말씀으로 가장 경건한 뜻을 지닙니다. 그리고 經의 뜻은 항상(常)하며 一貫함을 말하며, 또 중생이 부처를 이루는 지름길(經)이라는 의미도 포함하고 있습니다.

그래서 우리나라 新羅 圓測스님께서는 經이란 뜻을 다음과 같이 풀었습니다.

　　經에는 두가지 뜻이 있으니 꿰뚫는 것(貫穿)과 거두어 지니는 것(攝持) 이다. 말할 바의 뜻을 꿰뚫고 교화할 바 중생을 거두어 지니기 때문이다.[22]
　　(經有二義 貫穿攝持 貫穿所應說義攝持所化生故)

또 大顚了通선사는 그의 〈注心經〉에 經의 실체를 우리 눈앞에 내어 놓고 있습니다.

　　經이란 길이란 말이다. 이는 중생들이 수행하는 길이니, 한 눈도 팔지 말고 곧 바로 만리 길을 향하여 한 치의 풀도 없는 곳으로 가라. 삼가하고 주의해야 할 것은 이때에 마음을 일으키거나 생각을 일으키면 순식간에 지옥에 떨어진다.
　　이 經을 알고 싶은가?
　　(經者徑也 是衆生修行之徑路 驀直便行向萬里 無寸草處去 切忌當頭 擧心動念 便墮泥犂 要識此經麽)

---

22) 圓測(613-696) 신라스님. 당나라에 가서 玄奘의 上足이 되다. 여기 예문에 그의 저서인 〈般若波羅蜜多心經贊〉의 제호 해석 부분이다.

알고 싶은가?

그럼, 눈앞에 아롱아롱 하고 머리속에 왔다갔다 하여 속이 메식메식하는 이 없어지지 않는 이것은 무엇인가?

經이라 하던 心이라 하던 이름은 무엇이라 해도 좋다.

이 좋은 것의 실체는 무엇인가?

여기 좋은 이야기가 하나 있습니다. 이 멋진 가르침을 펴신 스님은 雲居선사입니다.

어떤 스님이 방 안에서 經을 읽는데, 雲居스님께서 창밖에서 물었다.
"그대가 읽는 것이 무슨 經인가?"
"네 維摩經입니다."
운거스님 다시 물으시기를
"나는 자네한테 유마경을 보는 걸 묻지 않았네, 유마경을 볼 줄 아는 그것이 무엇인가? 말일세."
그 스님이 이로부터 바로 깨달았다.[23]
(有一僧在房內念經 師隔窓問 犁念者是什麼經 對曰 維摩經 師曰 不問維摩經念者是什麼經 其僧從此得入)」

그렇습니다.

우리 각자가 가지고 있는 한권의 經, 이것을 읽을 줄 알아야 합니다. 그뿐 아니라, 이 읽을 줄 아는 그것이 우리인 줄 알아야겠습니다. 그래서 석가세존께서 처음 正覺을 이루신 후 일체 존재를 살펴보시고는 '일체 중생이 여래의 지혜덕상을 갖추었으나, 단지 망상과 집착으로서 증득하지 못하는구나'[24] 하시며 절탄하신 것입니다.

---

23) 雲居(~902) 법명은 道膺, 同山 良介에 사법하다. 이야기는 景德傳燈錄 17卷에 나온다.
24) 世尊初成正覺 歎曰 奇哉奇哉我今普觀一切衆生 具有如來智慧德相 但以 妄想執着不能證得 〈華嚴經 卷5, 11 如來出現品〉

이 모양없으며 온갖 상태에 따라 빛을 나투는 이 自我經, 이 한권의 心經, 이 마음의 經을 그린 菜根譚의 게송을 하나 음미하여 끝을 맺고자 합니다.

「내 안에 가득찬 책을 읊습니다.

종이 위에 먹으로 씌어진 것은 아닙니다.

찾아보면 한 글자 한획도 없건만

늘 밝은 빛이 비쳐 나옵니다.

(我有一卷經　不因紙墨成

展開無一字　常放大光明)」

제 2 장 經文의 解釋

1) 顯說般若 : 말로 들어낸 설명할 수 있는 般若.

(1) 經의 大義
經의 대의를 총론하였으며, 이 대의는 경의 결집자가 기술한 것이다.

> 觀自在菩薩 行深般若波羅蜜多時
> 照見五蘊皆空 度一切苦厄

〈NOTE〉
　○관자재보살이 마지막 반야에 들어섰을 때
　　물질과 생각이 없음을 살펴보고
　　모든 고난에서 벗어났느니라.
　　　　　　　　　　　　　　－靑潭－

　○관자재보살이 깊은 반야바라밀다를 행하여
　　오온 모두가 다 공하였음을 비춰보고
　　일체 고액을 건넜느니라.
　　　　　　　　　　　　　　－光德－

○관자재보살이 깊은 반야바라밀다를 행할 때에
　오온이 모두 공함을 밝히 보아
　일체고액을 넘느니라

　　　　　　　　　　　　　－李箕永－

○관자재보살이 반야의 심장인 저 언덕으로 돌아서서
　깊은 반야에 들어섰을 때에
　관자재 차원에서 내려다 보시고 모든 존재물은 오온인
　물질, 느낌, 따짐, 저ㅈ름, 버릇으로 이루어졌으며
　또한 오온 역시 모두 비었음을 분명히 아시고
　일체의 괴로움에서 벗어나셨다.

　　　　　　　　　　　　　－醉玄－

〈산스크리트 원문과 한문 대조 및 번역〉

○全知者인 覺者에게 예태합니다.
　(Namas Sarvajñāya) － 日本 法隆寺本
○옴
　지혜를 완성하신 성스러운 그분에게 절하나이다.
　(Oṃ namo Bhagavatyai Ārya-Prajñāpāramitāyai)- Conze本

※玄奘 한역본에는 귀의하는 글귀가 없다.
○거룩한 관자재 보살은 심원한 지혜의 완성이 실천되었을 때에,
　　(Ārya-Avalokiteśvaro bodhisattvo gambhirām prajñāpāramitā caryām caramāno vyavalokayati sma： 觀自在菩薩 行深般若波羅蜜多時)
　　　그때에 저 높은 곳으로부터 내려다 보니, 이 세상에 존재하는

것은 모두 다섯가지 구성요소로 되어 있고 그 本性은 實體가 없음을 깨달았다.

　　(Pañca-skandhās tāmś ca svabhāva-śunyān paśyti sma. 照見五蘊皆空 度一切苦厄.)

(영역본)

○ Homage to the perfection of Wisdom, the Lovely, the Holy !
지혜의 완성자, 사랑스러운 자, 신성한 자에게 경의를 표하노라.
○ Avalokita, The Holy Lord and Bodhisattva, was moving in the deep course of the Wisdom which has gone beyond. He looked down from an high, He beheld but fiveheaps, and he saw that in thier own-being they were empty.

구도자(Bodhisattva)이신 거룩한 관세음(Avalokita)께서 해탈의 (초월의, 혹은 사바세계를 완전히 넘어선) 지혜의 심오한 과정을 행하고 계셨노라.(moving in)

높은 곳(높은 경지)에서 굽어 보시고는 〔모든 존재에서의〕 오직 다섯가지의 더미(five heaps : 五蘊)만을 꿰뚫어 보셨으며 또한 그 五蘊이 그 자체로서는 텅비어 있음(empty : 空)을 알아 보셨느니라.

〈낱말 해석〉

〈觀自在〉Avalokiteśvara

○ 玄奘 역 般若心經은 觀(Avalokita) + 自在(iśvara)를 취하여 觀自在라 번역하였고 鳩摩羅什 역 妙法蓮華經이나 般若心經에는 觀

(Avalokita) + 世音(svara)혹은 소리(音)를 취하여 觀世音 혹은 觀音이라 번역하였다.
○ 摩訶般若와 둘이 아닌 경지. 一切의 걸림이 없는 경지. 無功用(저절로) 상태다.

　　觀 ： 내려다본다. 비친다. 직관력의 투시력. 곧 空한 경계와 현상계를 사무쳐 아는 지혜인 般若.

　　自在 ： 맡겨서 마음대로 한다.

○ 고유명사 觀自在, 觀世音으로 불리어 질 때는 부처님의 情的分野인 慈悲를 드러낸 聖格表現이다. 곧 부처님의 情緖를 의인화한 것임.

〈菩薩〉 Bodhisattva

○ 원어 보디샬트바(Bodhisattva)를 음역하여 菩提薩埵라 한다.
　菩提(Bodhi)는 깨달음(覺)이고 薩埵는(sattva) 衆生이다.
○ 의역하여 覺有情, 道心衆生, 覺衆生이라 한다.
○ 처음 사용된 것은 부처님의 前生이야기인 〈쟈아타카(jātaka)〉에서 세존의 前生의 이름으로 나타난다. 서력 기원 전후하여 大乘운동이 일어남으로 部派小乘들의 자기 중심적인 解脫觀을 배제하고 누구나 부처가 될 수 있음을 확신하여 헌신적인 大乘불교운동을 전개함.

　　위로는 깨달음을 구하고(上求菩提) 아래로는 중생을 구제(下化衆生) 한다는 自利利他의 이상적인 구도자상이 菩薩이다.
○ 곧 大乘불교가 일어남에 따라 이상적인 인간상으로 上求菩提 하였으나, 下化衆生하기 위하여 이 언덕(彼岸)에 마지막 衆生으로 남아 있는 者가 菩提薩埵, 즉 菩薩이다.

行深般若波羅蜜多時

○ 반야의 심장인 저 언덕으로 돌아서서 깊은 반야를 닦고 있을 때에 심원한 지혜의 완성이 실천되었을 때
○ 行은 산스크리트語 Prajñā-pāramitāyām caryam caramāno로 곧 〈지혜의 완성에 있어서 行을 행하고 있던 그때에〉로 직역되는데 한역하면서 行 한자로 함축시켜 의미가 선연하게 전달 안된다.
보살의 行은 그대로 진리의 완성을 나타내는 것이므로 同一선상에 있다.
○ 深은 원문 gambira의 번역이니, 깊은 골수에 사무치는 의미이다.
○ 般若(Prajñā)는 본질의 실지를 사무쳐 보는 지혜, 存在 자체의 自發光이다.
○ 波羅蜜多는 Pāramitā이니 到彼岸. 더 나갈수 없는 곳의 事究竟이다. 곧 發光源으로 돌아서 이르는 곳이며 Conze는 perfection of Wisdom, 지혜의 完成이라 영역하였다.

보살의 실천적 수행의 德目인 六波羅蜜
① 布施 바라밀 — 베푸는 것
② 持戒 바라밀 — 계율을 지킴
③ 忍辱 바라밀 — 참음
④ 禪定 바라밀 — 마음을 가라앉힘
⑤ 精進 바라밀 — 노력함
⑥ 智慧 바라밀 — 지혜를 밝힘

○ 深般若波羅蜜多는 여섯가지 바라밀 가운데 마지막인 지혜바라밀 뿐 아니라 그 모든 것을 포함하는 것이라고 일반적으로 이해된다.
○ 時는 실천 수행할 때, 곧 절대 이순간, 나누어지지 않은 절대현재. 여기에는 과거, 미래, 현재 三世가 존재되지 않는다.

照見五蘊皆空

○〔觀自在 차원에서 내려다보니 모든 존재물은 오온으로 이루어졌고 또한
오온이 모두 비었음을 분명히 아시고…〕

관자재 차원에서 내려다 보시니
모든 물질적 현상은 五蘊인
물질(色), 느낌(受), 따짐(想), 의지적 충동(行),
버릇(識)으로 이루어졌으며
또한 오온 역시 모두 비었음을 분명히 아시고

○ 照見은 산스크리트語 paśyati sma의 번역이니 看破하다, 비추어보다, 내려다 보다의 의미이다. Edward Conze는 이를 〈looked down from on high〉라 영역하고 있다.
○ 五蘊은 pañca skandha가 원어이다. 존재를 구성하는 다섯가지 요소, 곧 물질과 정신을 말하며 五蘊, 五陰, 五象, 五聚로 번역되었다. pañca는 다섯이며 skandha는 모여서 쌓이다(agregate) 혹은 구성요소(element), 集積의 뜻이다.
○ 古代 인도에서는 존재를 구성하는 데는 다섯가지 요소가 화합되어야 한다고 정의하였다.

存在를 구성하는 5요소

物質・色 (rúpa) : 存在者 일체, 신체, 물질
精神・受 (redanā) : 느낌, 感受, 感覺作用
　　・想 (samjnā) : 따짐, 知覺, 表象作用
　　・行 (samskāre) : 저지름, 意志的 충동, 受想 이외의 마음 작용.

- 識(vijnāna) : 버릇, 認識, 識別作用
  마음의 작용을 총괄하는 인식의 주체인
  六識을 일컬음.
○ 空(súnya)은 그냥 없다(zero)의 뜻이다. 여기의 súnya는 오온은 실체가 없는 허망한 것이어서 집착할 것이 없다는 의미이다.
- 일반적으로 다음 두 가지 空으로 이해 되어 진다.

五蘊皆空의 두가지 이해(空의 두가지 입장)
1) 析空(可變性, 분석되어지는 空) - 如의 차원
   - 五蘊皆空 - 五蘊은 가변성이요 非實質的이고 虛妄하다함을 아시고
2) 體空(不變性, 분석되어지지 않는 本質) - 眞의 차원
   - 五蘊皆空 - 五蘊 자체가 空(본질, 眞)의 活性化요, 存在 자체가 그대로 空의 표현이며 영원한 진리의 顯現임을 아시고 (일체의 존재는 본질 차원에서는 없다.(空))

空(súnya)의 포괄적인 의미

空은 存在의 空虛가 아니라, 한계 지울 수 없는 무한대의 空, 즉 의미 不在의 空이다. 바로 이것은 참나(實相)의 절대 자유, 자율, 自在의 性을 의미한다. 그래서 眞空妙有라 한다.

〈度一切苦厄〉

○ 산스크리트 원전에는 대칭되는 글귀가 없다.

○ prajnā-paramita 일 때는 苦가 있을 수 없다.
왜? 波羅蜜 實地의 實聖德이 샘솟듯 無量히 自發光하니.

〈講 義〉

```
觀自在菩薩 行深般若波羅蜜多時
照見五蘊皆空 度一切苦厄
```

이 대문은 心經의 大意입니다.
이 대의 부분은 觀自在菩薩의 친설이 아니라, 聖보살께서 실재 수행하여 증득하신 사실의 내용을 경의 결집자가 회통하여 간추려 쓴 것입니다. 곧 般若波羅蜜의 본질적 순수 차원에서 일체의 현상과 모든 존재를 사무쳐 了見하시고는 다시 한 생각을 일으키어 우리의 차원으로 말씀한 것입니다. 이를 부처님께서 삼매에 드시어 증명하시고 부처님의 위신력이 힘입은 舍利弗의 물음에 대하여 觀自在菩薩께서 말씀하신 無謬의 說法을 아란존자가 經을 결집하면서 대요를 서술한 다 문입니다.

Avalokita(觀)isvara(自在)
아바로기따 이스와라, 이 분은 저 초월의 차원에서 내려다 보는, 이 세상을 사무쳐 보는, 摩訶般若와 둘이 아닌 거룩하고 훤출한 이 입니다. 그리고 투시능력이 自由自在로운 이(者). 우리는 이를 觀自在菩薩이라 합니다.
觀은 저 본질의 차원에서 굽어본다, 저 높은 차원에서 살펴 사무쳐 본다는 그런 뜻입니다. 곧 觀은 mahā prajnā와 둘이 아니며, 우리 진여자성의 自發光의 觀입니다. 여기서 굽어본다. 높은 차원이어서 어떤 수직 상하 관념의 뜻이 아니며 同一線上의 평면차원의 觀인 것입니다. 이 眞의 경지는 정지된 수직관계가 아닌 흐름입니다. 계속 넘나드는 것입니다. 활짝 만계되어 유착된 상태가 아니라 끝없이 피어나는 상태입니다.

저 千手 千眼,

만개의 손, 만개의 눈,

꼭 그만큼 펴고 있는 손, 손, 손들, 보살피는 눈, 눈, 눈들.

계속은 있지만 끝이 없는, 곧 이 흐름의 시작이란 제1의 원인은 있지 않습니다.

〈아발로기따(Avalokta)〉는 사무쳐 넘나드는 者입니다.

iśvara, 이스와라는 아무 걸림없이 휘영청 넘나든다는 의미이니 저 대낮 太陽이 구름 한점 없는 푸른 하늘에 떠 있음이요, 또 三更에 달이 휘영청 밝아서 유유히 노닌다는 그런 의미이니 이를 곧 自由라 합니다.

여기 觀自在의 다른 이름인 觀世音 혹은 觀音이 있습니다.

觀自在는 玄奘三藏이 Avalokitáśvara를 Avalokita(觀)와 iśvvara(自在)로 분리하여 이해함으로서 번역된 이름입니다. 또 鳩摩羅什 三藏은 心經번역에서 觀世音이라 번역하였는데, 이는 Avalokita(觀)와 svara(音) 즉 Avaralokitasvara의 연유도 있겠지만, 문헌을 상고하여 보면 당시 이미 觀音, 觀世音, 觀自在가 혼용되었음을 알 수 있습니다.[1]

---

1) ○ 산스크리트語本 法華經의 觀世音菩薩普門品에는 Avalokiteśvara(관자재)가 아니라 Avalokitaśvara(관세음)으로 기록되어 있다.

○ 玄應音義 제五「범본에는 舍婆羅(iśvara)라 했는데 이를 옮기면 自在이다. 또 경본 이래의 경본에는 娑婆羅(savara)로 되어 있어, 옮기면 '소리'이다」.

○ 鳩摩羅什 당시 그 문하생인 僧肇가 쓴 〈註維摩經〉에는 이미 혼용하고 있음을 본문에 옮기어 놓았다.

羅什三藏의 四哲이라 일컫는 네명의 제자 중 하나인 僧肇[2]의 저서인 〈註維摩詰經〉 제1에서는 스승인 羅什 三藏의 말을 인용하였습니다.

> 위난이 있을 때 관세음보살의 이름을 부르고 귀의하면 보살이 그 음성을 관하시고 곧 해탈을 얻게 하신다. 또 관세음, 관자재라고도 한다.

이를 보면 羅什 三藏도 觀音만을 주장한 것이 아니라, 觀自在의 뜻이 Avalokitasvara에도 포함되어 있어 같이 사용하였음을 알 수 있습니다.

그럼 왜 觀世音이라 하였는가?

저 관세음보살의 所依經典인 觀音經, 곧 妙法蓮華經의 觀世音菩薩普門品에 관세음보살에 관하여 묻고 이에 답하며 관세음보살을 드러내는데, 전반적으로 이 經의 취지에 맞게 아름답고 훌륭히 번역하려면 역시 觀世音이 알맞고, 멋진 해석을 가한 번역이라 볼 수 있겠습니다.

여기에 普門品에 나오는 귀절 하나를 음미하며 이해를 더욱 돕고자 합니다.

○ 法雲의 法華義記 八卷「'관세음'을 풀면 세간의 음성을 관하는 觀世間音聲과 중생의 몸에 달린 업을 관하는 觀衆生身業, 중생의 마음에 얽힌 업을 보는 觀衆生意業의 세 가지 이름이 있다. 이를 총괄하면 觀世業이 된다. 그러나 사바에서는 주로 음성을 가지고 불사를 하고 중생을 제도하는 곳이므로 '觀世音'이라 한다.」

2) 僧肇(383-414). 구마라집 문하의 승략, 도항, 승예와 함께 四哲이라 일컬어진다. 스승과 함께 역경사업에 종사했으며 교리에 정통하였다. 저서는 「반야무지론」,「보장론」,「즈유마경」 등.

만일 무량 백천 만억 중생이 온갖 고뇌를 받을 때에 이 관세음보살의 이름을 듣고 한 마음으로 관세음보살의 이름을 부르면 관세음보살이 곧 그 음성을 관하고 모두 해탈을 얻게 한다.
(若有無量百千萬億衆生 受諸苦惱 聞是觀世音菩薩 一心稱名 觀世音菩薩 卽時觀其音聲 皆得解脫)」

이로 보아 고뇌와 절망, 암흑으로 가득찬 우리 중생의 삶에 간절히 기원하는 그 소리를 관하고 자비와 구원의 손을 내뻗는 觀世音思想이 대중에게 뿌리내리므로 자연히 관세음으로 유포회자 되었음을 알 수 있습니다.

일반적으로 중생의 음성을 관하는 불보살의 자비행을 인격화하는데 더 강조할 때는 觀音 혹은 觀世音이라 하였고 觀自在라 할 때는 지혜에 더 강함을 두었는 것 같습니다. 여하튼 觀自在라 하든지, 觀世音이라 하든지, 서로가 서로의 뜻을 다 지니고 있는 서로 다른 이름일 뿐입니다.

우리가 기원하는 관세음보살이나 보현보살, 지장보살, 문수보살 님네들은 이미 부처님으로서 일체의 수행을 모두 마치신 후 고뇌와 집착으로 일그러진 중생을 구제하려는 慈悲의 化現으로, 일부러 보살의 지위에 나투시어 대원을 실현시키는 방편상의 보살들일 뿐입니다.

그럼 唐 玄奘 三藏의 上足인 窺基스님의 〈般若心經幽贊〉을 들으며 觀自在의 이해를 명확히 하여 봅시다.

觀은 〈비친다〉는 뜻이니 공한 경계와 현상계를 사무쳐 볼 줄 아는 慧이다. 또 自在는 맡겨서 마음대로 한다는 뜻이니 수행의 위대한 결과이다. ……또 온갖 지혜를 성취하여 한 생만 있으면 부처를 이을 보처보살의 지위에 올랐고, 그 도가 이미 부처와 다름없는 등각을 이루어 그윽하여 광명이 비치지 않는 곳이 없으므로 이름을 觀自在라 한다.
(觀者照義 了空有慧 自在者 縱任義 所得勝果 …… 由慧所得 位階補處 道成等覺 無幽不燭 名觀自在)

또한 부처님의 정서를 聖格표현을 하여 의인화시켜 고유명사로 우리 가슴에 깃들 때, 저 자비로운 거룩한 이 觀音聖者, 관자재보살로 다시 탄생되어 지는 것입니다.

Bodhi sattva
菩 提 薩 埵

보살은 산스크리트語로 Bodhisattva이니 음역하여 菩提薩埵라 합니다. Bodhi는 覺, 깨달음이고 sattva는 衆生이라는 달입니다. 그래서 이를 번역하여 覺有情, 道心衆生이라 합니다. 음역한 菩提薩埵를 줄여서 菩薩이라 통상 부릅니다.

이 의미는 몸은 육신을 받고 있는 중생이나, 마음은 이미 見性하여 깨달음을 이루었다는 말입니다. 중생계인 생멸현상계에 남아서 마지막 육신의 삶동안 괴로움에 허덕이는 중생을 위하여 千眼萬手로 중생의 고달픔을 관하고 이들을 해탈시키고자 저 언덕으로 나아가지 않은 聖스러운 분, 이런 분이 바로 Bodhisattva입니다.

햇살에 영롱하기 마지막 이슬 방울로 잎사귀에 반짝이며 매어달린 이슬, 마치 만사람의 눈에 이슬이기를 보여주기 위하여 마지막 물방울로 대롱이는 이슬, 이런 이가 Bodhi sattva입니다.

떨어진 방울은 어디로 갈까?

Bodhisattva는 중생을 만나면 중생이 되어 부처를 이루고
부처를 만나면 부처가 되어, 중생이 되게 합니다.
보살은 깨달은 중생이기 때문입니다.

　거룩하고 심오하며 광대하고 불사의한 부처님의 성격은 일반적으로 지혜와 자비, 원력으로 세분화하여 이해되어 집니다. 이는 사람의 人格이 知情意의 조화 발달되는 것으로 풀이되는 바입니다. 그래서 부처님의 삼대 위력을 세분화하고 따로 강조하여 표현되는 聖格으로 곧 知的분야와 지혜를 강조하여 표현될 때는 文殊菩薩이며, 情的분야인 자비를 표현할 때는 觀世音菩薩이 등장하며 또 의지, 원력을 의인화 표현할 때는 普賢菩薩이 나타납니다.

　　觀自在菩薩
　　Avalokiteśvara Bodhisattva
　　관세음 보살

　늘 맹렬히 갈구하지만 이게 어디 불러서 오는 것인가?
　觀自在菩薩, 이 일구가 곧고 바른 眞言[3]임을 그윽히 사무쳐 계합함이 있어야 이 보살님을 친견할 수 있는 것입니다.
　부르면 비밀히 다가오는 신비의 外界人이 아니라 우리 이 一心과 다름이 아님을 스스로 머리를 끄득인 다음, 우리는 이 보살님이 刹那刹那 그가 나임을 알 것입니다.
　이렇게 우리 모두 이 觀自在菩薩님을 갖고 있으나, 사랑과 미움의

---

3) 眞言은 산스크리트語 Mantro의 중국역이니, 呪・呪文이라 하며 波羅蜜
實地에서 自發하는 元言이다.

取捨選擇, 즉 分別心을 일으켜서 自在하지 못할 따름입니다.

만일 누군가가 一心으로 이 말을 100% 믿고 푹 놓아서 스스로 놓은 것을 모르고 또 오직 그윽하고 고요한 곳을 향해 몸과 마음을 두데 두었는 줄 모르며, 고요하다는 것 마저 잊어버려 더 이상 나갈 곳이 없을 때, 우리의 겉도 안도 밖도 속도 아닌 곳에서는 치열한 움직임을 만날 수 있으니, 문득 이 觀自在菩薩께서 벌거숭이 몸으로 와계심을 알게 될 것입니다.

그때 부터 당신은 당신을 잊지 않게 될 것입니다.

그때 부터 당신은 당신을 잃지 않게 될 것입니다.

그럼 傳燈錄[4]에 있는 재미 있고도 의미심장한 아름다운 이야기 한편을 즐겨 봅시다.

동산 양개[5] 스님이 그의 스승인 운암담성과 작별할 때 스승은 다정하게 그의 제자에게 말하였다.

"이번에 우리 헤어지면 다시 서로 만나기가 어려울 걸세."

"오히려 만나지 않기가 어려울 것입니다." (難得不相見)

동산은 이어 그의 스님에게 물었다.

"스님께서 입적하신 뒤에 사람들이 저에게 '너는 너의 스승 진면목을 아직도 생각해 낼 수 있느냐?'라고 물으면 저는 므어라고 대답해야 좋겠습니까?"

운암스님이 잠시 후 대답하였다.

---

4) 원래 명칭이 景德傳燈錄이다. 30卷이며 宋나라 道源의 저서(1006). 과거 7佛에서부터 장수법제선사에 이르기까지 1712인의 佛祖가 기록되어 있다. 이 이야기는 제 15권에 있다.

5) 洞山良介(807-869) : 曹洞宗의 開祖. 法系는 六祖-靑原-石頭-藥山-雲巖-洞山 법제자르는 운거도응, 조산본적, 소산광인, 청림사건 등 용상이 나와 일대 문파를 이루다.

"바로 이것이네."(這箇是)
이 말씀에 제자는「이것」에 관하여 골똘히 생각하고 있는데 스승은 곧 말하였다.
"이것을 수긍하려면 최대한 조심성있고 신중하여야 하네."
길을 떠나면서도 동산스님은 '바로 이것이다'라는 스승의 말씀에 엷은 의심에 싸여 계속 음미할 수 밖에 없었다.
어느날 개울을 건너다가 수면에 비친 자기 모습을 보고 홀연히 '바로 이것이다'의 참뜻을 완전히 깨달았다. 그리고는 게송을 읊었다.

    다른 데서 그를 찾지 말라.
    멀고 멀어서 나와는 성글어 진다.
    이제 내 혼자 가노니
    어디에서나 그를 만나네
    지금 그는 바로 나 자신이고
    나는 지금도 바로 그가 아니니
    이렇게 깨달아 알음으로
    여여한 진면목에 계합하노니.

(師曰自此一去難得相見 洞山曰 難得不相見 叉問雲巖和尙百年後 忽有人問還貌得師眞不 如何祇對 雲巖曰 但向伊道只這箇是 洞山良久 雲巖曰 承當這箇事 大須審細 洞山猶涉疑 後因過水睹影 大悟前皆旨 因有一偈曰

    切忌從他覓 迢迢與我疏
    我今獨自在 處處得逢渠
    渠今正是我 我今不是渠
    應須恁麼會 方得契如如

또 金剛經에 말씀하시기를「만일⁶⁾ 모양으로 나를 찾거나 소리로 나를 구하는 자는, 이 사람은 삿된 도를 행하는 것이니 여래를 볼 수 없다」하시었으며, 또한 當代의 巨禪 方漢岩⁷⁾스님도 鏡虛⁸⁾선사로부터「무릇⁹⁾ 형상 있는 모든 것은 허망한 것이다. 만일 형상 있는 것이 형상 없는 것임을 알면 곧 여래를 본다」라는 金剛經의 一句를 듣고 觀自在菩薩님을 친견할 수 있었던 것입니다. 참으로 그러합니다.

우리와 저 觀音聖者와는 한치도 서로 떨어져 있어본 적이 없지만, 우리가 언제 보살님을 친견할 수 있었던가.

보아도 눈으로 보지 말아야 하며 들어도 귀로 듣지 말아야 자연히 보살을 친견할 수 있을 것이니 항상 함께 앉고 항상 같이 누우며 한가지로 웃고 한가지로 성내었으니, 오! 오직 스스로 깨어나 사무칠 뿐입니다.

그래서 六祖스님의 법제자인 南陽 慧忠국사는 그의 저서인〈般若波羅蜜多心經註〉에서 말씀하시기를「마음을¹⁰⁾ 깨쳐서 얻을 방법이 없음을 사무치게 한다. 마음과 경계를 다 잊으니 사무칠 것 없음을 사무친다」고 하신 것입니다.

그럼 觀自在菩薩의 친견을 주선하신 大顚了通스님의〈注心經〉을 살피며 이 一句의 결론으로 삼고자 합니다.

「시방세계 어느 곳이든 두루 돌아다니며 느닐지만 부처 지나 다니는 자취를 찾을 수 없으니, 바로 지금 이 자리를 여의지 아니하고 언제나

---

6) 原文 (若以色見我 以音聲求我 是人行邪道 不能見如來)
7) 方漢岩(1876-1951) 조선 말기 스님. 法名은 重遠. 鏡虛의 법을 잇다.
8) 鏡虛(1849-1912) 조선 말기 스님. 法名은 惺牛. 문하에 근세에 이름 높은 만공, 혜월, 수월, 한암 등 여러 제자를 두었다.
9) 原文(凡所有相 皆是虛妄 若見諸相非相 即見如來)
10) 原文(悟心無法可得 心境兩忘 無了可了)

깊은 물처럼 맑고도 고요하지만 그러나 그대가 찾아도 찾아 볼 수 없는 줄 알게되면 보지 않는 데서 바로 보게되며 바로 보는 가운데도 보지 않게 될 것이다. 만약 이 가운데 관음보살을 만나게 되면 사물에 응하고 형상에 따르더라도 무엇이 모자라거나 부족함이 있으리요. 일어날 때나 앉을 때나 언제나 서로 같이 따르니 같이 일어나고 같이 넘어지며 같이 기뻐하고 같이 웃으며 소리치고 같이 떠들게 되리라
알겠는가?
눈으로 소리를 들어야 비로소 알지.
(十方遊歷通 不見佛行蹤 不離當處常湛然 覓卽知君不可見 於不見中親見 於親見中不見 若從這裏 見得觀音菩薩 應物幷隨形 何曾欠少 起坐鎭相隨 同起後同倒 同歡同笑 同叫同　會麽 眼裏聞聲方始知)

○ 行深般若波羅蜜多時
· 심원한 지혜의 완성을 실천하고 있을 때에
· 반야의 심장인 저 언덕으로 돌아서서 깊은 반야에 들어섰을 때에

　　과연 觀自在菩薩의 과연 신통 자재한 위력은 어디서 용솟음 칠까?
바로 行深般若波羅蜜多할 때에 옵니다.
그렇습니다.
三世諸佛과 일체 보살님과 천하 선지식네도 바로 深般若波羅蜜多를 수행하였을 때 관자재보살이 나로 다가오는 것입니다.
行深般若波羅蜜多
　　그럼 이 「깊은 반야바라밀다를 수행한다」함은 어떤 내용일까? 到彼岸이라 하여 이 언덕에서 저 언덕으로 갈 곳이 있어 자꾸 다가가서 도달할 수 있음이 아니라. 이 언덕과 저 언덕의 동일 평면

선상에서, 아니 이 언덕에서 이 언덕으로 발굽치를 되돌아 다시 제자리로 돌아오는 저 언덕임을 알아야겠습니다. 그러므로 般若는 자기 性品을 廻光返照하여 사무치는데 있는 것입니다. 또 이 般若는 우리들 입장에서는 本來面目, 波羅蜜實相地의 自發光입니다.

이 光明은 누구나 온전히 갖추고 있는 것입니다.

그럼 왜 보지 못하느냐?

바로 이것은 현상생멸처에 집착하여, 경계에 현혹되어 자기 본래면목인 實相本地를 망각하였기 때문입니다.

行深般若波羅蜜多時
반야의 심장인 저 언덕으로 돌아서서
깊은 반야에 들어섰을 때에

이때는 般若인 바로 자기 본래면목으로 돌아서서 반야, 자기 자신을 照明하는 것입니다.

般若, 卽 이 觀自在菩薩은 圓滿, 全知全能, 自在, 具足하여 오직 스스로가 스스로의 모양을 가질 뿐, 그 어떤 相도 가지고 있지 않습니다.

그런 까닭에 「반야바라밀다를 깊이 행한다」는 무엇을 어떻게 사고하거나 행위한다는 것이 아닙니다. 이 수행을 계교를 부리고 생각을 깊이하여 파고 들러 갔다는 내용과는 전혀 相反됩니다.

이곳은 얻는 것도 버리는 것도 들어가는 것도 아닙니다. 그냥 그대로 말끔하고 상큼한 본래 그 자리일 뿐입니다.

왜냐?

본래 그 자리, 般若를 볼 수 없는 것은 경계에 끄달리어 분별심을 냄으로 허망하고 삿된 경계를 취한 것이니, 단지 分別心을 내지 않을 때는 摩訶般若, 自性, 本來面目, 觀自在菩薩, 波羅蜜地 …… 이들은 바로 당연하고 찬란하게 그 全裸의 몸을 드러내는 것입니다.

般若라 하는 그 이름조차 사실 없는 것이니 〈事究竟; 더 나갈 수 없는 곳〉〈波羅蜜多; 저 언덕에 이른 상태〉라 하는 그 자리가 자연 드러날 뿐입니다.

그러므로 우리가 바깥 경계에 끄달림이 없고 분별심을 일으키지 않았을 때 우리의 行·住·坐·臥는 바로 般若 자신의 本分活動이 되는 것입니다. 만약 조금이라도 行한다, 생각한다는 人爲的 思考가 붙으면 삿된 것이 됩니다. 般若일 수 없는 것입니다.

深般若, 깊은 반야란 무엇을 의미하는가?

이 深은 일반적으로 般若經 600部 도처에 나타나는 菩薩이 닦아야 할 여섯가지 德目 곧 布施, 持戒, 忍辱, 禪定, 精進, 智慧의 六波羅蜜 가운데 마지막 智慧波羅蜜 하나만이 아닌 여섯가지 전체를 말하기 위하여 深을 쓴 것으로 이해되어 지고 있습니다.

우리나라 古今의 두 善知識분의 설명을 살피며 이 句에 대한 결론을 삼을까 합니다.

근래 靑潭淳浩스님[11]께서는 深般若를 이렇게 말씀하셨습니다.

> 이 마음에 잡념이 딱 끊어지고 實相般若에 깊이 들어선 경지, 수행해 가는 도중이 아니라 깊이 들어간 마지막 반야, 이것이 구경열반이고 심반야이다.

또 新羅때 唐에 들어가 玄奘三藏의 上足이 된 圓測스님은 그의 〈般若波羅蜜多心經贊〉에 行深을 다음과 같이 해설하였습니다.

---

11) 靑潭 淳浩(1902-1971) 근래 우리 조계종 3代 宗正을 지냄. 도선사, 조계사 등에서 心經을 수차 설법하였다. 그 중 深般若에 관한 설법이다.

깊음에는 두 가지가 있으니 하나는 행함의 깊음이다.
분별을 여읜 지혜(無分別智)속에서 二空[12]을 증득하여 모든 분별을 여의고 能所[13]가 없는 행으로써 행의 모양을 삼는 까닭에 행함이 깊다고 이름한다. 그러므로 大品般若經에 설하기를 '행함도 보지 않고 행하지 않는 것도 보지 않는 것을 이름하여 보살이 깊은 반야를 행한다'고 하는 것이다. 다른 하나는 경계의 깊음이니, 二空의 도리는 有·無의 모양을 떠났고 모든 희론을 끊었음을 말한다.
분별을 여읜 지혜로[14]이 깊은 경계를 증득하는 까닭에 행함이 깊다고 말하는 것이다.
(深有二種 一者行深 無分別智內證二空 離諸分別 無能所行 以爲行相 故名行深 故大品曰 不見行不見不行 是名菩薩行深般若 二者境深 謂二空理 離有無相 絶諸戱論 無分別智 證此深境 故曰行深

- ◦ 照見五蘊皆空
- · 관자재 차원에서 사무쳐 보시니 모든 존재물은 五蘊인 물질, 느낌, 따짐, 저지름, 버릇으로 이루어졌으며 또한 오온 역시 모두 비었음을 분명히 아시고
- ◦ 度一切苦厄
- · 일체의 괴로움에서 벗어 나셨다.

내가 중생일 때는 육체도 정신도 모두 있지만, 깨닫고 보면, 즉 深般若에 들어가 觀自在하여서 살펴보면은 육신이랄 것도 정신이랄

---

12) 二空은 我空과 法空이니, 我空은 우리는 오온의 화합이므로 我라고 할 실체가 없다는 것이며, 法空이라는 것은 오온의 自性도 공한 것을 이른다.
13) 能은 主觀이고 所는 客觀을 말한다.
14) 無分別智는 올바르게 眞如自性을 체득한 지혜이니 곧 부처님의 지혜이요, 범부 중생의 지혜는 추사선택하는 分別智이다.

것도 없다는 말씀입니다. 여기에 무슨 괴로움이 있을래야 있을 게 없을 것이 아닙니까?

照見은 산스크리트語로 paṣyti sma이니 저 높은 차원에서 평면으로 본다. 곧 높은 차원에서 바깥 경계도 같은 차원으로 본다니 觀自在, 摩訶菩薩 차원에서 투시해 본다는 그런 의미입니다.

그럼 관자재 차원인 深般若에 들어서서 보니 이 세상은 어떠한가?

五蘊皆空

深般若에 들어서신 관자재보살께서 五蘊이 모두 空함을 보셨습니다. 바로 波羅蜜多하여 이 세상을 보니 五蘊이 비었음이 드러난 것입니다.

또 五蘊이란 무엇인가?

五蘊은 산스크리트語 panca skandha의 번역이니 다섯가지 구성요소를 말합니다. panca는 다섯이고, skandha는 구성요소, 집합의 뜻인데, 곧 存在는 다섯가지 구성요소, 五蘊으로 이루어져 있다는 것입니다.

고대 인도에서는 모든 存在를 色과 受想行識으로 형성되었다 함이 통설로 되어 있었습니다. 그래서 經에서도 인간과 그 환경및 우주 전체를 표현할 때 五蘊으로 표현하여 왔습니다.

五蘊
panca skandha
다섯가지 집합

오온은 물질적 현상과 정신의 총체입니다.

첫째는 色, 물질적 현상인데 산스크리트語로 rúpa입니다. 이는 存在하는 것, 모든 것을 가르킵니다. rúpa의 낱말에는 rup(현상적인 것)와 ru(허물어진다, 변한다)의 뜻을 가지고 있습니다. 그런 까닭에 色을 변화하는 存在物, 現象生滅界를 말하는 것입니다.

둘째 受는 산스크리트語로 Vedanā인데 느낌 感覺을 의미합니다. 즐거움도 感受하고 괴로움도 感受한다는 그런 뜻입니다.

세째는 想이며 산스크리트語로는 samjnā의 번역입니다. sam(모두) + jnā(안다)이니, 곧 知覺作用, 表象作用을 말합니다. 따지고 了解하기 때문에 想이라 불리는데, 바로 푸른 빛을 요해하고 붉은 빛을 요해하는 想像, 感想등의 작용을 말합니다.

네째 行은 원어 samskāra의 번역입니다. 정신작용이 일정한 방향으로 작용하는 측면을 말하는 것으로 意志도 포함됩니다.

다섯째 識은 vijna의 번역인데 vi(분별하여) + jna(안다)의 합성어이며 대상되는 경계를 식별하는 작용을 갈합니다.

이는 일반적으로 六識으로 나누어 설명되어 지는데, 곧 眼, 耳, 鼻, 舌, 身, 意라 하는 여섯가지 認識作用을 말한다. 이 여섯가지 인식작용은 눈, 귀, 코, 혀, 몸, 뜻이 물질, 소리, 향, 맛, 촉감, 존재의 여섯가지 바깥 대상이 접촉하여 인식하는 것을 이릅니다. 바로 知識이라 할 수 있습니다.

그럼 五蘊이 空했다 함은 무엇을 말하는가? 또 空했다함은?
空은 sūnyata의 번역이며 수학의 zero를 말합니다.

간혹 空의 해석을 보면 空은 무엇이 있는 空이다. 空이 있다. 있는 듯이 없다 등의 이론을 펼치지만 空은 空일 뿐입니다. 곧 zero, 0을 말합니다. 아주 없다. 전혀 없다. 바로 禪頌에 표현되는 토끼뿔, 거북털일 뿐입니다. 일체 법은 인연따라 생긴 것이므로 我體라는 것은 없는 것이다.

그래서 諸法皆空, 五蘊皆空입니다.

我空이란 나라고 할 그 무엇이 없다는 것이고, 法空이란 일체 현상이라 할 것이 없다는 말입니다.
　종래 空에 관하여 많은 연구가 있으나, 일반적으로 다음 두 가지로 이해되어 집니다.
　첫째는 眞의 입장, 곧 體空이며, 둘째는 如의 입장인 析空입니다. 그래서 五蘊皆空이란 경문은 眞차원의 해석과 如차원의 해석으로 나누어 설명할 수 있습니다.
　眞의 차원인 體空은 쪼개어 질 수 없는 本質이며 不變性입니다. 곧 般若의 當處, 實相般若 차원, 觀自在차원에서 볼 때 일체 존재나 모든 현상은 아예 없다, 空하다란 것입니다.
　五蘊皆空
　우리의 몸, 느낌, 따짐, 의지, 버릇(色受想行識)은 그대로 súnyata(空)의 活性化이며 五蘊即空, 空即五蘊이어서 그 자체 그대로 그것일 뿐입니다. 그러므로 五蘊, 곧 存在와 일체 現象은 영원불변하는 진리의 나타냄이라고 이해되어 집니다.
　이 眞, 波羅蜜 本地인 體空은 바로 摩訶般若인 觀自在 차원입니다. 如의 차원, 곧 可變性이며 分析되어지는 析空의 입장입니다. 현상이라는 것은 있는 것 같지만 實在 有情의 개체는 「나」라 할 아무런 중심이 없는 것입니다. 결국 삿되고 허망한 생각으로 目前境界에 分別心을 내어 取捨選擇하는 데서 있는 것 같이 착각할 뿐입니다.
　모든 存在物이 그때 그때 時時刻刻 인연에 따라 있는 듯이 존재로 나투지만 實體란 없는 것이며, 또 假合된 존재들은 부단히 변하며, 實相이란 없이 妙有로 있는 것입니다. 이것 역시 끊임없이 空을 실현하고 있다는 입장입니다. 결국 존재란 허망하여 쪼개어 보면 실로 있는 것이 아니다라는 말입니다.
　그래서 析空인 如의 차원에서 五蘊皆空을 설명하면 五蘊은 可變性이요, 非實在的이고 幻影일 뿐이다. 그런 까닭에 우리는 五蘊의 허망함을 알고 우리는 이를 극복해야 한다는 그런 의미로 이해되어 집니다.

五蘊을 하나 하나 分析하였을 때 空할 수 밖에 없는 이 空은 우리의 常住不變하는 波羅蜜 實地인 父母未生前의 實相의 畢竟空과는 같을 수 없는 것입니다. 이 眞의 차원인 觀自在 차원의 空은 生命 以前의 實相 眞面目이어서 우리의 인식이나 관념과 갈등으로 오염된 이전의 本質이어서 말과 글과 생각으로는 도달될 수 없는 天下萬物의 本質性品인 것입니다.

우리의 言語나 思考는 우리가 직접 체험했던 간접경험이든 어느 것이든지 경험해야 표현될 수 있는 것이지 전혀 상상조차 할 수 없는 그곳은, 우리의 언어나 사고를 벗어나 존재하는 이 波羅密本地는 삼차원의 우리 生滅界의 그 어떤 것으로도 표현해지지 않습니다. 표현되어지지 않는 것을 표현하였을 때는 이미 다른 것일 수밖에 없는 그곳이 바로 우리 스승들이 말씀하시는 佛菩薩의 立處地이며 天下善知識의 住處地인 것입니다. 그래서 이 本來實相인 波羅蜜本地는 全空이며, 空性이 惺惺하며 活活潑潑한 침묵의 바다라 일컬어 집니다.

실로 이 本地의 空은 우리가 관념으로 사고하는 존재의 공허성이 아니라, 無限界이며 無意味의 空인 것입니다. 바로 이 空이야말로 三世諸佛과 天下 善知識의 立脚地임이 분명합니다.

五蘊皆空
오온이 비었음을 분명히 아시고

우리 신라 圓測스님께서는 지혜의 쓰임을 自利와 利他로 나누어 말씀하셨는데 여기는 自利를 말한 부분이라 하시었습니다.[15]

---

15) 원측스님의 〈마하반야바라밀다심경찬〉의 오온개공의 해설임.

오온이 모두 공함을 안다는 것은 지혜의 쓰임을 말함인데, 이에 두 가지가 있다. 첫째는 자기를 이롭게 함이요, 다른 하나는 남을 이롭게 함이다. 이곳은 공을 관함을 밝히는 것인데, 이것은 곧 자기를 이롭게 함이다.
(照見五蘊皆空者 辨其智用 用有二種 一者自利 二者利他 此明觀空卽是自利)

그렇습니다. 바로 보살이 深般若波羅蜜多를 행한다 함은 인식의 주체를 주체적으로 인식함을 말하며, 그래서 五蘊이 皆空함을 照見한다 함은 波羅蜜의 自發光이 方便力으로 일체 중생을 복되게 하는, 지혜의 쓰임을 말하는 것입니다.
또 華嚴宗의 三祖인 法藏 賢首스님은 照見五蘊皆空을 다음과 같이 설명하고 있습니다.[16]

세번째 대문은 수행하는 것과 그 경계를 밝혔다. 오온의 자성이 모두 공한 것, 곧 아공과 법공인 이공의 공한 이치를 사무쳐 보는 것을 말하며, 이는 깊은 지혜로 보는 바이다.
(三明觀行境 謂達見五蘊自性皆空 卽二空理 深慧所見也)

여기에 오온의 자성이 공했다 함을 살펴보면 色受想行識의 오온이 본래부터 일찌기 생긴 일이 없고 생긴 일이 없으니 멸할 것 또한 없음이며 멸할 것이 없으니 이미 生滅이 없음이며 또 그 자체가 아예 없는 자리이므로, '五蘊의 自性이 모두 空했다'하는 것입니다.

---

16) 법장의 〈반야심경약소현정기〉임.

여기에 空은 「나」라 할 실체가 없는 我空과 이렇다 할 모든 현상이 실로 없는 法空이 공했는 畢竟空인 당초의 0, zero를 말합니다. 현상의 존재가 zero이기 때문에 우리의 삶은 근본적으로 슬퍼하거나 절망에 빠져 허덕일 수 없는 것입니다. 五蘊이 고정되고 불변하는 실체라면 태어나고 없어지고 달라지고 머무는 데에 따라 울고 웃고 하는 것이 人生을 바로 보는 것이 됩니다. 心經의 말씀같이 오온은 공했으나 오온 이전의 眞源, 본원지는 그렇게 常住不變인 것입니다.

여기서 우리가 인식해야 할 것은 「인간은 오온으로 假有하고 있으나 오온적 현상의 존재는 아니다」라는 것입니다. 흔히 인간은 물질과 정신으로 형성되어 있다, 혹은 물질과 정신의 결합물이 인간이다 라고 말합니다.

그러나 진실로 살펴보면 인간은 그 존재가 실체가 아니고 假想이나 現像일 뿐입니다. 그런 까닭이 곧 因緣따라 결합된 假有物인 인간이 아무리 물질적으로 풍요하고 감각적으로 쾌적하더라도 인간 그 자체가 全人的으로 완성되거나 根本的으로 행복해 지는 것은 아닙니다. 이 사실이 분명 확실함이 더할나위 없으나 우리는 바깥 境界에 이끌리어 물질과 정신의 충족을 위해 죽음을 무릅쓰고 추구하므로 이 세상에 존재하는 악의 근원이 되었던 것입니다. 오히려 이러한 추구는 인간의 實相인 本源地와는 더욱 멀어지고, 점점 황폐화 시키는 결과만 초래할 뿐입니다.

○ 度一切苦厄
　　일체 괴로움에서 벗어나셨다.

이 度一切苦厄에 대응되는 글귀가 산스크리트 原文에는 없습니다. 그럼 실제로 Edward Conze의 산스크리트 本과 그 영역을 살펴보기[17]

로 합시다.

「Ārya-Avalokiteśvaro bodhisattvo gambhirāṁ prajñāpāramitā-caryāṁ caramāno vyavalokayati Sma : pañca-skandhās tāṁṣ ca svabhāvaśūnyan paśyati sma.
(Avalokita, The Holy Lord and Bodhisattva, was moving in the deep course of the Wisdom which has gone beyond. He looked down from an high, He beheld but five heaps, and he saw that in their own-being they were empty.

구도자이신 거룩한 관세음께서 해탈의 지혜의 심오한 과정을 행하고 계셨다. 높은 경지에서 굽어보시고는 [모든 존재에서의] 오직 다섯가지의 더미(오온)만을 꿰뚫어 보셨으며 또한 오온이 그 자체로서는 텅비어 있음을 알아 보셨다.)」

또 이 기영박사는 한글 번역[18] 산스크리트원문을 살펴보아도 마찬가지임을 알 수 있습니다.

존재에는 다섯가지 구성요소가 있음을 간파했다. 그리고 보살은 이러한 요소가 그 본성에서 말하면 실체가 없는 것이라고 깨달았다.

이렇게 되어 있습니다.
또 돈황석굴에서 발견된 산스크리트語 한자음역 반야심경인 〈唐梵飜對字音般若波羅蜜多心經〉에도 역시 대응되는 부분이 없습니다. 그러나 玄奘三藏의 두 큰제자인 窺基스님이나 圓測스님의 주

---

17) 〈Buddhist Wisdom Books〉 P77. Edward Conze역저.
18) 〈金剛經·般若經〉 P20 이 기영역. 養賢閣 발행.

해석서인 〈般若心經幽贊〉이나 〈般若心經贊〉에는 이 글귀가 모두 있는 것으로 보아 玄奘스님께서 번역할 때 자연 그 공덕으로 나타나는 결과를 넣었던 것 같습니다.

왜냐?

般若波羅蜜多하였을 때 五蘊을 비추어 보면 자연 그 차원에는 재앙과 액난이 있을 수 없어서 一切苦厄일 수 밖에 없는 것입니다. 여기에 法藏賢首스님의 度一切苦厄의 해석을 옮기면서 결론코자 합니다.

> 네째는 觀한 수행의 이익을 밝힘이니, 이른바 진공을 증득하여 살펴봄으로써 고뇌가 다 하였음을 말한다. 나누어지고 변하고 바뀌며 나고 죽는 상태의 경계를 멀리 겨의고 보리 열반의 구경의 낙을 증득하는 것이므로 '일체의 고액을 건넨다'라고 한다.
> (四明觀行 利益 謂證見眞空 苦惱斯盡 當得遠離 分我變易 二種生死 證得菩提涅槃 究竟樂果故云 度一切苦厄也)」

---

19) 〈般若波羅蜜多心經略疏〉법장의 주해석서, 원본은 增上寺報恩藏明本이며 大正新修大藏經에 실려 있다.

제3장 삿됨을 깨트림(破邪分)

> 舍利子 色不異空 空不異色 色卽是空 空卽是色 受想行識 亦復亦是
>
> 舍利子 是諸法空相 不生不滅 不垢不淨 不增不減 是故 空中無色 無受想行識 無眼耳鼻舌身意 無色聲香味觸法 無眼界 乃至 無意識界 無無明 亦無無明盡 乃至 無老死 亦無老死盡 無故集滅道 無智亦無得

(2) 破邪分科文[1]~法이 空했음을 보임(正示法空)

　　일체의 번뇌망상을 뚜드려 깨어 眞如自性을 밝힘.

　　파사분 109字를 다음과 같이 나누어 설명함이 편리하다.

1) 五蘊의 空함을 밝힘(明蘊空) : 舍利子 ~ 亦復亦是 (27字)
2) 空한 德을 나타냄(顯空德)
　① 다들어냄(總標) : 舍利子 是諸法空想 ~ 不增不感 (20字)
　② 따로 해석함(別釋)
　　ㅡ 蘊과 處의 空함을 밝힘 ~ 五蘊, 十二處, 十八界의 공함을 보임 : 是故 空中無色 ~ 無意識界 (34字)
　　ㅡ 十二因緣의 공함 : 無無明 ~ 亦無老死盡 (18字)
　　ㅡ 四諦의 공함 : 無苦集滅道 (5字)
　　ㅡ 智慧와 成就 : 無智亦無得 (5字)

---

1) 이 科文은 明나라 弘贊스님의 〈般若心經添足〉이 底本이 되었음.

1) 五蘊의 空함을 밝힘 : 五蘊의 照明

> 舍利子
> 色不異空 空不異色 色即是空 空即是色
> 受想行識 亦復亦是

⟨NOTE⟩

○사리불이여, 물질이 허공과 다르지 않고 허공이 물질과 다르지 않으므로 물질이 바로 허공이며 허공이 바로 물질이니라.
　이와 같이 중생들의 느낌과 따짐과 저지름과 버릇들이 바로 부처님의 밝은 지혜이며 부처님의 광명지혜가 바로 중생들의 나쁜 생각들이니라.
－青潭－

○사리자여, 색과 공이 다르지 않고 공과 색이 다르지 않느니라. 색이 곧 공이요, 공이 곧 색이니 수·상·행·식도 또한 그러하니라
－光德－

○사리자여, 색이 공과 다르지 않고, 공이 색과 다르지 않으며 색이 즉 공이요, 공이 즉 색이니 수·상·행·식도 역시 그러하니라
－李箕永－

○사리자야, 물질적 현상(色)과 본질(空)은 그 자체가 다르지 않고 본질의 순수함(空)이 모든 구체화된 현상(色)과 다르지 않으니

물질적 현상(色)과 본질의 순수함(空)이 바로 같으며 본질의 순수함(空), 이것의 活性化가 바로 물질적 현상(色)으로 구체화된 것이다.

이와같이 우리의 느낌(受), 따짐(想), 의지적 충동(行), 버릇(識)들이 바로 부처님의 自發光 지혜이며 부처님 實相이 바로 우리의 모습이다.
―醉玄―

〈산스크리트 원문과 한문 대조및 번역〉

○사리불이여(iha sariputra)
 이 세상에서 물질적 현상에는 실체가 없으며 실체가 없기 대문에 바로 물질적 현상이 (있게 되는 것)이다.
(rūpam śunata, śūnyataiva rūpam[2])
色空 空性是色 …… 智慧輪三藏
色性是空 空性是色 …… 法月 三藏

실체가 없다고 하더라도 그것은 물질적 현상을 떠나 있지는 않다. 또 물질적 현상은 실체가 없는 것으로부터 떠나서 물질적 현상인 것이 아니다.(rūpān na prthak śunyatā, sunyātāyā na prthag rupam 色不異空 空不異色)

---

2) 玄奘三藏 한역에는 이 대문이 번역되지 않고 있음. 이는 五蘊을 照明하는데 元來의 입장인데 현장은 필요치 않다하여 고의로 빠뜨린 것 같다. 돈황석실에서 발견된 음역반야심경에나 현존 산스크리트어 원문에는 남아 있다. rupam śunyata, śúnyataiva rupam을 智慧輪 삼장은 〈色空 空性是色〉이라 번역했고 法月삼장은 〈色性是空 空性是色〉이라 하였다.

이리하여 물질적 현상이란 실체가 없는 것이다. 대개 실체가 없다는 것은 물질적 현상인 것이다.
(yad rūpam sā śunyatā, yā śunyatā tad rūpam 色即是空 空即是色)

이와같이 감각도, 표상도, 의지도, 지식도 모두 실체가 없는 것이다.
(evam eva vedanā-samjnā-samskāre-vijnānani 受想行識 亦復亦是)

〈 영역본 〉

Here, O Śāriputra, form is emptiness and the very emptiness is form ; emptiness does not differ from form, form does not differ from emptiness ; whatever is form, that is emptiness, whatever is emptiness, that is form, the same is ture feelings, perceptions, impulses and consciousness.

오, sariputra여, 이곳(반야세계)에서는 형상이 空(emptiness : 비어 있음)이요, 空이 형상이니라, 空이 형상과 다르지 않으며, 형상은 空과 다르지 않노라. 형상인 모든 것은 空이요, 空인 모든 것은 형상이니라. 감각과 지각, 충동과 의식 또한 동일하노라.

〈 낱말 해석 〉

〈舍利子〉 śāriputra

○ 奢利富多羅, 舍利佛이라고 음역하며 번역하여 鶩鷺子라 한다. sāri는 새의 이름으로 그의 어머니 이름이고 子는 사리라 불리는 여인의 아들이다라는 뜻.

○ 부처님의 십대제자 가운데 지혜제일이며 가장 먼저 깨달음을 성취한 上首弟子였다. 부처님 보다 먼저 열반하였다.

〈色〉rūpa

○ 일반적으로 물질적 현상으로 존재하는 것을 色이라 하며 더욱 세밀히 살피면 마음과 空에 상대하여 존재하는 것으로 보이고 보이지 않는 一切法을 말한다.
○ 곧 부단히 변화하여 잠시도 恒常하지 않는 變壞의 뜻과 물질이 동시에 같은 곳을 점유하지 못하는 質礙의 뜻을 가지고 있으며 또 단순한 시각의 대상으로 示現의 뜻으로도 쓴다. 넓은 의미로는 存在者로 存在하는 物質涅槃을 가르킨다.
○ 산스크리트語 rūpa는 '모양을 만든다, 혹은 형성한다'는 뜻의 rūp에서 파생된 〈형태 있는 것〉을 의미하며 또 '파괴된다'라는 ru에서 부터 파생된 것이라 보는 설이 있다.
○ 色을 분류하여 보이기도 하고 대상도 있는 有見有對와 보이지는 않지만 상대되는 대상이 있는 無見有對, 또 보이지도 않고 대상도 없는 無見無對로 나눈다.

곧 有見有對는 眼耳鼻舌身의 五根과 그 상대되는 色性香味觸의 五境 가운데 眼根의 對徑을 이른다. 또 無見有對는 소리, 냄새, 맛, 닿임과 같이 대상은 있으나 눈에 보이지 않는 것을 말하며, 無見無對는 無表色을 말하는데 사람이 착한 일이나 나쁜일을 계속하는 경우 이들은 잠재적인 세력을 형성하여 결국은 행위를 하면 눈에 보이지도 않고 이렇다 할 대상도 없는 無表色을 이룸을 말한다.

〈空〉 sunyta

○ 아무것도 없는 상태, 곧 숫자 zero를 의미한다.
○ 일체의 현상적 존재는 서로 의지하여 관계를 이루면서 변화하는 것이므로 존재로서는 있는 듯이 보이지만, 사실 주체로나 실제로 또는 그 自性으로 보아서 이렇다 하게 포착될 것이 없다.
○ 이러한 空性을 체득함을 見性 또는 覺이라 한다.

〈 講 義 〉

> 舍利子
> 色不異空 空不異色 色即是空 空即是色
> 受想行識 亦復亦是

앞 NOTE에서 破邪分 109字를 科文하여 보았습니다.
이 科文은 중국 明나라 弘贊스님의 〈摩訶般若心經添足〉을 底本으로 하여서 쪼개었던 것입니다.
이 破邪分이야말로 일체의 存在 非存在의 현상이 空, zero했음을 觀自在菩薩께서 담담히 관자재 차원에서 照見하신 실제를 친증하여 정수를 보여 주심으로써 顚倒夢想된 중생의 삿된 생각을 통쾌히 박살낸 第一聲의 말씀입니다.
실로 波羅蜜本地에서는 얻어 볼 一物도 없음을 친증하신 것입니다.
이곳이야말로 有無是非의 分別 이전, 實相地이기 때문입니다. 이

實相地에서는 정말로 自由自在, 圓滿具足하여 解脫無碍, 無心無念, 常寂常照인 채로 自足한다 표현되어 집니다.

곧 우리들의 衆生心으로 思量分別이나 혹은 이로 인하여 느낄 수 있는 존재나 관념의 여지가 있을 수 없는 데가 波羅蜜實地이며 바로 이곳이 三世諸佛, 天下宗師, 一切善知識의 본 고향인 것입니다.

실제로 여기 이 차원에서 사무쳐 보니 일체의 제현상이 zero이고 이 空性이 시간과 공간을 벗어나 常住해 있음을 드러낼 뿐 아니라 여기에는 六根과 그 대상이 되는 六境인 十二處와 또 六識을 합한 十八界, 十二因緣 내지 四聖諦까지도 실제가 없는 본질의 순수함임을 드러내 보이며 나아가서는 摩訶般若도, 또 깨달음의 성취란 것도, 아니 성취되지 못함도 도무지 없음을 무차별 드러냅니다.

이것이 正示法空, 곧 法이 空했음을 드러내는 破邪分 109字의 내용입니다. 오늘 請我는 우리와 가장 가까운 측근이며 범부중생이 「나」로 삼고 있는 五蘊을 波羅蜜實相의 自發光으로 먼저 비춰보아 두드려 깨는 것입니다. 舍利子에서 부터 亦復亦是까지 27字이며 五蘊이 空함을 照明하는 것입니다.

    iha śariputra
    여기에 舍利子야
    here, O Sariputra

iha는 산스크리트語로 here, 즉 여기에 내 입장인 관자재 차원에서는 이런 뜻입니다. "곧 여기 내 입장에서 말한다면 사리푸타야!
바로 부처의 차원인 관자재 차원에서 말한다면, 사리푸타야!"
이러한 의미입니다.

관자재보살께서는 iha, 이 차원인 여기에서 부터 말씀하시고 계십니다. 그래서 우리는 자칫하면 놓치기 쉬운 iha에 관해 좀더 세밀한 주의를 기울여야 하겠습니다. 또 우리는 iha라 말씀하시는 이같은 차원으로 승화되지 않고서는 지금부터의 말씀은 귀가 있어도 들려지지 않고 눈이 있어도 보여지지 않습니다.

iha의 차원, 이 단계에 못 들어서더라도 여러분은 모름지기 모든 의식이니, 감각이니 의지니, 지성이니 하는 일체의 정신작용을 비워버리고 목숨을 들어 信心을 내어야 합니다. 저, 觀自在菩薩께서는 그런 眞實不虛한 사람을 상대로 이 말씀을 하고 계십니다.

그리고 여러분은 누구나 舍利子가 되어야 합니다. 그렇게 되든 안 되든 하여튼 iha śariputra로 부터 말씀 되어지는 것을 필히 기억하십시오.

sariputra
舍利弗多

사리푸타, 이 舍利子는 누구인가?
왜 舍利子에게단 이 智慧의 究竟地, 마음의 經이 설해졌는가?
부처님에게는 수많은 제자가 계셨습니다. 그 중 가장 뛰어났던 10名의 제자는 舍利子(智慧의 제일) 目犍連(神通제일) 摩訶迦葉(頭陀제일) 須菩提(直觀力제일) 富樓郡(說法 제일), 迦旃廷論의 제일 阿那律(透視力제일) 優婆離(戒律제일) 羅睺羅(密行제일) 阿難(記憶力제일)입니다. 이 열분이 부처님 당대에 가장 칭송을 받던 분들입니다.

이 가운데 부처님의 上首제자 였으며 般若에 가장 밝았던 분이 바로 舍利子 존자입니다. 그리고 부처님의 여러 제자 중 가장 먼저 깨달음을 얻어 생사를 해탈한 분입니다. 또 초기 불교 교단을 형성하는데 가장 큰 위치와 비중을 차지하였던 분입니다. 그런 그가 마지막 이 언덕에서 저 언덕으로 옮겨지게 하기 위하여 이 위대하고 기막힌 말씀이 설해지고 있는 것입니다.

다시 말씀 드리자면 저 보리수 나무 아래에서 無上正等正覺하신 부처님께서 波羅蜜實地인 究竟如來地를 펴 보이시자, 會上의 일체 중생이 눈이 멀고 귀가 먹었음을 언젠가 말씀드린 적이 있습니다.

또 이것을 모은 經이 華嚴經이라 하였습니다.

그후 부처님께서는 이 華嚴의 차원, 즉 관자재차원을 중생에게 보여 주시기 위하여, 단지 명확히 보여 주기만 하기 위하여, 阿含時 12年, 方等時 8年, 그리고 般若說法 21年을 하루도 쉬지 않고 이 순간까지 對幾說法한 것입니다.

　　iha sariputra
　　여기에 사리자야

40여년이 지난 오늘 오직 舍利子에게만 iha(여기에)라 할 수 있었던 것입니다. 이제 波羅蜜地의 이, 實相의 땅아! 오늘 어느 舍利子가 이 純白의 당을 밟을까?

「범어 sari는 새의 이름입니다. putra는 아들[3]입니다. sariputra, 사리란 이름을 가진 여자의 아들, 그래서 舍利子라 번역된 것입니다.

舍利子는 16세에 바라문 大論師인 그의 아버지 제자를 모두 歸伏시켰으며 그후 目犍連과 함께 六師外道의 하나인 少然의 문하에

---

3) 大智度論 11卷에 기록되어 있으며, 지도론은 100卷으로 된 방대한 것이며 龍樹가 지은 것이다.

출가하여 그의 제자 250여명 중 가장 상수제자가 되었습니다. 그후 外道스승이 죽은 후 부처님께 제일 일찍 제자가 된 다섯비구 중 訶說示의 온전하고 예의바른 태도를 보고 '그대의 스승은 누구이며 무엇을 가르치는가'라고 물었습니다.

訶說示는 말하기를 '나는 어리고 道를 배운지 얼마되지 않아 감히 여래의 妙法을 말하겠습니까? 그러나 아는대로 말씀드리겠습니다' 하고 한 게송을 느래했습니다.[4]

一切諸法本   일체 모든 법의 근본은
因緣生無主   인연따라 생길뿐 주체가 없다.
若解比法者   이 도리를 분명히 깨우치면
則得眞實道   참된 실상의 진리를 얻으리

이를 한번 들은 舍利子는 언하에 곧바로 諸法無我의 진리를 깨닫고 그의 제자 250여명과 같이 부처님께 귀의한 분입니다.

iha sariputra
이 차원에서 보니 물질적 현상이란 것은 실로 zero 입니다. 실제로는 zero인데 밝고 온전히 사무치지 못하고 착각으로 삿된 생각을 일으키어 보니, 곧 있는듯이 幻을 일으켜 이것을 정말 참인줄 착각하여 이 헛것을 뒤쫓거나 매어 달그 소유할려고 하는 것일 뿐입니다. 또 좀더 현명한 사람들은 착각으로 이루어진 幻影·妄

---

4) 팔리어 律藏 六品受戒篇에는 이렇게 실려 있다.
　'ye dhammā hetuppabhavā, tesam hetum tathāgato, āha, tesam ca yo nirodho, evam-vādi mahāsamano'
　(因緣하여 생겨나는 諸法, 그러한 諸法의 因緣은 如來는 말씀하신다. 또 그러한 滅이 있다고 大沙門은 말씀하신다.)

念을 벗어나 안주하려고, 사상이나 종교, 유일神 혹은 多神, 수행수도 온갖 차제를 밟고 노력을 아끼지 않고 감내를 하는 것입니다.

부처님은 말씀하십니다. 관자재보살로 말씀하십니다.

> 여기에 舍利子야
> 물질적 현상(色)과 본질(空)은
> 그 자체가 다르지 않고 (色不異空)
> 본질의 순수함(空)이
> 모든 구체화된 현상(色)과 다르지 않으니 (空不異色)
> 물질적 현상과 본질의 순수함이 바로 같으며 (色即是空)
> 본질의 순수함.
> 이것의 活性化가 바로 물질적 현상으로 구체화된 것이다. (空即是色)

觀自在菩薩은 말씀하십니다.

'여기에 내 차원에서 照明하여 보니 실로 물질적 현상이란 있지 않은 것이다. 있는 것으로 착각하여 幻影을 보고 삿된 생각을 일으키어, 헛것에 집착하여 모든 存在와 非存在가 설립되는 것이다.' 라고 말씀하는 것입니다.

그렇습니다.

곧 이 幻影의 重疊, 幻覺관념의 쌓임, 이것의 윤회가 生滅相對세계입니다. 환각은 헛 것입니다. 즉 없는 것입니다. 이 없는 空, zero는 zero일뿐 어찌 實在가 되겠는가! 마치 o x 9999가 zero인 것 같습니다. 9999란 幻影, 착각, 망념, 또 그리고 衆生心이지요, 아니 o x 9999의 그 자체가 바로 zero임을 척 알아야 겠습니다. 또 o x 9999가 이 등식을 떠나서는 存在되어 질 수 없음도 아울러 명심하여야 겠습니다. 그러므로 물질적 현상이 본질의 순수함과 같고, 본질의 순수함이 물질적 제 현상의 비구체화권 것임을 철저히 알아야 합니다.

또 이는 兩面性이어서 서로가 서로를 여의고서 있는 것은 아닙니다. 물질적 현상을 여의는 것이 眞空이 아니며 이 空인 본질의 순수함이 바로 물질적 현상이며, 이 그대로가 본질의 순수함인 眞空이며, 幻으로 있는 제현상을 말하는 것입니다.

다시 부언하면 물질적 현상 그대로가 본질의 순수한 참뜻을 보였으며, 본질의 實相이 완전히 뚜렷해 지는 것입니다.

그래서 六祖스님의 법제자이신 永嘉玄覺선사께서는 이렇게 말씀하신 것입니다.[5]

> 무명의 실다운 성품이 곧 불타의 성품이며
> 幻으로 화한 진공의 몸이 바로 법신이다.
> 그러므로 마땅히 알라
> 환과 경계가 본래 참다운 것이지
> 닦고 익히는 것에 의해 그렇게 됨이 아니니라.
> (無明實性即佛性 幻化空身即法身 是知 幻境本眞 不由修習)

곧 色과 空은 한 팔에 달려있는 손등과 손바닥과 같이 이 신체 스스로의 입장에서는 같으나 다른 형태일 뿐입니다. 손등과 손바닥은 신체의 입장에서는 둘이 아니듯이 물질적현상과 본질의 순수함이 둘일 수 없는 兩面性임을 말씀하심이 이것입니다.

---

5) 玄覺(647-713) 중국스님. 六祖스님에게 인가받다. 저서로 禪宗永嘉集, 證道歌등이 있다. 이 게송은 증도가 모두의 한 글귀이다
 (君不見 絶學無爲閑道人 不除妄想不永眞 無名實性即佛性 幻化空身即法身 …)

色不異空
空不異色
色卽是空
空卽是色

이 16 字는 상대차별세계인 공 대립 이원세계의 모순을 통일하여 둘이 아님을 밝히는 대문이라 하겠습니다.

지금 서점에 유포되어 있는 般若心經의 주석서를 볼 것 같으면 이 〈色不異空 空不異色 色卽是空 空卽是色〉의 설명을 아래에 기술하는 두가지 방법을 택하고 있어 당혹스러울 뿐 아니라 공부인에게 혼란을 주고 있습니다.

한 주석서에서는 析空의 입장을 그대로 취하여 色을 무한대로 쪼개어 확률적인 개념으로만 잡을 수 있는, 存在하는 경향인 亞原子에 이르고, 또 실체 같은 것을 잡으려는 量子物理學의 場이론에까지 유추하여 와 空이라 설명을 유도하고 있습니다.[6]

---

6) 좀더 이론적인 접근을 위하여 현대물리학자들이 역설하는 量子場理論과 特殊相對性이론이 禪의 골수(선의 골수란 말의 성립이 모호하다)와 어떻게 흡사한가 하는 이해를 돕고자 한다.
   * 亞原子 粒子는 먼지 입자와 같은 입자(particle)가 아니다. 먼지 입자와 아원자 입자 사이에는 크기를 제외하고도 다른 점이 있다. 먼지 입자는 물체이다. 반면 아원자 입자는 물체라 할 수 없다. 따라서 아원자 입자를 물체로 보는 관념을 내버려야 한다.
   양자역학은 아원자 입자들을 '존재하는 傾向'(tendencies to exist) 또는 '일어나는 경향'(tendencies to happen)으로 보고 있다. 이것이 얼마나 강한가를 確率이라는 용어로 표현한다. 아원자 입자는 量子(guantum)이며 量子란 어떤 것의 量이다. 그러나 그 어떤 것이 무엇이냐 하는 질문에 대한 해답은 推理의 영역에 머물고 있다. 많은 물리학자들은 그러한 질문을 내놓은 것조차 무의미하다고 느끼고 있다. 우주의 궁극적 質料(stuff)를 찾으려는 노력은 幻像을 구하려는 운동일 수 있다. 아원자 수준에서는 질량과 에너지가 끊임없이 서로 變換한다. 입자물리학자들은 질량이 에너지되고 에너지가 질량으로 변환하는 현상에 너무 익

숙하여 그들은 드레 입자의 질량을 에너지 단위로 측정한다.(역자의 註 : 엄격히 말해서 아인슈타인의 特殊相對性理論에 따르면 질량은 에너지이고 에너지는 질량이다. 하나 있는 곳에 다른 것이 있다.) (G. 주커프 著 金榮德 譯 춤추는 物理 P77〜78 인용)

* 질량－에너지의 二元論은 量子論이나 相對性기론의 형식체계에는 존재하지 않는 $E=mc^2$ (아인슈타인의 상대성 공식)에 의하면 질량이나 에너지가 에너지 혹은 질량으로 변하는 것이 아니라, 에너지 자체가 질량이다. 에너지 E가 있으면, $E=mc^2$ 만큼의 질량 m이 있다. 전체 에너지 E와 질량 m도 보존된다. 질량은 곧 중력장의 원천으로 정의된다. (上同 P294 역자 註 인용)

* 量子 電氣力學의 놀라운 새 특징은 電磁氣場의 개념과 電磁氣波의 소립자 발현으로서의 光子의 개념과의 두 개념을 통합하는 데서 부터 나온다. 光子도 電磁氣波이며 이러한 波는 진동하는 場이므로 光子는 電磁氣場의 발현임에 틀림없다. 따라서 量子場, 즉 양자 또는 입자들의 형태를 취할 수 있는 場의 개념이 성립한다. 이것은 亞原子的 모든 소립자들과 그 상호작용들을 기술하는데 까지 확대된 전혀 새로운 개념인데, 여기에서 각종 소립자는 각기 그에 상응하는 다른 場을 가지고 있다. 이러한 〈量子場理論〉에서 견고한 입자들과 그것들을 둘러싸고 있는 공간과의 고전적인 대조는 완전히 극복되었다. 양자장은 근본적인 物理的 實體(śunyata, 空)로 여겨지며 공간의 어디에나 존재하는 연속적인 媒體로 여겨진다. 소립자들은 단지 그 場의 국부적인 응결에 불과하다. 즉 에너지의 集結로서 그것들은 왔다가는 가버림으로서 특성이 상실되고 바닥의 場으로 융합된다(空卽是色 色卽是空의 分析的 입장) 아인슈타인의 말을 빌리면

　　그러므로 우리는 물질이라는 것을, 場이 극도로 강하게 집중된 공간의 영역들에 의하여 성립되는 것이라고 볼 수 있다. 이와같이 새로운 물리학에서는 場과 물질의 양자를 위한 것이 있을 수 없다. 場(곧 空)이 유일한 實在이기 때문이다.(色卽是空 空卽是色)

　　(Quoted in M.Čapek, The philosophical Impact of Contemporary Physics P319)

* 場개념의 出現에 뒤이어 물리학자들은 여러가지 場들을 모든 물리적 현상을 묶을 수 있는 단일의 기본적 場으로 통일시키려고 시도해 왔다. 특히 아인슈타인은 그의 생애의 만년을 그러한 統一場을 탐구하는데 바쳤다.

　불교의 法身이나 道敎의 道와 힌두교의 梵(브라흐만)도 어쩌면 물리학에서 연구되는 현상들 뿐만 아니라 다른 모든 현상들을 나타내는 궁극적인 統一場으로도 볼 수 있다.

　동양적인 견지에 있어서는 모든 현상들을 떠받치고 있는 實在(sunyata 空)는 어떠한 형태도 초월하고 있으며 어떠한 도사와 상술로도 설명이 불가능하다. 그리하여 그것은 종종 無形, 空 또는 虛라고 일컬어진다. 그러나 이 空은 단순한 無로서 생각되어서는 안된다. 오히려 그것은

모든 형태의 본질이며 모든 생명의 원천이다. 우파니샤드에서는 이렇게 말하고 있다.

    브라만(梵)은 생명이요, 브라만은 환희요, 브라만은 虛이다 ….
    환희는 진실로 虛와 같은 것이요,
    虛는 진실로 환희와 같은 것이다.
    (Chandogya Upanishad 4. 10. 4)

불교도도 그들의 궁극적 實在를〈sunyata 空〉이라고 부르며 환상적인 세계에서의 모든 형상을 일으키는 것은 바로 이 살아있는 空이라고 확인하고 있다.…… 그리하여 동양의 신비주의 空은 쉽게 亞原子 물리학의 量子場과 비교될 수 있다. 양자장처럼 그것은 한없이 다양한 현상을 낳으며, 그것을 보존하면서 결국엔 다시 거두어 들인다.

* 헤르만 와일(Herman Weyl)은 다음과 같이 말하고 있다.
〈物質의 場이론〉에 의하면 電子와 같은 물질적인 粒子란 단지 場力이 엄청나게 높이 집중되어 있는 電氣場의 한 좁은 영역에 불과하며, 이것은 비교적 큰 場에너지가 매우 좁은 공간에 결집되어 있는 것을 뜻한다. 그러한 에너지의 마디는 결코 남아있는 場과 뚜렷하게 윤곽을 지을 수 없으며 호수의 표면을 가로질러 가는 파도와 같이 빈 공간을 통하여 전파되어 나아간다. 電子를 언제나 구성하고 있는 單一한 同一體같은 것은 없다.
    (H. Weyl, Philosphy of Mathematics and Natural Scince, P171)

* 色(현상적인 물질)과 空(본질)의 관계는 서로 배타적인 대립의 상태로서 생각될 수가 없으며, 다만 同一實在의 兩面性으로서 共存하면서 연속적인 협력관계 속에 존재한다.
    (Lama A. Govinda, Foundation of Tibetan Mysticism P223)

이와같은 반대되는 개념들이 하나의 단일한 全體로 융합되는 것은 般若心經속에 다음과 같은 유명한 말로 표현되어 있다.

    色卽是空 空卽是色
    色不異空 空不異色

* 아인슈타인의 重力場이론과 量子場이론은 둘 다 소립자들이 그것들을 둘러 싸고 있는 공간으로부터 분리될 수 없다는 것을 밝혀 주었다. 한편 그것들은 그 공간의 구조를 결정하는 반면에 독립된 실체로서 여겨질 수 없고, 전 공간에 미만해 있는 연속적인 場의 응결로서 이해해야 한다. 量子場이론에서 이러한 場은 모든 소립자들과 그것들 서로의 상호 작용의 바탕으로서 이해되고 있다.

    場은 언제 어디서나 存在한다. 그것은 결코 제거될 수 없다. 그것은 모든 물질적 현상의 수레이다. 그것은 그것으로부터 陽性子가 파이 中間子들을 생기게 하는〈虛空〉이다. 素粒子들의 나타남과 사라짐은 단지 場의 운동형태에 불과하다.
    (W. Thirring, Almanach der Østeneichischen Akademie der Wissenschaften

이는 어떤 의미로 사실일 수도 있으며 과학적으로 설득력을 지니고 있으나, 이것은 西歐 知性의 오랜 관습화된 발상이며 또 우리 유추사고와 서구적이고 과학적인 실험으로 이룰 수 있는 극치의 이론일 뿐입니다. 이것이 단약 실제로 확증이 되더라도 이것은 大乘佛敎, 이 心經에서 말씀하시는 iha, 여기 이 차원, 부처님의 직관인 觀自在 차원이, 般若心經을 사무쳐 보는 것은 아닙니다.

Vd. 118(1968), P159)
어떤 核子나 다른 강하게 상호작용하는 소립자가 없더라도 가상적 소립자들이 허공으로부터 스스로 생겨났다가 다시 허공으로 사라지는 것이 명백하게 밝혀졌을 때, 결국 물질과 빈 공간 사이의 구별은 버려져야만 했다. 여기에 그러한 과정에 관한 〈眞空圖式〉이 있다. 세계의 소립자-陽性子(P), 反陽性子(p̄), 파이中間子(π)-가 아무것도 없는 데서 형성되고는 다시 진공속으로 사라진다.

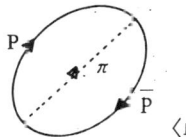

〈眞空圖式〉

場이론에 따르면, 그러한 종류의 사건들은 항상 일어나고 있다. 진공이란 완전히 비어 있는 것이 아니다. 그 반대로 그것은 끝없이 생겨나고 사라지는 무수한 粒子들을 함유하고 있다. 바로 여기에 현대 물리학과 동양의 신비주의의 虛(空)에 가장 가까운 유사점이 있는 것이다. 동양의 虛와 같이 〈物理的 眞空〉-場이론에서 이렇게 불리운다-은 단순히 아무것도 아닌 상태가 아니라 소립자 세계의 모든 형태를 지닐 가능성을 갖고 있다. 이러한 형태들은 독립된 물리적 실체들이 아니라, 단지 근본적인 虛(空)의 일시적 출현이다. 불경에서 말하듯이 色卽是空 空卽是色이다

가상적 소립자들과 眞空의 관계는 본질적으로 動的관계이다. 진공은 진실로 생성과 소멸의 끝없는 리듬으로 고동치는 〈살아 있는 空〉이다. 진공의 動的인 성질의 발견은 많은 물리학자들에 의하여 현대물리학에서 최고로 중요한 발견의 하나로 간주도고 있다.

물리적 현상을 담는 틴 그릇으로서의 역할에서 부터 空은 이제 가장 중요한 動的인 量으로서 나타났다.
…… 위의 인용문은 The Tao of Physics(F. Capra 著) 14. 空과 形相에서 발췌한 것이다. (1979 汎洋社 刊行 李成範, 金鎔貞 夫譯〈現代物理學과 東洋思想〉P247~248, P249, P251, P254, P262~263 부분 발췌 인용.〉

물질적 현상과 본질은 그 자체가 다르지 않고 (色不異空)
본질의 순수함이 모든 구체화된 현상과 다르지 않으니 (空不異色)

이 心經의 色不異空 空不異色은 이론상 세밀히 分析한 析空의 입장으로 空한 것이라 한 것이 아닙니다.

五蘊이 空함은 觀自在차원에서 마음의 눈으로 볼 때 물질적 현상(色) 그대로 본질의 순수함(空)이어서 마치 파도가 물이 있음으로 생겨났고 허공의 꽃이 눈병이 있기 때문에 보이는 것 같이 우리의 마음, 본래 참나에 相即하여 물질적 현상이 존재하는 것이며, 마음이 空하니 물질적 현상 그대로 空해 있다는 것입니다.

우리 신체를 예로 들라면 신체구조상 볼 때 몸을 다 여의고 참마음이 드러나는 것이 아니라 몸 그대로 참마음, 참나라는 말씀입니다.

물질적 현상을 다 쪼개어 여의고서 얻어지는 空, 이런 공을 斷空, 斷滅의 空이라 하는데, 이 斷空이 아니라 色卽是空 空卽是色입니다.

물질적 현상과 본질의 순수함이 바로 같으며 (色卽是空)
본질의 순수함. 이것의 活性化가 바로 물질적 현상으로 구체화된 것이다. (空卽是色)

우리의 眞面目인 참나, 自性의 본래 實相이 그러합니다. 그래서 번뇌, 갈애, 망상을 모조리 소탕해 버리고 菩提涅槃을 따로 만드는 것이 아니라 煩惱가 바로 菩提이며, 地獄이 바로 極樂인 것입니다. 또 어떤 반야심경의 주석서에는 五蘊 밖에 따로 空을 설립하여 이것이 바로 眞空임을 강력히 주장합니다. 곧 물질적 현상인 色과는 전혀 다른 별개의 空을 옹립하여 세우는 것을 말합니다. 그들은

五蘊이 空이라면 오온이 아닌 것은 不空이어야 하며, 이 不空處가 바로 관자재보살의 주소지이며 實相本地란 것입니다. 이 五蘊의 空이 아닌 不空의 空이 眞空임을 말합니다. 자칫 잘못 생각하면 정말 이런 空이 바로 眞空이 아닐까 하는 마음도 갖게 됩니다. 그러나 〈色不異空, 색과 공이 다르지 않다〉, 이것은 물질현상계를 본질의 순수함인 진공의 세계와 별개의 것으로 알면 잘못임을 밝히기 위해 觀自在菩薩께서 물질적 현상과 본질의 순수함과는 다르지 않다 하신 것입니다.

　1200여 년전에 이미 이러학을 우려하여 法藏賢首스님은 그의 名著 〈般若心經略疏〉에 위와 같은 잘못을 분명히 밝힌 것을 보고, 참으로 賢首스님의 〈心經略疏〉가 심경 주석서 가운데 우뚝함을 느낀 바가 있습니다. 空을 잘못 이해할 가능성에 대해 세가지를 들어 무릇 공부인의 의심을 끊어주고 있습니다. 사무쳐 살필 일입니다.

　　空의 이해가 분명치 못한 보살(空亂意菩薩)에게는 세 종류의 의심스러움이 있다. 첫째 空은 色과 다른 경계이니 色밖에 따로 있는 空을 취하여 현상과 전혀 별개의 존재로 정의하는 空觀을 세워서 〈이런 空이야말로 정말 眞空이 아닐까〉하는 의혹을 가지는데, 그러나 여기서는 그렇지 않은 空의 정의를 밝히기 위해 〈色이 空과 다르지 않다〉 하시었고 곧 현상계를 眞空의 경계와 전혀 다른 것으로만 보면 큰 잘못이라는 도리를 천명하시므로 저 보살들의 의심을 끊으신 것이다.

　　둘째는 空의 경계는 色法을 다 멸하여 없앤 단멸의 空인가 하는 의심을 가진 초발심의 보살에게는 현상과 진공의 경계는 아주 관계가 없는 것이 아니라 현상계의 제법을 다 없애고 나서야 참된 진리를 체득하는 것이 아닐까 하는 空에 집착하는 잘못을 없애 주고자 하여 여기서는 〈色卽是空, 물질적 현상 그대로가 바로 진공이고 본질의 순수함이다. 色이 모두 멸한 후에 오는 그런 空이 아니다〉하는 진리를 밝히신 것이다.

셋째는 그러면 空이 곧 따로 있는 것이 아니라 물질처럼 있는 것이 空이 아닌가 하여 하나의 존재로 인정하려는 의심을 끊기 위해서는 여기서 〈空卽是色, 空이 色法처럼 따로 있는 것이 아니라, 空이 곧 色이니 그것은 色에 상대해서 세우는 그런 空이 아니다〉하는 말씀으로 세번째 의심을 끊으신 것이다. 이 세가지 의심이 끊어지면 자연 진공묘유(眞空妙有)의 도리 色卽是空 空卽是色의 도리가 드러날 것이다. (空亂意菩薩 有三種疑 一疑空異色 取色外空 今明色不異空 以斷彼疑 二疑空滅色 取斷滅空 今明色卽是空 非色滅空 以斷彼疑 三疑空 是物 取空爲有 今明空卽是色 不可以空取空 以斷彼疑 三疑旣盡 眞空自顯也)

또 우리나라 新羅의 沙門 圓測스님의 〈般若心經贊〉의 이 대문을 살펴봅시다.

色不異空 空不異色 色卽是空 空卽是色, 이 네 글귀 중에서 처음 두 글자는 宗旨를 바로 말씀하심을 표시하고 뒤에 두 글귀는 바깥의 의문을 끊어 주는 것이다. 〈色不異空, 色이 空과 다르지 않다〉는 俗과 眞이 다르지 않음을 나타냄이고 〈空不異色, 空이 色과 다르지 않다〉는 眞이 俗가 다르지 않음을 나타냄이다.

〈色卽是空 空卽是色〉은 바깥 외적인 의문을 버리도록 해주는 것인데, 외부사람들이 의문을 일으키되「서로 의지하는 까닭에 다르지 않다고 하는 것인가, 서로가 즉하는 까닭에(相卽故) 다르지 않다고 하는 것인가」라고 하므로 이 교설을 설하여 色卽是空 空卽是色이라 하는 것이니, 서로 의지하는 까닭에 다르지 않다고 하는 것이 아니요, 서로

即하는 까닭에 다르지 않다고 하는 것이다.
(於四句中 初之二句　宗王說 後之二句 遣外疑情 色不異空者　俗不異眞 空不異色者 標眞不異俗 後遣外疑情 外人說疑 互相依故爲不異耶 爲相即故名爲不異故作此說 色卽是空 空卽是色 非相依故名爲不異 非相即故名爲不異)

그리고 圓測스님과 저 玄奘三藏 문하에서 같이 공부한 慈恩寺 窺基스님은 그의 〈般若心經幽贊〉에서 大般若經의 말씀을 인용하여 아래와 같이 우리의 눈을 열어주고 있습니다.

　　大經에 이르시기를 〈무슨 까닭인가 하면 물질은 실다운 성품이 없어서 자성이 공했으나 공으로 인한 것도 아니므로 색이 공하니까 색이 아니다. 色不異空 空不異色 色卽是空 空卽是色〉이라 한 이 말씀은 색과 공에 대한 두 가지 집착함을 모두 깨뜨린 말씀이다.
　　〈色不異空 空不異色〉은 세속에서 색법외에 따로 진공의 진리가 있다고 집착함을 깨뜨린 말씀이니 진공의 도리를 깨치지 못하고 모든 물질의 색법을 집착하여 삿되고 미혹한 업을 더 증장하므로, 생사에 윤회하는 것이다. 그래서 지금 중생들이 눈병이 나서 허공에 꽃이 있는 것으로 보는 눈병에 얽혀 있는 미망을 다스리기 위해 공과 유(有)가 다르지 않음을 말씀하신 것이다.
　　〈色卽是空 空卽是色〉이라 함은 어리석은 범부가 물질이 위치도 모양도 없는 것을 공이라 집착하여 색에도 공에도 갖가지 분별을 일으키므로 이것을 깨어버리고 여기서는 물질의 본성이 공했는데 다만 깨닫고 미한 차별이 있을 뿐임을 말씀하신 것이다.
　　그럼 물질인 색이 다 없어지고 나서야 공을 볼 수 있는가, 다시 말하면 현상계의 일체법을 다 없애고 나서야 공의 진리가 드러나는 것이냐

하면 그렇지는 않다. 마치 눈병이 있는 사람이 없는 허공의 꽃을 있는 것으로 보았을 경우 눈병이 나으면 허공의 꽃은 없애지 않아도 저절로 없어지는 것이다. 허공의 꽃은 본래 없었기 때문이니 그 꽃을 일부러 없애고야 허공이 드러나는 것이 아닌 것처럼 색공에 대해서도 그렇게 생각해야 한다는 것이다. 그래서 經에 〈색의 자성이 공했다〉했고 색을 멸하여 공이라 하지 않았다.

(大經說言 所以者何 色自性空 不由空故 色空非空 色不離空 空不離色 色卽是空 空卽是色 此破二種執 色不異空 空不異色者 破執世俗色外別有眞空 不悟眞空 執着諸色 妄增惑業 輪轉生死 今顯由翳 所見華色目病 故然非異空有 故依勝義 色不異空 如聖敎說因緣生法我 說空故 色卽是空 空卽是色者 破愚夫執要 色無位方始有空 於色於空 種種分別 今顯依勝義 色本性空 迷悟位殊義影空色 如何色滅 方乃見空 如翳見華 自性非有 豈要華滅 彼始成空 於色勿生 封執應除倒見 究竟涅槃 由此二句 經作是言 色自性空 非色滅空)

실로 빼어난 눈부신 卓見입니다.

이 때문에 상응하는 세 분 善知識님네의 말씀을 옮겼습니다. 이 세분의 心經注疏는 역사상 가장 빼어난 견해로 존중되어 지는 것입니다.

그리고 이 四句가 心經의 核이 되는 부분입니다. 실로 알고 보면 일상사 어느 하나가 아니 心經 어느 한 귀절이 부처님 말씀 아닌 것이 없지만, 우리 범부 중생의 의미로 그렇다는 것입니다.

이 不二法을 좀더 알기 쉽게 우리 인체에 비견해 이해를 도울까 합니다. 우리 신체를 살펴보면 손과 발, 코와 혀, 귀와 신경, 뇌와 위 등은 각각 맡은 일을 하는 부위가 있습니다. 그런데 이 기관들은 하나 하나 상대 대립적으로 이해되어 질 것이 아니라 서로가 하나라도 빠뜨릴 수 없는, 상호 연관 관계를 가지고 우리가 의도하는 모든 일들을 서로 보완하여 완성시키는 스—體로 이해되어야 합니다. 그래서 귀는 듣고 코는 냄새를 맡고 숨쉬고, 손으로 뇌로 각각 독립적인 것으로 의의를 갖는 것입니다.

흔히 우리 인체의 각 기관이나, 물질과 공간이나, 그외 모든 현상을 피상적인 경계로만 볼 때 모든 것은 상대적이고 대립적으로 이해되기 쉽고 그렇게 생각하㈜ 왔습니다. 이렇게 상대적으로 이해되어질 때, 자연 심리적인 균형을 잃게 되며 또 갈등이 생겨나게 됩니다. 우리의 어두운 역사는 마음의 대립적인 갈등이 원인입니다. 그래서 마음의 속박, 분노, 갈애, 분쟁, 침략 등 인간가치의 顚倒와 인간의 타락과 인성의 황폐화가 싹트기 시작하는 것입니다.

오늘날 황금이나 기계의 만능주의, 神과 그의 피조물의 이원화와 그 대립, 생명과 정신문화의 가치 절하등 개탄스럽고 이 숨막히는 세기말적인 현상은 상대적이고 대립적인 二元化思想에서 그 계고를 보여준 것이 분명합니다.

만약 우리 인체의 각 기관이 대립적으로 파악되어지고 또 각자 자기의 기능 및 자기 주장만 고집할 때 우리는 우리의 몸을 결국 해체시킬 수 밖에 없습니다. 그러나 이것이 하나의 통일적, 종합적으로 검토되어 질 때 모두가 하나의 全—體이며 卽是의 삶의 활동으로 노래되어 지는 것입니다. 더욱 깊이 살펴보면 우리의 몸은 나의 주체이고 내용이며 신체의 주인공이며, 아니 이것이 우리의 本來面目, 참 마음의 顯現입니다. 머리와 손이 평등하며 가슴과 다리가 모두 다른 형태인 하나이어서 손가락도 바로 이 마음이고, 머리털도 바로 이 마음이며, 피·신경·전세포까지도 바로 이 마음이어서, 너와 내가 아니, 山河大地 일체가 바로 이 마음의 같은 다른 표현임을 확철히 알아야 합니다.

그런 까닭에 〈물질적 현상과 본질은 그 자체가 다르지 않고, 본질의 순수함, 이것의 活性化가 바로 물질적 현상으로 구체화된 것이다. 色卽是空 空卽是色〉이며 〈물질적 현상과 본질은 그 자체가 다르지 않고, 본질의 순수함이 모든 구체화된 현상과 다르지 않으니, 色不異空 空不異色〉하신 이 經文도 통일적인 양면성, 한몸에 달린 손등, 손바닥과 같이 서로 같으나 다른 형태로 이해되어야 합니다.

이와 같이 涅槃 寂靜을 다시 만들어내는 것이 아니라 바로 같은 마음, 波羅蜜 實相地에서 自發하여 솟아오른 같으나 다른 형태임을 正見하여야 하며 나아가서는 일체의 경계도 이 참마음의 自發光임을 문득 알고, 저 풀 한포기 없는 말갛게 숨쉬는 것이 나임을 알아야 겠습니다. 그리고 모든 근심, 걱정, 감정, 사유의 일체 심리적 현상이 나에게서 피어오른 아지랑이임을, 또 우리의 육신도 일체 물질적 현상인 森羅萬像도 바로 〈마음, 眞我〉라 표현되는 나의 마음 그대로임을 확철히 깨달아야 합니다.

그래서 窺基스님께서 말씀하시되 「눈병이 있는 사람이 허공의 꽃을 보고 그것이 참인 줄 알았으나 눈병만 치유되면 허공의 꽃을 없애지 않아도 허공의 꽃이 본래 없으므로 자연 청정하던 허공이 드러나는 것같이」[7] 우리의 몸과 일체 삼라만상에 끄달리는 것도 결국 마음의 병 때문인 것입니다. 이 사실을 實在로 확철히 알면은 자연 마음의 병이 낫고 一味의 맛인 波羅蜜本地로 돌아가는 것입니다.

이와 같이
　우리의 느낌, 따짐, 의지적 충동, 버릇들이

---

[7] 慈恩窺基의 〈般若心經幽贊〉, 현상계의 일체 존재를 다 없애고 空의 진리가 드러나는 것이 아니다 하며 이 예를 들었다. 원문 〈如翳見華 自性非有 豈要華滅〉이다.

바로 부처님의 自發光지혜이며
부처님 實相이 바로 우리의 모습이다.
(受想行識 亦復亦是)

 이 경문 속에는 앞의 물질적 현상(色)이 〈色不異空 空不異色 色卽是空 空卽是色〉이듯이 受想行識도 이와 같다는 말씀은 하나 하나의 세부적인 항목이 줄어든 것입니다. 즉 〈受不異空 空不異受, 受卽是空 空卽是受〉이고, 想도 〈想不異空 空不異想 想卽是空 空卽是想〉이며 行도 識도 그러하다란 말입니다.
 전번 照見五蘊皆空을 강의할 때, 受想行識의 낱말풀이를 하였습니다만 다시 간략히 상기시켜보면 〈受〉는 感受, 즉 느껴서 바깥 경계를 받아드리는데 괴로운 것, 즐거운 것, 괴롭지도 즐겁지도 않는 것, 같은 것을 감수하는 것을 말합니다. 〈想〉이란 따짐으로 경계에 대해 形像과 非形像, 작고크고, 많고작고를 지각 분별하는 것입니다. 〈行〉이란 의지적 충동으로 形成力을 일으킴을 말하는데, 선과 악을 생각하고 충동을 일으키며, 선도 악도 아닌 일에 충동을 일으키기도 하며, 기타 바깥 경계에 대하여 작용하는 의지적 충동이나 행위를 말하는 것입니다. 〈識〉은 버릇인데, 알아 맞추는 것, 즉 了別하고 식별하는 버릇을 말하며 곧 認識作用을 말합니다. 이는 보통 六識으로 나누어서 설명하는데, 眼·耳·鼻·舌·身意라고 하는 여섯 가지 인식작용이 色·聲·香·味·觸·法의 여섯가지 대상에 접촉하여 인상하는 작용을 총칭 〈버릇·識〉이라 합니다. 곧 지식입니다.
 그리하여 어떤 물체를 보면 받아들여 느끼고(受), 이 느낌 감각 작용을 바탕으로 知覺作用을 일으키고(想), 이와같은 분별에 의하여 충동을 일으키어 행위를 하게 되고(行), 곧 이런 의지적 행위가 지금까지 축적된 경험에 의해 요별되어 認識되는 것(識)이 우리 중생의 정신작용입니다. 이러한 정신작용도 앞의 色을 말씀하신 것 같이 空이라는 말입니다. 受·想·行·識 곧 느낌·따짐·의지적 충동·버릇들의 정신작용은 물질적 현상과의 상관관계에서 얻어진 것이며, 이러한 대상경계가 우리 의식속에 찌꺼기로 남는 앙금이며 침전물일 뿐입니다.

그런 까닭에 물질적 현상(色)이나 그 바깥대상 경계가 당초에 없는데, 느낌이니 따짐이니 그런 따위가 어디에 있겠는가?

만약 있다면 그건 헛 것이요, 착각이요, 삿됨일 뿐 사실없는 것입니다. 저 空마저 空한 畢竟空일 뿐입니다.

이 經文은 觀自在菩薩께서 波羅蜜實相地에서 五蘊을 照見하니 바로 그러한 것입니다. 이 말씀은 觀音聖者의 군더더기 전혀없는 自證의 직설인 것입니다. 바로 空의 경계를 말끔히 露呈시킨 것입니다. 여기에는 군더더기 설명이 붙을래야 붙을 수 없는 것입니다. 이 波羅蜜의 實相本地는 사실 그대로이어서 아예 이유가 없는 것입니다. 하나씩 수련하여 점차적으로 없어진 것이 아니라 당초부터 없는 것입니다.

본래 없는 이 해맑은 참얼굴을 단지 空이라 할 뿐입니다. 이와같이 사실 없으므로 空이 바로 色이며 受想行識이고, 五蘊即是空인 것입니다.

이 心經의 核이 되는 句節을 마치기 전에, 玄奘三藏의 한문번역본과 현존하는 산스크리트본과 약간의 차이가 있음을 살펴야 하겠습니다.

앞 경문 NOTE에서 밝힌 바와 같이 원래 산스크리트本에는 이 대문이 3단계로 쓰여 졌는데, 玄奘스님께서 번역을 하시면서 2단계로 줄여버렸습니다.

그럼 산스크리트본과 이 대문이 번역된 다른 한문본을 비교하면서 더욱 이해를 도울까 합니다.

    rūpam śūnyata, sunyataiva rupam
    이 세상에 있어서 물질적 현상에는 실체가 없으며
    실체가 없기 때문에 바로 물질적 현상 (있게 되는 것)이다
    色空 空性是色 …… 智慧輪
    色性是空 空性是色 …… 法月

    〈色性是空 空性是色
    色不異空 空不異色
    色卽是空 空卽是色〉

이 3단계로 이어지는 문장 가운데 제1단계 말씀이 玄奘역본에는 번역되지 않았는데, 738년경에 번역되어진 法月 三藏의 〈普遍智藏波羅蜜多心經〉에는 위와같이 3단으로 산스크리트본을 충실히 따랐고, 또 847년과 859년 사이에 번역되어진 것으로 보이는 唐나라 智慧輪 三藏의〈般若波羅蜜多心經〉에도 이와같이 3단으로 번역되어 있습니다.

    〈色空 空性是色
    色不異空 空不異色
    色卽是空 空卽是色〉

이 1단계 귀절은 현존하는 산스크리트본이나 돈황석실에서 발견된 한자음 표기본인〈唐 梵飜對字音 般若波羅蜜多心經〉에는 나와

있으며, 특히 여기에는 大唐三藏의 번역이라고 기록되어 있고, 현장삼장에 대한 전설도 부기되어 있는 것으로 보아 산스크리트 원본과는 달리 玄奘스님 고의로 2단으로 하여 생략 번역하였음이 분명합니다. 곧 이 3단의 표현이 모두 같은 내용에 지나지 않는다는 주장도 있습니다. 그러나 이 짧은 경문에는 일단 필요한 말씀만으로 이루어졌다는 관점 아래 3단계로 五蘊을 비추어 보겠습니다.

色性是空 空性是色 (色空 空性是色)
이 세상에 있어서 물질적 현상에는 실체가 없으며
실체가 없기 때문에 바로 물질적 현상(있게 되는 것)이다.

이 제1단계에는 물질적현상(色)과 본질(空)을 元來的입장으로 비추어 본 것입니다. 물질적 형상의 특성은 바로 실체가 없는(是空) 것이며, 본질의 특성(空性)은 바로 活性力입니다. 본질의 특성은 항상 언제 어디서나 형태, 냄새, 소리, 힘 등으로 구체화 되려는 形成力을 지니고 있다는 것입니다. 그리고 이 말씀은 天台 智者스님의 空假中 三諦法 가운데 진공의 원리를 사무쳐 보는 空觀에 해당하며, 또 龍樹스님의 「연기는 卽空이며, 卽假이며, 卽中이다」의 卽空[8]에 해당 됩니다.

---

8) [空假中의 三諦]
天台宗에서 세운 諦理. 龍樹(Nāgārjuna 150~.250년경)의 中論頌의 觀四諦品 중 〈衆因緣生法 我說卽是空 亦爲是假名 亦是中道義〉를 天台2祖 慧文이 읽다가 깨달음을 얻어 慧思에게 전법되고 또 智者智顗에게 이어졌다. 空假中의 三諦의 전개는 無自性, 공의 변증법적인 논리 구현과 통일논리를 밝힘이 바로 일체의 삿됨을 깨뜨리고 올바름을 자연 드러나게 하는 破邪顯正함에 있다. 또 이 空假中의 전개는 헤겔의 正・反・합의 논리전개의 삼단논법의 시원으로 의미가 깊다.
  ○ 色性是空 空性是色 – 元來의 입장(空諦) – 있는 것은 있고 없는 것은 없는(有無) – 山은 山이고 물은 물이다.

色不異空 空不異色
물질적 현상과 본질의 그 자체가 다르지 않고
본질의 순수함이
모든 구체화된 현상과 다르지 않으니

  물질적 현상(色)을 비추어 본 2단계 말씀은 현상(色)과 본질(空)의 思想的 표현입니다. 이는 龍樹스님의 即假이며 天台스님의 假諦에 해당합니다.
  우리는 본질의 순수함(空)이나 實相이나 眞面目을 假方便으로 그것을 설정하고 파악 할 수 밖에 없습니다. 그리고 현존하는 일체의 存在物은 원인과 조건에 의하여 관계되어 지고 움직여 지며 거짓으로 있는 幻의 경계임을 사무쳐 보게 됩니다. 예를 들면 존재물인 〈나〉는 〈나〉아닌 다른 것들에 의해 밖으로부터 규정되면서 현재의 〈나〉와는 다른 〈나〉, 곧 〈나〉 아닌 〈나〉로서 성립됨을 이해할 수 있습니다. 다시 말씀하면 〈나〉는 항상 〈나〉를 긍정하며 다른 일체의 것은 〈나〉를 주관적인 자기를 부정하는 것에 한정된다는 것이 이 대문에서 말씀하는 의미입니다.

  色不異空 空不異色 – 思想的 표현(假諦) – 있는 것도 아니고 없는 것도 아닌(非有非無) – 山은 山이 아니고 물은 물이 아니다.
  色卽是空 空卽是色 – 體驗的 결과(中諦) – 있는 것은 또한 있고 없는 것은 역시 없는(亦有亦無) – 山 또한 山이고 물 역시 물이다.

○ 空假中의 三諦는 相即하며 涅槃經에는 佛性은 非有非無 亦有亦無하며 有無合成이란 말씀이 계신다.
○ 竹庵禪師의 中論偈頌이나 하나 음미하자.
    中論因緣所生法 一句道盡無剩語
    我說卽是空假中 朱簾暮捲西山雨

色卽是空 空卽是色
물질적 현상과 본질의 순수함이 바로 같으며
본질의 순수함,
이것의 活性化가 바로 물질적 현상으로 구체화된 것이다.

　이 제3단은 龍樹보살이 말하는 卽中이며, 天台스님의 현상계와 眞空의 도리가 둘이 아닌 眞空妙有, 眞俗不二를 사무쳐보는 中諦에 해당하는 말씀입니다.
　이 대문은 앞 제1단과 2단의 말씀을 산 체험적으로 증득된 표현의 말씀이며, 이를 글이나 말로 표현할 것 같으면 우리는 앞 1단이나 2단의 내용과 같을 수 밖에 없지만, 이론이나 문자가 아닌 實在가 체험 증득된 것이니 發光하는 힘, 그 에너지가 다를 수 밖에 없습니다.
　이것을 이론으로 설명드리자면, 空과 假를 모두 막고, 본질과 현상이 일체의 邊見을 모두 双遮하고, 이 兩邊見을 모두 원융하게 체험으로 살리어, 즉 双照하여 낸 卽時的인 空은 空인데 眞空, 活空이며, 有는 有인데 妙有인 眞空妙有의 中道實相의 도리를 천명하신 것입니다.
　다시 말씀드리면 우리가 지금 보고 있는 바로 眼耳鼻舌身意로 대하고 있는 이 有限한 현상인 色과 저 無限한 본질이 空은「바로 이 순간이며, 바로 여기」에 相卽하고 있습니다. 그래서 현상은 본질의 活性化이요, 본질은 현상의 未活性化인 것입니다.
　결국 이 3단계의 말씀은 처음 있는 것은 元來대로 있고 없는 것은 없는 일상적인 평면 도리를 말씀하셨고, 그 다음 有,無의 양 邊見을 모두 떠나 双遮하고 모두 살리어낸 즉 双照해서, 있는 것도 아니고 없는 것도 아닌 非有非無하니, 역시 있고, 역시 없는 산 체험적인 亦有亦無의 圓融無礙한 불교의 중심사상인 中道의 원리를 천명하신 것입니다.

受想行識 亦復亦是
이와 같이
우리의 느낌, 따짐, 의지적 충동, 버릇들이
바로 부처님의 自發光지혜이며
부처님 實相이 바로 우리의 모습이다.

이와 같다는 말씀은 앞에서 色을 3단계로 照明한 것과 같이 受・想・行・識의 정신작용도 3단계⁹⁾로 비추어 볼 수 있다는 것입니다.
그러나 이 아무리 명료하고 정연한 말씀도 역시 亦復亦是한 것일 뿐입니다.

---

9) [受・想・行・識의 3단계 照明]
　　〈느낌(受)과 본질(空)의 3단계 조명〉
　제1단계 → 受性是空 空性是受 → 느낌과 본질의 元來的 입장(卽空)
　제2단계 → 受不異空 空不異受 →　　〃　　思想的 표현(假諦)
　제3단계 → 受卽是空 空卽是受 →　　〃　　體驗的 결과(中諦)
　　〈따짐(想)과 본질(空)의 3단계 조명〉
　제1단계 → 想性是空 空性是想 → 따짐과 본질의 원래적 파악(空諦)
　제2단계 → 想不異空 空不異想 →　　〃　　사상적 표현(假諦)
　제3단계 → 想卽是空 空卽是想 →　　〃　　체험적 결과(中諦)
　　〈의지적 충동(行)과 본질(空)의 3단계 조명〉
　제1단계 → 行性是空 空性是行 → 의지적 충동과 본질의 원래적 파악(空諦)
　제2단계 → 行不異空 空不異行 →　　〃　　사상적 표현(假諦)
　제3단계 → 行卽是空 空卽是行 →　　〃　　체험적 결과(中諦)
　　〈버릇(識)과 본질(空)의 3단계 조명〉
　제1단계 → 識性是空 空性是識 → 버릇과 본질의 원래적 파악(空諦)
　제2단계 → 識不異空 空不異識 →　　〃　　사상적 표현(假諦)
　제3단계 → 識卽是空 空卽是識 →　　〃　　체험적 결과(中諦)

2) 波羅蜜本地의 聖德을 나타냄
(顯空德)

① 그냥 들어냄(總標) ~ 波羅蜜本地의 대표되는 3종류의 體性을 보임

> 舍利子
> 是諸法空相 不生不滅 不垢不淨 不增不減

〈NOTE〉

○사리불이여, 이 모든 것들이 없어진 〈참마음 자리〉는 생겨나는 것도 없어지는 것도 아니며 더러워 지거나 깨끗해지는 것도 아니며 불어나는 것도 줄어드는 것도 아니니라.
―青潭―

○사리자여, 이 모든 법이 공한 상은 나지도 않고 없어지지도 않으며, 더러워지지도 않고, 깨끗지도 않으며 늘지도 않고 줄지도 않느니라.
―光德―

○사리자여, 이 諸法의 空한 모습은 생하지도 않고, 멸하지도 않고 더럽지도 않고, 깨끗하지도 않고, 늘지도 않고, 줄지도 않느니라.
                                                      －李箕永－

○사리자여, 이 모든 是非가 사라진 본질의 순수한 바탕은 생겨나는 것도 없어지는 것도 아니다. 더러워지는 것도 깨끗해지는 것도 아니다 불어나는 것도 줄어드는 것도 아니다.
                                                      －醉玄－

〈산스크리트 원문과 한문 대조 및 번역〉

○사리불이여(iha sariputra)
  이 세상에 있어서 모든 존재하는 것들은 실체가 없다는 특성이 있다. (Sarva-dharmāh śunyata-Laksans 舍利子 是諸法空相)

생했다는 일도 없고, 멸했다는 일도 없고
  (anutpannā aniruddā 不生不滅)

더러운 것도 아니고, 더러움에서 떠난 것도 아니고
  (amaLā avimaLā 不垢不淨)

주는 일도 없고 느는 일도 없다.
  (anūnā aparipurnah 不增不減)

〈 영역본 〉

Here, O Sariputra, all dharmas are marked with empiness, they are not produced or stopped, not defiled or immaculate, not deficient or complete. 오, Sariputra여, 이곳에서는, 일체의 法(dharma)이 空으로 특징 지워지나니라. [따라서] 그것들은 생겨나지도 않으며 또한 [그 생겨남이] 그치지도 않는다. 불결하지도 않으며 순결하지도 않는다. 불완전해 지지도 않으며 완전해지지도 않는다.

〈 낱말 해석 〉

諸法空相의 분해

法 (dharmah)의 세가지 이해

① 離言說, 絶思量의 實相 波羅蜜本地
② ①의 實相地를 언어화, 문자화하여 이에 일정한 이해나 판단할 수 있는 근거가 되는 規範이나 道理, 理想, 眞理, 空, 敎說을 의미한다.
③ 色, 일체 事物, 心法, 存在, 五蘊 一切를 가르키며, 이는 ①과 ②를 活性化, 具體化한 것이다.

〈諸法〉 Sarva-dharmāh
　　모든 存在物, 일체 사물, 곧 ③의 의미.

〈空〉 Sunyata
　　眞理, 性質을 말함 ②의 의미.

〈空相〉 Sunyata-Laksans
　日常的인 相이 아닌 道理의 相, 非日常의 相, 곧 일상적이고 보편적인 의미를 초월한 相이며 외형적인 존재물의 내형적인 표현임.
　① 의 의미

〈諸法空相〉 Sarva-dharmah sunyata-Laksans
　모든 시비가 사라진 본질의 순수한 바탕. 모든 것들이 사라진 참마음 자리, 즉 모든 현상 존재자의 日常的인 相이 아닌 본질의 相이 되므로 말과 문자로 나타낼 수 없으며 도저히 미치지 못하는 究竟如來地인 波羅蜜本地를 말함.

六不然과 波羅蜜體性

〈不生不滅〉 anutpanna amirudda
　波羅蜜本地의 體性으로 존재자나 장소, 방위의 한계와 배대되는 本有, 自存, 永遠性을 들어보이신 것임.

〈不垢不淨〉 amaLā avimaḷā
　이 波羅蜜, 眞如自性 본연의 자리는 모든 인연겁이나 세간사의 규범이나 假法에 더럽혀지지 않아 不垢이며, 깨끗해질래야 당초부터 淸淨하여 있어 不淨인 것임.

〈不增不減〉 anūnā aparipurnah
　天然하고 離言說 絶思量한 허공과 같은 般若波羅蜜地는 더 늘릴 수 없을 뿐 아니라 또한 감퇴됨이 없음.

◎이 六不然은 바라밀실지의 自發光하며 나투는 聖德을, 無数한 것 가운데 특히 3가지 六不二를 들어 말씀하신 것이다.

〈 講 義 〉

이 문단은 波羅蜜實地의 상황마다 적소적기에 十方三世에 自發光하며 나투는 聖스러운 德을 들어내는 體性을 나타내는 대문입니다.
아무리 神通自在한 저 觀音聖者께서도 말과 설명이 여의었고 생각이 끊긴 이 超然한 實相本地를 설명할 도리가 없는 것입니다.
이미 설명이 되어졌을 때는 바로 當體와는 거리가 생겨버린다는 것을 너무 명백히 아시기 때문입니다. 그래서 그 無量하고 無数한 波羅蜜實地의 體性 중 대표라 거짓이름하여 대표되는 三双의 六不二를 들어 보인 것입니다.

舍利子 是諸法空相
사리자야, 정말 주의 깊게 살펴야 한다.
이 모든 是非가 사라진 本質의 순수한 바탕을

사리자에게 깊은 주의를 기울이라고 주의를 환기시키면서 觀自在菩薩께서 이 波羅蜜 實相地의 體를 총괄적으로 들어보이고자 하시는 대문이 바로 〈是諸法空相〉이며, 다음 〈不生不滅 不垢不淨 不增不減〉은 이 法體를 각설적으로 들어 보이신 것입니다.
앞 NOTE에서와 같이 누구나 法에 대한 충분한 고찰이 있어야 할 것입니다. 이 法字는 佛典 도처에 나오곤 합니다. 法은 산스크리트語로 dharmah이며 대치로 아래 3 종류로 이해되어 집니다.

우선 이 dharmah는 一切 存在者를 가르키며 제현상을 지칭합니다. 存在로 나타난 모든 것은 곧 dharmah입니다.

또 다른 한 뜻은 인간이 정하여 놓은 規範을 지칭합니다. 이것은 우리가 살아가기 위한 편리상 그 음성과 이름을 관념화하고 문자화하여 규정지은 道理, 敎說, ism, 法則, 眞理니 하는 것을 말합니다.

이는 거짓 이름하여 지은 法이라서 물론 조건, 상황, 시간, 방위에 따라 변멸하는 假法인 것입니다.

마지막 관념화 문자화하기 이전의 「이것」, 이것이야말로 言語道斷하고 心行處滅하는 實相波羅蜜本地이며, 本來眞面目이며, 生命以前의 有一物인 것입니다.

다시 바꾸어 말씀드리면 言說을 여의고 생각이 끊긴 제 ①dharmah라한 本來實相地, 이곳이 저 觀自在菩薩과 天下 善知識의 주소지이며 立脚地인 것입니다. 그리고 우리가 寤寐不忘하는 「참나」의 發光地입니다. 또 이것을 소리와 이름으로 세워 나타낸 道理, 規範, 敎說, 法則, 眞理를 제②dharmah라 세우고, 또 제①과 제②의 구체화, 활성화되어 存在되어 있는 모든 현상이 제③dharmah라 세웠을 때, 우리가 보는 佛典 속의 法은 이 세 종류의 dharmah안에 있게 됩니다.

그럼, 앞 〈諸法空相〉에서 諸法의 法은 제③dharmah, 즉 모든 存在를 뜻하며 空은 짐짓 세운 도리나 교설이므로 제②dharmah입니다. 空相은 우리 生滅相對法에는 空의 相이 없으나 空相을 말하므로 바로 日常的인 相이 아닌 離言說, 絶思量된 非日常的인 相을 말합니다. 곧 諸法空相은 제①dharmah를 뜻합니다.

그리고 저 聖觀自在께서 이 日常의 相이 아닌 空相을 그의 차원에서 눈깜짝할 사이에 비추어 본 후, 마지막 이 언덕에 있는 舍利子에게 慈悲의 천손을 내미는 것입니다.

또 우리 가운데 누가 관자재보살의 말씀을 음미하여 기억할 것 같으면 제 ②dharmah를 얻는 것이 될 것이며, 저 言語道斷하고 心行處滅한 곳을 通見하면 제①dhramh를 얻음이니 곧 관자재보살의 골수를 빼어낸 것이 됩니다.

그럼 이 제①dharmah인 諸法空相의 體性은 무엇인가?

觀自在菩薩은 말씀하십니다.

겉보기에는 생겨나는 것 같고 없어지는 것 같이 보이지만
실제로는 생겨나는 것도 없어지는 것도 아니다.
(不生不滅)

이 不生不滅의 말씀은 波羅蜜 本地의 體性을 밝히신 것입니다. 다음의 不垢不淨, 不增不減의 말씀을 들어 六不然이라 하는데, 이 六不然은 저 聖觀自在께서 十方三世에 自發光하며 나투는 實相本地의 聖스러운 德自가운데 특히 이 三双의 六不然을 대표로 말씀하신 것입니다.

참, 대표란 단어도 오해가 붙겠습니다. 정말 그 대표라 하는 온전한 體는 離言說 絶思量하는 일체 이전의 것이니까요.

위 不生不滅의 말씀을 사무쳐 보며는 存在者나 장소, 혹은 방위의 한계와 상관 배대되는 本有, 自存, 永遠性을 천명하신 것입니다. 곧 만들어서 생겨나는 것이 아니라 당초부터 本有했으므로 不生이며, 시간이나 공간, 기타 어떤 힘에 의하여 허물어지는 것이 아니라 그냥 휘어청 自存해 있으므로 不滅인 것입니다. 또 이 生滅은 다음에 말씀하시는 五蘊, 十二處, 十八界에 배대되어 집니다.

겉 보기에는
더러워지는 것 같고 깨끗해지는 것 같이 보이지만
실제로는 더러워지는 것도 깨끗해지는 것도 아니다.
(不垢不淨)

이 우리의 本地인 眞如自性 波羅蜜實地는 三世 十方의 모든 인연줄 밖에 슬쩍 걸터 앉아 있어 煩惱妄想이나 제반 인연에 물들 수 없음을 들어내 보인 말씀입니다.

이 초연한 淸淨性, 이는 垢淨을 벗어나 오롯이 世間法에 常住해 있는 「참나」의 淸淨本然의 性品을 가르키는 것입니다. 그래서 이 實相本地는 모든 인연법이나 世間事의 規範이나 假法에 더렵혀지지 않아 不垢이며, 깨끗해질래야 당초부터 淸淨하여 있어 깨끗해질 수 없어서 不淨인 것입니다.

결국 음미하여 보면 이 말씀은 波羅蜜 本地뿐 아니라 四聖諦나 十二因緣法이나 現顯된 일체의 存在가 不垢不淨의 眞性者임을 알 수 있을 것입니다.

이 인간의 本來淸淨! 본래「참나」의 초연한 도습.
是非, 有無, 垢淨, 이 모든 邊見을 초탈한 저, 本來淸淨. 이거야말로 限量없는 淸淨인 것입니다. 또 이 말씀은 관자재보살이 인간에 대한 光明의 선언으로도 새길 수 있습니다.

自發光하는, 샘솟는 듯한 淸淨, 이는 실로 경탄 경앙할 수 밖에 없는 위대한 통찰입니다. 실로 觀自在 차원입니다.

우리 인간들은 역사상 살펴보아도 原罪가 있다, 없다, 不淨하다 淸淨하다 하며 이 兩邊의 이론에 휩싸여 왔습니다. 그리고 이 邊見들 중 어느 쪽으로 치우치든 간에 수많은 인간이 그에 따른 번뇌와 혼돈으로 인하여 결국 비극의 종말을 맞아 왔던 것입니다.

그런데 이 얼마나 늘씬하고 헌출한 말씀입니까—
바로 人間性의 超然自存함을 보이신 이 말씀이 不垢不淨인 것입니다. 이제 거룩한 觀自在菩薩님의 三双六不然중 마지막으로 들어 보이신 말씀을 새겨 봅시다.

겉보기에는 불어나는 것 같고 줄어드는 것같이 보이지만
실제로는 불어나는 것도 줄어드는 것도 아니다.
(不增不減)

이 超然하고 天然하며 헌출한 「그」를 억지로 이름하여 波羅蜜地, 實相, 道, 空相, 佛性, 眞面目, 觀自在라 한 것 뿐이니, 이 生滅의 상대세계의 六根으로 인식되는 것이 아닌 離言說 絶思量한 이 本地는 無限天空과 같아서 增減이 있을 수 없는 것입니다. 그래서 이 不增不減은 般若를 증득한 후의 부처님 지위가 不增不減하다는 말씀입니다. 바로 이 實相地의 聖德은 아무리 써도 모자람이 없고 아무리 사용하지 않아도 남는 법이 없음을 보이신 것이기도 합니다.
다시 바꾸어 말씀드리면 世間의 우리들 生滅法은 인연이 모이면 반드시 생겨나서 必生이며, 제반 물질적 현상은 그 인연이 흩어지면 반드시 없어지는 必滅이어서 必生必滅인 것입니다. 또 세간의 우리의 假法은 인연의 흐름에 따라 시간, 공간, 상황에 따라 變滅하는 幻法이므로 닦으면 점차 깨끗해져 가니 必淨이며, 한 생각 한 생각 물들어 쌓이므로 必垢일 수 밖에 없는 것입니다.
그런 까닭에 出世間의 절대 함이 없는 無爲法은 三双의 六不然이며, 세간의 함이 없는 生滅의 有爲法은 三双의 六必然입니다.

이 모든 是非가 사라진 本質의 순수한 바탕은
겉보기에는
생겨나는 것 같고 없어지는 것 같이 보이지만
실제로는
생겨나는 것도 없어지는 것도 아니다.

겉보기에는
더러워 지는 것 같고 깨끗해지는 것 같이 보이지만
실제로는
더러워 지는 것도 깨끗해 지는 것도 아니다.

겉보기에는
불어나는 것 같고 줄어드는 것 같이 보이지만
실제로는
불어나는 것도 줄어드는 것도 아니다.

그러합니다. 우리 중생의 생각으로 보니, 이 實相이 끊임없이 변화하는 것같이 보이지만 이것은 우리가 변화한다라는 생각을 생각할 뿐입니다.

그러나 우리 범부중생의 생각은 곧 生滅을 거듭하는, 순전히 妄執이고 邊見일 뿐입니다. 그런 까닭에 우리 눈에 보이는 일체의 존재는 必生必滅이고 必垢必淨이고 必增必滅의 六必然일 수 밖에 없는 것입니다.

실체의 實相本地는 그윽하고 寂寂하며 如如할 뿐입니다.

저 聖・觀自在께서 말씀하신 三句의 六不然은 중생을 위하여, 아니 오늘의 舍利子를 위하여 몸소 몸을 진흙속에 구르는 曲盡한

落草慈悲의 法門인 것입니다.

각설하고 여기 觀自在菩薩의 六不然과 맥이 이어지는 龍樹스님의 中論 서두의 게송 하나를 음미하여 그 뜻을 더욱 돋우워 보겠습니다. 이 게송은 그후 사람들에게 八不中道偈라 세칭되어지는 것입니다.

나지도 않고 멸하지도 않으며
항상치도 않고 아주 없지도 않으며
동일하지도 않고 차이 지지도 않으며
오지도 않고 나가지도 않는다.

이러한 인연법을 연설하여서
갖가지 희론을 소멸하시니
모든 설법 중에 으뜸되시는
부처님께 머리 숙여 절합니다.

(不生亦不滅 不常亦不斷
不一亦不異 不來亦不去

能說見因緣 善滅諸戲論
我稽首禮佛 諸說中第一)

不生不滅 六不이니 八不이니 하지만 오늘 어느 舍利子가 이 오물을 쓸어버릴까?

大顚了通선사는 그의 〈注心經〉에 이 不生不滅하여 허물어지지 않는 몸을 얻는 방법을 이렇게 말씀하시었습니다.

이 不生不滅이란 말은 일체 모든 중생들이 법신을 구족하였음을 바로 말한 것이다. 허공의 본체는 옛부터 지금까지 생겨나지도 않았고, 옮기지도 않았으며, 가는 것도 없었고 오는 것도 없었으며, 낡을 일도 없었고 새로와진 일도 없었으니, 맑고 맑은 물처럼 언제나 고요하여 四大와 五蘊이 그 가운데서 헛되이 생겼다가 헛되이 사라지지만, 자기의 법신에는 아무 관계가 없는 것이다. 지혜와 덕의 빛을 감추고 세상 번뇌의 티끌속에 뒤섞이더라도 더러움에 물들지 아니하고 三界에 홀로 존귀함이 되니 이것이 끝없는 시간과 끝없는 허공의 허물어지지 아니하는 不壞之身인 것이다.

經에 이르기를 '어떻게 하면 오래 살 수 있는 금강고 같은 허물어지지 않는 몸을 얻을 수 있겠습니까?'라고 하였으니 알겠는가?

  대그림자 비질해도 섬돌에 먼지 움직이지 않고
  月輪이 바다를 뚫어도 물은 흔적이 없네.

(不生不滅 直言直說 衆生具足法身 虛空之體 瓦古瓦今 不曾生 不曾滅 不變不移 無去無來 無舊無新 湛然常寂 四大五蘊 從他虛生虛沒 於自己法身 忽無交涉 和光虛不染 三界獨爲尊此是 長劫虛空 不壞之身 經云 云何得長壽金剛 不壞之身 會麼
竹影掃階塵不動
月輪穿海水無痕)

또 法藏 賢首는 그의 〈般若心經略疏〉에서 이르기를 是諸法空相은 法體를 총체적으로 나타낸 것이고, 不生不滅 不垢不淨 不增不減은 이 法體를 나누어 들어보인 別顯으로 나누고, 이 三双의 六不에 대해 세가지 해석을 붙였습니다. 그 중 특기할 것은 生滅, 垢淨, 增減을

중생의 공부됨에 따라 各位로 맞추어 설명하였는데 이를 소개하여
이해의 폭을 넓혀 보겠습니다.

첫째, 不生不滅이란 道에 들기 전의 범부 중생의 지위이다. 말하자면 모든 범부는 生死의 流轉을 오랫동안 되풀이 하는데, 이가 生滅位이다. 眞空이란 이를 여의었으므로 不生不滅이라 한다.

둘째, 不垢不淨이란 道를 이루어 나가는 중에 있는 보살의 지위이다. 보살은 業障이나 業染을 다 없애지는 못하였어도, 淨行을 이미 모두 닦았기에 이름하여 垢淨位라 한다. 그러나 眞空은 이를 여의었으므로 이를 이름하여 不垢不淨이라 한다.

세째, 不增不減이란 道를 이룬 뒤의 부처님의 지위이다. 生死惑의 業障을 옛날에는 다 없애지 못하였으나 지금에는 이를 모두 소멸하였고 萬德을 닦아보이는 일이 옛날에는 원숙하지 못하더니 지금은 원융해 졌다. 이가 바로 增이다. 眞空은 이를 여의었으므로 不增不減이라 한다.
(一. 不生不滅 在道前凡位 謂諸凡夫 死此生彼 流轉長劫 是生滅位 眞空離此故不生不滅也
二. 不垢不淨 在道中菩薩等位 謂諸菩薩 障染未盡 淨行已修 名垢淨位 眞空離此故名 不垢不淨
三. 不增不減 在道後佛果位中 生死惑障 昔未盡 而今盡是滅也 修生萬德昔未圓而今圓是增也 眞空離此故不增不減).

그리고 明나라 승려인 宗泐과 如玘의 공동 註〈般若心經 註解〉에는 이 대문을 아래와 같이 명료하게 쓰고 있습니다.

이 諸法이라 함은 앞의 오온을 지칭한다. 空相이란 바로 진공실상을 말한다. 관자재보살이 다시 사리자에게 이르기를, 이미 제법의 當體가

바로 진공실상염을 알았으니, 실상의 체를 세워본 즉, 본래 生滅함이 없다. 이미 생멸이 없는데 어찌 더럽고 깨끗함이 있겠는가?

이미 垢淨이 없는데 어찌 불어나고 줄어듦이 있겠는가?
(是諸法者 指前五蘊也 空相者 卽眞空實相也 菩薩復告 舍利子云 旣了諸法當體 卽是眞空實相 實相之體 本無生滅 旣無生滅 豈有垢淨 旣無垢淨 豈有增減乎.)」

그럼 마지막으로 弘贊스님의 〈般若心經添足〉의 간절하고 세밀한 이 대문의 註疏를 살피며 이 중요한 곳의 결론을 삼고자 합니다.

이 諸法이란 바로 오온 등의 법을 말한다. 空相이란 모든 물질적 현상의 眞空實相을 뜻한다. 대개 앞에서 오온이 幻으로 있음이 바로 眞空임을 보였으나 그 相을 아직 말하지 못한 까닭에 지금 밝혀, 이 모든 법의 공한 모양(是諸法空相)이라 하신 것이다. 먼저 제법이 공한 상을 말씀한 것은 제법을 여의고서 따로 공한 상을 말함이 아니라, 이것은 제법의 當體가 진공의 모양임을 바로 가르킴이니 비유하면 물속에 비친 달이나 거울 속에 비친 물체와 같아 그 본체는 生滅 垢淨 增減을 여읜 것이다.

그런 까닭에 만들어서 생겨나는 것이 아니며, 허물어서 없어지는 것이 아니며, 물들어서 더럽혀 지는 것이 아니고 다스려서 깨끗해지는 것이 아니며 더해서 늘어나지 않으며, 덜어서 줄지 않는다. 왜냐하면 저 影像이 실다움이 없어서 當體가 공한 것과 같기 때문이며 또 허공의 生滅 垢淨 增減을 이름하기 불가한 것같이 眞空의 相도 역시 그러하기 때문이다. 그런 까닭에 이름을 붙일 수 없는 것인데 강제로 이름하여 實相이라 한 것 뿐이니, 實相의 相은 五官으로 능히 헤아릴 수 없고, 마음의 지혜로 측정하는 바, 오직 증득하는 자만이 알 수 있다. 대개 生滅은 五蘊, 十二處, 十八界에 지칭되며, 垢淨은 四聖諦나 十二因緣法에 지칭하며, 增減은 지혜를 증득한 果位의 말씀이다.

蘊등은 참에 迷하여 삿됨을 따르므로 생멸을 보게 되고, 12인연은 流轉하는 門과 흐름을 거슬러 멸하는 還滅의 門, 곧 二門이 있다.

流轉, 곧 흐름을 따라 구르는 門은 苦와 苦의 원인인 苦集二諦가 있으니 이것은 곧 세간의 因果이기 때문에 垢라 한 것이다. 흐름을 거슬러 滅해 없애는 還滅門은 공부하는 방법과 苦를 끊는 道滅二諦를 가르키니 바로 출세간의 因果이기 때문에 淨이라 한 것이다. 보살의 수행은 道가 불어나는 바 있고, 삿된 惑心은 줄어드는 바가 있기에 增減이라 했다.

이제 心經에서 生滅 垢淨 增減이 없다고 말씀했으니, 이는 諸法의 眞空實相 가운데는 본래 범부와 성인이 없고 닦고 증득함과 원인과 결과 등의 법이 본래 없음을 밝히므로써 반야의 眞空體를 바로 드러내어 중생으로 하여금 모든 소견을 털어버리어 한가닥 실오리에도 걸림이 없는 항상 참된 마음자리가 오롯이 홀로하여 곧 如來와 같아지게 하는 것이다.

(是諸法者 即五蘊等法也 空相者 即諸法之眞空實相也 蓋前示五蘊幻有 即是眞空 而未說其相 故今示云 是諸法空相 旣云諸法空相 則不可離諸法而別言空相 此直指諸法當體 即是眞空之相 譬如水月鏡像 體離生滅垢淨壞滅 故不可作之令生 懷之使滅 染之令垢 治之使淨 加之令增 損之使減 何以故 以彼影像無實當體即空 亦如虛空 不可以生滅垢淨增減名之 眞空之相亦爾 故不可得而名之 不強名曰實相 實相之相 非五眼能窺 心智所測 唯證者能知 蓋生滅 約指蘊處界 垢淨 約指四諦因緣 增減 約指智得 以蘊等是迷眞逐妄 故見生滅 十二因緣 有流轉還滅二門 其流轉門 是苦集二諦 乃世間因果故垢 其還滅門 是道滅二諦 乃出世因果故淨 菩薩修行 道有所增 而惑有所減 故之增減 今言不生滅垢淨增減 是發明諸法眞空相中 本無凡聖修證因果等法 直顯般若一眞空體 使人諸見脫落 一絲掛 獨露眞常 即如如佛)

3) 波羅蜜本地의 聖德을 낱낱이 해석함(別釋)

是故 空中無色 無受想行識 無眼耳鼻舌身意 無色聲香味觸法 無眼界 乃至 無意識界 無無明 亦無無明盡 乃至 無老死 亦無老死盡 無苦集滅道 無智亦無得

○五蘊 十二處 十八界의 공함을 밝힘

> 是故 空中無色 無受想行識 無眼耳鼻舌身意 無色聲香味觸法 無眼界 乃至 無意識界

〈NOTE〉
○그러므로 아무 것도, 아니 이〈마음〉가운데는 물질도 없고 느낌·따짐·저지름·버릇들도 없으며, 눈·코·입·몸·뜻도 없으며, 눈·귀·코·혀·몸·뜻도 없으며, 형색·소리·냄새·맛·물체·이치도 없으며, 쳐다보는 일도 없고 내지 생각해 보는 일도 없으며

―青潭―

○이 까닭에 공 가운데는 색이 없고 수상행식이 없으며, 안·이·비·설·신·의도 없고, 색·성·향·미·촉·법도 없으며, 안계 내지 의식계까지도 없다.

―光德―

○그런 까닭에 공 가운데는 색도 없으며, 수·상·행·식도 없고, 안·이·비·설·신·의도 없고, 색·성·향·미·촉·법도 없고, 안계도 없고, 나아가 의식계까지도 없는 것이다.

―李箕永―

○그러므로 분명히 알아라
이름할 수 없는 이 본질의 순수함에는
물질적인 현상도 없으며
느낌·따짐·의지적 충동·버릇들도 없다.

또 눈(眼根)·귀(耳根)·코(鼻根)·혀(舌根)·몸(身根) 그리고 생각의 능력과 그 작용(意根)조차도 없다.

그 대상이 되는 현상생멸계의 모든 색깔과 형상(色境)·소리(聲境)·냄새(香境)·맛(味境)·닿임(觸境)은 물론 비감각적인, 그 도리조차도 (法境) 없다.

아니, 보는 영역(眼界)으로부터
생각하는 영역(意識界)까지도 없다.

―醉玄―

〈산스크리트어 원문과 한문 대조 및 번역〉

○그러므로 사리불이여 (tasmāc śaiputra 是故)

실체가 없다는 입장에 있어서는 물질적 현상도 없고 감각도 없고, 표상도 없고, 의지도 없고, 지식도 없다.
(śūnytāyām na rūpam na Vedenā na samjnā na Samskārā na vijnānam 空中無色 無受想行識)

눈도 없고, 귀도 없고, 로도 없고, 혀도 없고, 신체도 없고, 마음도 없고
(na caksuh-śrotra-jihvā-kaya-manāmsi 無眼耳鼻舌身意.)

형태도 없고, 소리도 없고, 내음도 없고, 맛도 없고, 촉각의 대상도 없고, 마음의 대상도 없다.
(na rūpa-śabda-gandha-rasa-sprastavya-dharmāh. 無色聲香味觸法)

눈의 영역에서 부터 의식의 영역에 이르기 까지 모두 없는 것이다.
(na caksur-dhātur yāvan na mano-vijnana-dhātur. 無眼界 乃至 無意識界)

〈 영역본 〉

Therefore, O Sāriputra, in emptiness there is no form, nor feeling, nor perception, nor impulse, nor Consciousness ; No eye, ear, nose, tongue, body, mind ; No form, sounds, smells, tastes, touchables, or abjects of mind ; No sight-organ element, and so forth, until we come to ; No mind-consciousness element ;

그런고로, 오 Sariputra여, 空속에 어찌 형상, 감각, 지각, 충동의 의식이 있겠는가? 어찌 형상, 소리, 냄새, 맛, 만질 수 있는 것들이나 생각의 대상들이 있겠는가? 시각 기관에서 부터 심리·의식의 영역에 이르기까지 일체의 요소(element)가 없느니라.

〈 낱말 해석 〉

〈是故〉 tasmāc
· 그러므로, 그런 까닭에, 지금 네가 알았던 것같이.

〈空中無色〉 śūnytāyām na rūpam
· 空의 의미 : 離言說 絶思量의 實相波羅蜜本地 곧 眞의 차원인 體 空을 말함. 無相之相
· 본질 속에는 형태가 없다.(in emptiness there is no form)
  실체가 없다는 입장에서는 물질적 현상도 없다.
  이름할 수 없는 이 본질의 순수함에는 물질적 현상도 없다.

〈無受想行識〉
· 곧 無色受想行識이면 無五蘊이다.
  느낌, 따짐(인식작용), 의지적 충동, 버릇(습관적인 내정된 앎)은 없는 것이다.
· 감각도 없고, 표상도 없고, 의지도 없고, 지식도 없다.

〈無眼耳鼻舌身意〉
· 객관세계를 대하는 뿌리가 됨으로 根이라 하며, 여섯을 합하여 六根이라 한다. 곧 주관세계이다.
· 눈(眼根), 귀(耳根), 코(鼻根), 혀(舌根), 몸(身根) 그리고 생각의 능력과 그 작용(意根) 조차도 없다.
· 눈도 없고, 귀도 없고, 코도 없고, 혀도 없고, 신체도 없고, 마음도 없다.
 (No eye, ear, nose. tongue, body, mind)

〈無色聲香味觸法〉
· 六根에 대상이 되는 6가지 객관인데, 이것을 六境, 六塵이라 한다. 이는 대상이 되며, 즉 六根의 대경이 되고 또 〈마음〉을 가리는 티끌이 되므로 六塵이라 한다.
· 그 대상이 되는 현상생멸계의 모든 색깔과 형상(色境), 소리(聲境), 냄새(香境), 맛(味境), 닿임(觸境)은 물론 비감각적인, 그 도리(法境) 조차도 없다.
· 형태도 없고, 소리도 없고, 내음도 없고, 맛도 없고, 촉각의 대상도 없다.
※ 六根과 六境을 합하여 十二處라 함.

〈無眼界 乃至 無意識界〉
· 곧 無六識(無眼識 耳識 鼻識 舌識 身識 意識)을 줄여서 표현하였다.
 眼界는 眼識界이다.
· 界(dhātur) : 영역, 종류, 능히 지니다.(能持)의 뜻.
※ 六根과 그 대상의 경계인 六境이 연유하여 생긴 六識을 모두 합

하여 十八界라 하며, 이것의 넘나듬이 人生萬事이다.
- 이들에 界를 붙이는 것은 각각 독립된 성질과 작용을 가지고 존속하기 때문이다.
- 곧 보는 영역(眼界)으로부터 생각하는 영역(意識界)까지도 없다.
- 눈의 영역에서 부터 의식의 영역에 이르기까지 모두 없는 것이다.

※ 五蘊, 十二處, 十八界를 三科라 지칭하며, 이는 生滅의 세계를 모두 말함. 또 이를 여읜 實相本地를 표현해 不生不滅이라 앞에 총괄하여 보인 것임.

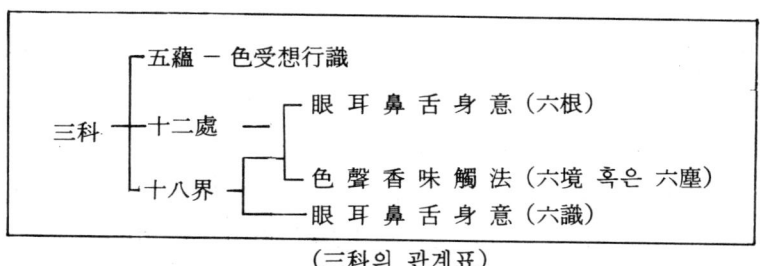

(三科의 관계표)

〈 講 義 〉

> 是故 空中無色 無受想行識 無眼耳鼻舌身意
> 無色聲香味觸法 無眼界 乃至 無意識界

이 대문은 모든 法이 空함을 보이어서 삿된 幻影을 깨어버리는 破邪分 가운데도 波羅蜜本地의 聖스러운 德을 들어 보이신 후, 또 그에 따라 한층 더 세분화 발전시키어, 이 찰나 찰나 나투는 實相

本地의 聖德을 낱낱이 구체化하여 내보이는 五蘊, 十二處, 十八界를 말씀하시는 부분입니다.

이를 합쳐 三科法門이라 합니다.

우리 중생은 思考나 着念이 五蘊이나 十二處의 假有현상에 重重無盡으로 매여 있고, 또 十八界 이외에는 思念이 미치지 못하므로 五蘊의 모든 현상이 곧 절대적입니다. 그러나 五蘊에 대한 執着만 벗어나면 바로 우리의 本來面目인 波羅蜜本地이며, 바로 聖 觀自在 보살을 친견할 수 있는 곳입니다. 그러므로 五蘊 그대로 皆空임을 바로 보는 것이 脫煩惱 離生滅하는 관건이라 하겠습니다.

그래서 十二處, 一八界를 밝히면서 거듭 五蘊에 대하여 말씀하시는 것입니다.

그러므로 사리자야(是故)

Tasmāc śariputra

본문 해석에 깊숙히 들기 전 산스크리트語 Tasmāc이라는 접속사에 주의를 기울여야 하겠습니다.

Tasmāc은 그러므로, 그런 까닭에라 번역되며 〈지금에야 너가 알았던 것 같이〉라는 내용의 말입니다.

그럼 왜 갑자기 그런데, 그러므로라는 접속사가 사용되어 졌는가?

이 이유를 살펴 알므로서 좀 더 명확히 경문의 내적인 흐름인 즉, 觀自在菩薩의 法門에 깔린 의미를 살필까 합니다.

〈그러므로, 그런 까닭에〉는 헤겔의 변증법적인 正·反·合의 삼단 논법 가운데 合의 문장을 잇는 접속사 구실로 사용됨을 우리는 알고 있습니다.

붓다는 사람이다.(正)
석가모니는 붓다이다.(反)
그러므로, 석가모니는 사람이다.(合)

위 삼단논법의 예문과 같이 正과 反이 어울려 어떤 다른 단계의 논리가 전개 발전, 혹은 세분화 되어질 때 〈그러므로 Tasmāc〉라는 접속사가 사용되어지는 것입니다. 그럼 저 聖·觀自在와 舍利子 사이에 어떤 논리가 전개되어 논쟁되어졌거나, 혹은 이론이 문제시 되어 있어야 함이 일반적인 우리의 상식입니다. 그럼 이제 다시 그 전개의 이유를 명료히 알기 위하여 앞에서 부터 다시 경문을 이해하기로 합시다.

저 觀自在菩薩께서 이 언덕에 마지막 이슬 방울로 대롱이는 舍利子와 같은 빼어난 上根機의 사람, 즉 정신적인 면에서 약간 迷執한 上根人을 위하여 말씀하시었습니다.

色不異空 空不異色
色卽是空 空卽是色
受想行識 亦復亦是

이는 곧 물질적 제현상인 五蘊과 본질인 空의 사상적 측면과 체험적 결과를 드러보이어, 마지막 남은 마음의 迷執과 無始以來 타고오는 習의 幻影을 절단하여 부수어 버렸습니다.

不生不滅 不垢不淨 不增不減

波羅蜜本地에서 時時刻刻에 自由自在로 나투는 聖스러운 德의 표현 가운데 이 三雙의 六不然을 들어 일체 法의 體性을 말씀하시므로 다시 한번 이 空門, 實相本地로 안내하고자 曲盡한 大慈의 손을 뻗치신 것입니다.

이순간, 기름에 불이 붙은 것입니다.
이순간, 觀自在보살은 卽是하였습니다.
舍利子의 눈과 입, 아니 온몸 그대로 희열이 충만하고 自在함을 卽是하였던 것입니다.
이 刹那, 舍利子가 波羅蜜本地에 頓入함을 저 관자재보살께서 통찰하는 이 순간,〈그러므로 …… 사리자야〉〈이제 너가 알았는 것 같이, 사리자야〉이렇게 말씀하신 것입니다.
이제 좀 더 구체적이고 세부적인 마지막 삼단논법의 내용이 전개되어 집니다.
그래서 앞에서 천명하신 三雙의 六不然과 五蘊을 空·假·中의 삼단 전개한 것은 波羅蜜本地의 體性에 配對되는 구체화된 설법으로 經文상 세심한 과학적인 배려를 베푸신 것입니다.

  그러니까 …… 舍利子야
  이 차원, 이곳 波羅蜜本地에는 실로 無五蘊이며 곧 無十二處이며 無十八界이다.

또 앞의 不生不滅의 천명은 바로 五蘊, 十二處, 十八界를 여의게 하는 도리를 말씀하신 것입니다.

  無十二因緣이며, 이 차원에서는 고귀한 진리인 四聖諦 마저도 없나니 ……

앞의 不垢不淨의 말씀은 十二因緣, 四諦를 여의는 도리를 천명하신 것입니다.

無般若이며 깨달음의 성취나 깨달음의 비성취 조차도 없다. 바로 無智亦無得이다.

마지막 不增不減의 말씀은 닦아 얻은 지혜를 여의는 도리를 배대한 말씀입니다.
이렇게 〈그러므로 Tasmāc〉의 접속사에 이어지는 내용들을 당겨서 살펴보았습니다.

　그러므로 舍利子야
　분명히 알아라
　이름 할 수 없는 이 본질의 순수함에는
　물질적 현상도 없으며
　느낌
　따짐
　의지적 충동
　버릇들도 없다.
　(是故 空中無色 無受想行識)

〈NOTE〉에서 밝혔는 것같이 여기에 空은 實相般若인 體空을 말하며 〈본질의 순수함〉, 바로 波羅蜜本地인 離言說 絕思量의 곳을 의미합니다.
五蘊을 살펴보면은 물질 현상계를 모두 하나로 묶어 色으로 표현하였으며 정신계는 受想行識으로 四分하였음을 알 수 있습니다.

이것은 물질적 현상인 객관세계에는 밝으나 정신의 세계, 즉 마음에 迷한 사람을 위하여 마음 쪽에 더 치중하여 베푸신 法門임을 알 수 있습니다. 마음에 迷하고 물질에 迷하지 않은 上根人[1]을 위하여서는 물질적 현상인 色法을 眼耳鼻舌身으로 五分하고, 정신계인 心法은 意 하나로 묶어 十二處法門을 하신 것입니다. 또 여기에 六識을 더하여 色法과 心法에 두루 조화를 이루는 十八界를 말씀하시었는데, 이들을 합하여 三科法門이라고 합니다. 이렇게 觀自在菩薩께서는 우리들에게 세심한 배려로 落草慈悲를 베푸신 것입니다.

그리고 〈無色 無受想行識〉의 無는 우리의 인식 범위안에서 상대적으로 있다, 없다는 뜻이 아니라 일체의 현상 그대로 일체의 현상을 여읜 無인 것입니다. 그래서 삿된 생각을 쉬고 有無, 生滅, 是非가 모두 사라져서 波羅蜜本地만 홀로 오롯하게 드러난 경지이므로 五蘊과 十二處, 十八界의 三科가 없는 것입니다.

이에 大顚 了通 선사는 그의 저서 〈注心經〉에서 이 無五蘊을 밝힌 대문에서 우리의 本來面目을 虛空으로 비유하여 五蘊의 뜻과 無의 참뜻을 드러내기 위하여 苦心하였습니다. 이 간절한 말씀을 옮겨 이해를 돕고자 합니다.

허공의 본 바탕은 색을 놓아 두려 하여도 공은 색을 받아들이지 않고 소리를 놓아 두려 하여도 공은 소리를 받아들이지 아니하며, 느낌(受)을 놓아 두려 하여도 공은 느낌을 받아들이지 아니하고, 따짐(想)을 놓아 두려 하여도 공은 따짐을 받아들이지 아니하며, 의지적 충동(行)을 놓아

---

1) 上根機 : 根은 물건의 근본이 되는 힘을 이르며 機는 발동하는 뜻이다. 즉 교법을 받는 중생의 성능을 말함. 上根人이라 하면 지혜가 수승하며 객관세계에는 자재하나 주관인 내 마음의 번뇌와 철학, 우주 근원적 사고에는 완전히 밝지 못한 수승한 인간의 기틀을 말한다.

두려 하여도 공은 의지적 충동을 받아들이지 않고, 버릇(識)을 놓아 두려 하여도 공은 의지적 충동을 받아들이지 아니하니, 六道와 四生은 모두 거짓 이름인지라 그 어느 것 하나라도 받아 들이지 아니한다. 가는 먼지 한 틀 세우지 못하는 맑고 빈 이 도리는 필경에는 몸이 없는 것이니, 새가 날아간 길이나 허공에 앉았던 것같이 흔적이 없으니, 낮과 밤 열두 때 가운데 부처님 눈으로 엿보려 하여도 엿볼 수 없으니 어째서 엿보아도 엿볼 수 없는가?

  아름다운 물고기가 물 속에 깊이 잠겼으니
  백로가 그 자취를 알지 못한다네

(虛空之體 安色空不受名 安聲空不受聲 安受空不受受 安想空不受想 安行空不受行 安識空不受識 六道四生 一切假名 都無所受 纖塵不立 淸虛之理 畢竟無身 行如鳥道 坐若太虛 十二時中 佛眼覰不見.
爲甚覰不見
錦鱗在深處
白鷺不知蹤

이는 實相般若의 이치를 올바르게 깨닫게 하므로 일체의 相을 여의도록 한 말씀입니다. 이를 여의면 涅槃이고, 이를 이룬 사람이 觀自在菩薩인 것입니다. 龍樹보살은 〈大智度論〉에서 이렇게 말하고 있습니다.

  空 가운데는 滅함도 없고 滅하게 함도 없다.
  제법이 畢竟空하게 된 것이 곧 涅槃이다.
  (空中無有滅 亦無使滅者 諸法畢竟空 卽是涅槃)

또 눈(眼根), 귀(耳根), 코(鼻根), 혀(舌根) 몸(身根) 그리고 생각의 능력과 그 작용(意根) 조차도 없다.

그 대상이 되는 현상생멸계의 모든 색깔과 형상(色境), 소리(聲境), 냄새(香境), 맛(味境), 닿임(觸境)은 물론 비감각적인 그 도리(法境) 조차도 없다. (無眼耳鼻舌身意 無色聲香味觸法)

이 대문은 波羅蜜本地에서 볼 때 五蘊에 이어 그 복합체에 불과한 六根이 없음을 밝히며 또 그 대상이 되는 물질적 현상인 六境이 없음을 밝히는 것입니다.

六根이라 하면 눈, 코, 혀, 귀, 몸, 이치를 말하는데, 이들은 주로 주관에 속하는 감각 또는 인식기관을 이르며, 주로 그 방면으로 뛰어난 작용이 있다하여 根이라 하며, 또 여섯가지 뿌리라 하여 六根이라 부릅니다. 곧 視覺, 聽覺, 嗅覺, 味覺과 觸覺, 分別覺을 감각하는 感官과 그 기능을 이르는 것인데, 눈, 코, 혀, 귀, 몸인 前五根은 물질적 현상인 色法이고, 이치는 心法입니다. 이것은 물질적 현상인 色을 5分하고 정신계인 心法을 하나로 묶은 것입니다. 그리고 對境을 잡는 주관적인 작용을 하는 것이 根인데, 이 六根에 대상이 되는 객관적인 빛과 모양, 청각, 취각, 미각, 촉감의 대상이 되는 물질과 기후와 향내, 이치를 모두 합하여 六境이라 칭하며, 또 이는 마음을 가리는 티끌이 된다 하여 六塵이라 부르기도 합니다. 이 六境은 모두 六根의 대상물이어서 色法의 전개에 불과합니다.

이 六根과 그 대상인 六境을 합하여 十二處라 하는데, 十二處는 色法 11과 心法 1로 나눌 수 있습니다.

處는 산스크리트語로 āyatana인데, 生長시킨다는 의미입니다. 곧 마음의 작용을 일으키는 所依處가 되어 그것을 育成하고 生長시킨다는 뜻입니다.

　바로 이 六根과 六境이 상대되면 인식작용이 일어납니다. 이 마음의 작용을 총칭하여 六識이라 하는데, 十二處는 六識을 일으킨다는 의미가 포함되어 있다 볼 수 있습니다.

　이 前五根과 境은 모두 주관하는 기관과 그 상대되는 객관이 되므로 이들은 모두 色法이어서 여기에 마음(識)이 첨가되어야 비로소 사물을 인식할 수 있게 되는 것입니다. 예컨데 어떤 일에 넋을 놓고 마주 대하고 있을 때, 상대가 권하는 일에 엉뚱한 짓을 하여 웃는 일들은 모두 識心이 작용되지 않은 경우라 할 수 있습니다. 하여튼 眼耳鼻舌身의 前五根과 色聲香味觸法인 六境은 물질적인 色法이고 제六根인 意根만이 정신적인 心法으로 간주됩니다. 이 前五根과 六境이 상대되어 질 때 일어나는 마음의 작용인 識은 第六의 意根을 의지하여 한순간에 六識이 변하여 없어지면 다음 순간의 六識이 생기는 중간 역할을 하는 것입니다.

　앞의 五蘊인 色受想行識과 배대하여 보면, 五蘊은 色法을 1로 묶고 心法은 4分한 것이며 十二處는 色法을 11分하고 心法을 1로 묶은 것을 알 수 있습니다. 이는 觀自在菩薩께서 물질적인 자연계의 모든 현상에 迷惑한 中根機의 사람을 상대로 하신 법문이며 곧 일반적인 凡夫衆生을 상대하신 것입니다.

　그럼 이 十二處를 일체의 번뇌로 설법하신 唐나라 明曠스님의 〈般若心經疏〉의 말씀을 듣기로 하겠습니다.

눈은 물질적인 현상 色을 사랑해서, 이것이 생과 사의 원인이 되고 생사의 결과가 된다. 이는 苦의 聖諦와 苦의 원인(集)과 같은 것이다. 그래서 眼根은 여섯 번뇌를 일으키며, 나머지 五根도 이와 같다. 六根이 모두 합하여서 서른여섯 번뇌를 일으키고, 이것이 과거 미래 현재인 三世를 합해서 백팔번뇌가 된다.
(眼可愛色 是生死因 生死果 苦諦集諦同也 然則眼根 具六煩惱 餘五根 亦如是 六根都合 有三十六煩惱也 約三世都合 百八煩惱也)

이 말씀은, 일체 번뇌인 百八煩惱는 결국 우리의 주관적인 分別心일 수 밖에 없는 六根과 그 대상이 되는 객관적인 六境 사이에 일어나며, 또 實相本地인 眞空 가운데는 그런 妄念이 붙을 수 없으므로 十二處는 존재하는 것이 아니다라고 말씀하십니다. 그러므로 百八煩惱란 幻影이며 도무지 헛 것일 뿐입니다. 波羅蜜 本地에 한번 초월하여 頓入한 후는 어설픈 번뇌란 붙을래야 붙을 수 없습니다.

누가 대체 사실을 확연히 본 후, 거짓으로 하는 말을 믿을 者가 있겠는가?

그래서 五祖 弘忍스님이 六祖 노행자를 印可付法할 때 이렇게 말씀하신 것입니다.

만약 말 끝에 스스로 본래 마음을 알아 스스로 본래 성품을 보면 곧 하늘과 사람의 스승인 부처님이다.
(若言下 自識本心 自見本性 卽名人天師佛)

六祖壇經 P285

아니, 보는 영역(眼界)으로 부터
생각하는 영역(意識界)까지도 없다.
(無眼界 乃至 無意識界)

위에서 말씀 한 것 같이 十二處에다 그에 상응하는 六識을 더하면 十八이 됩니다. 界는 산스크리트語로 dhātur인데, 이는 領域으로 종류의 한계 및 인식의 근본이 되는 것을 能持한다는 의미입니다.
　의지하는 기관(所依處)인 六根을 통하여 객관의 대상(所緣)인 六境을 상대하므로 곧 인식작용인 六識이 일어납니다. 이를 모두 합하여 十八界라 통칭하는 것입니다.
　위 經文에서 眼界라 한 것은 바로 眼識界를 이르며, 識字가 생략된 것입니다. 이것은 玄奘三藏 이외의 역본에도 모두 眼界로 나타나 있습니다. 그리고 이 十八界를 살펴보면 물질적 현상인 色法과 정신적인 心法이 균등히 배분되었음을 알 수 있는데, 이는 마음에도 迷惑하고 물질적인 객관에도 執着한, 욕망이 극심하고 천박한 下根機의 사람을 위하여 이르신 大慈大悲의 法門인 것입니다. 그런데 우리는 이미 五蘊, 十二處가 도무지 幻임을 철저히 간파하였으므로 이 五蘊에서 세분화되어 곁가지쳐진 十八界는 말할 나위 없이 본체가 없음을 알 수 있습니다.
　이와같이 일체 存在, 非存在인 萬有를 五蘊으로 말씀하시고, 또 이를 열어 十二處로 나누어 法門하신 것입니다. 이 五蘊, 十二處, 十八界는 모두 같은 것의 다른 이름이지 따로 있음이 아닙니다.
　단지 중생의 迷執한 煩惱妄想에 따라 蘊・處・界의 三科로 나누어 말씀하신 것입니다. 이것이 흔히 이르는 三科法門입니다.
　그럼 六祖스님의 傳法弟子인 南陽慧忠국사는 그의 〈心經註〉에서 十八界에 대하여 아래와 같이 말씀하시었습니다.

　　이것은 18界를 말한다. 경에는 생략하여 안계라 하였는데, 곧 다른 모든 界도 같음을 알 수 있다. 六根으로 인해서 六塵이 생기고, 육진으로 말미암아 六識이 생긴다. 모두 18이 되므로 十八界라 한다. 그곳의 흐름과 분별은 각각 같지 않으므로 界라고 한다. 수없는 세월 동안 망령된 계획으로 業을 짓고, 색깔과 형상, 소리를 따라서 알지 못하고 깨닫지 못하는 사이에 생각은 유전되어 깨닫지 못한다. 중생의 성품은 원래 다르지 않다. 단지 想念이 생기지 않아서 根·塵·識心이 때에 따라 떨어져 사는 까닭에 意識界도 없다고 한 것이다.

(此名十八界 經略擧眼界 卽諸界可知 因六根生六塵 因塵生六識 爲三六十八 故名十八界 流出分別 各各不同 名之爲界 從無量劫妄計 造業隨逐色聲 不覺不知隨 念流轉不悟 衆生性元無異 但能想念不生 塵根識心 應時消落 故名爲乃 至無意識界)

그리고 중국 明시대에 弘贊스님은 그의〈心經添足〉에서 五蘊, 十二處, 十八界를 아주 상세하게 설명하신 후 결론 부분에 와서 간략하게 결론을 짓고 있습니다.

여래께서는 중생의 근기에 맞추어 이 三科法門을 말씀하셨음은 각자의 근성에 따라 임의로 한 법을 닦게하여 지금 이 반야의 진공문중에는 이 일이 도무지 없는 데를 바로 깨우쳐 들기 위함이니, 이런 까닭에 없다(無)고 하신 것이다. 또 진공실상의 본 바탕은 걸리고 막히는 것이 아니며 받아들이고 따지고 저지르고 인식하고 간직하고 기억하는 것이 아니므로 色受想行識이 없다고 했다. 또 진공실상은 그 바탕이 六根이나 六塵이 아니며, 능히 들어가고 들어와지는 상이 아니므로 十二處가 없는 것이다. 또 진공실상은 그 본체가 6근 6진 6식으로 분별하는 상이 아니므로 18계가 없다고 한 것이다.

(如來逗衆生機 說此三科法門 各隨根性 任修一法 卽能悟入 今此般若眞空門中 都無是事 是故言無 正顯眞空實相體非質礙 領納 審思 造作 了別 積聚之相 故無色無受想行識也 眞空實相 體非根塵 能入所入之相 故無十二處也 眞空實相 體非根塵識別之相 故無十八界也)

觀自在菩薩의 三科가 없다는 말씀은 결국 없음(無)을 보여 주어서 물질적 현상이나 정신적 마음의 작용에도 떨어지지 말고 천하의 본바탕인 波羅蜜 本地의 自發光의 나툼대로 聖德을 그대로 전개할 뿐인 것입니다. 왜냐하면 五蘊, 十二處, 十八界는 바로 色法과 心法의 복합일 뿐, 이는 본래 그대로 皆空할 뿐이며 실제 있는 것은 波羅蜜 本地만 오롯이 있는 것이기 때문입니다.

실로 凡夫衆生의 살림살이는 六根으로 六境을 헤매고 더듬으면서 六識으로 성취했다 못했다 하면서 희로애락을 거듭하는 것이 아니겠는가?

이 관자재 보살의 곡진한 해탈법문은 결국 그대로 無임을 보여 주어서 우리로 하여금 眞空門에 壯元하게 하는 기막힌 모범문제지이며, 그 해답은 당초부터 우리가 가지고 있을 뿐입니다.

그럼 이 과거에 及第한 사람은 대체 누구일까?

여기 空門에 급제한 사람과 그 都壯元한 詩가 있습니다.

　　龐居士[2]가 馬祖[3]스님에게 이렇게 물었다.
　　"만가지 法과 짝이 되지 않는 사람은 누구입니까?"
　　스님이 대답하셨다.
　　"거사가 한 입에 서강의 물을 다 마셔버리고 와야 말해 주지."
　　이 말씀에 크게 깨닫고 게송을 읊었다.

　　　　여러곳의 사람들이 한 자리에 모여서
　　　　누구나 무위의 법을 배우니

---

2) 龐居士(?~808): 이름은 蘊. 石頭선사에게 참하고 馬祖선사에게 깨닫다. 龐居士語錄이 전한다.
3) 馬祖(709~788): 이름은 道一. 법계는 六祖-懷讓-馬祖이며 그의 법제자가 전등록에는 80여 인으로 기록되어 있으며 上足으로는 백장, 대매, 염관, 남전 등이 있다.

여기는 부처를 뽑아내는 과거장
마음을 비워서 급제해 돌아가네[4]

(馬大師問 不與萬法爲侶者是什麼人 大師曰 待居士一口吸盡 西江水 我則爲作說 居士便大悟 造偈曰

十方同聚會
個個學無爲
此是選佛場
心空及第歸)

---

4) 여기의 기록은 祖堂集15卷에서 옮겼다. 그외 馬祖語錄과 龐居士語錄, 傳燈錄 8卷 禪門拈頌 8卷등에 실려 있다.

4) 十二因緣의 空함을 밝힘

> 無無明 亦無無明盡 乃至 無老死 亦無老死盡

⟨NOTE⟩

○허망한 육신을 〈나〉라고 하는 그릇된 생각도 없고, 또한 〈나〉라는 그릇된 생각이 없어졌다는 생각 마저 없으며 내지 늙어 없어진 것도 없는 것이다.

－靑潭－

○무명도 없으며 또한 무명이 다함도 없으며 내지 노사가 없다 함도 역시 없으며

－光德－

○무명도 없고, 무명이 다함도 역시 없으며, 노사도 없고 노사의 다함도 역시 없으며

－李箕永－

○밝음(明)을 그릇되게 보는 잠재적인 충동(無明)도 없으며 밝음을 밝게 보았다는 것조차 없으므로

드디어 늙음도 없고 죽음도 없으며
늙음과 죽음이 모두 없어졌다는 생각조차 없다.

―醉玄―

〈산스크리트 원문과 한문 대조및 번역〉

○ (깨달음도 없기 때문에) 미혹도 없고
(깨달음이 없어지는 일도 없으므로) 미혹이 없어지는 일이 없다.

(na vidyā na-avidyā

na vidyaksayo na-avidyaksayo) ― 法隆寺英字音譯

산스크리트語 원문

---

1) 2) 法隆寺 英字音譯 산스크리트어 원문과 Edward Conze本과는
(無無明 亦無無明盡)에서 서로 차이가 보인다. 하나는 이해가 확실해지나
문장이 길어지고, 하나는 선명히 함축되나 뒤가 덜 또렷해지는 감이 있다.
法隆寺貝葉心經本과 Conze本과 비교 고찰할까 한다.
法隆寺本과 같은 類는 앞 page에 心經 梵本(1)과 같은 유형이다.
na vidyā na vidyā-ksayo na avidyā   na avidya-ksayo
無   明 無 明   盡 無   無明 無 無明 盡
혹은
na vidyā na avidyā na vidya ksayo na avidya ksayo
無   明 無 無明   無   明   盡 無 無明 盡
그리고 필자가 본 몇몇 산스크리트語 필사본도 거의가 1)의 類型이었다.
 2)의 類型은 Edward Conze本이나 앞 page에 心經梵本(2)와 같은 것이며
또한 많이 유통되고 있는 玄奘漢譯本이나 羅什, 般若 利言의 역본이나
法月, 智慧輪, 施護 等의 한역본도 Conze形의 문장을 번역하고 있다.
na avidya
無   無明
na avidya ksayo
無   無明 盡
 1)은「깨달음도 없고 깨달음의 다함도 없으며, 미혹도 없고 미혹의 다함도
없다」나 혹은「깨달음도 없기 때문에 미혹도 없고, 깨달음의 다함도 없
으므로 미혹이 없어지는 일이 없다」나 2)의「미혹도 없고 미혹의 없어지는

○ 미혹도 없고
미혹이 없어지는 일이 없다.
(na-avidyā　　（無無明）
na-avidyā-kṣayo)（亦無無明盡）― Edward Conze[2]本

이리하여 마침내 늙음도 죽음도 없고
나아가 늙음과 죽음이 없어지는 일도 없다.
(yavan na jarā-maranam na jara-marana ksayo 乃至無老死 亦無老死盡)

〈 영역본 〉

There is no ignorance, no extinction of ignorance, and so forth, until we come to ; there is no dency and death, no extinction of dency and death.

무지함도 없으며 무지함의 그침도 없고 더 나아가 늙음과 죽음이 없으며 늙음과 죽음의 그침도 없나니라.

〈 낱말 해석 〉

〈無明〉 avidyā
・마음의 動搖를 일어키는 緣, 곧 契機.

일이 없다」인데 여기에 두가지 생각을 해 볼 수 있다.
　첫째, 12因緣이 空해가는 모습을 그리는데(無明, 行, 識, 名色, 六處, 觸, 受, 愛, 取, 有, 生, 老死) 明으로 시작하면 13의 숫자가 된다. 물론 이런 수치에 맞추어본다 하면 明이 더 첨가되었다 할 수 있다. 그러나 필자가 본 산스크리트어 필사본은 거의 전부가 無明 無明盡으로 되어 있다.
　두번째의 생각으로는 無無明 亦無無明盡 보다는 法隆寺 貝葉經本 類型의 無明 無明盡 亦無無明 無無明盡의 구절이 다소 문장이 길어져, 함축된 맛은 약하나 훨씬 또렷이 떨어지는 맛이 있어 이해가 더욱 선명히 온다 하겠다.

- 마음의 本性은 항상 清淨하고 변함이 없다. 이 眞如의 마음에 어느덧 그릇된 생각이 일어난다. 이는 波羅蜜 本地를 확철히 알지 못하여 생겨난다.
- 이 無明은 극미세한 것으로 主・客 未分化前이다.

〈無明 乃至 老死〉
- 無明, 行, 識, 名色, 六處, 觸, 受, 愛, 取, 有, 生, 老死 즉 十二因緣의 가운데 부분이 생략된 표현이다.

⊙ 十二因緣의 이해

이 法은 일체 存在, 非存在가 생성하는 원리를 밝히므로 이들의 윤회를 究明하고 원인을 제거하는 길을 제시하므로 解脫에 들게 하려고 說하여진 부처님의 敎法이다.
이 十二緣起는 연속적이며 相互 相依的이어서 마치 열두개의 고리사슬과 같아서 서로 서로 얽혀 있는 것 같다.
① 因과 緣으로 相互依存的으로 성립된 이들은, 無常이며 苦며 無我라는 것임.
② 凡夫衆生의 苦된 生存은 어떻게 하여 성립되었고, 그것은 어떻게 제거시켜서 波羅蜜 本地로 돌아갈 수 있는가 하는 生存價値의 意義에 역점을 두는 측면.

⊙ 十二因緣의 두가지 설명

① 無明 및 渴愛가 주요 원인이 되어, 그것에 의해 그릇된 경험이 점차 쌓이고 거기에서 부터 그릇된 盲目的 욕구나 행위가 일어나

만족스러운 참 삶, 진실과 안과 밖이 없는 內外明徹한 삶이 얻어지지 못하고 不安, 苦憫, 焦燥가 발생함을 생리적 심리적으로 조건적 결과를 설명하는 今生一世인 則今에 配對하여 해석할 수 있고.

② 또 十二因緣法을 前, 現, 來 즉, 三世에 배대하여 설명한 胎生學的인 三世兩重因果說이라 하는 小乘佛敎의 전통적 해석법이 지금에도 성행되고 있음.

三世兩重因果圖[1]

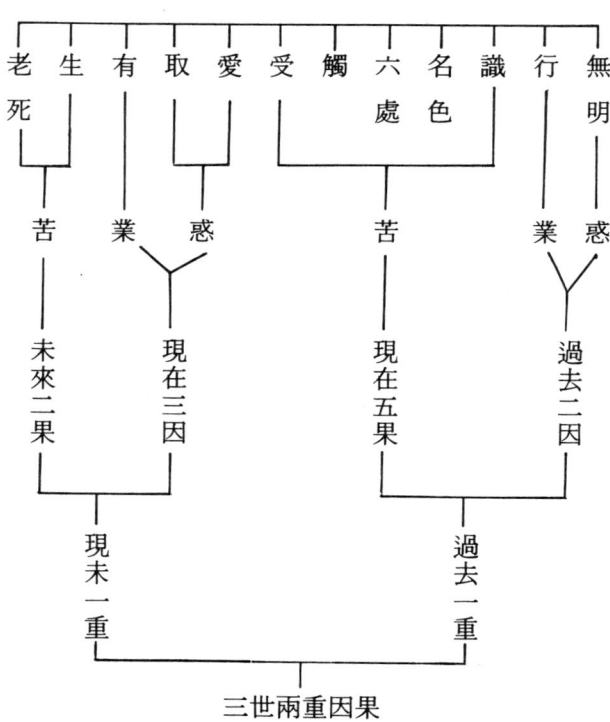

三世兩重因果

◉ 三世兩重因果說은 今生一世에만 배대하여 설명하기도 하고 前生에만 비교하여 설명할 수도 있지만 三世에 연계하여 설명되어지기도 한다.

  ◉ 전세상(過去世)
1. 無明(Avidyā) : 무한히 계속되어 오고 있는 迷惑의 根本인 無知, 이는 般若의 一味를 圓智하지 못하여 일어나는 煩惱의 根源.
2. 行(Samskāra) : 過去世의 無明에 의해서 만들어지는 善惡의 行業. 業의 行爲이기도 한 行은 또한 잠재적인 충동 및 앙금이기도 함.

  ◉ 현세상(現世)
3. 識(Vijnāna) : 과거세 業에 의해서 받은 今世에 태어나고자 하는 一念, 곧 母胎에 受胎하고자 하는 마음.
   또 이 識은 인식판단의 의식작용과 인식판단의 주체를 말한다.
4. 名・色(nāma-rūpa) : 胎中의 마음과 몸. 곧 태중의 五蘊임.
   名은 胎兒의 마음 작용, 色은 胎兒의 몸뚱이.

---

1) 과거의 두 가지 원인(無明・行)과 현재의 다섯 가지 결과(識・名色・六處・觸・受)와 또 현재의 세가지 원인(愛・有・取)과 미래의 두가지 결과(生・老死)인 二重의 因果의 가르킴을 三世兩重 因果라 한다. 이 三世兩重因果를 살펴보면 제8단계인 愛와 取와 10단계인 有는 미래를 결정하는 현재의 세가지 원인이 되므로 이 12단계는 영원히 회전하는 바퀴(chakra)이며 끊임없는 12단계의 과정을 輪廻함을 알 수 있다. 그러나 이것 역시 觀自在의 次元에서 볼 때 일시적 현상이며 이 12단계의 차크라는 홀연히 무슨 망상이 일어나, 本來의 智慧로운 참 마음과 달리, 無明에 의해 그 뿌리가 된다. 馬鳴의 〈大乘起信論〉에는 이와같이 쓰여 있다.
하나인 眞理를 잘 알지 못하므로 어느덧 그릇된 생각이 일어난다. 그러나 그것은 아주 미세한 것으로 主・客구별이 뚜렷치 않다. 그것을 無明이라 한다.
(以不達法界故 心不相應 忽然念起 名爲無明)

5. 六處(sad-āyatana) : 태중의 六根의 자리잡음.
識과 名色(對境)과 六處(六根 : 인식기관)가 상호작용하므로 인식판단 작용이 일어난다. 곧 十八界.
6. 觸(sprśas) : 出胎하여 잠시는 식별할 수 없고 對境, 즉 객관경계를 접촉하기만 하는 것을 말함.
六根 : 六境, 六識이 상호 必然의 관계를 가지고 접촉함을 말한다. 곧 세가지 화합에 의해 觸이 있다.
7. 受(Vedanā) : 感受. 六境을 대상으로 하여 六根(六處)을 통하여 인식판단(識)을 느껴서 받아들이는 것.
8. 愛(trsnā) : 즐거움을 추구하는 근본욕망, 즉 渴愛임.
煩惱가 일어나는 근본원인은 無明이지만 苦의 직접적인 원인은 渴愛이다.
9. 取(Upādāna) : 자기가 貪愛하는 것에 執着하여 성취 하려고 함.
10. 有(bhava) : 業有. 갈애하고 집착함으로써 갖가지 業을 만들어 미래의 결과를 만드는 意識의 活動. 곧 삶이다.
存在를 말함. 곧 행위와 경험은 愛取이고 有는 단순한 존재를 의미한다.

◉내세상(來世)

11. 生(jati) : 再誕生. 미래의 이 生은 今世에 지은 善惡의 業에 따라 六道四生[2]의 어디엔가 태어남을 말함.
이 生은 죽은 후에 오는 來世의 生이라 할 수 있고, 또 時時刻刻 나타나는 그 사람의 존재 발생이다.

---

2) 六道는 중생의 業因에 따라 윤회하는 길을 6으로 나눈것인데 곧 지옥도, 아귀도, 축생도, 아수라도, 인간도, 천상도이다.
四生은 생물이 태어나는 4가지 형식 곧 胎生, 卵生, 濕生, 化生

12. 老死(jara-marana) : 來世에 늙어서 一生을 마침.
   五蘊으로 이루어진 존재는 必滅하는 有爲法이므로 老死는 必然果이다.

〈 講 義 〉

> 無無明 亦無無明盡 乃至 亦無老死盡

이 經文의 강의에 들어가기전 우선 無明에 대한 충분한 연구와 이해가 있어야 겠습니다.
 우리는 잘 알아 왔습니다. 이 清淨하고 不變하는 하나의 진리세계인 波羅蜜 本地가 어느 누구나의 本鄉이며 眞面目임을 …
 그럼 이 청정한 眞理의 바다에 무엇이 契機가 되어 파도가 일고 드디어 끊임없이 일어나는 파도의 바다가 진리의 바다에 본모양으로 착각하게 하는가?
 우리는 이 緣, 즉 契機를 無明이라 부릅니다.
 그럼 이 本來清淨하고 변함이 없는 波羅蜜 本地를 동요케 하는 계기인 無明은 무엇인가?
 무명은 어디서 어떻게 생겨났는가?
 이 문제에 대하여 馬鳴스님의 말씀을 들어보기로 합시다.

> 마음의 本性은 항상 妄念과 妄想을 떠나 있어 이를 清淨하고 變함이 없다 함이다. 하나인 眞理(一法界)를 잘 알지 못하므로 어느덧 그릇된 생각이 일어난다. 이 忽然이 일어난 생각을 이름하여 無明이라 한다.

（所謂心性 常無念故 名爲不變 以不達一法界故 心不相應 忽然念起 名
爲無明）   大乘起信論

　본래면목인 淸淨覺相을 사실 그대로 如是하게 通見하면 되는데,
여기에 忽然히 어떤 그릇된 생각이 일어나 하나의 세계인 진리 그
자체를 볼 수 없게 되는데 이것이 바로 無明으로 인한 것입니다.
　그리고 이 이해를 확실히 하기 위하여 이 문장에 대한 우리 元
曉스님의「心性 常無念故 名爲不變」이라 함은 아무리 마음이 동요를
일으키어 물들거나 깨끗해지더라도 그 根本은 영원히 變하지 않는
波羅蜜 本地인 眞如의 마음이라는 것이며,「不達一法界」라 함은
一法界 즉 하나의 眞理에 通達하지 못함을 말하는 것이며,「心不
相應」이라 함은 無明이 아주 미세하여 주관과 객관의 구별이 없는
潛在的, 衝動의 힘이어서 그렇게 말하는 것입니다.
　또 無明이 忽然念起한다 함은 우리 元曉스님은 그의〈大乘起信
論疏〉에서 이렇게 말씀하시고 계십니다. 이는「無始以來의 無明」
이라 할 때의 말과 글로서 잡혀지지 않는「無始」란 말의 의미와
같은 의미라 하였습니다.
　그 本文을 인용할까 합니다.

　無明보다 더 근본이 되는 어떤 다른 더럽히는 법이 따로 있음이 아니고,
이것이 바로 근본이 되므로 홀연히 일어난다고 말한다. 보살 영락본
업경에도 四住地[3]보다 더 근본이 되는 법이 없으므로 그것을 無始이래
無明이 머무르는 곳이라 한다. 이것은 無明 이외에 다른 근본이 없다는

---

3) 四住地 : 道理의 이해나 생활에 있어서나 번뇌를 내는 근본 자리인데,
　 住地라 함은 일체번뇌를 내는 根本依處라는 뜻이다. 欲界 色界, 無色界의
　 일체 見惑을 見一切住地라 하고 思惑을 다시 三界로 나누어 欲愛住地,
　 色愛住地, 有愛住地라 한다.

말이며, 그런 까닭에 無始라 했다. 지금 起信論에서 忽然히라고 하는 뜻과 같은 것이다. 여기에 無始니 忽然이니 한 것은 어느 것이 기본(細)이고 어느 것이 그로부터 파생(麁)된 것이냐 하는 점에서 말함이지 시간의 전후를 따져서 忽然히 일어난다 한 것이 아니다.

(唯此無本 無別染法 能細於此 在其前者 以是義故 說忽然起 如本業經言 四住地前 更無法起 故名 無始無明住地 是明其前無別爲始 唯此爲本 故言無始 猶是比論 忽然義也 此約細麁忽相依之門 說爲無前 亦言忽然起 非約時範以說 忽然起)

大乘起信論 元曉疏

이상과 같이 우리는 大乘起信論이나 元曉스님의 起信論疏에서 無明에 관한 것을 살펴보았습니다.

이는 淸淨覺相인 眞如法界를 徹見하지 못하여, 마치 깨끗한 칼에 어느덧 녹이 슬듯이 忽然히 생각이 일어나는데, 이가 無明임을 알아보았습니다.

밝음(明)을 그릇되게 보는 잠재적인 충동(無明)도 없으며
밝음을 밝게 보았다는 것조차 없으므로
드디어 늙음도 없고 죽음도 없으며
늙음과 죽음이 모두 없어졌다는 생각조차 없다.
(無無明
亦無無明盡
乃至 無老死
亦無老死盡)

이 말씀은 十二因緣法에 대한 참 이치를 밝히신 것입니다. 十二因緣이라 함은 凡夫가 살아있는 有情으로서의 삶을 구성하는 열

두단계의 요소입니다.

　無明 乃至 老死는 곧 12要素인 無明, 行, 識, 名色, 六處, 觸, 愛, 受, 取, 有, 生, 老死의 가운데 부분의 낱말이 생략된 표현입니다.

　이 표현은 生起의 流轉緣起인데 이는 삶인 현상이 가치적인 면에서 점점 악화되는 경우를 말합니다. 또 이것이 반대로 老死에서 生 또는 有·取 … 無明으로 표현될 때는 점차 현상이 순화되고 정화되어 소멸되므로 止滅의 還滅緣起라 합니다.

　이 十二因緣法을 照見하면 存在하는 天森羅 地萬有의 一切諸法이 생성하는 원리를 밝혀서 이들의 輪廻를 究明하고 원인을 소멸하는 길을 제시함으로서 이 生存을 구성하는 영원히 輪廻하는 12단계의 차크랴를 벗어나 解脫에 들게 하려고 曲盡히 말씀하신 부처님의 敎法입니다.

　그럼 十二因緣, 혹은 十二緣起라 불리는 이 法을 세분화하여 알아보기 이전에 부처님의 根本思想인 緣起說에 대한 확실한 이해가 먼저 인 것 같습니다. 이 緣起思想은 초기 경전의 도처에 있습니다.

　　세존이 이 세상에 태어나든 태어나지 않든 관계없이 존재하는 영원히
　　변하지 않는 절대진리이다.
　　(若佛出世 若未出世 此法常住 法住法界)
　　　　　　　　　　　　　　　　　　　　　　　　　雜阿含經12卷

　　모든 生의 법은 전부 이 滅의 법이다.
　　　　　　　　　　　　　　　　팔리어 律藏大品 受戒篇

　　이것이 있음에 말미암아 저것이 있고
　　이것이 생김에 말미암아 저것이 생긴다.

이것이 없음에 말미암아 저것이 없고
이것이 멸함에 말미암아 저것이 멸한다.
팔리어 相應部經典12. 雜阿含12卷

「緣起를 보는 자는 법을 보고 법을 보는 자는 부처님을 본다.
(若比丘見緣起爲見法 見法爲見我)
了本生死經

十二因緣을 보면 곧 법을 봄이고 이것이 부처를 봄이다.
(見十二因緣 即見法 是佛見)
稻芽經

이와같이 위에서 인용한 중요 원시경전에도 기록되어 있듯이 이 緣起思想이 올바르게 파악되어야 불교를 이해하였다 할 수 있습니다.

緣起란〈말미암아(인연하여) 일어나는 것〉즉 다른 것과 관계를 맺어 일어나는 현상계의 존재방식입니다.

그럼 이 緣起法을 이해하기 위하여 諸行無常, 諸法無我, 一切皆苦, 涅槃寂靜으로 분류되는 四法印을 들어 구체적으로 알아볼까 합니다.

諸行無常은 세상이 항상 머물러 있지 않아 모든 현상이 끊임없이 변화 生滅하고, 諸法無我는 존재하는 것은 다른 것과 관계없이 독립되어 있는 것이 아니고 공간적으로 시간적으로 모두 상호관련속에 있으며, 一切皆苦는 우리 현실의 생존은 모두 苦惱와 不安에 차 있고 이 고뇌와 불안도 홀로 일어나는 것이 아니며 또 고정되어 있음이 아니라 그것을 변화시키거나 소멸시킬 수 있다는 것입니다. 그래서 우리는 모두 涅槃寂靜에 들어갈 수 있다는 것입니다.

이와같이 無我며 無常인 모든 현상이 서로 관계를 맺으며 변화하는 그 방식 혹은 그 範疇가 결코 막연하게 無軌道 상에서 일어나는 것이 아니라 반드시 변화하는 연속단계가 있으니 이 코오스가 바로 緣起의 法則입니다. 그래서 緣起의 본래 의미는 四法印에 귀결되는 것입니다. 또 더 직접적 이해를 돕기 위하여 이 緣起의 道理가 부처님께서는 어떻게 말씀하셨는가를 초기경전에서 찾아봅시다.

> 나는 이제 因緣法과 緣生法을 말할까 한다. 무엇이 인연법인가?
> 이른바 〈이것이 있기 때문에 저것이 있다〉는 것이니, 이른바 無明을 인연하여 行이 있고, 行을 인연하여 識이 있으며 … 내지 이렇게 하여 순수한 큰 괴로움의 무더기가 모이는 것이다. 어떤 것을 緣生法이라 하는가?
> 이른바 無明의 지어감은 부처님이 세상에 나오시거나 나오지 않으시거나 확정된 법의 세계로 항상하는 것이다.[4] 그것이 바로 相依性이다. 나는 이를 깨닫고 이를 완전히 이해하였다. 그래서 이를 가르치고 선포하고 설명하고 나타내고 명백히 하여 드날리는 것이다.
> 이른바 「無明에 緣하여 行이 있고 … 내지 生을 緣하여 老死가 있다.
>
> 雜阿含經12卷 因緣經

이 짧은 경문은 緣起를 부처님께서 직접 설하신 因緣經의 일부로서 필자가 아는 바로는 阿含部 여러 경전 중 유일한 것입니다.

위의 짧고 간단한 말씀 중에는 세가지 중요한 사항이 포함되어 있는데,

첫째 緣起의 성격입니다.

부처님께서 이 세상에 출현하시든 출현 안하시든 관계없이 엄연히

---

[4] 본래 있는 법의 세계란 말씀이 「心經」의 〈不生不滅 不垢不淨 不增不減〉이나 「法華經에 〈이 법의 자리에 머무나니 세간상 이대로가 상주불멸이니라(是法住法位 世間相常住)〉고 하신 말씀의 뿌리라 할 것이다.

정해져 있는 法則이다라는 것입니다.

부처님은 이 오래된 길의 발견자일 뿐입니다. 그리고 雜阿含12卷의 緣起經이나 城邑經에도 말씀하시듯이 이 法은 원래부터 존재해 있는 것이며 오래된 길, 즉 古道란 표현으로 나타나 있습니다.

둘째는 이 古道인 緣起法을 부처님은 단지 발견하여 옳게 이해하고 가르치고 선포하고 이 古道를 정비하여서 衆生들로 하여금 가게끔 할 뿐이라는 것입니다.

셋째는 緣起의 원리와 구조에 대하여 밝히고 있습니다.

이것은 이 般若心經의 이해를 돕기 위하여 필히 알아야 할 것인데, 經文을 자세히 살펴보면 〈無明에 緣하여 行이 있고 … 내지 生을 緣하여 老死가 있다〉라 하신 緣起의 구체적인 예와 또 하나는 〈이것이 있기 때문에 저것이 있다〉는 서로서로 의존하는 相依性의 표현입니다.

緣起란 〈말미암아 일어난다〉이니 조건으로 말미암아 발생한다라는 의미인 것입니다. 곧 일체의 존재는 그럴수 밖에 없는 이유가 있어서 생겼다는 것입니다. 이는 우연히 아무런 조건없이 이 세상에 존재하는 것은 없다라는 것이 바로 緣起의 의미입니다. 그것을 다시 바꾸어 생각하면 일체의 존재는 그것을 성립시키는 조건이 없어질 때 또한 따라서 없어진다는 것이며, 따라서 獨立獨存하여 不變하는 것이란 이 세상 어디에도 존재되어지지 않는다는 것입니다. 이것이 緣起思想의 내용입니다. 원시경전에서 부처님은 이를 相依性이라 하셨으며 우리는 바로 因果라 표현하여 왔는 즉 相互關係性인 것입니다. 또 緣起를 보는 눈이 자유로워지고 마음이 열렸을 때, 智慧의 눈인 法眼이 열린다 하였으며, 阿含部 경전에는 〈緣起甚深〉이라 하여 깊고 오묘하여 이해하기 어렵다 하였습니다. 그래서 우리 凡夫衆生의 根機에 따라 이 緣起를 2個 項目 혹은 3個, 4個, 10個, 12

個項目등 自由自在로 나타내어 波羅蜜 本地로 들게 하였습니다.

실로 이 緣起說은 순수한 자연적 현상임은 물론이고 우리의 生存과 存續의 實相이 如實히 들어나는 것을 비추어 볼 수 있습니다. 곧 우리 衆生苦의 원인과 결과를 명료히 감지할 뿐 아니라 중생의 괴로운 삶의 양식이 糾明되는 것입니다.

또 위에서 들었던 各 項目의 緣起 中 12緣起가 대표적인 것이어서 후세에 연기라 하면 十二因緣을 말합니다.

實地로 전번 시간에도 말씀드린 것같이 이 般若心經의 唯一無二한 聽者인 舍利子도 처음 佛門에 입문할 때 불제자인 阿說示로 부터,

因緣하여 생겨나는 諸法, 그러한 제법의 인연을 如來는 說하신다. 또 그러한 滅이 있다고 大沙門은 말씀하신다.[5]

라는 한 마디를 듣고 言下에 諸法無我의 도리를 깨우쳤음을 팔리 律藏의 大品受戒篇에 기록되어 있습니다. 위 말씀을 살펴보면 곧 2個 項目인 緣起임을 알 수 있습니다. 이와같이 상대방에 따라 일정한 형식이 없이 사용되어 졌기 때문에 十二緣起 역시 일정한 형식이 있는 것이 아니니, 阿含經 여러 곳에 이 十二緣起의 전형적인 문장이 제시되고 있습니다.

無明에 緣하여 行이 있고, 行에 緣하여 識이 있고, 識에 緣하여 名色이 있고, 名色에 緣하여 六處가 있고, 六處에 緣하여 觸이 있고, 觸에 緣하여 受가 있고, 受에 緣하여 愛가 있고, 愛에 緣하여 取가 있고, 取에 緣하여

---

5) 팔리 律藏 大品受戒篇 'ye dhammā hetuppabhavā, tasam hetum tatāgato āha, tesañ ca yo nirodho, evam-vādi mahāsamano'

有가 있고, 有에 緣하여 生이 있고, 生에 緣하여 老死 憂悲苦愁 惱의 갖가지 苦가 생긴다.

(生起의 流轉緣起)

無明이 滅하는 까닭에 行이 滅하고, 行이 滅하는 까닭에 識이 滅하고 …… 生이 滅하는 까닭에 老死 憂悲苦愁惱의 갖가지 苦가 멸한다.

(止滅의 還滅緣起)

앞에서도 언급하였듯이 이 十二因緣의 정형문장을 살펴보면 바로 우리 衆生의 生存하고 存續되어지는 비밀의 實相이 그대로 露出되는 것을 맛볼 수 있습니다. 다시 말씀드려서 우리가 삶에 허덕이고 묶여서 괴로워하는 衆生苦의 實在, 바로 원인과 결과가 적나라하게 노출되어 진다는 것입니다. 실지로 우리가 十二緣起法을 參究하여 볼 때, 衆生苦의 원인은 無明이고 그 결과는 老死 憂悲苦愁惱입니다.

앞의 十二緣起의 流轉緣起를 보면 현상이 점점 악화되어 결국 老死에 이르게 됩니다. 이를 順 十二緣起라 합니다.

반대로 止滅의 방식대로 滅하다 보면 無明이 완전히 소멸됩니다. 이 還滅緣起를 逆十二緣起라 합니다. 이는 결국 經文의 無無明盡 乃至 無老死盡입니다. 바로 無明이 다함이 없고 老死가 다함이 없음을 正見하는 것이 우리의 老死 憂悲苦愁惱를 止滅하고 涅槃極樂地인 波羅蜜 本地에 還至本處하는 것입니다.

그럼 無明이 다함도 없다는 것을 어떻게 알 것인가?

이것은 바로 波羅蜜 本地를 照破하는 것입니다.

이 言語道斷하고 心行處滅한 이곳의 圓滿自在하며 淸淨純一한 眞面目의 實相을 照見하는 것입니다.

그렇습니다.

이곳의 소식은 참으로 훤출하고 휘엉청 밝아 있으며 당초부터 Zero이어서 〈다 없앤다〉할 것 조차 정녕 있을 수 없는 것입니다.

위 없는 法王의 大다라니문이 있다. 이름은 원각이라 한다.
이곳은 일체 청정한 진여와 보리와 열반과 바라밀을 유출하여 보살을
가르치니 일체 여래께서 본래 일어난 이 땅(本起因地)을 그대로 뚜렷이
비추는 清淨覺相을 의지하여 무명을 영원히 끊고 바야흐로 佛道를 성
취한다.

(無相法王 有大陀羅尼門 名爲圓覺 流出一切淸淨 眞如菩提 涅槃 及波
羅蜜 教授菩薩 一切如來 本起因地 皆依圓照 淸淨覺相 永斷無明 方成
佛道)

圓覺經 文殊章[6]

위에 든 예문에 圓覺이라 함은 바로 波羅蜜 本地를 말함이고
淸淨覺相도 역시 本起因地인 實相地를 말합니다. 이것을 圓照할
때에 永斷無明하고 成佛道할 수 있다는 말씀입니다. 곧 波羅蜜 本
地인 淸淨覺相을 照破할 때 그곳에 十二因緣이라 할 그림자 조차
있을 수 없는 것입니다.

그럼 간단히 十二因緣法을 직접 알아 보기로 하겠습니다.

앞 NOTE에서 밝힌 것같이 시간적으로 三世에 걸쳐 설명하는
三世兩重因果로 설명하는 방식이 있고, 또 一刹那에 十二因緣을
갖춘다는 해석법이 있습니다. NOTE에서 三世兩重因果에 대하여
대략을 밝혔으므로 지금 이 자리에서는 絶代 現在, 當今을 가지고
이야기해 봅시다.

波羅蜜 本地의 淸淨覺相을 圓照하지 못하였기 때문에 맑은 거울에

---

6) 원명은 산스크리트語로 Mahāvaipulya-pūrṇabuddha-sūtra-prasannātha-sūtra
(大方廣圓覺修多羅了義經) 1卷・부처님의 圓滿한 覺性을 밝힘. 즉 大乘의
圓頓교리를 말함. 중국 당나라때 불타다라가 한역・주석서는 宗密의 疏가
있고, 한글역으로는 세조때 간경도감의 번역본과 일정시대 龍城스님의
한글번역주해가 있다.

먼지가 끼듯이 分別智가 생겨, 無明 즉 妄念을 일으키는 잠재적인 衝動力을 일으키는데, 이것이 점차 쌓이고 또 파생되어 활동하게 되고 이 활동에 따라 생활경험이 축적되면, 바로 이것이 行인 것입니다. 行은 行爲이기도 하고 움직임에 의해 쌓이는 앙금이기도 합니다. 이럴 때 行爲는 善과 惡의 의지를 수반하고 있지 않습니다.

이 行業에 따라 버릇(識), 즉 知識이 쌓이는데, 이 識은 意識作用과 認識判斷의 主體를 말합니다. 과거의 좋은 경험이든 나쁜 경험이든 간에 경험을 접하는 경우, 그 경험은 일종의 先入見, 버릇, 혹은 그 사람의 品格이 되어 이 잘못된 妄念妄想을 가지고 일체를 주관적 견해로 판단하게 됩니다.

여기서 반드시 이해되어야 하는 것은 識은 일종의 현상이어서 경험과 함께 時時刻刻으로 상황에 따라 變滅하는 것이기 때문에 一切萬物을 있는 그대로 如是하게 無念無心인 觀自在次元으로 보지 못하는 幻識이라는 것입니다.

다시 이 識이 存在(물질)와 非存在(정신)인 名色을 통하여 그 접수하는 감각기관인 六處(六根)을 통하여 활동하고 접촉하는 觸을 하여 根(六處), 境(名色, 대상), 識(認識) 이 세가지가 화합하고 觸하므로 주관적으로 느끼고 좋고 나쁨을 受하는 것입니다.

이렇게 感受하므로 말미암아 욕구적이고 이기적인 愛가 생기는데, 이 渴愛는 우리 凡夫衆生의 직접적인 苦惱가 되는 것입니다. 이 이기적이고 맹목적인 渴愛의 마음에서부터 일어난 강렬한 取捨選擇이 바로 着인 取입니다.

이 執着인 取로 말미암아 存在인 有가 있게 됩니다.

이 때 有란 단지 잠재력만 의미하며 행위나 경험 그 자체는 포함하고 있지 않습니다. 곧 善惡의 행위는 愛이고 取입니다. 이 愛憎과 取捨라고 부르는 愛와 取의 善惡業이 모여 쌓인 潛在力으로 된 것이

有입니다. 또한 우리의 현존재는 우리 자신의 과거 행위나 경험이 集積된 것이기 때문에 有는 곧 우리를 가르킵니다. 그런데 이 有는 그 사람의 미래를 規定하는 素質과 要因이기 때문에 有로 말미암아 生이 있다 한 것입니다. 또 이 生은 時時刻刻으로 나타나는 그 사람의 존재의 발생이라고도 할 수 있습니다.

이제 十二因緣의 마지막인 生으로 말미암아 老死 憂悲苦愁惱가 생긴다 하였습니다. 우리는 우리의 존재발생에 의하여 당연히 老死로 나아가는 것입니다. 그런데 이 때에 老死의 의미는 늙음이나 죽음 그 사실 자체라기 보다는 늙음이나 죽음에서 일어나는 苦를 가르킨다고 보아야 할 것입니다. 老死, 이 한마디는 人間生存을 위협하는 가장 根本苦惱를 대표한다 할 것입니다.

그런데 波羅蜜 本地의 淸淨覺相을 照破한 聖者가 無明을 소멸하였다 하여 인간의 행위나 認識作用 마저 없어져 존재가 부정된다는 것이 아니라, 이 모든 苦惱가 그치어 渴愛도 滅하고 그 근원이 되는 無明조차도 소멸된다 함은 무명으로부터 일어나는 그릇된 行이나 識이 없어짐을 말합니다.

또 그릇됨이 없어짐과 동시에 그 반대되는 올바름도 없어져 버림을 말하는데, 이는 是非의 치우친 兩邊을 双遮하여 波羅蜜 本地의 自發光的인 行과 識이 용솟음침을 말합니다.

實在 우리는 無明을 止滅시킨 聖 Bodhisattva에게도 行, 識, 名色, 六處, 受가 존재해야 하고 또 존재함을 살펴보았습니다. 그러나 그들의 인식 전체에는 이 行, 識, 名色 등의 無明을 전혀 수반하고 있지 않으며, 저 8識인 阿賴耶의 根本無明까지 永斷한 까닭에 衆生苦가 조금도 있다 할 수 없는 것입니다.

그리고 이 十二因緣의 敎說은 緣覺을 위한 大慈大悲 法門입니다. 緣覺이라 함은 산스크리트語 pratyeke-badha의 번역인데 이는 홀로 깨달은 이, 獨覺이란 뜻입니다. 곧 스승의 가르침에 의하지 않고 스스로 수도하여 十二緣起法을 깨친 聖者로서 홀로 이들은 고요함을 즐길뿐, 저 미혹한 衆生에게 설법하여 교화하지 않을 뿐 아니라 중생에 대하여 지극한 자비의 大願을 세우지도 않고 행하지도 않으므로 부처가 되지 못하고 있는 聖者를 달합니다

이 人間生存의 원리인 十二因緣이 본래 없음을 밝힌 부처님 말씀은 이 원리를 체득한 후 寂靜에 묻혀 있는 辟支弗에게 내린 曲盡한 法門인 것입니다.

圓測스님은 그의 〈般若心經贊〉에서 이 대문을 流轉과 還滅로 나누어 설명합니다. 곧 無明과 老死는 유전연기이고 無明盡과 老死盡은 환멸연기를 말합니다. 위에서도 상술한 것처럼 이 차원 觀自在차원에서는 三과 老死뿐만 아니라 이 전체를 말하는 還滅緣起조차 없는데, 어찌 流轉緣起가 있을 수 있겠습니까?

이것은 네번째 緣生도 버리는 門이다. 연생에 둘이 있는데 첫째는 流轉이요, 둘째는 還滅이다. 無明 때문에 모든 行이 있고, 나아가 生으로 인해 老死를 緣으로 하게 되고, 이와같이 五惡趣와 四生의 흐름이 있게 된다. 마치 대보름달과 같이 그 시작을 알 수 없는 것이다. 그러나 空의 본체에는 이러한 유전이 없는 까닭에 경에서 말씀하시기를 〈無明도 없고, 無明의 다함이 없고, 나아가 老死도 없다〉고 한 것이다.

中觀의 지혜의 힘으로 무명을 없앨 수 있으며, 무명이 이미 없어진 까닭에 모든 행도 없어진다. 이와같이 해서 生이 없으므로 말미암아 老死도 없게 된다. 이는 곧 涅槃에로 되돌아오는 것이기 대문에 還滅이라 부르는 것이다.

空의 본성에는 이러한 환멸이 없다. 그런 까닭에 경에서 또 말씀하시기를, 〈無明이 다함도 없고, 老死가 다함도 없다〉라고 한 것이다.

(此即第四 遣緣生門 然此緣生 自有二種 一者流轉 二者還滅 由無明故 能起諸行 乃至由生 爲緣老死 如順順流 五趣四生 如滿月輪 始不可知 於空性中 無此流轉 故經說言 無無明 乃至 無老死.
由觀智力 令無明滅 無明滅故 諸行亦滅 如此乃至 由生滅故 老死亦滅 此即輪前 還歸涅槃 故名還滅 於空性中 無此還滅 故經亦說 無無明盡 乃至 亦無老死盡).」

그리고 明나라 弘贊大師의 〈般若心經添足〉에서의 이 대문을 보면은 十二因緣의 12개 항목을 차례 차례 친절히 설명하시고, 또 일어나는 流轉緣起를 '나는 相(生相)이며 凡夫의 法'이라 밝히고 流轉門이라 하셨으며, 다하여 없어지는 還滅緣起를 滅相인 緣覺의 法이라 하시고 還至本處하는 還滅門이라 하셨습니다.

밝음(明)을 그릇되게 보는 잠재적인 충동(無明)도 없으며
(無 無明)

밝음을 밝게 보았다는 것조차 없으므로
(亦無無明盡)

드디어
늙음도 없고 죽음도 없으며
(乃至 無老死)

늙음과 죽음이 모두 없어졌다는 생각조차 없다.
(亦無老死盡)

여기에 弘贊스님의 밝고 명쾌한 주석이 있습니다. 이 經文의 해석이 되는 부분을 옮겨적으며, 十二因緣의 空함을 밝히는 결론으로 삼고자 합니다.

만약 반야의 관하는 지혜로 무명의 체성이 모두 공한 도리를 비추어 사무치면, 생멸하는 상이 없어질 것이니, 그런 까닭에 무명이 없다 말한 것이며, 또 무명이 다 없어진 것까지 없다고 하였으며, 내지 늙고 죽음이 없다 했으며 늙고 죽음이 다 없어진 경계까지 없어지는 것이다. 무명이 없다고 한 말은 생사가 유전하는 처음의 상이 공했음을 드러내는 말이고 무명이 다함까지 없다고 한 것은 멸로 돌아가는 처음 상이 공했음을 가르키는 말이다. 내지 노사까지 없다는 말은 생사에 윤회하는 마지막 상이 공함을 가르키는 것이고, 노사가 다함까지 없다는 말은 생사의 법을 멸하는 마지막 상이 공한 것을 말하는 것이다. 다했다 함은 멸해서 없어 졌음을 뜻하니, 일반적으로 처음과 끝이 공했다는 말로써 그 중간을 다 나타낸 것인 바, 반야의 진공은 그 자체가 유전이나 멸진의 상이 아니므로, 12인연법이 있을 수 없는 것이다.

(若以般若觀慧 照了無明體性皆空 無生滅相 故云無無明 亦無無明盡 乃至無老死 亦無老死盡 言無無明 是擧流轉初相空 亦無無明盡 是擧還滅初相空 乃至無老死 是擧流轉末相空 亦無老死盡 是擧還滅末相空 盡即滅也 此益擧其始末空 而該其中 以顯般若眞空 體非流轉還滅之相 故無十二因緣也)

5) 四聖諦의 空함을 밝힘

無苦集滅道

⟨NOTE⟩
○병들어 죽는 괴로움과 그 괴로움의 원인과 그 괴로움을 벗어난 것과 그 괴로움을 벗어나는 방법까지도 없으며

－青潭－

○고집멸도도 없으며

－光德－

○고(苦)·집(集)·멸(滅)·도(道)도 없고.

－李箕永－

○오! 苦의 고귀한 진리도 없고
　이 괴로움의 원인(集)도 없으며
　이 괴로움의 소멸도 없고(滅)
　이 괴로움을 벗어나는 수행방법(道)까지도 없으므로

－醉玄－

〈산스크리트 원문과 한문 대조 및 번역〉

○ 고통도, 고통의 원인도, 고통을 제거하는 것도, 고통을 제거하는 길(道)도 없다. (na duhkha-samudaya－nirodha-mārgā 無苦集滅道ˆ

〈 영역본 〉

There is no suffering, no origination, no stopping, no path.
 괴로움도 없으며 그〈괴로움의〉근원도, 그〈괴로움의〉그침도, 그 〈괴로움의〉출구도 없느니라.

〈 낱말 해석 〉

네 가지 성스러운 진리(四聖諦, satyā)
  ① 苦의 聖諦
  ② 苦의 발생의 聖諦
  ③ 苦의 滅盡의 聖諦
  ④ 苦의 滅盡에 이르는 길의 聖諦

〈苦〉duhkha
  不自在, 迷惑의 세계인 현실세계는 苦다.
  無常한 것은 무엇이든 괴로운 것이다.
                苦痛, 苦惱, 슬픔, 비탄
  苦의 意味   不完全, 無常, 空
                육체적, 정신적 행복, 禪定의 즐거움.
〈集〉Samudaya
 · 苦의 발생원인.

- 苦는 渴愛의 속박이다.
- 集은 발생을 集起라 표현하였음.

〈滅〉nirodha
　涅槃의 세계, 절대자유의 경지, 波羅蜜 本地.
　渴愛의 속박에서 벗어난 결과이지만 원래 당초부터 있던 자리이다.

〈道〉mārga
　涅槃을 얻기 위한 방법 및 실천 수단
　양극단을 双遮하여 双照하므로 中道라 이른다.
　여덟가지 수행 德目(八正道)
　正見, 正思惟, 正語, 正業, 正命, 正精道, 正念, 正定

⦿ 四聖諦의 분석　: 緣起 항목을 두개씩 나란히 씀
　　苦 : 自覺 못한 苦惱에 찬 현실세계 － 果 ⎤
　　集 : 현실세계의 원인 이유　　　　　－ 因 ⎦ 生起의　流轉緣起
　　滅 : 自覺한 理想世界　　　　　　　－ 果 ⎤
　　道 : 理想世界의 原因 理由　　　　　－ 因 ⎦ 止滅의　還滅緣起

　苦는 生死果이고, 集은 生死因, 滅은 涅槃果이고 道는 涅槃因이다.

〈 講　義 〉

初轉法輪
　처음, 太初以前 처녀 하늘에 자취없는 그 자취를 내며 달리는 法바퀴, 우리는 이것을 이름하여 초전법륜이라 부릅니다.

日久月深 사유하던

聖者에게

모든 존재가 밝혀진 그날

그의 의혹은

緣起의 도리로

씻은 듯이 사라졌다.

小部經典 自說經 ①菩提品[1]

---

1) 小部經典은 팔리語 五部經典 가운데 하나이며, 그 가운데는 法句經, 自說經, 經集, 長老偈經, 四分律 등 원초적인 향기가 짙은 經들로 이루어져 있다. 여기에 인용한 自說經은 부처님 感興에 의하여 직접 말씀한 偈를 포함한 經典을 수집한 8품으로 구성되었다. 佛傳에 의하면 부처님 열반후 5백명의 아라한이 모여 부처님 생전에 사람의 근기에 맞추어 對機說法한 말씀을 法과 律로 편집했다고 한다. 이 가운데 法은 깨달음에 관한 설법인데, 이것이 북쪽으로 전래되어 원어 Agama가 阿含으로 音寫되어 阿含四部經이 되었으며, Āgama는 곧 「到來한 것」 혹은 「傳來해 온 것」이라는 의미다. 남쪽으로 전래된 부처님의 말씀은 판차・니가야(Pañca-Nikaya)라 총칭되며 팔리語로 서술되어 스리랑카 등 전파되었으며 이들을 우리는 巴利五部經典이라 한다. 律은 후세에 律藏이 되었다.

南傳巴利五部經典 (Panca-Nikāya)	北傳四阿含經 (Āgama)
1. 長部經典 34경	長阿含經 22卷 30經
2. 中部經典 152경	中阿含經 60권 224경
3. 相應部經典 7762경	雜阿含經 50권 1362경
4. 增支部經典 9557경	增一阿含經 51권 472경
5. 小部經典 15권	

이 가운데 長阿含은 긴 경전을, 中阿含은 중간 정도 길이의 경전을 그 밖에 雜阿含이나 增一阿含은 짧은 경전을 많이 모아놓은 것이다. 雜阿含은 설법의 종류에 따라, 增一阿含은 설법 내용의 法數에 따라 一法에서 十一法까지 분류하였다. 팔리 四部와 한역 四阿含은 한부 한부가 대체로 상응된다. 이것은 그 원천이 부처님의 직설에 소급되기 때문일 것이다.

팔리어경전의 제5의 小部經은 제5의 阿含으로 일률적으로 번역되지 않았는데, 그 이유는 다른 四部經典들 보다 늦게 편집되었기 때문이다. 그러나 이 小部經은 15分되었었는데, 이 15편은 잡다한 내용을 담고 있으므로 매우 오래된 것도 있고, 四阿含보다 뒤에 된 것도 있다. 곧 經集과 부처님의 自內證, 곧 깨달음의 사상적 내용의 표현이 緣起입니다. 이 연기는 타인에게 설명하기 위한 것이 아니고, 스스로의 이해나 實證을 위하여 관찰된 것이라 하면, 이 四聖諦는 實證한 깨달음의 도리, 연기의 도리를 중생에게 이해시키기 위한 이론 체계인 것입니다.

다시 말씀드리면 저 보리수 아래에서 샛별은 보신 후 위없는 바른 깨달음을 여신 부처님은, 이 도리의 內證의 사상체계가 緣起法則이며, 實踐的 外向的 체계가 苦集滅道인 四聖諦인 것입니다.

　　오! 苦의 고귀한 진리도 없고
　　이 괴로움의 원인(集)도 없으며
　　이 괴로움의 소멸(滅)도 없고
　　이 괴로움을 벗어나는 수행방법(道)까지도 없으므로
　　(無 苦 集 滅 道)

이 대문은 觀自在 次元인 波羅蜜 本地에서 照見하여 보니, 우리의 세계, 우리가 지향하고 노력하고 혹은 만족하며 괴로워하여도 벗어날 수 없는 限界, 우리의 테두리인 五蘊・十二處・十八界에 알맞게 설립한 絶代眞理라 할 수 있는 〈네가지 고귀한 斷言的 命題〉인 四聖諦도 없다고 간곡히 이르신 대문입니다.

五蘊이 없고, 十二處가 없고, 十八界가 없으며 그 內的 思想體係인

法句經은 아주 오래된 것이고, 自說經이나 長老偈經, 本生經도 四阿含에 뒤지지 않게 오래된 經이다.
　(小部經典 15분)
①小誦經, ②法句經, ③自說經, ④如是語經, ⑤經集, ⑥天富事, ⑦餓鬼事, ⑧長老偈, ⑨長老尼偈, ⑩本生經, ⑪義釋, ⑫無碍解道, ⑬譬喩經, ⑭佛種性經, ⑮行藏經

十二因緣法이 없는데, 그에 알맞게 설립된 外的敎法인 四聖諦가 있지 않는 것은 당연한 것입니다. 여기에 〈無苦集滅道〉의 無는 저 부처님의 立脚地인 波羅蜜 本地에서 보니 거북털이고 토끼뿔이지 우리 범부 중생의 思量分別을 벗어남을 알아야겠습니다.

이「無」는 〈色卽是空 空卽是色〉의 無입니다.

앞에서도 약간 언급하였듯이 이 四聖諦는 부처님께서 깨달음을 열고서 五 比丘에게 행한 최초의 설법인 初轉法輪으로 설하여진 것입니다.

根本經典에 의하면[2], 부처님은 스스로 깨달은 이 緣起의 法이 甚深微妙하여 중생들에게 설하여도 아마 이해시키지 못한 채 헛수고로 끝날 것이라고 생각하여 법을 설하는 것을 단념하고 그대로 세상을 떠나려고 하였습니다.

이 때 梵天[3]이 나타나 법을 세상 중생들에게 설하여 苦의 불길로 불타는 불쌍한 중생을 제도해 주도록 간청하였습니다.

그럼 이에 상응하는 南傳 팔리어 경전을 약간 인용하여 보겠습니다.

    고생 끝에 겨우 겨우 얻은 이것을
    어이 또 중생에게 설해야 될까?
    오, 渴愛와 노여움에 불타는 그들에게
    이 법을 알리기란 쉽지 않으리

---

2) 깨달음을 여신 후 최초의 설법을 할 때 까지의 이야기는 팔리 律藏 大品受戒篇, 中阿含 204 羅摩經, 팔리 中部經典 26 聖求經 등에 서술되어 있다.
3) 梵天이란? 만유의 근원이라는 梵(Brahman)을 신격화한 인도 고래의 신이다. 그것이 불교에 혼입되어 교법의 수호신으로 자주 경전에 나타난다.

세상의 상식을 뒤엎은 그것
甚深微妙하니 어찌 알리요
격정에 매이고 無明에 덮인 者
그 어찌, 이 법을 깨달으리

相應部經典6·1勸請

부처님께서 보리수 아래에서 깨달음 열으신 후, 조용히 삼매에 드시어 法悅에 이렛동안 잠기시었습니다. 어느날 갑자기 스스로가 깨달은 緣起의 法에 대한 높은 외로움을 느끼게 됩니다.

실지로 이 세상에 의지할 것은 있지 않으며 오직 스스로가 깨달은 이 진리 밖에 마음 기댈 곳이 없는 명백하고 내적인 높은 외로움을 떠올린[4] 부처님은 자연스럽게 利他, 慈悲의 길을 향한 설법전도의 지극히 인간적인 길로 들어서게 됩니다.

위 게송은 팔리語 五部經典중 相應部經에 기록되어 있는 勸請經의 마지막 부분입니다.

첫 연은, 중생들은 자기의 수행이나 명상 같은 수련을 하지 않았을

---

4) 여기의 내용은 팔리語 相應部經典 6권 2恭敬, 雜阿含 44권 1188尊重經에 기록되어 있다. 經에는 이렇게 쓰여 있다.
「부처되신지 오래지 않으셨다. 그때에 세존께서는 혼자 고요히 이렇게 생각하였다. "공경하지 않는 사람은 큰 고통이다. 차례가 없고 남의 뜻을 두려워할 줄 모르기 때문에 큰 義利에서 타락하게 된다. 공경할 것이 있어 차례가 있고 그것에 순종하면 그는 안락하게 지낼 수 있다. 공경할 것이 있어서 차례가 있고 남에게 순종하면 큰 의리가 만족해진다. 혹 어떤 하늘이나 악마·범·사문·바라문·하늘신이나 이 세상 사람 중에서 내가 두루 갖춘 계율보다 낫고 삼매보다 나으며, 지혜보다 낫고 해탈보다 나으며, 해탈지견보다 나아서, 나로 하여금 존중하고 공경하며 받들어 섬기고 공양하게 할 것이 있으면 나는 그를 의지해 살리라 …… 그러나 그것을 의지해 살만한 것이 없다. 오직 바른 법이 있어서 나로 하여금 스스로 깨달아 삼먁삼붓다를 이루게 하였다. 나는 그것을 공경하고 존중하며 받들어 섬기고 공양하면서 그것을 의지해 살아가리라."」

뿐 아니라, 욕망과 시기심, 노여움으로 가득찬 이들에게 「이것」을 알리기 난처한 부처님의 인간적인 표정과 고뇌가 생생히 떠오르는 귀절입니다.

실로 인간은 사회적인 동물이어서 물질면과 정신면으로 서로 서로가 사랑과 이해, 동종과 감동이 없다면 세상 자체가 존재할 수 없는 것이 자명하며, 또 사상, 예술, 종교, 문학이 있을 수 없는 것입니다. 어느 누구든 자기의 내적인 체험이 완벽한 깨달음이라 하여도 이것이 외향적인 체계를 가지고 이론적으로 언어화하여 타인에게 이해되어 질 때, 「이것」이 중생에게 光明으로 極大化되는 것입니다.

위 게송의 둘째 연을 볼 것 같으면 〈세상의 상식을 뒤엎은 것, 甚深微妙하여 도저히 알기 어려운 것〉「이것」을 욕망과 시기, 질투와 노여움으로 뒤범벅이된 중생들에게 傳道되어 濟度함이 . 불가능할 수 밖에 없음에 안타까워 하는 부처님의 모습이 보이는 귀절입니다. 그리고 바로 다시 마음을 돌이켜 중생 구제의 설법으로 一轉시킴을 이 勸請經에 잘 나타나 있습니다.

부처님의 잠시동안 주저하심과 갈등의 심리묘사가 梵天을 등장시켜 권유하는 說話형식을 빌려 쓰여져 있습니다.

부처님의 망설임을 안 梵天은 이렇게 간청합니다.

세존이시여, 청원하건대 법을 설하여 주시옵소서. 이세상에는 마음이 티끌로 가볍게 가려진 사람도 있습니다. 그들은 법을 듣지 못한다면 더욱 고뇌의 삶으로 빠져들지 않겠습니까? 그들은 법을 듣는다면 필히 깨달음에 이름이 있을 것입니다.

이렇게 간절한 청원을 들은 부처님은 世間을 살피고 중생들을 점검하여 보았습니다. 경전에는 연못의 연꽃을 비유하여 아름답게 표현되어 있습니다.

중생들의 根機가 마치 연못속에 온갖 색깔로 핀 연꽃과 같이 어떤 꽃은 흙탕물에 잠겨 있기도 하고, 또 어떤 것은 반쯤 물속에 잠겨 있기도 하지만, 그러나 어떤 꽃은 완전히 흙탕물에 물들지 않은 채, 수면 밖에서 맑고 아름다운 연꽃을 피우고 있음을 살피신 부처님은 드디어 중생제도를 결심하게 됩니다.

　　내 이제 甘露의 문을 여나니
　　귀 있는 者는 들으라, 낡은 믿음 버리고

보리수 아래에서 부처님께서는 三昧에 드시어 우러나는 法悅과 중생제도의 방법을 고찰하기 위하여 몇 주 동안 계셨습니다. 그렇게 하여 구체화되고 체계화된 것이 〈네가지 고귀한 진리〉 곧 四聖諦입니다. 앞에서도 말씀드린 것 같이 緣起法은 內證的이며 理論的인 것인데 반하여 四聖諦는 이론적임과 동시에 實踐的이고 外向的이며 他人에게 설하기 위한 緣起說이 바로 四聖諦인 것입니다. 이와같이 설립되어진 四聖諦는 부처님의 初轉法輪으로 다섯비구에게 최초로 설법하여졌던 것입니다.

그럼 간단히 根本經典을 통하여 初轉法輪이 굴리어지기까지 緣起를 살펴봅시다.

그럼, 이 法을 누구에게 설하랴?

바꾸어 말하면 이 甚深微妙한 참 도리를 누구에게 이해를 구하고 동조자를 구하랴?

제일 먼저 선택되어졌던 사람은 부처님의 옛스승이었던 아라라 카라마(Ālāra-Kālāma)와 웃다카 라마풋타(Uddaka-Rāmaputta) 仙人이었습니다.

이 두 분은 높은 禪定에 들었을 뿐만 아니라, 부처님이 가르침을 받던 옛스승으로, 이 스승들이야말로 이 힘들고 어려운 「이것」에 따뜻한 이해가 있으리라는 너무나 인간적인 선택을 하였던 것입니다. 그러나 그들은 이미 죽은 뒤였습니다.

다음에 선택되어진 사람은 부처님의 옛친구이었습니다. 일찍이 6년 동안의 수도시기에 자기를 따라 봉사해 주었던 친절한 도반이었던 다섯비구의 뛰어난 지혜를 떠올리고, 이들을 상대로 교화 설법하기 위하여 베나레스의 鹿野苑까지 250Km가 넘는 길을 나서게 됩니다. 부처님의 지극한 인간적인 열의와 自發光의 慈悲를 느끼게 하는 사실들입니다. 다섯비구는 부처님이 오는 것을 보자 수도를 포기하고 타락한 자라 하여 「인사를 받아 주지 말며, 衣鉢도 받아 주지 말자. 그러나 자리는 내어주자. 앉기를 원하면 앉게는 해야지」하고 서로 의견을 맞추었으나 막상 이르자, 마중도 해주었고, 의발도 받아주었으며 발을 씻을 물도 떠 주었다고 팔리律藏 大品受戒篇에 기록되어 있습니다.

그중 한 명이 부처님을 부르기를 「벗, 고타마여」하며 친구에게 쓰는 호칭을 사용하자, 나는 이제 깨달음을 열고 부처가 되었으니 如來라 불러야 한다고 주의를 주며 다섯비구를 향해 如來所說이라 불리는 첫 對機說法이 펼쳐지는 것입니다. 漢譯 阿含經에는 轉法輪經이라 기록되어 있습니다.

이것이 바로 初轉法輪입니다.

비구들이여, 그대들은 苦行에 의해 깨달음을 얻고자 할지 모르지만, 몸을 괴롭히는 고행에 전심하는 것은 欲樂의 생활에 빠짐과 같나니, 본래의 수행이나 깨달음에 하등의 도움도 되지 않는다. 올바른 깨달음의 길은 고행이나 욕망, 두 極端을 버리고 身心의 조화를 이루는 中道의 방법에 의하는 것만이 가능하다. 나는 이 두가지 극단을 버리고 中道를 깨달았으니, 진실로 동요하지 않는 경지에 도달한 부처가 되었다. 中道, 이것은 눈을 뜨게 하고 지혜를 생기게 하며, 寂靜과 證智와 等覺과 涅槃을 돕는다.

相應部經典 56·雜阿含 15卷 轉法輪經

이와같이 말씀하신 후 곧 四聖諦의 가르침을 펴시었습니다. 이 〈네가지 고귀한 진리〉의 말씀을 부처님 自說로 바로 들으며 모름지기 저 깊숙한 곳에서 울려퍼지는 이해가 있기를 간절히 기원합니다.

비구들이여, 이것이 苦의 聖諦이다. 마땅히 알아라. 生은 苦다. 苦는 苦다. 病은 苦다. 死도 苦다. 또 미워하는 자와 만나는 것도 苦다. 사랑하는 사람과 헤어지는 것도 苦이고, 求하는 것을 얻지 못하는 것도 苦이고 또한 心身이 조화를 이루지 못함도 苦이니 이 삶은 苦 아닌 것이 없다.

비구들이여, 이것이 苦의 원인의 聖諦이다. 마땅히 들어라. 즉 渴愛를 따르기 때문에 또한 즐기는 성품이 있게 되어 자신이 좋아하고 貪心하는데 따라 이곳 저곳 歡喜하는 執着이 그것이니, 그것에 欲愛, 色愛, 無色愛가 있다.

비구들이여, 이것이 苦의 滅盡의 聖諦이다. 마땅히 들어라. 이것은 渴愛를 남김없이 소멸하고, 그것을 버리며 거기에서 부터 벗어나고, 그것에 집착하지 않는 것이다.

비구들이여, 이것이 苦의 멸진에 이르는 길의 聖諦이다. 마땅히 들어라.

성스러운 여덟가지의 道가 그것이니, 正見, 正思惟, 正語, 正業, 正命, 正精進, 正念, 正定이다.」

위의 부처님 親說에도 드러나듯이 苦聖諦, 苦集聖諦, 苦滅聖諦, 苦滅道聖諦를 〈네가지 고귀한 진리〉 즉 四聖諦라 불러짐을 알 수 있습니다.

첫째 연의 苦聖諦 해설에 보이는 生老病死와 怨憎會苦, 愛別離苦, 求不得苦와 五陰盛苦를 合하여 八苦라 이르는데, 이것이 부처님 출가의 근본적인 동기일 뿐 아니라, 삶을 영유하는 중생의 無常한 삶의 전부인 것입니다. 여기에 부처님의 第一命題「이는 苦이다」하는 것이 세워졌던 것입니다.

두번째로 설립된 명제는「이는 苦의 원인의 聖諦이다」라고 한 苦集聖諦입니다. 이는 삶의 현실을 확실히 통찰한 다음, 그 발생의 이유를 캐어내는 일입니다. 즉 이 苦의 소용돌이에서 극복하기 위해서는 그 원인을 알아내어 치유하므로서 벗어날 수 있는 것입니다. 그래서 이 완전한 치유법을 개발함이 부처님께서 목숨을 걸어가면서 追求하였던 문제가 분명합니다.

그리하여 삶을 苦海로 몰아 넣는 원인이 양쪽 極端에 치우친 渴愛, 즉 불타는 욕망의 작용임을 밝혀주고 있습니다.

세번째 연은「이것은 苦의 滅盡의 聖諦다」, 즉 苦滅聖諦의 명제입니다. 삶이 욕망, 즉 갈애에 의해서 苦의 바다로 빠져들었다면 오직 욕망을 제거하거나 가라앉히어 극복하는 길 뿐인 것입니다. 철저히 갈애가 뿌리 뽑아질 때 波羅蜜 本地인 涅槃에 이르는 것입니다. 이 수도의 완성에 이르는 길은 오직 꾸준한 정진만 있을 뿐이지 달리 지름길이 있을 수 없는 것입니다. 너무나 당연하고 평범논리일 수 밖에 없는 無論理의 논리, 위대한 평범, 이것은 불교에는 불가사이한 지름길이 없음을 알려주는 지극히 평범한 대평범의 哲理인 것입니다. 사실을 사실대로 받아들이고 당연함을 그대로 받아들이는 것이 바로 부처님의 가르침입니다.

　마지막으로 제시된 것은 「이것은 苦의 멸진의 길에 이르는 성제다」라고 하는 명제입니다. 이는 제3의 명제인 滅聖諦, 즉 波羅蜜 本地에 이르는 길의 實踐論을 말합니다.

　中道에 이르는 〈聖스러운 여덟가지 바른 길〉을 말하며, 이 八正道는 양변 두 극단을 떠난, 中道에 입각하는 올바른 생활을 말합니다. 곧 正見은 올바른 관찰을 말하며, 正思惟・正語・正業은 올바른 행위를 말하며, 正命은 올바른 생활, 正精進・正念・正定은 올바른 수행을 의미합니다. 바로 中道에 이르는 길은 다름 아닌 인간이 인간으로서 인간다운 삶을 누림을 말하는 것입니다. 바로 관찰하고 바로 행동하며 바른 생활을 위해 바른 수행을 할 때 진실로 인간은 자유로워지고 모든 災厄과 욕망에서 벗어나는 것입니다.

　그리고 이 四聖諦는 앞에서도 말씀하였듯이 流轉緣起와 還滅緣起를 말씀하신 것입니다. 苦와 集 이 두 항목은 중생이 生死流轉하는 苦와 그 원인을 나타낸 것이고, 滅과 道인 이 두 명제는 우리의 實在자리인, 당초부터 있던 자리인 波羅蜜 本地와 그 本地에 도달할 수 있는 수행방법을 말씀하신 것입니다. 다시 말씀드리면 苦・集 二諦에 의해 삶의 理想鄕인 波羅蜜 本地를 自覺하지 못하고 살아가는 고뇌로 찬 현실의 모습과 또 현실의 苦가 생겨나는 원인과 이유를 보이는 것이고, 다음의 滅道 二諦는 삶의 목적과 그 意義와 그 理想이 무엇인가 스스로 깨닫게 하고, 이에 이 理想世界인 波羅蜜 本地에 이르기 위해서는 어떤 방법과 수행을 택해야 되는지를 보이는 것입니다. 앞 NOTE에서 보인 四聖諦의 分析에서 緣起의 항목을 두개씩 나란히 쓴 것이라 함도 위와 같은 이유에서 입니다.

즉 苦諦는 자각하지 못한 고뇌에 찬 현실세계인데, 이것은 集諦의 원인과 이유인 현실세계의 因에 의한 것입니다. 바로 苦·集은 果와 因으로서 일어나는 流轉緣起를 나타낸 것입니다.

또 滅諦는 자각한 波羅蜜 本地인 果라 말 할 수 있으며, 道諦는 波羅蜜 本地에 이르게 하는 원인과 이유, 혹은 방법으로서 因인 것입니다. 이는 괴로움이 그치고 없어지는 還滅緣起를 말합니다.

간추려 말씀드리면 苦는 生死果이고, 集은 生死因, 滅은 涅槃果이고, 道는 涅槃因을 이룹니다.

그리고 苦·集·滅·道인 四聖諦의 가르침은 옛부터 의사의 治病四訣에 비교되어 왔습니다. 즉 의사가 질병을 치료하는 경우 현실의 병의 상태가 어떤가를 확실히 알아야 하며 또 그 질병이 무엇인가 하는 진단이 필요하고, 그 다음 그 질병이 어떠한 원인에 의해 일어났는지를 알아야 통쾌한 치료가 됩니다. 바로 병의 원인을 멈추게 하여야 병의 뿌리가 뽑히는 것입니다.

그 다음으로 필요한 것은 건강체는 어떤 상태에 있는 것인가 하는 그에 합당한 표준치를 정확히 알아, 그 병자를 건강한 사람으로 만드는데 필요한 치료법과 건강법, 養生法 등에 관한 올바른 지식을 가지고, 그 지식에 따라 가장 확실한 치료를 함으로써 그 병자는 곧 정상인으로 완쾌를 토게 되는 것입니다.

이와같이 병을 완쾌하게 하는데는 병의 상태, 병의 원인을 알아야 하고, 정상인의 상태와 치료법, 이 네가지를 꿰뚫어서 施術함으로써 진실한 의사로 훌륭한 임무를 수행할 수 있는 것 같이 중생을 제도하는 天人師인 聖者에 있어서도 삶에 대한 眞率한 판단인 苦의 현상과 苦의 원인, 苦가 소멸된 大自由 상태, 苦를 여의는 수행방법, 이 네가지를 올바로 알아 정확한 중생제도에 들어서야 善知識인 것입니다.

이와같이 四聖諦의 가르침은 과학·의학·수학 어느 분야에도 공히 통용되는 과학적이고 합리적인 것이며 부처님의 열린 눈으로 체계화된 이 敎法은 그 어느 누구에 의해서도 밝혀지지 않았던 前人未發의 것입니다.

앞장에서 밝힌 緣起法則이나 이 四聖諦는 어느 분야에도 공히 통용되는 보편타당한 진리이어서, 이 法은 부처님이 이 세상에 태어나든 그렇지 않든 영원히 常住하는 法則이라 經[5]에 기록되어 있습니다.

여기까지 根本經典을 중심으로 四聖諦에 관한 부처님의 말씀을 살펴보았습니다. 그런데 이 般若心經에 이르러서는 舍利子에게 이렇게 말씀하십니다.

　　오! 苦의 고귀한 진리도 없고
　　이 괴로움의 원인(集)도 없으며
　　이 괴로움의 소멸(滅)도 없고
　　이 괴로움을 벗어나는 수행방법(道)까지도 없다.
　　(無 苦 集 滅 道)

이 波羅蜜 本地에는 당초부터 얻어 볼 어떠한 것도 없습니다. 그래서 六祖慧能선사도 本來無一物[6]이라 노래하였던 것입니다.

---

5) 「이 法은 내가 만든 것도 아니요 또한 다른 사람이 만든 것도 아니다. 그러므로 그것은 여래가 세상에 나오거나 세상에 나오지 않거나 法界에 항상 머물러 있다. 저 여래는 이 法을 스스로 깨달아 위 없고 바른 깨달음을 이루었다. (法者 非我所作 亦非餘人作 然彼如來 出世及未出世 法界常住 彼如來自覺此法 成等正覺)(雜阿含 12권)」
「이 法이 法의 자리에 머무나니 是法住法位
세간상 이대로가 상주불멸이니라. 世間相常住
　　　　　　　　　　　　　　　　　　　　　(法華經)

6) 菩提本無樹　　明鏡亦非臺
　　本來無一物　　何處惹塵埃(德異本 壇經 第一悟法傳衣)

五蘊·十二處·十八界·十二因緣이 있는 듯이 없으며, 더욱이 四聖諦의 내적 悟證인 緣起法이 없는데, 외적 교설체계인 苦·集·滅·道의 四聖諦가 건립될 수 없음은 당연한 말씀입니다.

그렇습니다. 오직 이 波羅蜜 實相地에는 그림자 없는 나무가 흔적없는 열매를 키우고 있을 뿐입니다.

또 이 없음의 四聖諦의 말씀은 聲聞乘을 제도하기 위한 慈悲法門이니, 성문승이라 함은 부처님의 말씀을 듣고 깨우친 제자들을 말합니다. 이들은 주로 自己解脫에 치우친 小乘의 출가 수도자들입니다. 바로 四聖諦의 법문을 듣고 수도하는 보살을 말함이니, 전장의 十二因緣法을 獨覺한 緣覺乘이나 四聖諦를 듣고 깨친 聲聞乘, 이 二乘의 교법은 般若法門에 이르기 전의 교학으로서, 주로 현실세계인 물질현상계의 가변성에 대한 가르침을 말하며, 역사상 小乘이라 표현되어 집니다.

이 般若의 법문은 바로 물질현상계의 가변성인 客觀의 부정과 나(ego)의 非實在性인 主觀의 부정을 거쳐 드러나는 공허의 자리마저 들추어 낸 寂照의 가르침을 말하는 것입니다.

그럼 이 대문이 배대되는 세분 선지식의 말씀을 들어 더욱 더 깊은 이해를 구하면서 이게 결론으로 삼고자 합니다.
속장경 卷40에 실려있는 남양 혜충국사와 芙容禪師, 慈受禪師, 懷深의 〈般若心經三註〉에서 옮긴 것임을 밝히는 바입니다.

혜충국사는 다음과 같이 말하였다. 이는 四諦의 法을 밝힌 것이다. 마음에 구하는 바가 있고 법에 착하여 얽히므로 諦라 이름했다. 정근해서 닦아 증득하여 마음에 쉼이 없으면 이를 苦諦라 한다. 널리 경론을 찾아

묘리를 탐구함이 集諦라 하며, 모든 망념을 끊어 버리고 항상 寂을 구하는 것이 滅諦이다. 번거로움과 어지러움을 멀리 여의고 부처의 이치를 정밀하게 연구함이 道諦이다. 이제 다시 四聖諦를 약으로 하고 병을 다스려 파하는 도리를 밝히겠다.

마음의 바탕이 청정하고 신령하여 닦아 증득함을 빌리지 않음을 苦諦라 하고 성품이 만법을 포함 함이니 어찌 찾고 구하겠는가. 이것의 이름이 集諦이며, 망령된 생각이 나지 않고 본래 스스로 항상 적정함이 滅諦이고, 고요함과 일상이 둘이 아니고, 삿됨과 바름에 어둡지 않음이 道諦이니 이것이 병에 대치하는 말씀이다.

만일 마음이 없는 줄을 사무치면 四諦가 어찌 있겠는가.

그러므로 苦集滅道가 없다고 이르심이다.

(忠云 此明四諦 心有所求 繫著於法 故名爲諦 精勤修證心無間　名爲苦諦 廣尋經論 貪求妙理 名爲集諦 斷諸妄念至常求寂 名爲滅諦 遠離煩乱 精硏佛理 名爲道諦 今更明四聖諦 名之爲藥對破前病 心本淸靈不假修證 名爲苦諦 性含萬法 豈籍尋求 名爲集諦 妄念無生 本自常寂 名爲滅諦 寂常無二 耶正不昧 名爲道諦 此對病說也 若了無心四諦 何有故云 無苦集滅道)

하시었으며 동본에 慈受 懷深스님은 禪의 입장에서 이 대문을 아래와 같이 적절히 말씀하시고 있습니다.

회심선사는 다음과 같이 말하였다. 苦·集·滅·道는 四諦이다. 일체 범부는 원인(集)으로 인하여 業이 서로 얼키어 있으므로 고뇌를 받는다. 대승의 보살은 그 道를 닦아서 능히 寂滅의 도리를 증득한다. 또 말하되 한 생각 물든 마음이 생기는 것을 苦諦라 이름한다. 그 생각이 거듭 상속됨을 集諦라 하며, 그 생각이 일어나지 않음을 철저히 아는 것을

滅諦라 하고, 滅이 멸하지 않음을 철저히 아는 것을 道諦라 한다. 그러나 일체 제법이 본래 空寂한데 四諦가 어디서 생겨날 것인가.

그러므로 말하기를 苦·集·滅·道가 없다고 하시었다. 이것은 聲聞이 보는 사제의 견해를 깨뜨리는 것이다.

(深云 苦集滅道 四諦也 一切凡夫 因集業相纏 受於苦惱 大乘之人因修其道 能證寂滅之理 又曰一念染心生名苦諦 念念相纏名集諦 了念無生名滅諦 了滅無名道諦 然而一切諸法 本自空寂 四諦從何而有 故云無苦集滅道 此破聲聞四諦之見也.)

위에 인용한 懷深 스님의 말씀과 같이 불교의 근본인 四聖諦를 부정함은 바로 이 사성제 말씀에 대한 고정관념, 즉 집착을 깨어버림으로서 진정한 사성제의 본래 참뜻을 살리고자 함입니다.

참으로 觀自在 이 차원에서 보면 十二緣起이니, 四聖諦이니 하여 이 뜻과 말에 매이어 고집함은 실로 어리석기 짝이 없음이니, 이는 이것이 진리라고 착념하는 그것 또한 眞空活空에 위배되는 간택심이 있으므로 입니다.

그저 이곳은 휘엉청 밝고 뻥 뚫려 넘나듦이 자유로울 따름입니다. 바로 고집, 집착, 애정은 波羅蜜의 實相과 같이 존재하여 지지 않기 때문인 것입니다.

그럼 마지막으로 弘贊스님의 달통한 말씀을 들으며 결론으로 하겠습니다.

苦는 생사고의 결과이며 集은 惑業苦의 원인이다. 이것은 세간의 因果이며 또 滅은 곧 涅槃樂의 결과이며, 道는 도품의 낙인이니 이것은 출세간의 인과이다. 智度論에 이르기를 〈세간과 몸은 괴로움의 결과며 탐애 진애등의 번뇌는 이것이 苦의 원인이니, 번뇌가 멸망하면 이는 苦가

멸망한 것이며 번뇌를 멸하게 하는 방법의 이름이 道인 것이다. 여래께서 이 四諦法을 말씀하신 것은 무릇 범부와 연각승, 성문승인 이승네가 삼계 오온의 제법이 幻과 같고 化하여 난 것과 같아서, 본래 스스로 생김이 없으며, 성품과 모양이 적멸하여 생사열반이 한갓 간밤 꿈과 같은데, 이 남이 없는 法 가운데 망령되게 생멸을 보고 윤회를 받는 것이, 비유하면 물이 없는 곳에서 땡볕을 쬐고 삿되게 물을 생각하여 헛되이 스스로 피로한 것과 같다. 그런 까닭에 여래께서는 저들로 하여금 苦를 알고 苦의 원인인 集을 끊게 하며, 이 열반지인 滅을 사모하여, 이 苦의 滅인 수행방법 즉 道를 닦아서 苦의 바탕을 없애고자 하심이다〉고 하시었다.

　聲聞은 이 도리를 요달치 못하여 寂滅樂에만 탐취하여, 實證한 것으로 삼는데 대해, 대승보살은 般若觀을 닦아서 眞空 도리가 생멸이 없고 닦아서 증득되는 법이 없음을 了見하는 바이니, 生滅修證의 자성이 본래 공했기 때문이다.

　그런 까닭에 〈苦集滅道가 없다〉하신 것이다.

　(苦即生死苦果 集是惑業苦因 此是世間因果 滅即涅槃樂果 道是道品樂因 此是出世間因果 智度論云世間及身 是苦果 貪愛瞋癡等諸煩惱 是苦因煩惱滅 是苦滅 滅煩惱方法 是名爲道 如來說此四聖諸法 盡爲凡夫二乘 不知三界五蘊諸法 如幻如化 本自無生 性相寂滅 生死涅槃 猶如昨夢 而於無生法中 妄見生滅 橫受輪廻 譬如陽　無水處 妄作水想 徒自疲勞 是故 如來令彼知苦斷集 慕滅修道 暫息苦本 聲聞不了 耽寂滅樂 以爲實證 大乘菩薩 修般若觀 見眞空理 無生滅修證 之法 生滅修證 自性空故 故云無苦集滅道)

6) 지혜와 얻음이 없음을 밝힘(釋智得)

> 無智亦無得

〈NOTE〉
○지혜도 없고 또한 얻을 것도 없느니라
                                             －靑潭－

○지도 없고 또한 얻음도 없다.
                                             －光德－

○지도 없고, 얻음드 없느니라.
                                             －李箕永－

○摩訶般若라는 것도 거기에 없으며
  깨달았다는 것도 없고
  또한 깨닫지 못했다는 그른 생각조차 없다.
                                             －醉玄－

〈산스크리트 원문과 한문 대조 및 번역〉

○아는 일도 없고 (na jnānam 無智)
　얻는 바도 없다. (na Prāptih 無得)[1]

〈 영역본 〉

There is no Cognition no attainment and no non-attainment.
인식도 없으며 성취함도 없고 성취하지 못함 또한 없느니라.

〈 낱말 해석 〉

〈無智〉 na jnānam
・智(jnānam)는 能觀智, 곧 주체적인 인식, 앎, 아는 작용, 깨달음의

---

1) 여기에서 李箕永의 般若心經 대본이 된 日本 法隆寺 산스크리트語 本 (나카무라 하지메 교정한 岩波文庫本)과 Edward Conze本과 원문차이가 있다. 필자가 아는 바로는 이런 두 종류의 한문 번역본이 유포되어 있다.
　・na janam na praptih -李箕永, 般若心經 대본인 日本 法隆寺本 無智亦無得으로 번역된 한문본은 鳩摩羅什, 玄奘, 義淨, 法月의 본이 있고, 智慧輪 삼장은 無智證無得이라 하였다.
　・na jnanam, na praptir na-apraptih ____Conze本
無智無得亦無不得 (是故 舍利子 以無所得故)은 法月삼장의 번역본이고 無智無所得亦無無得 (舍利子 由是無得故)은 施護 삼장의 역이며, 無得.亦無不得 (舍利子 是故 菩提薩郭 以無所得故)는 淸나라 郭尙先 필사본의 번역문인데 이러한 번역은 Conze本의 유형이다.

여기서 필자는 得과 不得을 하므로서 더욱 뜻이 강렬히 드러나므로 Conze本을 취하여 한글역하였다.
得과 不得을 雙遮하므로 中道의 눈앞이 더욱 살아 온다
心淸淨함이 心光明이어서, 달빛과 달이 同時에 어우른다.
(得과 不得의 兩邊을 막는다 함은 금싸래기도 거울 위에는 티끌일 수 밖에, 여기에 双照하니, 프리즘이 없는 대상물의 그대로 투시가 있어, 自發光 心光明이라 할 수 밖에)

지혜이며, 본 者(能觀)와 보여진 者(所觀)라 할 때 「본다」는 智를 말한다.

여기서 智는 直觀智, 즉 淸淨世間智를 이른다.

· Prajña(般若)는 根本智이다. 주관과 객관(能·所)이 未分化되기전 出世間의 不二無二智이다.

· 無智는 곧 摩訶般若이다. 智를 無智한다면, 智를 버린 곧 般若가 實體(定性)가 있다는 생각을 여읜 眞空, 波羅蜜 本地, 中道實相을 지칭한다.

〈無得〉na praptih

· 得(prapith)은 보여진 者(所觀)이며, 果位 곧 부처님의 깨달음인 佛果인 菩提와 涅槃을 이른다.

· 無得은 所觀境이 空함을 말한다. 이는 상대되는 대상들(五蘊·十二處)이 주관의 착각에 의하여 상대되는 幻을 眞인양 妄執하므로서 생겼음이니, 본래 그 자체가 空해 있음을 말한다.

· 이는 대상을 억지로 空이라 觀해서 얻어짐이 아닌 당초의 상태, 곧 착각적 현상을 벗어 남으로서 空함을 證得했기 때문에 無得이라 한다.

〈 講　義 〉

<u>無智亦無得</u>
　<u>無智無得亦無不得</u>

　이 말씀을 끝으로 전도된 妄執의 생각을 깨어부수므로 波羅蜜 本地의 참 이치를 밝히는 破邪分이 끝납니다.

실로 저 觀自在菩薩께서 落草함을 돌보지 않으시고 慈悲曲盡하시어 말로 나타낼 수 없는 바라밀 본지를 言說로 나타내시어 중생에게 명확한 삶의 길을 제시한 것입니다.

觀自在 次元에서 波羅蜜의 自發光을 무차별 내리쏟아 처음 우리 중생의 가장 측근인 五蘊을 버리게 하시고, 十二處와 十八界로 표현되는 우리 중생의 삶의 공간과 인식의 한계를 照破한 후, 우리 인식의 테두리 안에 설립되어진 진리인 十二因緣과 四聖諦까지도 究竟法이 아닌 방편 교법임을 들어냈습니다.

또 우리가 究竟目標로 하고 있는 菩提도 涅槃도 證悟證得할 것이 없는 당초부터 있던 本然의 자리임을 말씀하시어 우리의 顚倒夢想된 세계를 그대로 박살 내버리고 있습니다.

바로 波羅蜜 本地에서 우리의 착각으로 인하여 自己本分을 망각했을 뿐, 한치도 당초의 자리를 떠나지 않고 있음을 訣說하신 대문입니다.

摩訶般若라는 것도 거기에 없으며
깨달았다는 것도 없고
또한 깨닫지 못했다는 그런 생각조차 없다.
(無智無得亦無不得)

여기에서 智란 산스크리트語로 jnāna입니다. 이 jnāna는 주관과 객관의 대립에서 벗어나 사물의 본질을 투시할 수 있는 直觀智를 말합니다. 바로 世間에서 가장 맑고 깨끗한 지혜라 이르는 淸淨世間智를 말하는 것입니다.

그럼 prajña 곧 般若와는 어떻게 다를까?

이 般若는 智(jnāna)에서 한층 심화된 根本智를 말하며 주관과 객관이 완전히 허물어진, 아니 能所가 未分化되기 전의 둘이 아닌 절대 최상의 지혜라 이를 수 있으며, 出世間無二智라 표현되어 집니다.

出世間, 곧 眞의 세계인 들이 아닌 지혜, 바로 色卽是空 空卽是色인 이 지혜를 말합니다. 그래서 이 波羅蜜 本地에는 보는 者와 보여지는 者가 녹아서 허둘어졌으므로 무엇을 판단하는 가장 날카롭고도 드높고 순수한 차원의 直觀智마저 있을 수 없는 것입니다. 이곳은 究竟究極의 實相本地이므로 주관적인 인식과 객관적인 인식의 대상이 없으며, 있다견 이는 이미 상대적 대립의 세계기지 絶代無二의 세계가 아닌 것입니다. 여기에서 알았다면 못 알았을 것이고 얻었다면 이미 분리되므로 딴 것을 얻었을 뿐입니다.

그래서 저 유명한 碧巖錄[2] 51則에 절대진리를 묻는 이를 위하여 친절한 말씀이 계십니다.

여러분 末後句를 정녕 알고 싶은가?
단지 老胡가 아는 것은 허락하지만
老胡가 만남은 허락치 않는다.

(諸人 要會末後句麼
只許老胡知
不許老胡會)

---

2). 碧巖錄：圓悟克勤이 지은 10卷으로 된 禪門第一書라 칭송받는 책. 碧巖集이라고도 한다. 처음 雲賓重顯이 〈경덕전등록〉의 1700則 가운데서 긴요한 것 100則을 가려내어 頌古를 붙여〈설두쁘측송고 雲賓百則頌古〉를 만들었으나 심히 어려우므로 원오극근이 이 100則에, 示, 着語, 評昌을 덧붙여 선종후학들의 지침을 삼을 수 있게 했다. 주로 임제종에서 귀히 여기며 조동종 從容錄과 함께 쌍벽을 이룬다.

여기에서 老胡는 絶代無二인 波羅蜜 本地를 지칭하는 것입니다. 위 偈頌은 깨뜨려지지 않는 格外道理이지만, 어차피 허물 많은 말로서 흠을 흠인 줄 모르고 강의하는 것이니 이해있기를 바랍니다.

波羅蜜 實相地를 앎으로 받아들이는 차원은 이야기되어 지고 가능하다 할 수 있지만, 그 자리에 바로 그곳에 領會했다고 感知했을 때는 이미 다른 것일 수 밖에 없다는 이 本來面目의 인식방법에 대하여 이렇게 밖에 할 수 없음을 말하는 것입니다.

그럼 이해를 확실히 하기 위하여 臨濟선사의 遠孫인 元나라 中峯明本[3]선사의 말씀을 인용하고자 합니다.

또한 깨달아서 증득한 흔적도 오히려 마음에서 용납하지 않거든 하물며 知解를 믿으리오. 순전히 이는 알음알이의 삿된 견해이니 그 지극한 도의 본체에 친하려 할수록 더욱 틈이 생기고, 가까이 하려 할수록

---

3) 中峯明本(1263-1323) : 達摩 29代 臨濟 15世法孫임. 15세에 출가하였고 〈전등록〉을 읽다가 '암몰라녀가 문수에게 묻기를 "生이 不生인 이치를 분명하게 알면서도 무엇 때문에 生死에 流轉합니까?"하는데 의문이 일어남. 그후 天目山 高峰 原妙선사를 찾아 뵙고 24세 되던 해에 고봉스님을 스승으로 비구계를 받다. 그 이듬해에 구족계를 받고 또 그 다음해에 흘러가는 시냇물을 보고 깨달음이 있어 고봉에게 달려가 印證을 구하니 고봉이 때려 내쫓았다. 당시 민가에서는 童男・童女를 뽑아간다고 헛소문이 돌아 관가를 몹시 원망하고 있었는데, 스님이 고봉에게 묻기를
 "갑자기 누가 와서 童男・童女를 찾으면 스님께서는 어떻게 하시겠습니까?"
 "나는 다만 그에게 죽비를 주겠다."
스님은 이 말씀에 활연대오하였다. 이에 고봉이 眞讚을 써주었다.
　내모양은 不思議라　　　我相不思議
　佛祖는 짐작 못하나　　　佛祖莫能視
　오직 못난 우리 아이가　獨許不肖兒
　나의 코 반쪽을 본다　　見得半邊鼻
그후 배 가운데 있기도 하고 암자에 거주하기도 하며 일정한 거처가 없이 지냈다. 저서로는 〈廣錄 30卷〉이 있다.

더욱 멀어진다.
(且悟證之跡 尙不容於心 何況信解 純是情見 其於至道之體 愈親而愈疎
益近而益遠)

中峯廣錄

그러합니다.

이 絶代無二, 全性全一, 內外明徹하며 唯我獨尊하여 보는 者와 보이는 者가 不二한 이 波羅蜜 本地는 있지 않다는 말씀이 아니라 상대차별의 개념으로는 얻을 수 없으며, 이는 오직 般若眼으로 만이 了知됨을 이르는 것입니다. 바로 能所的인 智와 得으로는 도저히 불가능함을 觀音聖者께서 중생을 위하여 간곡히 말씀을 한 것입니다.

그가 바로 그 자신이어서 생각하여도 생각해서는 찾을 길 없고 살펴 보아도 보여지지 않기 때문에 絶代無二요, 全性全一이며, 內外明徹하여 안과 밖이라는 명칭이 붙을 수 없어, 어디를 보아도 투명하여 한계가 없고 大平等하여 唯我獨尊인 것입니다.

진실로 到處에 現前해 있어 일찍이 누가 숨겨놓거나 가려놓은 적이 없는 것입니다. 그래서 臨濟스님은 아래와 같이 부르짖습니다.

너의 目前에 역역한 것. 한갓 형상도 없이 절대 홀로 자체 만으로 명백한 이것이 법문을 설할 줄 알고 법문을 들을 줄 안다. 바로 지금 눈 앞에 혼자 밝아서 분명히 법문을 듣는 자, 이 사람이야 말로 어느 곳에든지 걸리지 않고 시방세계를 꿰뚫어서 삼계에 자유자재 행동한다.
(目前歷歷底 勿一箇形段孤明 是箇解說法聽法 卽今目前孤明歷歷也 聽者此人處處不滯 通貫十方三界自在)

臨濟錄

그렇습니다.

　실로 척 보면 이 波羅蜜 本地가 內外없이 곳곳에 현전해 있지만 오직 그가 나여서 우리와 領會함을 허락치 않을 뿐입니다.

　이 智(jnāna)가 無智한다 함은 보는 者가 空함이니, 이는 老胡와 領會됨을 뜻합니다. 그렇지만 老胡가 領會함을 허락지 않을 뿐입니다. 다시 말씀드리면 바깥경계(所觀境)를 볼 때 般若의 눈으로 보아 본래 이름과 말을 여읜 것을 그 본질의 相으로 본다는 것입니다.

　만약 波羅蜜 本地가 일정한 실체가 있다고 집착하면 이는 자기 주관의 분별 착각으로 인해 대상이 되는 바깥 경계의 전도된 인식의 집착덩이가 되어 쌓임이니, 이제 일정한 본질의 相이 있다고 생각하는 智를 버리고 空이라 하므로 無智라 하는 것입니다.

　無得이라 함은 대상이 되는 경계(所觀境)가 空함을 보이는 것입니다.
바로 五蘊・十二處・十八界가 思量分別에 의한 착각의 쌓임이어서 본래 자체가 空함을 말하는 것입니다. 이는 억지로 空이다 하고 생각하여 觀하는 까닭에 證得되어 空한 것이 아니라, 蘊・處・界의 三科가 당초부터 空해 있음을 증득한 까닭에 無得이라 한 것입니다.

　각설하고 앞 NOTE에서 언급하였던 것같이 이 대문은 서로 약간 다른 두 종류의 異本이 전해 오고 있습니다. 곧 〈無智亦無得〉이라 된 한문 번역문과 〈無智無得亦無不得〉이라 번역된 한문본이 그것입니다.

　산스크리트語 원전도 역시 두 가지로 나타납니다. 日本 法隆寺 현존 最古本을 참조하여 나카무라 하지메가 교정한 岩波文庫本은 na jnanam na praptih으로 영자표기 되어 있는데 이런 유형본은 無智亦無得(以無所得故)으로 번역되어 졌습니다. 이런 한문고전은 鳩摩羅什, 玄奘, 般若, 利言, 法月, 義淨 등의 三藏들의 번역이 그렇고,

智慧輪 三藏의 本은 無智證無得(以無所得故)으로 번역된 것도 있습니다.

> 순수한 직관지도 없고
> 깨달음의 얻음도 없다.
> na jnanam na praptih
> 無智亦無得
> (깨달음의 얻음이 없기 때문에
> Tasmād apraptitvād
> 以 無 所 得 故)

또 Edward Conze가 서양에 유포시킨 세칭 산스크리트語 Conze本은 na jnanam, na praptir na apraptih로 되어 있는데, 이런 유형의 원전에 의한 한문 번역본은 法成, 施護 三藏과 淸나라 郭尙先 필사본이 있습니다.

施護삼장은 無智無所得 亦無無得(舍利子 由是無得故)라 했으며 法成 삼장은 無智無得 亦無不得(是故 舍利子 以無所得故)라 했습니다. 또 번역자를 알 수 없는 郭尙先 필사본은 無智無得亦無不得(舍利子是故 菩提薩 以無所得故)라 되었는데, 지금 이 대문을 강의하면서 숙고해 본 결과 無智無得亦無不得을 취하여 한글로 번역을 하게 됨을 말씀드리고자 합니다.

> 摩訶般若라는 것도 거기에 없으며
> 깨달았다는 것도 없고
> 또한 깨닫지 못했다는 그런 생각조차 없다.
> na jnanam, na prāptir na-aprāptih
> 無 智 無 得 亦 無 不 得

그러므로 사리자야
깨달았다는 일이 없기 때문에
Tasmāc Chāriputra aprāptitvad
是故 舍利子 以無所得故

여기에서 智라 하면 淸淨世間智, 곧 jnāna를 말하지만, 摩訶般若가 거기에 없다고 한 것은 摩訶般若라는 名相을 지었을 때는 이미 이 般若는 直觀智로 한꺼풀을 벗기 때문입니다. 또 이때의 得을 깨달음으로 옮길 수 있습니다.

이 깨달음이라 하면 그냥 깨달음일 뿐이지, 깨달았다 하면 곧, 헛 것을 깨달았을 뿐입니다. 그런 까닭에 古人들이 〈只許老胡知不許老胡會〉라 하신 것입니다.

이 대문을 번역할 때 Conze본을 底本으로 하였습니다.

그 이유는, 바로 부처님의 깨달음 전부인 中道를 표현하는데, 無得과 無不得의 표현이 훨씬 선명하게 다가 오기 때문입니다.

그럼 이 대문을 더욱 깊이 이해하기 위하여 中道에 대한 고찰을 하기로 합시다.〈앞 講義〉, 四聖諦를 말씀드릴 때 부처님의 첫 설법인 轉法輪經을 살펴 보았습니다. 녹야원에서 五比丘를 향한 開口第一聲을 다시 한번 살피기로 하겠습니다.

「올바른 깨달음의 길은 苦行이나 欲樂, 두 극단을 버리고 心身의 조화를 이루는 中道에 의해서만 가능하다.

나는 이 두가지 극단을 버리고 中道를 깨달았으니, 진실로 동요하지 않는 경지에 도달한 부처가 되었다.

中道, 이것은 눈을 뜨게하고 지혜를 생기게 하며, 寂靜과 證智와 等覺과 涅槃을 돕는다.」

相應部經典五六. 雜阿含 轉法輪經

이로부터 부처님의 49년간 생애는 우리같은 중생에게 이 中道를 正等覺시키기 위한 八만四천의 대기설법으로 일관되었습니다.

敎家에서 화엄종이니, 천태종, 법상종, 법성종이니 하지만, 결국 이 中道의 思想을 일보도 벗어나지 않았고, 또 禪家에서는 부처님의 法燈을 이으신 천축 27대 조사님네나, 東土의 達摩스님 이하 그 무수한 지혜의 등불을 이으신 조사스님네들이 中道를 말씀하셨고, 또 中道를 正等覺하였을 뿐입니다. 여기서 中道란 實相을 갈하며 波羅蜜 本地의 또다른 한 표현입니다.

그럼 역대 조사스님네들이나 혹은 經에 이 中道를 어떻게 표현하였나를 알아보고 無得亦無不得이라 한 즉 〈얻는 것도 없고 얻지 못함도 없다〉한 이해를 더욱 충실히 하여 봅시다. 敎家에서 본 天台宗과 華嚴宗의 조사 스님네의 말씀을 옮겨 보겠습니다. 그리고 천태·화엄 양종에서는 최상승 설법을 圓敎라 하는데 이는 圓融無礙한 中道實相을 말합니다.

「원교란 것은 中道를 나타내니 양변을 막음이다.
(圓敎者 此顯中道 遮於二邊)」

「마음이 이미 맑고 깨끗해지면 양변을 모두 막고 바르게 中道에 들면 두 법을 다 비춘다.
(心旣明淨 雙遮二邊 正入中道 双照二諦.)」

— 天台摩訶止觀 —

위의 말씀은 天台宗 三祖이신 智者대사의 말씀입니다.

遮於二邊, 雙遮二邊의 〈양변을 모두 막는다〉는 말은 두 극단에 치우친 모순된 생각을 버림을 뜻합니다. 물질적 현상세계는 상대차별세계이니, 이는 온통 차별로 이루어진 세계에 살고 있다는 말입니다. 是非, 有無, 苦樂, 善惡, 我他, 愛憎 등 끝없이 서로 상극이며 모순이며 대립이며 투쟁의 연속일 뿐입니다. 상대모순 세계는 불안과 미완성의 세계여서 우리의 이상 세계일 수가 없는 것입니다. 우리의 이상세계인 極樂은 大自由와 平和의 세계, 大和合의 찬가가 울려 퍼지는 波羅蜜 本地입니다. 이 實相本地가 있기 위해서는 두 극단의 모순된 견해를 모두 막고(遮), 모두 버려야 하는데, 이 양변을 모두 버리면 곧 양쪽 세계가 모두 비추어져 이를 雙照二諦라 하였습니다.

그럼 다음 華嚴宗의 中道에 대한 말씀은 우선 우리 新羅 義湘 스님의 法性偈의 마지막 귀절을 살펴 봅시다.

구경 실제의 中道자리에 앉으니, 옛부터 변동이 없음을 이름하여 부처라 한다.
(窮坐實際中道床 舊來不動名爲佛)

― 義湘 ―

곧 中道實相을 바로 파악하면 다름 아닌 부처라 이르는 것입니다. 여기서 체험적으로 실제로 그 자리에 있음을 의미하는 것입니다.

바로 비추어서 막고, 또 곧바로 막아서 비추어 양 두변을 모두 여의고 모두 비추어 圓明하여 하나로 꿰뚫으면 화엄종취에 계합하게 된다.
(卽照而遮 卽遮而照 雙照雙遮 圓明一貫 契斯宗趣矣)」

― 淸凉證觀 ―

華嚴四祖인 淸凉스님이 내린 華嚴宗趣의 결론 부분입니다. 양변을 모두 막고 양변이 모두 살아나는, 양쪽 두 변견을 침몰시켜, 이 양변이 모두 自發光하는 이 雙遮雙照가 中道라고 말씀하시는 것입니다. 결국 教家의 대표적인 종문에서 불교의 최고 이상을 中道라 하였는데, 이는 양쪽 두 극단에 치우친 견해를 여의므로써, 無念無心의 究竟에 이르러 다시 살아나는 비춤을 말한다는 것을 간략히 알아보았습니다.

다음은 禪家에서는 中道의 표현을 어떻게 하였나를 알아 볼까 합니다.

　　지극한 道는 어렵지 않다.
　　오직 간택하는 마음만 꺼릴 뿐
　　다만 미워하고 사랑하는 이 두변의 마음만 없으면
　　밝은 대낮처럼 환하게 드러나려니
　　(至道無難　唯嫌揀擇
　　　但莫憎愛　洞然明白)

　　　　　　　　　　　　　－ 三祖 心信銘 －

위의 게송은 三祖 僧璨스님의 心信銘의 모두의 글입니다. 미워하는 마음, 사랑하는 마음 이 두 변으로 치우친 생각을 없이하면, 곧 여의면 저 波羅蜜 本地가 눈앞에 대낮처럼 현건한다는 中道를 말씀하시고 있는 것입니다.

　　있음과 없음을 보지 않음이 곧 부처님의 참 몸을 봄이다.
　　(不見有無　即時見佛眞身)
　　마음이 이미 두 변에 없는데 어찌 가운데 또한 있겠는가
　　단지 이와같이 깨달으면 곧 이름하여 中道이며,
　　진실로 道를 구하는 것이다.

(心旣無二邊 中亦何有哉 但得如是者 卽名中道 眞如求道)

－ 大珠 頓悟入道要門論 －

위의 두 말씀 역시 有・無의 상대모순되는 양 두 변을 여읨이 다름 아닌 中道를 표현한 것이라 하였습니다. 이는 馬祖스님의 法弟子되시는 大珠스님의 頓悟入道要門論에서 발췌한 것인데, 馬祖스님께서 이 책을 보시고 크게 긍정하셨다고 전하는 초기의 중요 선서(禪書)입니다. 최근 가야산 백련암 退翁禪師께서 법문하신 책자가 유포되고 있음을 알려드립니다.

그외에 〈不思善 不思惡 할 때 너는?〉하신 六祖스님 역시 善과 惡을 여의었을 때 너의 진면목을 일깨워 주시는 말씀 역시 中道를 正等覺하라는 말씀이었고, 〈말하여도 三十棒 말하지 않아도 삼십방 때리니 족히 일러라〉하시며 호령하신 德山스님 역시 中道의 實相을 눈앞에 현전시켜 주고자 하는 간절한 마음이었습니다.

이렇게 눈 푸르게 살펴보면 볼수록 그 모든 것이 中道에 촛점을 맞추고 있음을 알게 되고, 또 波羅蜜 本地에 頓入시키고자 하는 善知識님네들의 落草慈悲心切을 맛보게 됩니다.

이 대문을 좀더 명확히 이해하려다 보니 中道, 不二法門으로 흘려가게 되었습니다. 하여튼 어느 것 하나 부처님의 말씀이 아닌 것이 없음이니 經典상 나타나는 中道를 알아보고 본문으로 들어 갈까 합니다.

세간의 원인(生)을 사실과 같이 바로 보면(亦生) 없다는 견해가 생길 수 없으며(非無), 세간의 멸함을 사실과 같이 바로 보면(亦滅) 세간이 있다는 견해가 생길 수 없기(非有) 때문에 두 극단을 떠난 中道를 말한다.

－ 雜阿含經 12 가전연경 －

불성은 있는 것도 아니며 없는 것도 아니니, 또한 있는 것이며 또한 없는 것이니 있는 것과 없는 것이 합하는 까닭에 중도라 한다.
(佛性 非有非無 亦有亦無 有無合故 名爲中道)

— 涅槃經 —

「이치와 일이 자유로워 걸림이 없으며, 일과 일이 相卽相入하여 一卽一切이고 一切卽一이어서 원융하여 걸림이 없는 法界를 이룬다.
(理事無礙 事事無礙法界)

— 華嚴一心法界 —

中道에 대한 여러가지 표현이 사용되었는데, 위에서 밝힌 双遮双照는 天台 智者스님이 瓔珞經에 나오는 부처님의 말씀을 차용하여 말씀하셨고, 華嚴 賢首스님은 遮照란 말 대신에 双泯双存이란 말을 사용하였습니다. 双泯이란 치우친 두 극단의 견해가 모두 없음이고, 双存이란 양쪽이 다 있으면서 서로 융통한다는 말입니다. 大否定과 동시에 나타나는 大肯定을 말하는 것입니다.

또 涅槃經에서는 有·無와 非有非無하여 亦有亦無한다 하여 双非双亦이란 표현을 사용하였습니다. 이것 역시 평범한 〈있다〉, 〈없다〉에서 〈있음도 아니고 없는 것도 아닌〉 大否定을 거치어 〈또한 체험되어 있고, 또한 체험하여 없는〉 大肯定을 드러내는 中道를 표현하는 말입니다. 위에 經典의 예문에도 밝혔듯이 이는 초기 원시경전 잡아함경의 가전연경에서 옮긴 것인데, 부처님이 가전연존자에게 中道를 말씀하셨을 때 사용되었음을 알 수 있습니다.

하여튼 양변에 집착되는 치우친 견해를 모두 여의면 心淸淨이 되고, 양변이 서로 융합하는 다른 수승된 차원인 中道의 힘이, 心光明의 自發光이 솟솟을 뿐입니다.

이로써 眞空되므로 妙有함이니, 우리는 당당하고 떳떳하여 자유로울 뿐입니다. 活物로서 〈나〉만이 밝을 뿐이지요.
　더욱 이해를 충실히 하기 위하여 예를 하나 들어 말해 보겠습니다. 여기에 거울이 있습니다.
　거울이니까 깨끗하고 맑을 수 밖에 없습니다. 이 淸淨한 거울에 티끌이 끼입니다. 그래서 당초부터 본래 있었던 본성이 가리워져 버렸습니다. 거울을 가리는 티끌은 그것이 더러운 것이든 귀한 금싸라기이든 이 거울에 앉으면 사물을 〈있는 그대로〉 비출 수 없고, 곧 거울로서 완전한 제 기능을 살리지 못하고 일그러진 프리즘현상이 일게 됩니다. 이 좋은 티끌이든 더러운 티끌이든 이 일체의 티끌을 모두 닦아냄을 双遮, 双泯, 双非라 표현함이며, 이렇게 되면 波羅蜜 本地가 동시에 드러남이니, 眞空이라 함도 본래 당초에 있던 淸淨한 거울 본래대로 돌아갈 뿐인 것입니다.
　이렇게 되면 사물을 있는 그대로 如是하게 내 보이게 됩니다.
　찌그러진 것은 찌그러진 대로, 네모난 것은 네모난 것대로, 이렇게 저렇게 波羅蜜의 無量한 성스러운 德이 무경우로 무차별 自發光함을 双照, 双存, 双亦, 妙有로 표현되어졌습니다.
　이 聖德의 自發光이 내 편에서 보면 自利이고, 다른 편에서 보면 利他가 될 수 밖에 없는 것입니다. 이것이 바로 心淸淨하면 心光明함이니 出世間이 世間이고, 세간이 출세간인 中道實相이며 波羅蜜 本地의 現前인 것입니다.
　각설하고, 그럼 이제 본문으로 돌아와,〈無得亦無不得〉이라 한 Conze本을 취하게 됨을 이해하리라 믿습니다.
　得과 不得의 二邊의 얼음을 모두 침몰시킨, 寂滅된 이곳이 바로 眞空이며 波羅蜜 本地인 것입니다.
　이렇게 저, 觀自在菩薩께서는 우리의 가장 측근인 五蘊을 비춰

보시고 五蘊이 皆空하였음을 보여 주시어, 우리를 空門으로 들게 하시고, 또 그 究에 그치지 않고 一實中道의 究竟地까지 目前에 들어 보이어 우리의 顚倒된 妄執을 박살내 버립니다.

자! 이제 雙遮하였으니 그와 동시에 雙照되는 세계를 맛보게 되는데, 이것이 다음 61字의 功能分입니다. 波羅蜜 實相이 目前에 바로 나타났으므로 그 功에 대한 저 핵폭탄과 같은 성능을 볼 차례입니다. 無限天空에 朗然獨存하여 無量光明을 무차별 들어 부어 대는 波羅蜜 本地의 性能을 이제 볼 차례입니다. 아니, 무차별 들어내는 여러분의 성능을 제가 볼 차례입니다.

그럼 功能分에 들어 가기전, 우리나라와 중국의 선지식의 말씀을 옮겨적으며 이 대문을 결론코저 합니다.

우리나라 圓測스님은 智를 菩提로 得을 涅槃으로 보았습니다.

그럼 그의 〈般若心經贊〉을 보기로 하겠습니다.

이것은 여섯번째의 智(淸淨世間智)를 버리고 끊게 하는 문이다. 무슨 이유로 이 智斷門을 설하느냐 하면, 법화경에서 모든 보살을 위해 六度法을 설하신 것과 같이, 이제 이 경에서는 法이 空함을 나타내기 위하여 智를 버리고 끊는 법문을 하는 것이다. 그러나 智斷에는 두가지 해석이 있는데, 첫째는 在因을 이름하여 智라 하니 이것이 곧 반야이다. 果位를 이름하여 得이라 하니 이는 곧 菩提이다 라는 것과, 둘째는 보리를 이름하여 智라하고 涅槃을 이름하여 得이라고 한다는 것이다. 비록 두 가지 해석이 있으나 후설이 더 좋은 것이다.

(此即第六遣智斷門 如何說此 智斷門者 如法華經 爲諸菩薩 說六度法 今此經中 爲顯法空 遣智斷門 然即智斷 自有兩釋 一曰 在因名智 即是般若 果位名得 即是菩提 一曰 菩提名智 涅槃名得 雖有兩釋 後說爲勝)

위의 말씀은 智를 반야로 보았을 때 得은 佛果인 菩提라 할 수 있으며, 또 智를 부처님 정각의 지혜인 菩提라 할 때는 부처님의 지혜만이 얻을 수 있는 涅槃을 得이라 할 수 있는데, 智와 得은 菩提와 涅槃이 더 적합하다 이르시는 것입니다. 또 中道, 不二法門을 체득한 보살에게는 보리도 열반도 모두 空하며 마침내 空도 결국 空이라는 畢竟空일 수 밖에 없다는 말씀인 것입니다. 그리고 中國 唐나라 慧淨스님은 그의 〈般若心經疏〉에서 智와 得을 菩提와 涅槃으로 파악하시며, 無菩提亦無涅槃이라 하심은 중생의 집착심을 깨뜨리기 위하여 하시는 말씀이라고 강조하시며 眞如의 妙體는 有無의 경계를 벗어난 곳에 있다 하시며, 보리와 열반이 없다면 모든 중생이 돌아가야 하는 곳이 어디입니까? 라고 묻는 사람에게 아래와 같은 명쾌한 말씀을 하십니다.

　　만약 열반이 있다고 한다면, 그것은 곧 法執이 남아 있음이다. 만약 보리에 집착한다면, 곧 人執을 다 끊지 못한 것이다.
　　모든 부처님은 그 法眼이 청정하여 體를 보되, 相을 보지 않으며 보살의 법안은 아직 밝지 못한 까닭에 相을 보되 體를 보지 못한다.
　　이제 〈無智亦無得〉이라고 한 것은 二執을 둘 다 破하고, 二空을 둘 다 證함을 말한다. 菩提의 性은 고요하나 곧 人執을 버린 것이요, 열반의 체는 한결 같음을 알았으니, 곧 法執을 없앤 것이다.
　　(若言涅槃是有 即法執未亡 若執有菩提 即人執未盡 諸佛如來 法眼清淨 見體不見相 菩薩法眼未明 見相不見體 今言無智亦無得者 双破二執 雙證二空 悟菩提性寂 即除人執了涅槃體如 即除法執)」

제4장 法대로 닦아 證得하는 대문(功能分 61字)

以無所得故 菩提薩埵 依般若波羅蜜多故 心無罣碍 無罣碍故 無有恐怖 遠離顚倒夢想 究竟涅槃 三世諸佛 依般若波羅蜜多 故得阿耨多羅三藐三菩提 (61字)

○功能分 : 법대로 닦아 증득하는 대문(依法修證)
　　　　　곧 無所得의 所得이 있다.
　　　　　・科文하면 다시 두 작은 문단으로 나누어 진다.
　　　├─① 보살이 涅槃을 얻음 (明菩薩得涅槃)
　　　│　　─ 以無所得故 ～ 究竟涅槃
　　　└─② 諸佛이 깨달음을 얻음 (明諸佛得菩提)
　　　　　　─ 三世諸佛 ～ 三菩提

1) 보살이 열반에 이름을 밝힘(明菩薩得涅槃)

> 以無所得故 菩提薩埵 依般若波羅蜜多故
> 心無罣碍 無罣碍故 無有恐怖 遠離顚倒夢想
> 究竟涅槃

〈NOTE〉

○마음은 본래 아무 것도 얻을 것이 없기 때문에 보살이 반야바라밀이 되어 아무데도 걸린 데가 없어서 겁나는 일이 없으며, 꿈 같은 허망한 생각이 없어서 최후의 열반에 이르게 되며

― 靑潭 ―

○얻을 바 없으므로 보리살타는 반야바라밀다에 의지하게 되는 고로 마음이 걸림이 없고, 걸림이 없으므로 공포가 없으며, 뒤바뀐 허망한 생각을 멀리 떠나 마침내 열반을 얻느니라.

― 光德 ―

○ 얻는 바가 없으므로 보리살타는 반야바라밀다에 의지하고, 그런 까닭에 마음에 걸림이 없으며, 걸림이 없는 까닭에 두려움이 없어 전도된 몽상을 멀리 떠나 마침내 열반하나니

— 李箕永 —

○ 그러므로 사리자야,
깨달았는 일이 없기 때문에
보살은 반야바라밀다가 되어
마음에 걸림이 없다.
일체의 걸림이 없으므로
마음에 두려움이 없으며
마침내 뒤바뀐 꿈같은 세상을 멀리 여의어서
문득,
더 나아갈 수 없는 涅槃에 든다.

— 醉玄 —

〈산스크리트 원문과 한글 대조 및 번역〉

○ 그러므로 얻는다는 일이 없어서
(tasmād aprāptitvād
以無所得故) — 法隆寺本[1] —

---

1),2) 의 귀절은 岩波文庫의 산스크리트語 英字 음사본과 Conze의 유포본과는 원문 자체가 약간의 차이를 보이고 있다. 1)의 유형인 한문 번역본은 鳩摩羅什, 玄奘, 義淨, 法月 三藏 등이고, 2)의 유형은 法月, 施護 등의 한문본이다. 필자는 法月스님의 本을 이 대문의 底本으로 사용하였다. 그리고 岩波文庫本은 法隆寺의 最古本의 英字 音寫이다.

○ 그러므로 사리자야
  깨달았는 일이 없기 때문에
  (Tasmāc Chāriputra aprāptitvād
  是故 舍利子 以無所得故)   — Conze本[2] —

○ 보리살타는 반야바라밀다에 의지하였으므로 마음에 걸림이 없다.
  (bodhisattvanām prajnāparamitam āśritya viharaty acittāvaranah
  菩提薩埵 依般若波羅蜜多故 心無罣碍)

○ 마음에 걸리는 것이 없으므로 두려움이 없고,
  (cittāvarana-nāstitvad
  無罣碍故 無有恐怖)

○ 전도된 마음을 멀리 떠나서,
  마침내 영원한 마음의 평안에 들어가 있는 것이다.
  (atrasto viparyāsa-atikranto nishttha-nirvana-prāptah
  遠離顛倒夢想, 究竟涅槃)

  〈 영역본 〉

Therefore, O Sariputra, it is becouse of his non-attainmentess that a Bodhi-
sattva, through having relied on the perfection of wisdom,
dwells without thought-coverings he has not been made to tremble, he
has overcome what con upset, and the end he attains to Nirvana.

그러므로, 오, Sariputra여, 보살(Bodhisattva)이 오직 지혜의 완전함
(반야)에 의지하여, 번쇄한 思考(의 장애)에서 벗어난채 사는 것

(dwell ; 휴식속에 머무른다는 의미를 포함하고 있는 어휘임)은 그에게 성취함이 없기 때문이니라. 번쇄한 사고가 不在한 고로 그에겐 전전긍긍함이 없으며 혼란을 야기시킬 만한 일체의 것을 이미 넘어서 마침내 열반(Nirvana)을 얻게 되는 것이니라.

⟨ 낱말 해석 ⟩

⟨無所得⟩ apraptitwad
· 얻는 것이 없는 얻음 (無所得之所得)
· 以無所得故의 無는 위 破邪分 116字의 無五蘊, 無十二處, 無十八界, 無十二因緣, 無四聖諦, 無智, 無得無不得의 無를 총괄하여 無이며, 또 위 蘊·處·界와 緣起 四諦, 智, 得, 不得의 二邊의 견해를 双遮한 所得의 無所得이다.
· 또 以無所得故는 앞 破邪分 116字와 뒤 功能分 61字를 동시에 품고 있음이니, 곧 파사분은 中道의 표현인 双遮 双照를 배대시키면 쌍차에 속하고 뒤 공능분은 쌍조에 대가 된다. 이 「막음」(遮)은 萬有의 침몰인 寂의 뜻을 가지고 있으며 비춤(照)은 波羅蜜 本地의 自發光이니 萬無가 살아남이다.
· 이곳은 寂照同時 지점이다. 그래서 이 문장은 앞 파사분에 붙혀 새기기도 하고, 뒤 공능분에 미루어 읽기도 한다.

⟨菩提薩埵⟩ bodhisattva
· 道心衆生, 覺有情
· bodhi(覺) + sattva(衆生)을 줄여서 菩薩.

⟨依般若波羅蜜多故⟩
· 반야바라밀 본지에 의지하는 까닭에 「마음이 반야바라밀이 되었는

고로」를 취함

※ 말을 할 줄 알고 말을 들을 줄 알고 글을 쓸 줄 알고 하는 이놈이 바로「나」이어서 둘이 아닌 까닭에 무엇을 의지하는가? 의지하면은 功能分의 双照된 實相地의 自發光이 아니고, 또 無所得의 所得일 수 있는가?

〈心無罣碍〉 a-cittāvarana
- 마음에 걸림이 없다. 마음을 덮는 것이 없다.
- 罣는 掛(건다)다. 碍(礙)는 장애, 지장, 방해한다.
- Conze는 without thought-coverings으로 영역함.
  a …… 없는
  citta …… 생각, 사념
  avarana …… 덮개, 장애, 방해
- 안으로는 주관인 내가 공하고 밖으로는 경계가 공하여 自他간에 一貫하여 공하니, 또한 모든 법이 상이 없음을 알고 마음이 無罣碍에 문득 든다.

  만약 일체 경계가 相 없음을 알지 못하면 밖으로는 相에 걸리고 안으로는 두려움이 일게 된다.
- 생각의 비상을 막는 두가지 장애(二障)에서 벗어난 상태.
  煩惱障 : 煩은 몸이 번거롭고, 惱는 마음이 산란함을 말하며 貪(욕심)·瞋(시기심)·癡(어리석음)가 있다.
  所知障 : 아는 바의 장애, 즉 知的오염을 말하며 이는 주의, 사상, 종교, 학문 등이 있다.
- 이 두가지 장애는 마음이 오롯이 드러남을, 즉 波羅蜜 本地의 現前을 막는다.
- 無明으로 인한 망념의 착각을 벗어나 明이 드러난다.
  원래 상태로 돌아올 것이 없음을 안다. 당초부터 걸림이 없었다.

〈顚倒夢想〉 Viparyāsa

- 뒤바뀐 꿈같은 헛된 생각.
  衆生見인 우리들의 생각.
- 波羅蜜 本地인「나」를 여실히 알지 못하고 착각하여 망념을 일으키고 망념위에 생각그 견해를 더욱 확고히 하여, 참나에 대한 망실을 하고 이 망실이 「나」인줄 알고 자신으로 삼는 뒤바뀐 생각.
- 이는 결국 착각, 망념, 망각, 망실, 자기상실을 가져오고 자기상실은 인간상실을 가져온다.
- 遠離顚倒夢想의 遠離는 멀리 벗어난다, 여읜다로 번역되지만, 실은 무엇이 떠날 것이 있어서 떠남이 아니고, 벗어날 것이 있어 벗어남이 아니라 원래 제자리에 있었지 어디로 떠나간 것은 하나도 없다. 단지 우리의 顚倒된 착각의 생각이 떠나 갔던 것이다.
- 有爲의 네가지 顚倒와 無爲의 네가지 顚倒.
  有爲의 顚倒는 범부중생이 이 현상물질계가 無常·無我·無樂·無淨인데 그것이 常·樂·我·淨이라 妄執하는 것이고 無爲의 顚倒는 二乘네(聲聞·緣覺)가 이 生滅세계에 대해서는 철저한 견해를 가지고 있지만, 常·樂·我·淨인 波羅蜜 本地 조차도 無常·無樂·無我·無淨으로 妄執하는 것을 말한다.
- 바로 이 두가지 잘못된 것, 즉 顚倒妄想을 멀리 벗어나야 大乘菩薩이다.

〈究竟涅槃〉 Nirvāna

- 더 나아갈 수 없는 涅槃
- 보살은 반야를 가짐으로 生死에도 걸리지 않으며, 중생에 대한 자비심으로 열반에 안주하지도 않는다는 無住處涅槃을 말한다.
- 일체의 妄念이 원래 일어남이 없음을 아는 까닭에 究竟涅槃이라 한다.

・산스크리트 니르바아나의 음역

불교의 이상향이며「탐욕의 소멸」「滅」「寂滅」「空寂」등으로 소승 원시불교에서는 지칭된다. 이것은 신성시되고 도저히 근접치 못하는 고정화된 집착적인 경향이 일어남. 그래서 大乘的인 적극적 성향을 띤 常·樂·我··淨의 성스러운 德을 갖추었으며 이것이 自發光하는 眞空妙有의 개념으로 사실화 되었음. 곧 究極涅槃은 無住處涅槃만임을 唯識論에서 일컬어 진다.

・Nir-vā, 즉「불어 끄다」에서 온 말. 번뇌의 불을 불어 끈 상태.

〈 講 義 〉

```
以無所得故
菩提薩埵 依般若波羅蜜多故 心無罣碍
無罣碍故 無有恐怖 遠離顚倒夢想 究竟涅槃
```

오늘은 앞 破邪分 117字에 이어 功能分 두문단 61字 가운데 첫째 대문인 보살이 열반을 얻는 39字가 講義되겠습니다.

이 파사분은 중생의 뒤바뀌고 잘못된 妄見着念을 두들겨 박살내어 곧 흔적이 남지 않도록 하여 波羅蜜 本地가 자연 드러나도록 함을 말하고, 공능분은 낭연히 노정된 바라밀 본지의 샘솟는 듯한 自發光의 공덕과 성능을 이르는 것입니다.

이 파사분과 공능분을 中道의 표현인 双遮双照에 배대시켜 보며는 양쪽으로 치우친 견해, 즉 우리 범부중생이 낸 어떤 견해이든 邊見이 되는 까닭에 이것을 막아서(遮) 혹은 융합하여 실상본지가 드러나게 하는 것, 바로 이것이 双遮인 破邪分이 되는 것입니다.

그리고 破邪하여 볼록 드러난 波羅蜜 本地, 비유하건데 無限長空에 한점의 구름도 없이 낭연히 獨存하는 태양과 같이 넉넉하고 의젓하며 또 무차별 내리 쏫는 自發光의 聖스러운 德, 이것이 双照라 표현되는 功能分인 것입니다.

좀더 中道의 여러가지 표현을 들면 双遮双照, 眞空妙有, 双泯双存, 心淸淨心光明, 自利利他, 常寂常照 등이 있는데 앞 두자는 破邪分을 이르고, 뒤쪽 두자는 破邪하므로 나타나지는 聖스러운 공덕과 성능인 功能分이 됩니다.

  그러므로
  사리자야
  깨달았는 일이 없기 때문에
  (是故 舍利子 以無所得故)

여기 이 講義는 玄奘 三藏의 번역본을 底本으로 하여 강의되어지고 있지만 앞 〈無智亦無得〉과 지금 〈以無所得故〉의 귀절은 Conze가 유포시킨 세칭 Conze 산스크리트본을 취하여 새기고 있음을 밝힙니다. 즉 〈無智無得亦無不得〉〈是故 舍利子 以無所得故〉한 法月스님의 번역은 Conze本과 같은 유형의 산스크리트본의 번역이라 추정되는데 저도 이쪽을 취하는 것이 더욱 전달되는 감이 강하다는 판단 때문입니다.

〈以無所得故〉는 注疏하는 師家에 따라 破邪分에 걸치어 새기기도 하고 뒤 功能分에 미루어 읽기도 합니다. 왜냐하면 이곳이 遮照同時 지점이기 때문입니다. 이 막음(遮)은 모든 현상과 사념이 침몰되는 寂의 뜻이며, 비춤(照)은 波羅蜜 本地의 自發光이니 문득 寂의 萬無가 살아남을 말합니다.

無所得
얻는 것이 없는 얻음

과연 무엇이 所得의 無所得인가 ?
위 無所得은 깨달음이 없는 깨달음 즉 無所得之所得을 가르킵니다. 그럼 經文上 나타난 觀音聖者의 말씀을 들어 無所得이라 부르는 所得을 밝혀 볼까 합니다.
〈以無所得故〉의 無字 한 字야 말로 破邪分 117字를 총괄하는 無이니 눈 푸르게 살필 일입니다.

위 破邪分 117字의 無五蘊, 無十二處, 無十八界, 無十二因緣, 無智, 無得, 無不得하며 숨가쁘고 끝없이 波羅蜜 本地를 노정하기 위하여, 침몰해 가다 문득 솟아나는 저 無所得의 無, 이 無야말로 寂滅의 無이며 實相本地의 無인 것입니다.

우리는 있는 것을 有라 하고 없는 것을 無라 하지만, 이 일체를 모두 침몰시킨 이 實相地를 우리는 다시 無라 표현할 수 밖에 다른 어떤 단어를 가지고 있지 못한 것입니다. 그리고 여기에 한겹 살을 덧붙여 無所得이라 하였던 것입니다.

여기서 無이니 所得이니 함은 진실로 般若의 慧光을 무차별 照射하는 그 주체가 「나」이고 또 조사받는 波羅蜜 實相地 역시 이 몸의 출생지인 「나」여서 둘이 아닌 까닭에 所得되는 바가 있지 않은 것입니다. 이미 所得이 있었을 때는 주시하는 者와 주시받는 者가 둘이 되는 까닭에 取捨妄見을 소득한 것이 됩니다.

이 無所得之所得. 이 소득이야말로 반야가 바라밀 자체가 됨이니, 됨이 아니라 원래 당초에 반야와 바라밀과 둘이 아니고, 너와 내가 없음이니, 즉 착각적인 관념이 온통 三界가 「나」하나일 뿐인데 둘로 마음을 내었을 뿐인 것입니다. 모두 「나」인데 무엇을 얻는다는 말입니까? 반야도 「나」이고 바라밀 역시 「나」일 뿐입니다.

그리고 앞 破邪分에서 蘊·處·界의 三科와 十二緣起, 四諦·智·得·不得 없다함은 바로 雙遮한다 함이니, 이것은 바로 반야와 바라밀이 모두 나 자신의 다른 표현일 뿐인 것을 드러내기 위함이니 이때 얻어지는 것이 없는 소득이 바로 無所得인 것입니다.

그래서 涅槃經에서는 無所得을 아래와 같이 밝힙니다.

> 소득이 없는 것이야말로 참 지혜이니 보살이 이 지혜를 얻으므로 無所得이라 이름하는데, 이 무소득이 大涅槃이다. 보살이 무소득 가운데 편안히 머물러서 일체 제법의 성품이나 모양을 보지 않기 때문에 무소득이라 이름하여, 또한 무소득은 대승보살이 제법에 머물지 않은 것이라 이름하므로 大乘이라 한다.
> (無所得者 則名爲慧 菩薩得是慧故 名無所得 又無所得者 名大涅槃 菩薩安住大涅槃中 不見一切諸法性相 故名無所得 又無所得者 名爲大乘 菩薩不住諸法)

아무리 無所得之所得을 설명하여도 그것은 설명이고 이론일 따름이지 즉설할 수 있는 다른 도리는 없는 것입니다. 이곳이야 말로 絶思量하고 離言說한 곳이구나 하는 짐작은 어디까지나 이론의 이해이며 논리의 수긍일 뿐인 것입니다. 그래서 저도 다른 도리가 있을 수 없는 것입니다. 만부득이 古人들이 얻은 無所得之所得을 들어 보이므로 척임을 감당하고자 하며 여러분은 擧揚하는 즉시 스스로 주체적으로 領會하는 수밖에 없음을 거듭 말씀드리는 바입니다.

馬祖道一禪師의 法弟子 가운데 大珠 慧海禪師가 계셨습니다. 마조스님은 禪門에서 법제자가 가장 많았던 일대 종사로서 그의 법제자가 무려 88人이라 전해 집니다. 지금 제가 소개하고자 하는 이 道話에도 나타나지만, 자기의 본래면목의 발견 이것이 見性이요 확철대오이며 波羅蜜 本地와 영회하는 것입니다. 이 바라밀 본지가 되었을 때 진실로 所得함이 없게 됩니다. 거듭 말씀드리지만 所得이라는 관념, 이 개념이 본래 없던 자리로 회귀되니까, 無所得이 所得일 뿐입니다. 그럼 禪門拈頌 270話와 그에 대한 偈頌을 살펴보기로 하겠습니다.

大珠慧海선사가 처음에 馬祖를 뵈니, 마조께서 물으셨다.
"어디서 오는가?"
대주, 대답하시되
"월주 대운사에서 옵니다."
"그대는 여기까지 무엇하러 왔는가?"
"저는 佛法을 구하러 왔습니다."
대주가 간청을 하자 조사께서 곧 말씀을 하시었다.
"나는 그대에게 아무것도 줄 것이 없네. 나에게 한 물건도 없고, 또 내한테 무슨 불법을 배울 수 있으리라고 생각하는가? 왜 그대는 자기집의 보배는 돌보지 않고 멀리떠나 방황하는가?"
깜짝 놀란 대주는 물었다.
"저의 보배라니 무슨 말씀입니까?"
곧 조사께서는 간절히 말씀하시었다.
"다른 사람이 아니라 내게 질문하는 바로 그 사람이 보배이지. 그 보배안에 일체 모자람이 없이 다 갖추어 있네. 자네는 그것을 자유롭게 사용할 수 있으며 그 원천은 마르지 않네. 구태여 밖에서 찾을 필요가 어디 있겠나?"

　말끝에 본심을 스스로 아는 것이지, 깨달음을 이해하는 것이 아님을 대주스님께서는 아시고 기뻐 뛰면서 절하고 물러 났다.
(大珠慧海禪師 初參馬祖 祖問曰 從何處來 曰越州大雲寺來 祖曰 來此擬須何事 曰 來求佛法 祖曰 自家寶藏不顧 拋家散走作什麼 我這裏 一物也無 求什麼佛法 師遂禮拜問曰 阿那介是慧海自家寶藏 祖曰 即今問我者 是汝寶藏 一切具足 更無欠少 使用自在 何假向外求覓 師於言下自識本心 不由知覺 踊躍禮謝)

(禪門拈頌 8卷 270話[1])

　곧 추리와 사유에 의하여 本心 즉 파라밀 본지를 지각하는 것이 아니라 無心 가운데 홀연히 돈오함을 말하고 있으며 구하고 얻을 것은 도무지 없음을 아는 이것이 見性頓悟임을 이르고 있음을 알 수 있습니다.
　그럼 이 이야기를 듣고 후대의 조사님네들이 上堂法門으로 인용하신 이야기가 두 편 소개 되어 있으니 이것을 소개해 드릴까 합니다.

　黃龍 慧南선사가 상당하여 이 이야기를 듣고는 말씀하시었다.
"그대들 모두가 제각기 자기의 보물창고가 있거늘, 어째서 활용하지 못하는가? 단지 고개를 돌리지 못하기 때문이다." 하시고는 禪床을 치고 자리에서 내려 오셨다.

---

1) 禪門拈頌 : 30卷으로 된 선서. 1226(고려 고종 13년)에 조계산 수선사에 있을 때 慧諶국사가 엮었음. 佛祖가 평석(拈)하고 노래(頌)한 것들 약 1125則을 모아 펴냈으나 지금 전해지지 않고, 고려대장경에 실린 선문염송집이 가장 오래되었다. 이것은 처음 혜심이 엮은 1125則에다 曹溪老師가 347則을 더하여 편집유포한 것이 지금 현존하고 있다.

(黃龍南 上堂擧此話云 汝等諸人 各有自家寶藏 爲什麽不得其用 只爲不廻頭 擊禪床下座)

　　天寧琦선사가 시주의 開藏법회 청을 받고서 상당하여 말씀하시었다. "마조선사가 지시한 보물창고가 그렇게 분명하니, 여러분은 알겠는가? 만일 안다면 자기의 보물창고도 그러하겠지만, 그렇지 못하다면 5천 48권이 귀절마다 분명하니, 다시 한번 자세히 살피라."
(天寧琦 因施主請開藏 上堂擧此話云 祗如馬大師指示寶藏 恁麽分明 諸人還會也無 若也會去 自家寶藏 亦乃如然 其如未會 五千四十八卷 句句分明 更須子細看過)

　　그리고 이 無所得之所得의 이해를 더욱 깊게 하기 위하여 禪의 公案 하나를 음미하기로 하겠습니다. 여기에서 아는 것도 스스로의 일이요, 알지 못함도 스스로의 일인 것입니다.
　저가 소개하는 이 公案은 趙州錄이나 禪門拈頌 등 중요 禪書에 꼭 소개되어 지고 하는데, 이런 알려진 話頭일 수록 더욱 우리를 꼼짝 못하게 합니다.

　　趙州선사에게 어떤 중이 물었다.
"어떤 것이 趙州입니까?"
"조주, 아 조주는 동문·남문·서문·북문이지."
스님께서 냉큼 대답하시자,
"아니, 스님 그런 것을 물었던 것이 아닙니다."
중이 정색을 하며 말하자, 스님께서 말씀하시었다.
"그대가 조주를 물었는가?
　……… 쯔!"

(趙州因僧問 如何是趙州 師云 東門 南門 西門 北門 僧云 不問者介 師云 邇問趙州響

여기에서 물론 學人은 趙州라는 都城에 대하여 묻지 않았고, 조주스님 역시 趙州城에 대하여 말씀하시지 않았습니다. 그는 趙州古佛의 禪家風에 대하여 물었고, 조주스님 역시 친절하시어 부끄러운 줄 모르고 옷 속에 있는 중요한 것을 내 보였습니다.
여기에 저가 着語를 하여 이해를 도울까 합니다.

「무엇이냐구? 그야 동문·남문·서문·북문이지. 여기서 내가 너에게 무엇을 감출 수 있다고 생각하는가. 눈앞에 다른 길은 없다. 누구이든 이 문을 통해야 들어올 수 있어, 아니 이미 너는 城에 있다. 아는가」

禪門拈頌은 四十則에 이 公案을 담고 있으며 이 公案에 대하여 여러 禪師님네의 偈頌과 이 公案에 관련된 上堂法門을 엮어 놓았는데, 몇편 소개해 드리고자 합니다.
여러분은 다시 한번 눈을 감고 온 몸으로 살펴 보길 간곡히 부탁드립니다.

설두 중현선사가 송하였다.

한귀속에 7개를 담아 마주보며 달려드니
다이아몬드 같은 눈매엔 먼지 한점 안보인다.
동문과 서문, 남문과 북문이 마주 섰는데
무수한 철퇴로 쳐도 열리지 않네

(雪竇顯頌
　句裏呈機劈面來
　爍迦羅眼絶纖埃
　東西南北門相對
　無限輪鎚擊不開)

　두번째 연의 삭가라(爍迦羅)는 금강, 다이아몬드 즉 견고하다는 뜻입니다. 바로 자신만만한 사람의 안목은 빈틈이 없이 정확하다는 말입니다.

　굳센 빙산철벽인 禪의 四門, 핵폭탄을 놓아도 무너지지 않는 것이지만 사랑하는 낭군에게는 언제나 허락하는 법입니다. 앞 게송에서 매섭고 닫힌 기개를 보았으니, 四通五達되어 빗장하지 않았을, 無所得이므로 所得이 되는 도리를 맛볼까 합니다.

　불감 혜근선사가 송하였다.
　四海에서 소문을 듣고 예까지 와보니
　주인 노인 말 소리에 개울물 속삭인다.
　대문 앞은 모두가 장안으로 통하는데
　잠기는 장치없는 자물쇠, 밤에도 잠그지 않네.
(佛鑒勤頌
　　四海聞名到此間
　　主翁言語水潺潺
　　門前盡是長安路
　　金鏁無鐍夜不關)

여러분 눈앞에 두갈래 길이 없습니다. 바로 니닫이십시요.
무슨 자물쇠가 있단 말입니까?
여기 옛적에 한 선지식의 멋진 대답이 있습니다. 이것으로 이 중요한 귀절의 결론으로 삼고자 합니다.

黃龍悟新선사가 설날에 上堂하여 이 이야기를 듣고는 말씀하시었다. "조주노인이 한가지 비결이 있으니, 네 대문 열어 길을 활짝 틔웠다. 문 안에 들어오면 밝고 희고 맑음이 있나니, 문 밖엔 나서거든 누설치는 말라. 한가닥의 실마리를 열어 그대에게 이르노니, 설날이란 원래가 큰명절이다."
(黃龍新 元正日 上堂擧此話云 趙州老有一訣 四門開道通徹 入門來明皎潔 出門去莫漏泄 通一線爲君說 元正日大年節)

진실로 그러함을 보았습니까?
「설날은 원래가 큰 명줄입니다. 오신선사의 자비의 말씀입니다. 그러나 오늘 저가 이미 떨었는 오신스님의 망신에 더 망신을 보태겠습니다. 설날은 큰명절이고 또 정월 초하룻날입니다.」

보살은 반야바라밀다가 되어
마음에 걸림이 없다.
(菩提薩埵 依般若波羅蜜多故 心無罣碍)

일반적으로 「보리살타가 반야바라밀에 의지하는 까닭에」로 번역되어 집니다. 물론 반야바라밀다에 의지하였으므로 마음에 걸림이 없다로 쓰여진다 하여 잘못되는 것은 아니지만 자칫 잘못하면 의지하는 놈과 의지되어 지는 놈이 서로 떨어져 사유전달될 가능성이 많으므로 저는 「보살이 반야바라밀다가 되어 마음에 걸림이 없다」로 번역하였습니다. 그래서 앞 註에서 「말을 할 줄 알고 말을 들을 줄 알고 글을 쓸 줄 알고 하는 이놈이 바로 「나」이어서 둘이 아닌 까닭에 무엇을 의지하는가? 의지하면은 功能分의 쌍조된 實相地의 自發光이 아니며, 또 無所得의 所得일 수 있겠는가?」라고 밝혀 놓았습니다.

마음에 걸림이 없다.
心無罣碍

산스크리트語로는 acittavarana입니다.
a는 없는, 無로 번역되었고 citta는 생각, 사념이 되며 avarana는 덮개, 장애, 구속을 말합니다.

곧 無罣碍라 한역되었는데, 여기서도 罣란 掛 즉 「건다」이며 碍란 지장, 장애, 방해한다는 의미여서 罣碍에란 「걸림이 있다」이며 心無罣碍란 마음에 걸림이 없다로 번역되는 것입니다.

Edward Conze는 영역을 하면서 without thought coverings로 하였는데, 역시 마음에 덮개가 없는 즉 非思惟의 次元을 말합니다. 사유의 덮개 (thought covering)인 罣碍에는 두 가지가 있는데, 煩惱障과 所知障을 二障이라 하며 이 二障은 중생이 일으키는 갖가지 번뇌 망상을 말합니다.

번뇌장의 煩은 몸이 어지럽고 번다함을 말하고, 惱는 마음이 산란함을 말하는데 貪(욕심), 瞋(시기심), 痴(어리석음)의 三毒이 있습니다. 所知障이라 하면 아는 것이 우리의 본래성품을 가로막아 구속함이니, 바로 知的 오염을 말합니다. 사상, 주의, 신앙, 철학, 종교, 학문이 우리의 본래면목을 가리는 것을 가리킵니다.

우리 인간은 아니 모든 존재는 원래 자유인이고 완성된 者인 것입니다.
　淸淨實相地에서 태양이 빛을 쏟듯 自發光하는 이 聖스러운 德의 功能인 우리의 삶, 그리고 존재, 이것을 보는 시력 아니 마음의 눈을 思量分別하는 앎이 구름이 되어 가립니다.
　위에서 말씀한 두가지 장애는 곧 한 말로 표현하면 妄念인 것입니다. 이것은 바라밀 본지의 청정한 실상을 똑바로 보지 못한 결과 생기는 착각적 의식입니다. 그것은 生死, 善惡, … 取捨의 대립되는 관념이며 한쪽으로 치우친 邊見입니다.
　바로 이 邊見이 삶의 구속으로 접어드는 無明을 부르며 生老病死憂悲苦惱를 부르는 시초입니다.
　앞에서도 언급하듯이 우리의 본래 근원인 바라밀 실상지는 어느 다른 것의 힘에 의하여 이러한 구속과 속박을 받아 인간성의 상실로 가는 것이 아니라 이 막강한 生命以前者는 오직 자기 자신의 잘못 인식하는 착각에 의하는 것입니다.
　그래서 여기에 心無罣碍도 밖에서 덮혀지는 것이 아니라, 자기 자신의 착각적 현상이 자기를 덮는 것입니다. 아니 덮혀 있는 것으로 우리가 착각하고 있는 것입니다. 이「마음」, 이「나」는 밖에서 오는 무엇으로도 구속되는 것이 아니다. 우리가 밖이라 지칭되는 것은 우리의 관념이지 밖에는 아예 한 물건도 올 것이 없으며 우리 자신, 이「나」가 밖이고 안이어서 실제 밖이 없습니다. 그래서 內外明徹常寂常照하다 표현합니다.
　실로 우리는 이 자리에 그냥 있지만, 자기를 상실하고, 구속하고 번민하고 할 뿐입니다. 이것이 衆生見이고 착각적인 衆生의 妄念인 것입니다. 이러한 것들이 우리의 삶을 속박하고 우리의 본래면목을 가리는데, 이 착각적인 현상에서「참나」를 찾음이 누차 말씀드리듯이 見性인 것입니다. 이 双遮후 實相本地에서 살펴보면 모두가 空하여 無所得의 所得을 맛보게 되고 마음이 非思惟의 次元에 머물 수 밖에 없게 됩니다. 또 무수히 일어나는 妄念이 저 스스로 일어나고 사라졌을 뿐, 한치도 이 眞面目은 떠나 있지 않았고 또한 장애 받지 않았음을 문득 깨닫는 것이 頓悟라 이릅니다.

실로 이 자리는 원래 우리의 자리여서 새삼스러이 닦아야 할 것도 없습니다. 그래서 頓悟하면 頓修될 뿐인 것입니다.

頓悟란 착각적인 장애 현상에서 바라밀 본지가 오롯이 현전됨을 말합니다.

아! 실로 우리는 우리의 마음은 罣碍가 아닌 것입니다.
그래서 우리는 애초부터 衆生이 아니었습니다.
그럼 무엇인가?

일체의 걸림이 없으므로
마음의 두려움이 없으며
마침내 뒤바뀐 꿈같은 세상을 멀리 여의어서
문득,
더 나아갈수 없는 涅槃에 든다.
(無罣碍苦 無有恐怖 遠離顚倒夢想 究竟涅槃)

일체의 지혜도 얻음과 못얻음도 모두 막고 융합하여, 즉 双遮하여 드러나는 無所得, 이 無所得의 自發顯으로 우리의 마음은 無功用의 저절로 상태인 까닭에 마음의 걸림이 없을 뿐 아니라, 相에 대한 집착이 떨어져 있으므로 두려움이 있을 수 없습니다. 双遮되므로 双照되는 것은 지극히 당연한 것입니다.

그래서 마침내 착각과 망집으로 인한 가치가 뒤바뀐 헛된 생각을 일으켜 건립한 꿈같이 허망한 세상을 멀리 벗어나 가지막 더 나아갈 수 없는 涅槃에 듭니다.

여기서도 멀리 벗어난다는 遠離는 바라밀 본지인「나」를 여실히 알지 못하고 착각으로 망념을 일으키고, 이 망념의 幻影에 생각과 견해를 더욱 확고히 하므로 참나에 대한 망실로 나타난 假我를「나」인줄 아는 뒤바뀐 생각에서 원래「나」뿐인 자리로 還至本處함을 말합니다.

뒤바뀐 꿈 같은 세상을 멀리 여의어서
(遠離顚倒夢想)

멀리 벗어나지만 실은 떠날 것이 있어 떠나고 벗어날 것이 있어 벗어남이 아니라 우리는 한치도 움직임이 있었음이 아니고 당초의 자리 그대로 있었습니다. 단지 우리의 顚倒된 착각의 생각이 아지랑이 같이 아물거리고 피어났을 뿐이 었습니다.

여기에 두가지 顚倒가 있습니다.

하나는 범부중생의 착각인 有爲의 四顚倒이고 다른 하나는 어느 정도 생각이 맑아진 聲聞, 緣覺의 二乘네의 無爲의 四顚倒입니다.

有爲의 顚倒는 우리 같은 妄執의 幻影에 겹겹이 둘러싸인 중생이 지금 살고 있는 이 현상물질계가 無常·無我·無樂·無淨일 뿐인데, 그것이 영원한 것(常)이고, 환락이며(樂), 假有해 있음을 망각하고 나라는 실체가(我) 있으며, 맑고 깨끗히 살고 있다는(淨) 생각입니다.

또 無爲의 四顚倒는 아직 無上正等正覺에 이르지 못한 小乘의 聲聞 緣覺, 二乘네가 妄執을 가짐을 말합니다. 그들은 이 물질세계인 우리 현상생멸계가 無常하며 無我이며 또 결코 기쁜 것이 아니며 깨끗한 것이 아니다 하는 철저한 견해는 가지고 있지만, 常樂我淨인 바라밀 본지 조차도 無常·無樂·無我·無淨으로 妄執함을 이르는 것입니다. 바로 이 두가지 顚倒된 망견을 벗어나야 열반, 더 나아갈 수 없는 究竟涅槃에 문득, 드는 것입니다.

靖邁스님은 그의 〈般若心經疏〉에서 〈無罣碍故 無有恐怖 遠離顚倒夢想〉을 다음과 같이 설명합니다.

> 無罣碍故 無有恐怖라 한 것은 無相解脫門을 밝히는 것이다. 모든 법이 너와 내가 모두 空함을 증득하는 까닭에, 모든 법이 相이 없음을 알 수 있다. 왜냐하면 만약 제법의 相없음을 알지 못하면, 밖으로는 相에 걸리게 되고, 안으로는 많은 공포가 있게 된다. 반면에 제법의 相 없음을 증득하게 되면 밖으로는 相에 걸리는 일이 없고, 안으로는 아무런 공포도 없게 되기 때문이다.
>
> 遠離顚倒夢想이라고 한 것은 無願解脫門을 밝힌 것이다. 법에 자성이 없음을 증득함으로 말미암아 밖으로는 相에 걸리지 않고, 안으로는 공포가 없게 되기 때문에 모든 법은 뒤바뀐 것이요, 마치 꿈꾸는 것 같이 허망하고 실답지 않음을 알게 된다.
>
> (無罣碍故 無有恐怖者 此明無相解脫門 由證諸法自他 俱空故 則知證無相 所以然者 若不知諸法無相 外爲相碍 內多恐怖 若證諸法無相 外不爲相碍 內則無有恐怖也 遠離顚倒夢想者 明無願解脫門 由證法無性 外不爲相碍 內無恐怖故 達知諸法 但是顚倒 猶如夢想 虛妄不實)

곧 이것은 본래 實相을 명료하게 보지 못한 까닭에 생겨난 착각의 幻影, 이 假有를 眞有로 妄執함이 바로 顚倒요 夢想인 것입니다. 또 이 假有에다 삶의 의미를 부여하고 가감승제를 거듭하는 것이 중생의 삶입니다. 곧 이 假有에 부여한 영원하고, 즐겁고 또 이것이 변하지 않는 眞我라 생각하며, 가장 고상하고 정갈한 것이라 생각하는 확신이 차츰 무너져 내리는데 오는 두려움, 이렇게 친숙하며 정감있는 이 세상에 홀로 사라져 버려진다는 불투명한 生死에 대한 두려움과 이러한 뒤바뀐 생각, 또 무의미하고 헛된 꿈같은 삶은 실다운 내가 안으로는 없으며 밖으로는 모든 존재에 자성이 없음을 알므로써 문득, 근원지인 바라밀 본지로 환처함에 있음을 말씀하시는 것입니다.

　　문득,
　　더 나아갈 수 없는 涅槃에 든다.
　　(究竟涅槃)

　　열반은 산스크리트語로 Nirvāna입니다. 이 어원은 「불어 끄다」의 의미를 지닌 Nir-vā에서 온 것입니다. 곧 번뇌와 갈애의 불을 불어 끈 상태를 의미합니다.
　　이 열반, 니르바아나는 초기 원시불교이래 불교의 이상향으로 받들어졌는데, 이것이 잘못 이해되어져 虛無, 空無, 죽음의 상태로까지 해석되었습니다. 특히 우리와 전혀 다른 서양에 불교가 소개되면서 두드러지게 나타난 현상입니다. 그리고 小乘불교권에서는 이 涅槃을 「탐욕의 소멸」 「寂滅」 「空寂」 등으로 지칭하며 소극적인 의미로 사용되었습니다. 그러면서도 소승권에서는 이 부정적인 언어로 나타낸 절대 경지를 사람이 살아서는 근접할 수 없는 무슨 특별한 경계이거나 한 것 처럼, 신성시 우상시 하여 집착하는 경향이 만연되었습니다.
　　그럼 이 涅槃에 대한 초기 원시불교에서 어떻게 말씀하였나를 경전을 통하여 부처님이나 그 제자들의 말씀을 직접 듣기로 하겠습니다.

여기에 질문을 하는 사람은 閻浮車라 하는 舍利子의 옛 친구이며 대답은 바로 부처님의 제일 제자 舍利子입니다.

"舍利子여, 열반, 열반하는데 도대체 열반이란 무엇인가?"
"벗이여, 열반이란 탐욕의 소멸, 성냄의 소멸, 어리석음의 소멸, 이 일체의 번뇌가 영원히 다하는 이것이 바로 열반이라 한다."
"그렇다면 그 열반을 실현할 방법이 있는가? 있다면 어떻게 하여야 하는가?"
"벗이여, 있다. 바로 8정도가 그것이다. 곧 올바른 견해, 올바른 마음씨, 올바른 말, 올바른 행위, 올바른 생활, 올바른 노력, 올바른 생각, 올바른 정신통일이다."

－雜阿含 18卷 閻浮車經－

위에 인용한 원시 근본경전에 나타난 舍利子의 열반에 대한 대답은 실로 간단하면서도 명쾌하여 더 설명을 보태거나 삭제해야 할 짬이 없습니다.

후세에 大乘經典이나 師家들의 주석서에 나타나는 中道, 즉 열반의 표현들인 双遮双照 眞空妙有, 自利利他, 心淸淨心光明, 双非双亦, 의 源流라 하겠습니다. 탐욕의 소멸이나 성냄의 소멸 혹은 어리석음의 소멸이든지, 번뇌의 영원한 멸진이라 함은 바로 양쪽에 치우친 邊見을 막는 곧 非有非無의 双非하고 双遮되는 眞空의 心淸淨을 말하며, 또 양변에 치우친 견해를 막는다 하면 결국 自利를 말함이니, 이제 곧 心光明의 妙有가 聖德으로 照射될 따름입니다. 이 双遮되는 言說不到處인 바라밀 본지가 바로 열반이니 실로 一

物에 대한 異名입니다.

이후의 이 열반은 적극적이며 활동적인 실생활과는 둘이 아님이 大乘師家들에 의해 밝혀졌습니다. 이곳은 참으로 영원하고, 즐겁고, 깨끗한 곳이며 온갖 聖德을 갖추어 自發光하는 곳이며, 상태인채 진행하고 있는, 그런 眞空妙有이며 自利利他의 강력한 곳임을 말하게 되었습니다.

이것이야말로 공간으로 보아서는 無限界이며, 시간으로 보아서는 이 시간을 초월하고 생각으로 보아서는 非思惟의 차원을 이르며, 항상 지혜와 자비광명이 미래의 끝이 다하도록 중생을 보호하고 감싸 주고, 또한 중생이 自發光의 행위가 다하도록 하는 그 놈임을 말하는 것입니다.

중생을 위하여 生死에도 머물지 않고 열반에도 머뭄이 없이, 聖스러운 德을 끊임없이 보여주되 늘 寂照한 까닭에 涅槃이라 하는 無住處涅槃을 이르는 것입니다.

여기에 究竟涅槃을〈이렇게 이렇게 하여 마침내 열반에 이른다〉하는 식의 열반에 이르는 경로 혹은 결국 열반에 이를 수 밖에 없는 어떤 원인의 결과도 究竟涅槃이라 경전에 쓰여진 것이 아닙니다.

여기 이 말씀은 더 나아갈 수 없는, 그래서 앞으로 두발 가면서 동시에 두발 뒤로 물러서는 도리인 즉, 無住處涅槃이라 하는 것입니다. 究竟涅槃한다거나 涅槃에 究竟한다거나 모두 결국 문득 알고 나면 모두 한 곳으로 모여서 닮아지지만, 더 나아갈 수 없어서 머물지 않는 涅槃을 지칭하는 것입니다.

그럼 究竟涅槃에 대한 南陽 慧忠國師의 말씀을〈般若心經三注〉에서 살펴볼까 합니다.

혜충스님이 이르기를 마음에 만약 생기는 것이 있으면, 곧 없애야 할 것이 있게 되고, 마음에 본래 아무것도 생기지 않는다면 실로 없애야 할 것이 가히 없다. 생길 것도 없앨 것도 없는 것을 이름하여 열반이라 한다. 究란 것은 〈다한다〉는 뜻이고 竟이란 것은 〈마친다 : 盡〉는 뜻이다. 과거·현재·미래에 이어지는 티끌 같은 망념이 본래 생기지도 멸하지도 않았음을 아는 까닭에 究竟涅槃이라 한다.
(忠云心若有生 卽有可滅 心本無生 實無可滅 無生無滅 名爲涅槃 究者窮也 竟者盡也 三世塵勞 妄念本無生滅 故云 究竟涅槃)

다음은 우리나라의 성스러운 스승이신 元曉스님의 말씀을 들어 보기로 하겠습니다. 인용원전은 〈涅槃經宗要〉[2]입니다.

열반의 도는 도가 없으면서도 도 아닌 것이 없고, 머무름이 없으면서도 머물지 않음이 없다. 그러므로 이 도는 지극히 가까우면서도 지극히 먼 것임을 알 수 있다. 따라서 이 도를 증득한 사람은 그지없이 고요한 동시에 또한 그지없이 시끄럽다. 그지없이 시끄러우므로 八聲을 두루 떨쳐 허공을 다니면서 쉬지 않고, 그지없이 고요하므로 十相을 멀리 떠나 진리의 끝과 하나가 되어 담연하다. 지극히 멀기 때문에 가르침을 따라 가면서 천겁을 지나도 이르지 못하고, 지극히 가깝기 때문에 말을 잊고 찾되 한 찰나에 스스로 만난다.

이 경은 불법의 큰 바다요, 대승(方等)의 비밀창고이며, 그 가르침은 측량하기 어렵다. 실로 넓고 탁 트이어 가이없고 매우 깊어 밑이 없다. 밑이 없기 때문에 다하지 않음이 없고, 가이 없기 때문에 갖추지 않음이 없다.

여러 경전의 부분을 통합하여 온갖 흐름을 一味로 돌아가게 하고,

---

2) 涅槃經宗要는 大正新脩大藏經 제38卷과 東文選 83권에 수록되어 있으며 두 권을 비교하면 한자가 약간 다르나 내용상 큰 차는 없다. 이 원전은 東文選기록이다.

지극히 공정한 부처님의 뜻을 열어 모든 사람이 서로 다른 의견을 내세워 다툼을 화해시킨다. 이리하여 시끄럽게 떠들어대는 四生을 無二實性으로 돌아가게 하고, 오랜 잠에서 꿈꾸는 중생들을 한결같이 大覺의 極果에 이르게 한다.

극과의 큰 개달음이라 함은 實性을 체득하여 마음을 잊는 것이고, 無二實性이라 함은 참된 것과 거짓을 섞어서 하나로 만든다는 것이다. 이미 둘이 없으니 어찌 하나가 있겠으며, 眞妄이 섞여 있으니 어느 것이 진실이겠는가.

이것이 이치와 지혜를 모두 잊어 버리고, 이름과 뜻이 아주 끊어진 것이니, 이것을 열반의 그윽한 뜻이라 한다. 다만 모든 부처님이 그것을 증득하고서도 그 자리에 머물지 않되, 응하지 않음이 없고, 말하지 않음이 없으니, 이것을 열반의 지극한 가르침이라 한다. 그러나 그윽한 뜻이면서도 한번도 고요한 적이 없었고, 지극한 가르침이면서도 한번도 말한적이 없었다. 이것을 이치와 가르침의 一味라 한다.

(原夫涅槃之爲道也 無道而無非道 無住而無不住 是知其道至近至遠 證斯道者 彌寂彌喧 彌喧之故 普震八音遍 虛空而不息 彌寂之故 遠離十相不臻 由至近故 妄言尋之 不過一念而自會也 今是經者 斯乃佛法之大海 方等之秘藏 其爲敎也 難可測量 良由曠蕩無涯 其深無底 以無底故 無所不窮 以無涯故 無所不該 統衆典之部分 歸萬流之一味 開佛意之至公 和百家之異諍 遂使擾擾四生 歸無二之實性 蕁蕁長睡 並到大覺之極果 極果之大覺也 體實性而之心 實性之無二也 混眞妄混也 孰爲其實 斯卽理智都之 名義斯絶 是謂涅槃之玄旨也 但以諸佛 證而不住 無所不應 無所不說 是謂涅槃之至敎也 玄之亡而未嘗寂 至敎説而未嘗言 是謂理敎之一味也)

－東文選 83卷－

마지막으로 이 대문에 대한 우리나라 圓測스님의 〈般若心經贊〉을 살펴보면서 결론으로 삼고자 합니다. 스님은 〈成唯識論〉 10卷의 말을 빌려 열반을 네 종류로 분류하여 설명하고 있습니다.

> 뜻으로 나누면 네 종류의 열반이 있다.
> 첫째 本來自性淸淨涅槃인데, 이는 비록 더러움이 있다고는 할지라도, 그 본성이 깨끗하여 헤아릴 수 없이 많은 미묘한 공덕을 갖추고 있다. 오직 眞聖者만이 스스로 內證하는 것으로, 그 性이 본래 고요하기 때문에 이름하여 열반이라고 한다.
> 둘째 有餘依涅槃인데, 眞如가 煩惱障으로 부터 자유로워졌으나, 아직도 미세한 고통이 근거하는 신체는 멸하지 못하였다. 그러나 그 덮개는 永寂하기 때문에 열반이라고 한다..
> 세째는 無餘依涅槃인데, 진여가 生死의 괴로움으로 부터 자유로워져, 번뇌가 이미 멸하였다. 나머지 근거 즉 餘依까지도 사라져 모든 고통이 永寂하기 때문에 열반이라고 한다.
> 네째는 無住處涅槃이니 진여가 所知障으로부터 자유로워지고, 大悲般若가 항상 보익함을 말한다. 그리하여 생사에도 열반에도 머뭄이 없이 중생을 이롭고 기쁘게 하며, 미래의 끝이 다할 때까지 그 기능을 다하되, 항상 고요한 까닭에 열반이라 한다.
> (涅槃義別 略有四種 一本來自性淸淨涅槃 雖有客染 而本性淨 具無數量微妙功德 唯眞聖者 自內所證 其性本寂 故名涅槃 二有餘依涅槃 謂即眞如 出煩惱障 雖有微苦 所依未滅而障永寂 故名涅槃 三無餘依涅槃 謂即眞如 出生死苦 煩惱旣盡 餘依亦滅 衆苦永寂 故名涅槃 四無住處涅槃 謂即眞如 出所知障 大悲般若 常所輔翼 由斯不住 生死涅槃 利樂有情 窮未來際 用而常寂 故名涅槃.)

결국 本來 自性淸淨한 열반을 문득 깨닫고 無住處涅槃에 계합함을 究竟涅槃이라 함이니, 곧 자재보살께서 行深般若波羅蜜多했다 함은 바로 無所得의 所得을 얻어 無住處涅槃에 들어 度一切苦厄하고 生死解脫한 大自由人이 됨을 알 수 있습니다.

2) 모든 부처님이 無上正覺을 얻음(明諸佛得菩提)

> 三世諸佛 依般若波羅蜜多
> 故得阿耨多羅 三藐三菩提

⟨NOTE⟩

○과거·미래·현재의 모든 부처님도 이 ⟨마음⟩자리를 깨달아서 가장 높고 바르고 두루한 깨달음을 이루었느니라.
ー青潭ー

○삼세제불도 반야바라밀다에 의함으로써 아뇩다라삼먁삼보리를 얻나니
ー光德ー

○삼세제불도 반야바라밀다에 의하므로 아뇩다라삼먁삼보리를 얻느니라
ー李箕永ー

○과거·미래·현재의 모든 부처님네들도
 반야바라밀다가 되어
  ⟨위없는 바른 깨달음⟩을 얻었다.
ー醉玄ー

〈산스크리트 원문과 한문 대조 및 번역〉

○ 과거·미래·현재에 계시는 깨달으신 분들 모두
(tryadhva-vyavasthitāḥ sarva-buddhāḥ
三世諸佛)

지혜의 완성 덕택으로
위없는 올바른 깨달음을 얻으셨다.
(Prajñāpāramitām-āsritya-anuttarām samyaksambodhim abhisambudhāḥ
依般若波羅蜜多故 得阿耨多羅三藐三菩提)

〈 영역본 〉

All those who appear as Buddhas in the three periods of time fully awake to the utmost, right and perfect enlightenment because they have relied on the perfection of wisdom.

〔과거, 현재 미래〕의 三世 속에 부처로 오시는 모든 이들은 한결같이 최고의, 올바른, 완전한 깨달음에 눈뜨셨나니, 그들의 지혜의 완성〔반야〕에 의지하신 덕분이라.

〈 낱말 해석 〉

〈三世諸佛〉
· 三世는 과거, 현재, 미래이다.
  佛은 산스크리트語 Buddhāḥ의 음역이다. 즉 佛陀.

· 과거, 현재, 미래의 모든 부처님네들.
〈阿耨多羅三藐三菩提〉 Anuttara-Sammak-sambodhi
· 無上正等正覺, 無上正遍正智라 한문으로 옮겨짐.
　곧 A는 無이고 nuttara(耨多羅)는 上이며, sam(三)은 正이고 mak(藐)은 평등하다의 等이며, sam(三)은 正이고 bodhi(菩提)는 覺이다. 곧 〈위없고 바르며 두루한 바른 깨달음〉, 부처님의 깨달음을 이른다.
· 줄여서 正覺이라 한다.
· 위의 阿耨多羅三藐三菩提 중 부처님의 지혜를 나타낸 말은 三藐이니 곧 正等이나 正遍으로 번역되는 부분이다.
　곧 〈바르며 두루 가득찬〉의 의미이니 부처님의 無限界 無設定性을 말하며 超時間의 이 절대 현재의 바름(正)을 이른 것이다.
· 이는 波羅蜜多의 주체적 파악을 말함이다.
　곧 반야가 바라밀다가 됨이니, 無心無念으로 一超如來地에 頓入 됨을 正覺이라 한다.

〈 講　義 〉

　　三世諸佛 依般若波羅蜜多故
　　得阿耨多羅三藐三菩提

　이 대문은 功能分 61字 가운데 두번째 작은 문단인 모든 부처님들이 보리를 얻었음을 밝힌 대문입니다. 곧 과거·현재·미래속에 부처로 오시는 모든 이들은 한결같이 반야바라밀다가 됨으로 아뇩다라삼먁삼보리가 열려졌음을 천명하신 것입니다.

전번 강의 때도 누차 언급하여 왔지만 공능분이란 바로 티한점 없이 双遮함으로 융합된 잘 닦인 大圓鏡智의 내뿜는 빛이니, 곧 바라밀 본지의 自發光하는 聖德인 双照를 이르는 것입니다.

여기서 유의할 것은 双遮되므로 双照됨이 아니라, 双遮이면 双照이니 寂照同時라는 것입니다.

경문에 三世란 과거·현재·미래입니다. 물론 이 한정과 속박없이 질펀한 시간을 우리는 과거·현재·미래라 약속하여 쓰고 있습니다. 곧 우리에게 오셨던 모든 부처님네, 또 지금 오신 모든 부처님네, 앞으로 오실 일체의 부처님들은 우리의 참모습을 일컫고 있습니다. 일체 중생은 그 중생됨을 온전히 알면 곧 부처이며 중생입니다. 단지 경문상 나타나 있듯이 아뇩다라삼먁삼보리를 이룰때 부처가 되는 것입니다.

과거·현재·미래의 모든 부처님네들
三世諸佛

佛은 산스크리트語 Buddhāh의 음역입니다. 곧 佛陀의 약칭입니다.
佛, 부처님에 대한 설명을 필자가 하는 것보다는〈金剛經五家解〉에 몇몇 선지식 스님들의 말씀을 인용하여 깊은 뜻을 발명코자 합니다.
평이한 문체와 간절한 말씀으로 禪理를 보편화시킨 공로가 지대하다고 후세 師家들에 의해 받들어지는 六祖慧能선사의 말씀을 먼저 듣기로 하겠습니다.

佛은 범어이며 당(唐)의 말로는 覺이다. 覺의 뜻에는 두 가지가 있는데, 하나는 外覺으로 모든 법이 공함을 관하는 것이고, 다른 하나는

內覺으로 마음이 공적함을 알아 六塵(육근)에 물들지 않고 밖으로 사람들의 잘못을 보지 않고 안으로는 삿된 어둠에 피해를 입지 않음에, 혹한 바가 없는 까닭에 이름하여 覺이니, 覺이 곧 부처(佛)이니라.
(佛者梵語 唐言覺也 覺義有二 一者外覺 觀諸法空 二者內覺 知心空寂 不被六塵 所染 外不見人之過惡 內不被邪迷 所惑故 名曰覺 覺卽佛也)

六祖스님의 말씀은 안으로는 주관이 공하고 밖으로는 객관이 공하여 주관과 객관이 무너져내려 內外가 明徹함이 覺인 부처님이라 정의하신 것입니다.

또 이어 野父道川 선사의 佛에 대한 말씀은 한층 심화하여 格外의 道理를 나타내 보였을 뿐 아니라 祖師禪의 골수를 보이고 있음을 알 수 있습니다. 그럼 야보스님의 禪味넘치는 말씀을 살피기로 하겠습니다.

부처님,
이는 面目없이 是非를 설하는 장부이다.

어렸을 적 이름은 悉達이고 커서 호는 釋迦였다. 사람을 무수히 제도하셨고 모든 삿된 무리를 攝伏하셨다. 만일 그를 부처라 하면, 그렇게 말하는 자기가 魔가 되리. 단지 한가지의 無孔笛을 잡아서 그대를 위해 太平歌를 부르리라.
(佛 無面目 說是非漢
小名悉達 長號釋迦 度人無數 攝伏群邪 若言他是佛 自己却成魔 只把 一枝無孔笛 爲君吹起太平歌)

또 이〈金剛經五家解〉를 說誼하신 조선 초 스님인 涵虛 得通

法대로 닦아 證得하는 대문

선사는 다음과 같이 말씀하시고 계십니다.

佛이여, 本源天眞佛이 이것이냐, 相好嚴身佛이 이것이냐?
한몸에 두 鄕心을 나누어 가졌다.

형상이 없이 도리어 형상이 있으니 사람을 만나 是非를 설한다.

세간과 출세간이 모든 중생을 이롭게 하는 방법을 갖추었다. 비록 이같으나 묘한 상은 형태가 없고 참 이름은 글이 없으니, 형태와 이름을 어느 곳에서 얻어 왔나? 江이 달을 부름을 인연하지 않았으면 어찌 萬般에 (빠짐없이 전부), 應함을 알까? 만반에 응함이여, 얼마나 한 人天이 言下에 알아서 돌아갔고, 얼마나 한 魔群들이 邪를 돌려 正에 돌아 갔는가? 이는 이 어지러움을 빼고 正에 돌이켜 태평을 얻었다. 때문에 반드시 본래 太平이 있음을 알아야 비로서 얻으니, 만일에 報身佛과 化身佛을 잡아 이것이 부처라 하면 자기의 天眞은 결국 무슨 물건인가? 그대는 49년의 부처님 흔적을 보아라. 태허공속에서 번갯불이 났다. 또한 그대여 49년의 말씀을 생각해 보라. 黃葉(經)을 권장해서 어린아이의 울음을 그치게 함이었다. 오직 한 곳에 크게 잊기 어려움이 있으니 黃葉의 잎이 無孔笛로 우리집의 劫外歌를 불겠다. 劫外歌는 어떠한 일을 노래하는가? 人天의 본래 太平을 노래하는 것이니, 어떤 것이 이 本太平인가? 사람 사람 다리 아래 청풍이 불고 개개의 面前에 밝은 달이 비친다.

(世與出世 俱是化儀 雖然如是 妙相 無形 眞名非字 形之與名 甚處得來 不因江招月 爭 知應萬般 應萬般多少一天 言下知歸 多少魔群 廻邪返正 此是拔亂返正 致得太平 須知有本太平 始得 若將報化云是佛 自己天眞 竟何物 君看四十九年迹 太虛空裏 生閃電 君看四十九年說 權將黃葉止兒啼 唯有一處 也大難忘 黃葉葉底無孔笛 吹起吾家劫 外歌 劫外歌歌何事 歌詠人人本太平 怎生是本太平人人脚下 清風拂 箇箇面前 明月白)

부처님, 이 佛身을 그 성질상 일반적으로 三分하여 설명하고 있습니다. 三身佛은 그 宗派上 용어와 그 설명이 약간씩 차이를 보이고 있으나, 그 요지를 말씀 드릴 것 같으면, 한 부처님이 法身, 報身, 化身의 三身의 공덕과 성능을 갖추었다는 것입니다. 三身即一佛이고 一佛即三身佛입니다.

三身이라 하면 法身·報身·化身 또 法身·報身·應身 또 自性身·受用身·變化身 등으로 지칭되는데, 法身은 바라밀 본지, 바로 본래면목인 진여실상을 말합니다. 法相宗에서는 自性身이라 합니다. 報身은 어려운 수행과 고행을 견디고 정진 노력한 결과로써 얻어지는 聖德이 원만한 부처님의 육신을 가르키며 化身이란 변화신이라는 말이니 알맞는 대상으로 그때 상황에 따라 화현하는 부처님의 몸을 말하며 일체의 모양으로 변화하여 중생을 이롭게 합니다. 또 應身이라 하면 보신불, 즉 수용신을 보지 못하는 중생을 제도하기 위하여 나타나는 불신으로 역사적 존재인 석가모니불과 같다고 할 수 있습니다. 학설상 약간씩 차이를 보이는데 배대하면 다음과 같습니다.

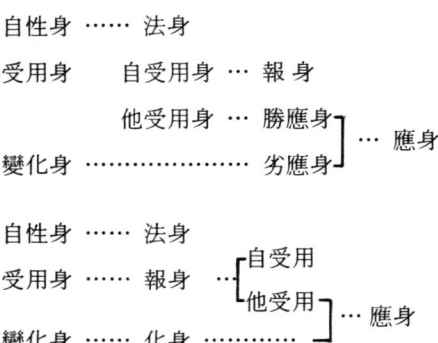

여기서 自受用身이라 하면 다른 구도자가 보고 들을 수 없는 불신으로 스스로 법락의 삼매에 든 불신을 이르며, 他受用身은 바라밀 본지에 처음 눈을 떠서 환희와 법열로 충만된 구도자, 즉 저 화엄10지로는 초지인 환희지 이상의 보살이 볼 수 있고, 또 자신이 맛 본 법열의 환희로움을 다른 중생에게도 주는 그런 佛身을 지칭함이니, 곧 이 他受用身이 역사상 현존했었던 석가모니불과 같습니다.

위의 도표에도 보이는 것과 같이 법신 즉 자성신에 대한 설명과 분류는 거의 공통되나 보신을 수용신으로 온전히 볼 때는 法身・報身・化身이 자성신・수용신・변화신으로 바로 쾌대되어 지지만, 법신・보신・응신으로 三身佛을 지칭할 때는 보신(수용신)가운데 자수용신은 보신이며, 타수용신과 화신을 합하여 응신으로 보니, 현존하였던 석가모니불을 기준으로 생각할 때는 약간 변화가 있어 산란해지기 쉽습니다. 즉 三身을 법신・보신・화신으로 나올 때는 석가모니불은 보신에 속하고 법신・보신・응신으로 볼 때는 응신에 속하게 됩니다.

그럼 法相宗의 宗祖 玄奘法師의 上足이었던 圓測스님의 〈般若心經贊〉의 이 대목을 읽기로 하겠습니다.

    첫째 自性法身,
    이를테면 진여의 체가 언제나 변함이 없는 까닭에 자성신이라고 한다. 力無畏등의 모든 공덕이 이에 의지하는 까닭에 법신이라고도 한다.
    두번째 受用身,
    능히 나와 남으로 하여금 갖가지의 大法樂을 수용하는 까닭에 수용신이라 한다.
    세번째 變化身,

중생을 이롭게 하면서 갖가지의 변화와 일들을 나타내는 까닭에
화신이라고 한다.
(一自性法身 謂卽眞如體 常不變故 名自性身 力無畏等 諸功德法所依故
亦名法身
二受用身 能令自他 受用種種 大法樂故 名受用身 三變化身 謂利有情
示現種種 變化事業 名變化身)

반야바라밀다가 되어
〈위없는 바른 깨달음〉을 얻었다.
(依般若波羅蜜多 故得阿耨多羅三藐三菩提)

앞에서 누차 강조하여 왔지만 반야의 지혜에 눈이 떠져야 본래 실상인 바라밀 본지를 볼 수 있음이니, 이는 반야와 바라밀다가 실은 같은 자리인 까닭입니다. 般若卽 波羅蜜多이니 이는 보는 者가 보여지는 者이고, 보여지는 者가 보는 者여서, 이 領會함이 廓徹大悟인 阿耨多羅三藐三菩提입니다.

阿耨多羅三藐三菩提
Anuttara-Sammak-Sambodhi
無上正等正覺
위없이 바르게 두루하며 온전한 깨달음.

아뇩다라삼먁삼보리는 산스크리트語의 한자 음역입니다.
한문으로는 無上正遍正智 혹은 無上正等正覺으로 옮겨지니, 곧 A(阿)는 無이고 nuttara(耨多羅)는 上이며 Sam(三)은 正이고 mak(藐)은 평등하다의 等이나 두루하다의 遍이며 bodhi(菩提)는 覺임

니다.

　이 阿耨多羅三藐三菩提 가운데 부처님 지혜의 쓰임을 나타내는 말은 三藐이니 곧 번역하여 無上正等正覺의 正等이나 無上正遍正智의 正遍에 해당됩니다. 正智는 바른 지혜요, 遍智나 等智는 넓고 충만한 지혜이니 이는 부처님의 깨달음의 공능이 일체원만 구족하여 자재하므로 正智이며 等智이며 遍智라는 말입니다.

　결국 앞의 天下菩薩이 究竟涅槃에 이름을 밝히는 대문이 三世諸佛이 阿耨多羅三藐三菩提를 얻음 보다는 한 단계 아래 설정된 깨달음으로 문맥상 보이고 있습니다. 그러나 다시 살피면 실은 보살이 열반을 얻음이나 삼세제불이 無上正覺을 얻음이나, 문득 한 자리에 領會하는 것입니다. 이는 중생이 가지고 있는 생각과 문장으로는 이렇게 밖에 표현되지 않을 뿐 아니라 또 저 觀音聖者께서도 우리 중생의 입장이 되어 세분화한 깊고 깊은 자비의 말씀, 이것의 결과인 것입니다.

　하여튼 이렇게 말하나 저렇게 말하나 이 阿耨多羅三藐三菩提는 바로 바라밀 실상지의 주체적 파악을 이름이니 곧 반야가 바라밀다가 됨을 말하는 것이며 진짜 無念無心으로 一超에 佛地로 頓入됨을 말합니다.

　여기에서 阿耨多羅三藐三菩提를 얻음이나 단번에 佛地에 頓入함은 다름이 아니라 이 經典의 도입단계에서도 보여 주듯이 관자재보살이 바로 반야바라밀다가 되어 五薩이 모두 空함을 照見한다 함이니 이것이 바로 관자재보살을 관자재보살이 되게 함이고, 無上正等正覺이라는 말이 생겨남이고, 또 반야가 바라밀다가 된다는 것입니다.

　이는 당초부터 있었던 우리의 본래 실상지로 여기에서 떠나 있지 않았음을 아는 것이 覺이고, 몰라서 착각한 이것이 진짜인 줄 아는 것이 不覺이며, 우리 범부중생입니다.

　중생과 깨달은 覺者와는 무슨 차이가 있는가?

　바라밀 본지인 이 자성의 몰각은 곧 자기 자신의 감정이나 바깥 경계의 착각이 이 원만자재의 自性을 한계 지위서 스스로 속박시키므로 원래 오롯하며 獨存과 自在 그대로인 스스로에게 운신의 폭을 제한하므로 결국 번뇌와 망상에 이어 자기 상실을 초래하는 것입니다.

　그러나 깨달은 부처님네는 위와 같은 자기 限定束縛은 물론 나아가 일체의 내외가 밝게 꿰뚫어져 통하여 天下가 그냥 드러나 있어 한점 꺼릴 것이 없습니다. 곧 般若의 自發光으로 인간 속박의 모든 것인 五蘊, 十二處, 十八界의 非實在性과 虛假性을 당연히 露呈시켜 오직「나」만이 오롯이 현전함이니, 이를 오직 天上天下唯我獨存이라 할 뿐입니다. 이것이 바로 반야가 바라밀됨이며 阿耨多羅三藐三菩提가 성취됨입니다.

　다음은 실제 禪宗을 형성시켰다 할 수 있는 六祖慧能선사의 아뇩다라삼먁삼보리에 대한 말씀을 들어보기로 하겠습니다. 인용원전은 〈金剛經五家解〉입니다.

　　　阿는 無를 말하고 耨多羅는 上을 말하며 三은 正, 藐은 遍을 말하고 菩提는 知를 말한다. 또 無는 때에 물듦이 없음이며, 上은 삼계에서 비교할 것이 없다는 것이고 正은 바른 견해라는 뜻이다. 遍은 일체를 온전히 아는 지혜이며 智는 모든 생명있는 것들에게는 불성이 다 있다. 단지 수행을 끝마치면 성불할 수 있음을 안다는 것이다.

　　　또 부처란 곧 위가 없는 淸淨 般若波羅蜜인 것입니다.

　　　(阿之言無 耨多羅之言上 三之信正 藐之言遍 菩提之言知 無者無諸垢染 上者三界無能比 正者正見也 遍者一切智也 智者知一切有情皆有佛性

但能修行 盡得成佛 佛者即是無上 清淨般若波羅蜜也)
－金剛經五家解 六祖解義 第 2 －

　위의 인용은 金剛經五家解의 〈六祖解義〉의 제 2 善現起請分에 나오는 육조스님의 아뇩다라삼먁삼보리의 글자풀이와 또 그 번역된 無上正遍智에 대하여 낱낱이 나누어 해석을 부치어 禪理를 보편화 시키고 있음을 알 수 있습니다. 곧 하나 하나 분석하므로 전체를 더욱 분명하게 이미지 지울 수 있게 하고 있습니다. 그리고 같은 책 제 7 의 無得無說分에서는 이러한 아뇩다라삼먁삼보리가 어떤 다른 곳, 바깥 경지로부터 오는 것이 아님은 물론, 당초부터 있었을 뿐이어서 그 번뇌망상에 따라 약을 줄 뿐이니 어디 정해진 법이 있을까 하시었습니다.

　아뇩다라는 밖으로 부터 얻는 것이 아니다. 다만 마음에 주관과 객관이 없이 오직 마음이 무아한 곳이 바로 이곳이다. 오로지 병에 대하여 약을 베풀어 마땅함을 따라 설함을 인연할 뿐이지 무슨 정해진 법이 있을 것인가 ?
(阿　多羅非從外得 但心無我所即是也 祇緣對病說藥 隨宜爲說 何有定法乎)
－五家解 六祖解義 第 7 －

　그럼 大乘 諸經典에 나타난 아뇩다라삼먁삼보리에 대한 말씀을 살펴본 후 곧바로 古人들이 領會한 아뇩다라삼먁삼보리의 에피소드 몇 편을 소개하여 책임을 감당코자 합니다.

곧 佛性을 바로 보아야 아뇩다라삼먁삼보리를 증득할 수 있다.
(卽見佛性 得阿耨多羅三藐三菩提)

－涅槃經 二－

나의 본래성품은 여래의 비밀한 보배로운 창고이니, 만약 無上正等正覺을 성취해야「참 나」를 증득하여 알게 되는 것이다.
(我性者 如來秘密之藏 若得成就 阿耨多羅三藐三菩提 爾乃證知)

－涅槃經 八卷－

佛性은 중생이 본래 가지고 있는 것이지 조작한 법은 아니다. 다만 번뇌의 티끌이 덮여 감추어져 있을 뿐이니, 만약 그 번뇌를 끊어 제거하면 즉시에 불성을 밝혀보아 無上大道를 성취한다.
(佛性 非是作法 但爲煩惱客塵 所覆 若能斷除 卽見佛性 成無上道)

－涅槃經 八卷－

한 사람의 중생도 여래의 지혜인 불성을 갖추지 않은자 없지마는, 망상으로 생긴 뒤바꿈에 집착하여 이를 증득하지 못한다.
만약에 망상을 여의면 바라밀 본지에 갖추어 있는 일체의 自然智와 無碍智가 즉시에 현전한다.
(無一衆生而不具如來智慧, 但爲妄想顚倒 執着而不證得 若離妄想 一切自然智 無碍智 則得現前)」

－八十華嚴經五十一－

여래께서 말씀하셨다. 신기하고도 신기하다. 일체 중생이 모두 여래의 지혜를 갖고 있거늘 어리석고 유치하여 미혹하니까 알지도 못하고 보지도 못하는구나. 내가 마땅히 성스러운 말로서 교도하여 그 뒤덮이고 막힌 망상과 집착을 영원히 여의고 벗어나게 하여 중생의 스스로 몸 속에서 廣大한 無上大道를 체득하게끔 하여 부처와 차이가 없게 하리라. (如來言 奇哉奇哉 此諸衆生 云有如來智慧 愚癡迷惑 不知不見 我當敎 以聖道 令其永離妄想執着 自於身中 得見廣大智見 與佛無殊)

－八十華嚴經－

大乘佛敎를 대표할 수 있는 涅槃·華嚴 양대 經典에도 나타나 있듯이 내가 본래 갖추고 있는 佛性 즉 我性을 徹見함이 아뇩다라삼먁삼보리를 얻는 것이고 또 아뇩다라삼먁삼보리를 얻어야 佛性을 明見할 수 있음을 말씀하실 뿐 아니라, 번뇌 티끌에 덮여 있을 뿐 당초부터 있던 우리의 자리여서 그 번뇌망상만 제거하면 곧 佛性을 보고 아뇩다라삼먁삼보리를 얻음을 말씀하셨습니다.

이 일체 중생이 당초부터 모두 불성을 갖추어 있다 하심은, 인간이 미완성으로 태어났고 원죄를 갖고 항상 참회, 기도, 속죄하면서 살아가는 그런 불쌍하고 가련한 존재가 아니라 원래부터 自存하는 완성된 者이고 절대 전능자임을 言明한 의대한 발견이며 유사이래 대선언인 것입니다. 이 본래 獨存自在하는 人性인 佛性의 발견이야말로 인간을 인간으로 있게 하고, 일체 존재자로 하여금 모두 제자리에 통쾌히 있게 하는 無上正覺의 活路를 연 쾌거인 것입니다.

각설하고 이미 우리가 주지하듯이 이 無上正覺은 波羅蜜多의 주체적 파악인 동시에 중생을 바꾸어 단번에 부처가 되게 하는 그 자체를 말하는 것입니다. 그럼 어떻게 하면 阿耨多羅三藐三菩提를 이루는 波羅蜜多가 되는가? 실제 우리는 누차 반야의 지혜로 바라밀다를 이루는 방법이나 논리를 전개하여 왔습니다. 그러나 그것은 어디까지나 짐작이고 논리의 수긍일 뿐이지 체험되어 지지는 않은 것입니다.

　관념의 인식은 우리에게 별다른 내적 성숙이나 힘을 가져오거나 변화시키지 못할 뿐 아니라, 자칫하면 所知障만 두텁게 하여 우리를 더욱 空虛하게 하기 쉽습니다. 실로 바라밀다 자체가 되는 것만이 아뇩다라삼먁삼보리를 얻게할 뿐입니다.

　그럼 古人들이 반야가 바라밀다가 되어 無上正覺인 아뇩다라삼먁삼보리를 성취한 道話를 말씀드리고자 합니다.

　첫번째 이야기는 潙仰宗의 宗祖되는 潙山스님이 그의 法弟子인 香嚴 知閑스님을 깨닫게 하는 즉, 阿耨多羅三藐三菩提를 성취하게 하는 것입니다.

　　　향엄은 원래 백장선사 문하의 학인이었다. 그는 뛰어나게 총명하였고, 강한 분석력과 예리한 논리성을 가지고 있었고, 경전 지식에 박통했었다. 백장선사가 죽자 그는 백장의 수제자였던 위산선사의 회중에 있었다. 위산은 향엄이 법기임을 간파하고 아래와 같이 말하였다.
　　　"스승이신 백장스님 밑에 있을 때, 자네는 한 가지 질문에 대하여 열가지로 대답할 수 있다는 말을 들었네. 이로 보아 자네는 여러가지 이념들을 이해하고 그 중요성을 나타내는 뛰어난 총명과 재주를 가지고 있음을 짐작할 수 있네. 자, 우리에게 삶과 죽음의 문제는 가장 근본적이라는 것을 자네도 인정할 걸세. 그러니 자네는 나에게 평생 배워서 안 견해와 경전이나 책에서 기억해 가진 것을 내놓고 자네가 부모에게 태어나기 전의 일, 동서를 분간하기 전의 본분에 관해 좀 이야기 해 주게."

　　　(吾不問汝平生學解 及經卷册子上記得者 汝未出胞胎 未辨東西時 本分事試道一句來 吾要記汝)」

　　　　　　　　　　　　　　　　　　　－景德傳燈錄 十一卷－

法대로 닦아 證得하는 대문   359

　　이 질문을 받고 향엄의 심정은 깊은 안개에 싸인듯 싶었다. 그는 무엇을 생각해야 할 지 종잡을 수 없었다. 방으로 돌아와서도 이 질문에 적합한 대답을 찾기 위하여 그는 읽었던 온갖 경전들을 다 뒤적이었다. 그러나 그는 적합한 내용의 글은 단 한 줄도 찾을 수 없었다. 그래서 향엄은 '옛말에 그림 속에 떡으로는 시장기를 면하지 못한다 하더니'라고 탄식만 할 수 밖에 없었다. 그후 그는 위산선사에게 여러번 그 비밀을 자세히 가르쳐 달라고 졸랐다. 그때마다 위산은 말하였다.

　　"내가 그것을 가르쳐 주면 자네는 분명히 후에 나를 비난할 걸세. 어쨌든 무엇을 내가 말하든지 그것은 내 견해일 뿐이고 자네와는 아무 상관이 없네."
　　(我若說似汝　汝已後罵我去　我說底是我底　終不干汝事)

　　　　　　　　　　　　　　　　　　　　－指月 十三卷－

　　낙심한 향엄은 책들을 모두 태워버리고 '이승에서 나는 더 이상 불법을 공부하지 않으리라. 여기저기 떠돌아 다니며 빌어먹을 운수승이나 되자.'라고 작정하고서 울면서 위산선사에게 작별을 고하였다. 남양 지방을 다니다가 혜충국사의 유적지를 지나게 되었다. 그는 이곳을 그의 임시 쉬는 곳으로 삼았다. 어느날 무심코 깨어진 기와조각을 집어 던졌는데 이것이 우연히 대나무에 맞아 '딱'하는 소리를 내었다. 이 뜻밖의 소리에 홀연히 부모에게 태어나기 전의 유래가 따로 있는 것이 아닌 참 나를 깨우쳤다. 그는 암자로 돌아와 목욕 분향후 멀리서나마 스승 위산에게 합장 배례하였다.

　　"화상이시여! 당신의 대자대비의 은혜는 정말 부모님 보다도 더 큽니다. 그때에 당신이 그 비밀을 저에게 가르쳐 주셨더라면 오늘의

이 놀라운 일을 어찌 체험할 수 있었겠습니까?'
(和尙大悲恩踰父母 當時若爲我說却 何有今日事耶)

－傳燈 十二卷－

곧 이어서 한 오도송을 읊었다. 그후 위산이 듣고 '이 사람이 깨쳤구나' 하였다.

한번 때리자 알던 것 다 잊고
다시는 더 닦아 익히지 않았네
행동하는데 옛길을 드날리니
초췌한 처지가 되지 않는다.

곳곳에 자취가 없고
빛과 소리 밖에 위의로다
제방의 도를 아는 이들은
모두가 최상 근기라네.
(一擊忘所知 更不假修治
動容揚古路 不墮悄然機
處處無蹤迹 聲色外威儀
諸方達道者 咸言上上機)

－傳燈 十二. 禅門拈頌 五九七話－

위의 이야기는 父母未生前 消息 혹은 擊竹이라 하여 제방의 衲者들이 많이 참구하는 공안의 배경입니다. 바로 波羅蜜多가 되므로

無上正覺을 얻는 멋진 이 이야기는 景德傳燈錄이나 指月錄, 禪門拈頌에 실려 있습니다. 여기에서 우리는 체험에 속하는 正覺은 다른 사람에게 전수할 수 없는 絶思量 離言說處임을 다시한번 확인할 수 있음은 물론 오직 大悟는 스스로가 스스로임을 아는 주체적 파악임을 알 수 있습니다. 곧 대나무에 기와조각이 맞아 솟는 '따악' 소리는 우주음으로 천지를 하나로 묶으니, 여기에는 주관과 객관인 自他가 무너져 버렸고 시간이 빨려 들어가 버렸고 이해단단의 완급이 사라졌으며, 是是非非의 느낌의 척도조차 설 자리가 없으니 우리는 이를 般若波羅蜜多가 된다하며 또 阿耨多羅三藐三菩提라 할 뿐입니다.

다음의 이야기를 음미해 봅시다.

이 이야기의 주인공 臨濟義玄(?~866)선사는 禪宗 오대문파 가운데 지금까지 가장 빛을 발하고 있는 臨濟宗의 開祖일 뿐 아니라 선사들 가운데 가장 1급 선사로 존중되는 분입니다. 이 임제스님의 개오, 즉 아뇩다라삼먁삼보리를 얻는 道話 역시 입체적으로 펼쳐지는 한편의 드라마입니다.

임제가 禪에 대하여 몰입되기 시작할 때는 이미 그는 수계후 였고, 또 그가 이 놀라운 일을 맞을 때는 스무살이 넘어설 때였는데, 그때 그는 黃檗 希運선사의 회상에 있었다. 그 당시 제일 수좌가 睦州 道明이었는데, 그는 임제의 純一한 성품과 행업에 감명을 받고 오랫동안 주시하다 가는 하루는 임제에게 다음과 같이 물었다.

"스님은 여기에 온 지 얼마나 되었는가?"

"네 3년입니다."

"그럼, 방장스님에게 참문해 본적이 있소?"

"없습니다. 도대체 무엇을 물어야 할지 그 조차 모르겠습니다."

"그래요, 그러면 방장스님에게 불법의 근본적 대의가 무엇입니까? 하고 물어 보시오."
(上座在此多少時 師云三年 首座云曾參問也無 師云
不曾參問 不知問箇什麽 首座云 汝何不去問堂頭和尚
如何是佛法的的大意)

－臨濟錄 418－

제일좌인 목주의 건의에 따라 임제는 방장스님에게 질문하러 갔다. 임제가 질문이 끝나기도 전에 황벽은 棒으로 내리쳤다. 임제가 돌아오자 목주수좌는 '방장스님이 어떤 대답을 하던가?'라고 물었다. 임제는 있었던 일을 말하면서 도대체 방장스님이 왜 그런 행동을 하시는지 그 저의를 모르겠다 말했다. 그러나 목주는 다시 부추켜 다시 방장스님에게 질문하도록 하였고 임제는 다시 얻어 맞았다. 목주는 세번째도 권유했고 세번째 역시 사정없이 얻어 맞고 말았다. 그러자 임제는 도저히 이곳에서 허송세월하는 것은 무의미하다는 것을 깨닫고 황벽회상을 떠나야겠다는 결심을 굳히고 목주에게 털어놓았다.

"불법에 대하여 질문하도록 저를 격려해 주신 것을 감사드립니다. 송구하게도 방장스님께서는 세번씩이나 저에게 방으로서 경책을 내리셨습니다. 저는 오직 전생의 인연으로 맺어진 業障으로 인해 심오한 진리를 깨우치지 못했음이 한 될 뿐입니다. 이제 저는 이곳을 떠나는 길 밖엔 없다고 생각합니다.
(辛蒙慈悲 令某甲 問訊和尚 三度發問 三度被打 自恨障緣 不領深旨 今且辭去)

－臨濟錄418. 指月錄 14卷－

"떠나기 전에 방장스님께 꼭 작별인사를 하는 것이오."
임제가 이렇게 하고 예배하고 물러가니, 목주는 즉시 방장실로 가서 말하였다.

"질문하러 왔던 승려는 아직 어리지만 매우 기특한 자입니다. 곧 그가 하직인사를 옵니다. 그를 잘 제접하기 바랍니다. 장래에 반드시 중생에게 유익한 그늘을 드리워 줄 큰 재목이 될 것입니다."

얼마 후 임제가 작별인사를 오자 방장스님은 다음과 같이 일렀다.

"자네는 다른 곳으로 갈 필요없이 바로 高安가 울가로 가서 그곳에 있는 大愚화상을 만나게. 그는 틀림없이 자네를 위해 모든 비밀을 송두리째 이야기 해 줄 걸세."

임제가 대우에게 이르렀을 때 대우는 어디서 왔느냐고 물었고, 임제는 황벽회상에서 왔다고 대답을 했다. 그러자 대우는 물었다.

"자네는 황벽화상으로부터 어떤 가르침을 받았나?"
"네, 세번이나 불법의 근본 대의를 물었는데, 세번 다 棒으로 경책을 받았습니다. 스님. 제가 어떤 허물이 있었는지 아직도 모르겠습니다."
"실은 황벽화상이 자네에게 간절한 노파심으로 대하였고, 또 자네로 하여금 모든 번뇌망상에서 벗어나게 할려고 애쓰셨는데, 자네는 오히려 여기까지 와서 무슨 허물이 있느냐고 묻는단 말이냐? 쯔쯔."
(大愚云有何言句 師云 某甲三度問佛法的的大意 三度被打不知 某甲有過無過 大愚云 黃檗與麼老婆心切 為汝得徹困 更來這裏 問有過無過)
－禪門拈頌 15卷, 臨濟錄 418, 景德傳燈錄 12卷－

임제는 말끝에 홀연히 깨달았다. 곧 이렇게 말했다.

"황벽스님의 佛法도 몇푼어치 안되는 군요."(元來 黃檗佛法無多子)

임제의 이 건방진 말에 대우는 임제를 붙잡고 말하였다.

"야, 이 오줌싸개 같은 자식아, 아까는 허물이 있나 없나 하더니 이제는 오히려 황벽의 佛法이 별 것이 아니라고? 무슨 진리를 봤는지 당장 말해 보아라!"
(這尿床鬼子 適來道有過無過 如今 却道佛法無多子 你見介什麼道理 速道速道)

임제는 말을 하지 않고 대우의 옆구리를 세 번 쥐어 박았다.

이윽고 대우는 임제를 밀어내고서 말하였다.
"결국 자네 스승은 황벽이지 내가 아닐세. 나와는 전혀 관계가 없네."
임제는 곧 황벽의 회상으로 다시 돌아 갔다. 황벽은 그가 돌아온 것을 보고 말하였다.
"자네 왔다 갔다 하는 버릇 언제 그치려나? 왜 그렇게 빨리 왔지?"
"단지 노파심이 간절했기 때문입니다."
그러고는 임제는 대우에게 있었던 모든 일을 다 이야기 하자, 듣고 난 황벽은 이렇게 말하였다.
"저런 말 많은 영감쟁이 같으니라고. 갔을 때 사정없이 두들겨 주기나 할 일이지. 오기만 해봐라. 내 한 방망이 줄터니."
"스님 기다릴 것이 있습니까? 지금이 바로 때릴 때 입니다."
임제는 이렇게 말하면서 방장스님의 뺨을 한대 갈겼다.

이에 황벽은 말하였다

"이런 미친 놈 봤나. 여기에 와서 호랑이 수염을 만지는 구나!"
임제는 즉시 "할!"하셨다.
그러자 시자를 불러 법당으로 데려가도록 말씀하셨다.

여기 臨濟禪師의 大悟, 즉 正覺을 얻은 道話는 참으로 우리 후학들에게는 좋고 멋진 것입니다. 임제스님의 어록인 〈임제록〉이나 〈선문염송 15권〉〈경덕전등록 12권〉〈지월록〉 등에 기록되어 있고, 또 운수납자에게 대대로 구전해 내려오는 이야기입니다.

여기에 우리가 골똘히 참구해야 하는 것은 '어째서 불법의 근본 종지를 묻는 임제스님에게 황벽선사가 계속 방망이로 경책했는가' 이며 또 하나는 대우선사께서는 '왜 너의 스승이 내가 아니고 황벽이라 하였는가' 이다. 우의 이야기가 기록된 책 가운데 임제스님의 어록인 임제록에는 후미에 우리들에게 이렇게 참문하여 놓았습니다.

뒤에 山이 임제선사께서 大悟하신 이야기를 들어서 仰山에게 물으셨다.
"임제가 당시에 대우의 힘을 얻었느냐? 황벽에게 힘을 얻었느냐? 말씀하시니 앙산이 대답하였다.
"비단 호랑이 거리에 탈 뿐만 아니라 또한 호랑이 꼬리를 붙잡을 줄도 알았습니다."
(後潙山擧此話 問仰山 臨濟當時 得大愚力 得黃蘗力 仰山云 非但騎虎頭 亦解把虎尾)

---

1) 임제록은 1974년 西翁연으 동서문화사刊과 요즘 가야산 백련암에서 선림고경총서 시리즈중 12권계 속하는 임제록이 있다. 장경각刊. 선문염송은 동국역경원에서 번역한 한글대장경과 주해석서로는 白峯居士의 선문염송요론 10권이 있으며, 경격전등록은 동국역경원의 한글대장경이 있고 지월록은 번역서가 아직 안 나왔다.

또 다른 보기를 하나 들어 보겠습니다. 鏡虛 惺牛(1849~1930) 선사는 한국근세 선종의 중시조로 달마의 재현이라 칭송받는 분입니다. 지금 우리나라 修禪衲子와 선지식의 거의가 경허스님의 문손이며, 바로 윗대의 滿空, 慧月, 漢巖, 慧峰, 水月은 바로 그의 전법제자이며 太平, 學明, 齊山, 南泉등은 그의 會上에서 선학수업을 하신 분들입니다. 이 경허선사는 선지식의 인도없이 돌연히 阿耨多羅三藐三菩提를 얻어 이 땅에 선가의 등불을 밝혔습니다. 다음의 道話는 그의 法弟子 漢巖스님의 〈先師鏡虛和尙行狀〉과 韓龍雲스님의 〈鏡虛禪師略譜〉에서 발췌 편성한 것입니다.

한국 근세 선풍을 진작한 중흥조 경허선사는 불과 20여세 약관 때부터 동학사에서 대강백으로 8도에 이름을 떨쳤고, 그의 박학다식한 內外典의 통달은 사방에서 학인이 몰려오기 족하였다. 강사 8년으로 30대에 접어든 경허스님은 퇴속한 옛 은사를 뵈려고 경기도 안양에 있는 청계사로 향했다. 1879년 여름이었다. 천안 근처에서 갑자기 폭풍으로 쏟아지는 소낙비를 만나 어느 마을 처마밑에 이르자 집주인이 나타났다.
"송장치우기에 진력이 났는데 누가 또 죽을려구 왔담. 죽더라도 나가서 죽으시오."
스님을 막무가내로 밀어내었다. 할 수 없이 10여집을 드나들었으나 모두 문전 축출을 당하게 되었다. 화가 치솟아 급하게 묻자 한 사람이 대답하였다.
"온 동네 사람이 염병으로 인하여 수도 없이 죽었고, 또 죽어가는데 어떻게 객을 받을 수 있단 말이오. 빨리 떠나시오."

집집마다 호열자에 걸려 죽은 시체들이 즐비하였다. 당시 전국 일대에 불치의 전염병인 콜레라가 만연되어 있을 때였다. 겨우 이

동네를 벗어난 경허는 엄습해오는 패배감과 허탈감을 가누기 힘들었다.
'아! 나 또한 전염병에 걸리면 죽고 말 것이다. 저 즐비한 송장, 송장들. 나는 여태 꿈을 꾸고 있었다. 나 역시 저 송장들과 무엇이 다르단 말인가? 나의 생사문제 하나 추스리지 못하는 주제에 남의 스승이 되어 철없이 중노릇 하다니, 教理文字가 여기에 이르러 무슨 쓸 데가 있는가. 스스로도 죽음의 공포에서 벗어나지 못한 주제에 부처님의 길로 중생을 인도한다 하며 시주물만 축내고 있었구나! 이 길을 벗어나는 길은 참선, 참선만이 있을 것이다.' 하는 심한 자책심으로 범벅이 되어 동학사로 되돌아 오던 중 모든 공안을 간추려 보았으나 캄캄 절벽이었다.
그러던 중 靈雲선사의 화두가 스님의 마음을 돌발케 하였다.

나귀의 일 가지 않했는데
말의 일 닥쳐 왔다.
(驪事未去
馬事到來)

한 생각을 간추린 스님은 동학사에 돌아오자 강원의 학인을 모두 흩어 버리고 조실 방으로 들어가 용맹정진에 들어갔다. 날카로운 송곳을 턱밑에 세워놓고 졸음과 싸워 이겨 바야흐로 삼매에 들어 한 생각 한 생각이 샘물 같이 이어지며 깎아지른 빙산처럼 오직 정진으로 줄달음질 쳐 갔다.
참선한 지 석달쯤 되는 어느날이었다. 이 절에 있는 학명스님이 사미를 데리고 아랫마을에 내려갔다가 이 진사라는 처사 한 분을 만났는데 이 이처사는 오랜 참선 끝에 견처가 있다그 하는 분이었다.

"스님 요즘 중노릇 어떻게 하십니까?"

"예, 경읽고 염불하며 주력하고 가람수호하는 일이 하루일과이지요."

"그래요, 그렇게 중노릇을 잘못하면 소가 되고 맙니다."

"소가 된다는 말씀은 중이 되어 마음을 밝히지 못하고, 다만 신도님의 시주물을 수용하였으므로, 곧 그 施恩의 되갚음 때문에 그런 것 아닙니까?"

"허허, 소위 사문이 되어서 그렇게 대답해서야 어찌 도리를 깨달았다 하겠습니까?"

"저는 禪旨를 모르니 그럼 어떻게 대답해야 합니까?"

"어디 그렇게 해서야 되겠습니까? 소가 되어도 고삐 뚫을 구멍이 없다고 해야죠."

(處士曰 爲僧者畢竟爲牛 其師曰 爲僧 而未明心地 但受信施 則必爲牛 而償其施恩 處士呵曰 所謂沙門而答話 如是不諦當乎 師曰 我不識禪旨 如何答之卽是 處士曰 何不道 爲牛則 爲無穿鼻孔處)

— 先呼鏡虛和尙行狀 —

'고삐 뚫을 구멍이 없는 소?' 무엇이 무엇인지 모르기는 그 옆에 따라간 사미나 학명스님이나 마찬가지였다. 바로 이 사미승의 아버지가 이 처사였다. 이들은 의외로 속가에서 궁금증을 하나 가지고 절로 돌아간 셈이었다.

절에 올라오자 대중들에게 물어 보았다.

"중노릇 잘못하면 소가 되는 이치를 아시오."

"소가되어도 '고삐 뚫을 구멍이 없다는' 뜻은 무엇이지요."

대중들 가운데 능히 대답을 할 사람은 없었을 뿐 아니라 엄두조차

내지 못하였다. 그래서 좌중 스님네들은 지금 조실스님이 잠자는 것도 밥먹는 것도 잊어 버리고 좌선 중이니 스님이 이 도리를 아시는지 물어보는 것이 좋을 것 같다는 의견을 내었다.

조실 경허스님께 이들은 〈소가 되어도 고삐 뚫을 구멍이 없다〉는 말을 물으면서 이처사와 있던 일을 말씀드렸다. 〈소가 되어도 고삐 뚫을 구멍이 없다〉는 말을 듣는 순간 경허스님은 홀연히 일어나 절을 하고 다시 이처사의 소의 고삐 뚫을 곳이 없다는 말에 안목이 움직여 지다가 한 곳에 멈추었다. 天下의 외눈이 형형한 빛을 발하고 있었다.

無上正覺.

우리는 이 阿耨多羅三藐三菩提가 열리는 감격을 그의 전법제자인 漢巖선사의 〈先師鏡虛和尙行狀〉을 읽도록 하자.

    옛부터 나기 이전의 소식이 활연히 현전에 열려져 대지가 몰록 둘러 빠지고, 물건과 내가 함께 공하여 옛사람의 곧 바로 크게 쉰 경지에 도달하여 백천가지 법문과 한량없는 묘한 이치가 당장에 얼음녹듯 하고, 꽉꽉 눌려 덮였던 것이 풀려났다.
때는 고종 16년 기묘(1879) 겨울 11월 보름이었다.
(古佛未生前消息 豁爾現前 大地平沈 物我俱忘 直到古人大休歇之地 百千法門 無量妙義 當下永消氷解 時高宗十六年 己卯冬十一月望間也)

그후 그는 다음 봄에 靈巖山 天藏庵으로 옮겨 1년여 보림 후 悟道歌를 부르며 자리를 떨치고 일어났다. 일어났다. 天上과 天下가 일어났다.

    홀연히 사람에게서 고삐 뚫을 구멍 없다는 말 듣고
    몰록 깨닫고 보니 삼천대천 세계가 이내 집일레

유월 연암산 아랫길에
돌사람 일없이 태평가를 부르네
(忽聞人語無鼻孔
頓覺三千是我家
六月鷲巖山下路
野人無事太平歌)

　　이상 우리는 세 편의 道話에서 잘 드러나듯이 波羅蜜多가 되는 阿耨多羅三藐三菩提의 경계가 어떤 것인지 음미할 수 있을 것입니다.
　　言語가 道斷하고 心行이 處滅하여 실제 우리 생각이나 문자가 쓰인다 하여도 완전히 포착되어지지 않는 곳임을 이해할 수 있을 것입니다.
　　온통 天上天下에 唯我獨存하여 波羅蜜多 외에는 한 물건도 없는 것입니다. 五蘊도 없고 十二處와 十八界도 없으니, 十二緣起와 四聖諦도 물론 없으며, 나아가서는 般若라 하는 것도 또 그 반야에 의해서만 얻어지는 阿耨多羅三藐三菩提도 사실 얻을 것이 없는 것입니다. 얻을 것이 있어 얻었다면 이것은 幻影이요, 삿된 것이니 이럴 때는 波羅蜜多가 됨이 아니며 阿耨多羅三藐三菩提가 아닌 것입니다.
　　아뇩다라삼먁삼보리나 바라밀다는 無所得之所得이어서 움직이지 않았던 본래의 것일 따름입니다. 그래서 言下에나 卽是에 常自現前한 이것을 頓悟하여 一超에 直入如來地에 頓入하므로 頓修할 뿐인 것입니다.
　　실로 般若가 波羅蜜多된다 함은 우리 無明煩惱를 刹那에 解脫光明으로 바꿈을 이르는 것입니다.
　　이 波羅蜜多의 實相本地야말로 우리의 本性鄕인 것입니다.

제5장 위대한 功能을 찬탄함(讚功能 34字)

> 故知 般若波羅蜜多 是大神呪 是大明呪
> 是無上呪 是無等等呪 能除一切苦 眞實不虛

· 讚功能分 : 波羅蜜多의 위대한 공능을 內的 外的 형태로 두루
　　　　　　비추어 찬탄하고 또 그 성덕을 결론적으로 묶어 讚
　　　　　　하였다.

　　　　┌─ 內延面 : 大神呪 大明呪
　　　　├─ 外延面 : 無上呪 無等等呪　　　낱낱이 찬탄함.
　　　　└─ 功用面 : 能除一切苦 眞實不虛 － 결론적 찬탄

1) 不思議한 波羅蜜多의 功能을 찬탄함.

> 故知 般若波羅蜜多 是大神呪 是大明呪
> 是無上呪 是無等等呪 能除一切苦 眞實不虛

⟨NOTE⟩

○그러므로 모든 생각의 주체인 이 마음도 아닌 〈마음〉이 가장 신비하고 가장 밝고 가장 높은 주문이며, 절대 아닌 절대로서 이 〈마음〉은 모든 것과는 다르면서 또한 만물과 둘이 아닌 주문이므로 능히 모든 고난을 물리칠 수 있고 진실하여 허망됨이 없느니라.

－靑潭－

○이 까닭에 반야바라밀다는 이것이 큰 신주며, 큰 밝은 주며, 위없는 주며, 평등에 다시 평등이 없는 주며, 능히 일체 고를 없애고, 진실하여 헛되지 않음을 알지니라.

－光德－

○그러므로 알지어다. 반야바라밀다는 대신주며, 대명주며, 무상주며, 무등등주이니 능히 일체 고를 없애고, 진실하며, 허하지 않느니라.

-李箕永-

○그러므로 마땅히 알아야 한다.
　반야바라밀다는
　위대한 만트라
　수승한 지혜의 만트라
　위없는 만트라
　더 견줄 바 없는 만트라임을
　또 이 만트라는
　충분히 모든 고로움을 제거시켜 준다.
　거짓이 없는 진실만 충만한 세계이니

-醉玄-

〈산스크리트 원문과 한문 대조및 번역〉

○ 그러므로 마땅히 알아야 한다 (tasmāj jnatavyam 故知)
　반야바라밀다는 (prajna paramita 般若波羅蜜多)
　위대한 진언 (maha mantra 大神呪)
　수승한 지혜의 진언 (maha-vidya-mantra 大明呪)
　위 없는 진언 (nuttara-mantra 無上呪)
　더 견줄 바 없는 진언은 (samasama-mantra 無等等呪)
　모든 고통을 가라앉히는 것이며, (sarva-duhkha-prasamanah,
　　　　　　　　　　　　　　　能除一切苦)
　속임이 없으므로 진실하다. (satyam amithyatvat 眞實不虛)

374   第三編 本文解說

〈 영역본 〉

Therefore one should know the prajnaparamita as the greet spell, the spell of greet knowledge, the utmost spell, the unequalled spell, allayer of all suffering, in truth-for what could go wrong?

그러므로 위대한 진언(spell), 위대한 지혜의 진언, 최상의 진언, 비할바 없는 진언인 prajnaparamita는 모든 괴로움을 진정시켜 주는, 거짓됨이 있을 수 없는 참된 것임을 알아야 한다.

〈 낱말 해석 〉

〈呪〉 mantra
 · mantra를 한역하여 呪文, 眞言, 總持라 한다.
  곧 mantra가 중국의 呪와 같은 뜻으로 사용되기 때문이고, 眞言은 진실 자체의 말이기 때문이며, 또 '모든 힘을 가진 不可思議의 것'이란 뜻으로 總持라 한다.
 · mantra는 paramitā 實地에서 일체 망념과 착상없이 自發하는 波動態의 元音이다.

〈是大神呪〉 mahā-mantra
 · 위대하고 거룩한 만트라.
 · 여기에서 神은 漢譯者가 삽입한 것으로, 거룩한, 싱그럽고 不思議한 영역을 의미한다.
 · 여기에 大는 大와 小가 없는 절대의 大이니, 곧 波羅蜜多 근원지의

元音的 波動態를 의미함이니 이는 般若波羅蜜多呪의 品性을 말하는 것이다.

⟨是大明呪⟩ mahā-vidya-mantra
· 밝고 수승한 지혜의 만트라.
· 內外明徹하고 一切廓然하여 全性全一한 만트라를 의미한다
· 이는 波羅蜜多 實地의 自發이 전체가 전시간적이어서 오히려 시간과 공간이 초월된 全量이 표출된 것이어서 가히 그 大明을 짐작하기 불가능하다 할 수 있다.
· 大神呪, 大明呪는 般若波羅蜜多 呪의 內延的인 그 品性을 밝히는 찬탄이다.

⟨是無上呪⟩ nuttara-mantra
· 最上과 最下를 포함하고 있어 온통이 하나뿐인 만트라. 곧 唯一하며 無二한 만트라.
· 外延的으로도 비교되어 질 수 있는 것이 없는, 곧 무엇 가운데 最上이 아니라 絶對最上까지 모두 일컬어 최상이니 실로 波羅蜜多 呪는 無上의 眞言이다.

⟨是無等等呪⟩ a samasama mantra
· 어느 만트라와도 견줄바 없는 그렇게 심화된 만트라.
· 等은 平等. 無等等은 같음이 없으면서(無等) 평등(等)한 만트라. 곧 일체와 같으면서 모든 것을 초월한, 일체와 둘이 아닌 진리의 呪.
· 범어 a samasama를 無等等으로 번역함. 곧 無等等呪의 의미로서 無比, 비유가 없다로 해석된다.

- 곧 般若波羅蜜多는 內延으로는 大神呪이며 大明呪이고 外延的으로는 無上呪[1], 無比의 呪이어서 最高이며 最上이며 最大이고 全性全一하며 온통 진리 그대로의 遍發인 것이다.

〈能除一切苦 眞實不虛〉
- 般若波羅蜜多가 됨은〈阿 多羅三藐三菩提〉를 이룩함이니 이〈참나〉는 오직 眞實, 이 두 字일 뿐이니, 어찌 幻影과 空華[2]와 같은 苦가 뿌리를 내릴 것인가. 波羅蜜多가 되어 나와 둘이 아닌 까닭에 오직 三界가 眞實만이 遍滿할 뿐이다.
- 여기서는 般若波羅蜜多 本地의 功用을 한마디로 찬탄한 것이며 總評한 것이다.
- 光明이 暗黑과 같이 양립 안되듯이 眞實 역시 苦惱와 양립되지 않는다. 苦는 眞實의 沒覺에서 오는 虛影이다. 쪽: 耦 褥

〈 講 義 〉

故知 般若波羅蜜多 是大神呪 是大明呪
是無上呪 是無等等呪 能除一切苦 眞實不虛

---

1) 여기서 prajnaparamita를 內와 外로 나눔은 진실로 어리석음이니, 실로 內外가 明徹하여 廓然無內外라 하여도 허물이 있다 함은, 누가 있어 웃을까?
2) 허공의 꽃, 허공에는 아무 것도 없는데 눈병으로 인하여 허공에 헛 꽃이 생긴다. 곧 눈병만 나으면 저절로 空華는 없어진다.

앞 장의 破邪分이나 功能分에서 살펴온 것 같이 이 般若波羅蜜多가 바로 일체의 無限功德藏이며 일체 有情無情과 三世諸佛의 母鄕임을 알았습니다.

앞서 말씀드렸듯이 바로 般若波羅蜜多가 됨으로서 三世諸佛이 부처가 되는 것입니다. 그래서 觀自在菩薩께서는 般若波羅蜜多를 하나의 Mantra로 말씀하시는 것입니다. 이곳이 Mantra의 빼어난 性能과 功德을 여러 각도로 讚歎하고 총결론하는 부분입니다.

그럼 Mantra는 무엇인가?

Mantra는 산스크리트語로서 漢譯하여 呪, 呪文, 眞言, 總持, 蜜文이라 합니다.

呪라고 번역되는 것은 Mantra가 중국의 呪와 같은 뜻으로 사용되기 때문이며, 眞言이라 한 것은 眞理本然의 音聲的 波動形態이기 때문입니다. 곧 波羅密 本地가 우리 情識[3]에 와닿는 自發聲이기 때문입니다.

또 總持라 함은 일체의 힘이 含藏된 不可思議한 것이라는 뜻이며, 일반적으로 짧은 귀절일 때는 呪나 眞言이라 하며 많은 문장이 모인 긴 귀절일 때는 Dharani라고 산스크리트語로 말하는데, 음역하여 陀羅尼라 하며 한역하여 大呪, 總持呪, 能持라 합니다.

그런데 여기에서 眞言이라 함은 바로 진리 자체의 말이므로 眞理가 함유하고 있는 강력한 실현력과 성공력을 가지게 됩니다.

왜냐하면 진리 자체에서 우리의 일체 思量分別의 情識에 침해를 입지 않고 發顯될 때 진도가 가지는 不思議한 위력과 勝能이 당당히 내뿜게 되는 것입니다. 그래서 眞言에는 신비하고 不思議한 내용이

---

3) 情識 : 알음알이, 眼耳鼻舌身意(六根)의 그 바깥 대상인 色聲香味觸法을 접하면서 일어나는 眼識, 耳識 … 意識인 六識을 이르며 이는 緣에 의해 일어나므로 幻影이며 實體가 없다.

담겨 있는 것입니다. 또 인간을 포함한 天下의 一切萬物은 진리인 波羅蜜 本地의 發顯者이며 具存者이어서 신비한 위력과 무진장한 性能을 含藏[4]하고 있음과 동시에 진리의 순수한 빛을 自發하고 있으나, 단지 착각으로 인한 煩惱妄想 때문에 正見하지 못하고 있을 뿐입니다. 또 眞言의 위력이 훼손되고 오염되어 그 성능이 빛을 발하지 못하고 있는 것입니다.

이러한 까닭에 인간은 역시 波羅蜜 本地의 표현이며 그의 具存者이며 自發光의 本體이므로 그의 언어는 眞言으로 無限한 위력을 가진 功德藏인 것입니다.

Mantra는 오랜 역사를 가진 말로 불교 이전 부터 사용되고 있었습니다. 인도의 가장 오래된 聖典인 Veda에는 Mantra가 종교의식에 사용되는 神의 讚歌의 일반을 지칭하는데 쓰였습니다. 곧 리쥬(rc : 讚詠), 야쥬스(yajus : 祭詞), 샤만(saman : 歌詠)의 세 종류로 제사의식의 총칭으로 사용하였습니다.

이 Mantra가 불교에 흘러 들어오게 된 것은 일반적으로 초기 바라문 출신의 수행승에 의한 것으로 말해지고 있습니다. 처음 이 만트라가 사용되었을 때, 부처님께서는 呪術的인 색체가 강함을 우려하시어 금지하였으나, 차츰 毒蛇, 齒痛, 腹痛등의 치유를 위해서는 만트라 사용을 허가하였으며, 대승불교에서는 dhārani와 병행하여 쓰였습니다. 특히 밀교에서는 Mnntra나 Dhārani는 진리, 그 자체라 존중되어 번역하지 않고 口誦하고 이를 외우면 진리와 합일된다 하였습니다.

---

[4] 이것을 情識에 오염이나 망념에 飜弄되지 않고 순수히 自發되어 波羅蜜本地에서 合一될 때 無上正等正覺을 얻음을 우리는 보아 왔다. 그럼 이로 인한 佛祖의 悟道因緣을 들어보면 우선 부처님의 見明星이나 迦葉의 拈花微笑에서 부터 우리나라 元曉의 骸骨水, 또 가까이는 鏡虛의 無鼻孔과 漢岩의 着火等 수많은 見性悟道가 있다.

우리나라 元曉스님은 그의 主著 金剛三昧經論에 이렇게 말씀하시고 계십니다.

> 呪란 빈다는 뜻이다. 神呪는 위력을 가진 것인데, 주문을 외우고 신께 빌면 복이 오지 않음이 없고, 화가 떠나지 않음이 없다. 이곳의 마하바라밀도 역시 이와 같다. 네가지 덕⁵⁾을 갖추고 神力이 있는 까닭에 안으로는 덕을 갖추지 못함이 없고, 밖으로는 患을 떠나지 않음이 없다. 만약 지극한 마음으로 이 명구를 외우고 여러 부처님께 간절히 기도하면 보살과 신인은 그 원하는 바를 다 이루어 주지 못하게 함이 없다. 그런 까닭에 呪라고 한 것이다.
> (呪者禱也 如世神呪 有大威力 誦呪禱神 福無不招 禍無不却 今此摩訶般若波羅蜜 亦復亦是 具前四德 有大神力 內卽無德不備 外卽無患不離

---

5) 大涅槃에 갖추어 있는 네 가지 덕인 常樂我淨을 말함. ① 常은 常住의 뜻. 곧 대열반은 항상 불변하여 生滅이 없음을 常이라 한다. 또 緣을 따라 化用함이 항상 不絶함을 常이라 한다.
② 樂은 安樂을 의미하며 대열반은 生死의 고뇌가 없고 無爲安樂하며 또한 운용이 自在하여 하는 것이 마음에 적합한 것을 樂이라 한다.
③ 我를 해석함에 있어서 體와 用, 두가지로 나눈다. 첫째, 本體에 따라 自實함을 我라 한다.
「法은 實이며 眞이며 主이며 依이다. 性이 變易되지 않음을 我라 한다.」
(涅槃經 哀嘆品)
둘째, 用에 따라 自在함을 我라 한다.
「大我가 있으므로 大涅槃이라 하며 大自在하므로 大我라 한다. 무엇을 大自在라 하는가? 8大自在가 있으면 我라 한다.」(涅槃經 高貴德王品)
〔※ 8大自在는 첫째 능히 一身을 보여서 多身이 되게 한다. 둘째는 一塵身을 보여서 大千界에 가득 차지 한다. 셋째 大身을 가볍게 들어서 멀리 가게 한다. 넷째 無量類를 나타내어 늘 一土에 머문다. 다섯째 모든 根이 상호 쓰인다. 여섯째 一切法을 얻었으나 無法想과 같다. 일곱째 一偈義經을 無量劫에 說한다. 여덟째 곧이 일체처에 두루퍼져 허공과 같게 한다.
(涅槃經 23)
④ 대열반은 일체의 垢染을 解脫하므로 淨이라 하며 또 化處의 緣을 따르므로 오염되지 않음을 淨이라 한다. 곧 惑과 業의 고통을 여의고 湛然淸淨한 果德이 있음을 말한다.

若至誠心 誦此名句 仰禱諸佛 菩薩神人 隨所求願無不成 由是義故 說名為呪)

－金剛三昧經論 下卷 眞性空品－

元曉스님의 이러한 말씀이 생각하기에 따라 他力的 呪術 신앙이 아닌가 하는 의구심도 있을 수 있으나, 앞서 언급한 것 같이 般若波羅蜜多가 바로 三世諸佛의 立脚地이며 天下 善知識의 本性鄕이요 頭頭物物의 實相本地임을 照見할 때 우리 衆生의 思量 밖이어서 말을 할 수 없으며 이론으로 어루대거나 짐작할 수 없는 경계임이 분명합니다. 그것은 마치 손가락으로 하늘을 찌르는 것같이 아예 생각의 여지가 없는 것입니다. 그러나 바로 般若가 波羅蜜多이요 이 바라밀의 구경처가 이 마음이고 또 이 마음의 全量表出이「나」이며 天下一切萬物이 오직 한가지임을 觀하건데, 어찌 元曉스님의 말씀이 꼭 呪術的 他力신앙만이겠습니까?

觀自在菩薩께서는 이제 이 지혜의 완성인 반야심경 법문을 끝마치고자 般若波羅蜜多呪를 말씀하시면서 이에 앞서서 呪의 功德과 性能을 대체로 세가지로 照明하여 보였습니다.

세 가지라 함은 곧 內容的으로는 大神呪며 大明呪이고 外延으로 無上呪며 無等等呪라 讚歎하셨고 功用面으로는「眞實不虛 能除一切苦」라 하신 것이 그것입니다.

大神呪라 함은 산스크리트語 mahā mantra의 번역으로서 위대하고 거룩한 만트라란 뜻입니다. 神字는 한역자가 삽입한 것으로서 거룩하고 싱그럽고 不思議한 영역을 의미합니다. 여기에서 大라 하면 저것이 크니 이것이 작다고하는 大小가 비교되는 大가 아니라 가장 커서 大인 동시에 더 작은 小도 없음을 말하니 오직 절대의 大를 지칭합니다. 이것은 바로 波羅蜜 本地의 全空間的과 全時間的으로 드러냄이니 곧 般若波羅蜜多 呪의 品性을 의미합니다.
大明呪란 manā-widya-mantra의 번역이니, 이는 內外明徹하고 一切가 廓通하여 全性全一한 밝고 수승한 만트라를 뜻합니다. 이 밝다함도 無量光明이 無量億劫동안 통짜로 내뿜고 내려 쏟음이니 이는 곧 般若波羅蜜多 本地의 自發光이 無量하여 一卽一切이고 一切卽一이어서 그저 밝음 뿐이니 실로 짐작 불가능함입니다.

가히 구름 한점 없는 無限天空에 태양이 全空間的으로 온통 유리로 된 山河大地와 形形色色의 頭頭物物을 비춤과 같으며 아니 태양이 大明이고 一切 有情無情이 大明이어서 서로 비치고 비춤이 內外明徹하니 이야말로 대진리의 常寂常照함입니다.

곧 大神呪와 大明呪는 般若波羅蜜多 呪의 內容的 品性을 밝힌 것입니다.

無上呪는 산스크리트語 nuttara-mantra의 번역입니다.

無上이라 함은 外的으로 비교가 되어지는 것이 없는 절대 上이니 上도 없을뿐 아니라 상대되는 下도 없어서 唯一無二의 만트라이니 이는 般若波羅蜜多 呪가 絶代無上의 眞言임을 밝힌 것입니다.

다음의 無等等呪는 산스크리트語 a samasama mantra의 번역이니 어느 것과도 견줌이 있을 수 없는 심화된 만트라를 말합니다. 無等等은 불교적 용어 표현이니 곧 같음이 없으며(無等) 평등(等)한 것 즉, 無比의 만트라를 의미합니다. 같음이 없으면서 평등하다 함은 동시에 이것이고 저것이니 곧 일체와 둘이 아니면서 일체를 초월한 眞言인 것입니다.

이로서 般若波羅蜜多 呪의 外延的으로도 충분히 言句로 제시되었다 하겠습니다. 이제 우리는 觀自在菩薩께서 하나하나 나누어 찬탄한 부분을 살펴보았습니다. 곧 內容面으로는 大神呪며 大明呪이고 外延的으로는 無上呪이며 無比呪이어서 실로 最高이며 最上

이며 最大이고 일체가 100% 그대로 遍發됨이니 가히 思量밖에 일이라 할 것입니다.

그럼 이 부분에 대하여 우리나라 신라때 선지식인 圓測스님께서는 이렇게 말씀하시었습니다. 「故知 般若波羅蜜多 是大神呪 是大明呪 是無上呪 是大明呪 是無等等呪 能除一切苦 眞實不虛」까지는 산문 (長行)으로 呪의 活用이 수승함을 찬탄하셨다 하였고, 다음 「揭諦揭諦 波羅僧揭諦 菩提娑婆訶」는 頌을 들어 찬탄을 맺었다 하였습니다. 그리고 앞 산문 귀절을 둘로 나누어 설명하셨습니다. 그럼 이 귀절에 대한 圓測스님의 말씀을 직접 들어보기로 하겠습니다.

전자에 다시 둘이 있으니 처음 것은 자기 이익(自利)을 밝혔고 다음 것은 남을 이롭게 함(利他)을 밝히는데 이것이 곧 처음이다.

소위 주란 것은 주술을 이름함인데, 밝히자면 묘한 지혜로서 공을 증득하여 장애를 끊는 것이다. 말함에는 묘한 기술이 필요한 까닭에 주로서 말함으로 삼고 그 수승한 활용을 찬탄한 것이다. 신비로운 활용을 헤아릴 길 없으므로 대신주라 이르고, 어두움을 쫓고 어리석음을 없애므로 대명주라 칭하며, 이승을 넘으므로 무상이라고 말하여, 보살을 넘어 부처의 지혜는 균평하므로 말을 거듭해서 무등등이라고 이르는 것이다.

(前中有二 初明自利 後辨利他. 此即初也.
所言呪者 呪術之名. 明即妙慧證空斷障. 三妙術故以呪言歎其勝用.
神用莫測名大神呪. 遺暗除癡稱大明呪. 超過二乘故云無上. 越彼菩薩佛
慧均平是故重言名無等等)」

―般若心經 贊[6]―

---

6) 대정신수대장경. 1711 . 原題 佛說般若波羅蜜多心經贊 P551.
· 한글대장경 156. P653

다음은 般若波羅蜜多呪의 功用面에 대하여 總結論을 맺으며 讚歎하는 것입니다.

이 만트라는
충분히 모든 괴로움을 제거시켜 준다.
거짓이 없는 진실만 충만한 세계이니
(能除一切苦 眞實不虛)

그렇습니다.
실로 般若波羅蜜에는 煩惱妄想이나 어떠한 苦도 범접할 수 없습니다. 마치 암흑이 광명과 兩立할 수 없듯이 해맑은 般若實相과 煩惱가 서로 기댈수 없는 것입니다.

앞장에서 누차 언급하였듯이 般若라 함은 自性의 자기 확인이요, 波羅蜜에 의해 드러난 인간의 本性地의 現存이며 一切萬有의 實相입니다. 그런 까닭에 般若波羅蜜多 呪라 함은 무엇을 어떻게 呪術한다 함이 아니라 상쾌하고 깔끔한 명랑 本分實地를 그대로 둠이요, 일체의 相에 현혹되지 않고 本然의 元音을 波動시킴을 이르는 것입니다.

우리가 이 清淨하고 永遠無窮한 波羅蜜 本地를 망실한 것은 바로 外境에 현혹되어 착각하는 幻影을 취함이니, 이런 妄境을 취하지 않을 때 般若波羅蜜이 그냥 露呈되는 것이며 바로 이것이 般若波羅蜜多의 呪가 呪로서 완취되는 것입니다.

一語도 一默도 一動도 一靜도 있지 않음이 바로 般若波羅蜜多이며 이러할 때는 般若波羅蜜多도 있음이 아니니 이것이 곧 토끼뿔이요 거북털이며, 般若波羅蜜 本地의 현장인 것입니다.

이러한 여기에는 일체가 般若波羅蜜일 수 밖에 없습니다. 그러니

行・住・坐・臥가 그대로 般若波羅蜜이요, 一靜, 一動, 一念, 一心, 어느 것 하나 本分事 아님이 없습니다. 이렇게 淸淨한 본래 마음을 나타냄이 바로 波羅蜜이요, 無心無爲의 만가지 행위가 곧 波羅蜜을 表出함입니다.

이럴진대 實相의 慧光이 충만함에 苦惱란 양립할 자리가 없으며, 一切苦가 實體가 없는 波羅蜜 本然의 그림자요, 착각적인 幻影일 뿐 實相이 아닌 것입니다. 이것은 一語, 一默, 一動, 一靜이 일으킨 幻影이요, 邪法인 것입니다.

진실로 般若가 트이면 波羅蜜이 現前하므로 一切苦가 붙을래야 붙을 수 없는 것입니다.

그러니 무엇이 있는가?

오직 「眞實」일 뿐입니다.

虛荒되지 않으니 「眞實」일 뿐입니다.

어찌 空虛와 眞實이 兩立하겠습니까?

般若는 波羅蜜이요 波羅蜜은 「眞實」이 두 자일 뿐입니다. 實로 觀自在菩薩께서는 眞實, 이 한마디를 말씀하시기 위하여 無限天空과 無間地獄을 言說로 떠다니지 않았는가?

般若波羅蜜多 呪는 眞實일 뿐입니다.

그럼 이 부분에 관한 몇 분 善知識님네의 말씀을 듣기로 하겠습니다.

　　이는 利他의 활용을 설명하는 것인데 이 묘한 지혜로서 모든 중생들로 하여금 생사의 괴로움을 벗어나게 하고 열반의 즐거움을 증득하게 한 것이다. 펴는 혀나 머리털까지에도 오히려 성실한 나타냄이니, 하물며 3천 대천세계를 휘덮는 말씀에 오류가 있겠는가.

　　그러므로 경에 설하기를 진실한 말이라 하고 있음이다.

(能除一切苦 眞實不虛者.
　此卽第二辨利他用. 依此妙慧令諸有情越生死苦 證涅槃樂. 舒舌髮除尙
　表誠言. 況覆三千而語有謬 故經說曰 是眞語者)

－般若心經贊－

　위 인용문은 앞에서 인용한 圓測스님의「能除一切苦 眞實不虛」에 대한 설명입니다. 앞서 말씀드렸듯이 이 부분을 利他로 보았습니다. 움직이는 어느 것 하나 헛됨이 없이 眞實한 나타냄인데, 이 온 天下를 뒤덮는 말씀이야말로 오직「진실」뿐임을 말씀하시고 계십니다.
　다음에는「般若心經 三注」에 세 분 禪師의 禪的인 해석을 들어 보기로 하겠습니다. 이 세 분은 모두 盛唐의 뛰어난 善知識들인데 특히 南陽 慧忠국사는 六祖慧能의 傳法弟子입니다. 다른 두 분은 芙容 道楷와 慈受 懷深스님입니다.
　그럼 이분들의 이 부분의 말씀을 보기로 하겠습니다.

　　혜충이 말하기를 일체 모든 부처님이 呪心에 의지하여 홀로 삼계를 초월하여 윤회를 받지 않는다. 이런 까닭에 '능히 일체 괴로움을 제거한다'라고 한다. 곧바로 본심을 가르키어 결정코 부처이며 修證을 받지않는 까닭에 진실이라고 한다. 마음에는 體의 편함이 없어서 모든 狂惑을 여의어서 단지 그렇게 상주하는 까닭에 '헛되지 않다'라고 말하는 것이다.
　　도해가 말하기를 故知 般若波羅蜜多 내지 能除一切苦란 주인데, 말로서 할 수 없고 언어의 길이 끊긴 곳이며 모든 괴로움이나 모든 즐거움이 일시에 해탈한다. 三祖께서 말씀하시기를 '한마음 생기지 않으면 만법에 허물이 없고 眞實하여 헛되지 않은 오직 그 사실만 있게 된다'하였다.

회심이 말하기를 能除一切苦란 자기의 마음을 밝혀 보지 못하고, 마음 밖을 달리 찾는 것을 괴로움이라고 하는데, 이를테면 이 주문으로써 마음이 능히 그 모든 것을 없앨 수 있음을 가리키는 것이다. 眞實不虛란 부처님의 말씀이 진실될 뿐 결코 허망하지 않음을 가르키는 것이다. (忠云, 一切諸佛 依此呪心 獨超三界 不受輪廻 故云能除一切苦. 直指本心 決定是佛 不假修證 故云眞實. 心無變體 離者狂惑 坦然常住 故云不虛矣.

楷云, 故知般若波羅蜜多乃至能除一切苦者 呪者不可言說 言語道斷 諸苦諸樂 一時解脫. 三祖云. 一心不生 萬法無咎 眞實不虛 唯此一事實. 深云, 能除一切苦者 不了自心 向外馳求 皆名爲苦. 謂此呪心 悉能除之 眞實不虛者 佛語眞實決無虛妄.)

－般若波羅蜜多心經 三注[7]－

---

7) 卍續藏經 卷41. P395 三注라함은 세 분의 선지식이니 즉 慧忠, 慈受懷心, 芙容道楷의 注를 이른다.

2) 비밀한 말씀(蜜說般若)

(1) 전제의 말씀(牒前起後)
　　故說般若波羅蜜多呪 即說呪曰 (13字)
(2) 正說呪詞(진언으로 말씀함)
　　아제 아제 바라아제 바라승아제 모지사바하 (18字)

```
故說 般若波羅蜜多呪 即說呪曰
揭諦 揭諦 波羅揭諦 波羅僧揭諦 菩提娑婆訶
```

〈NOTE〉
○그러므로 이에 이 〈마음을 깨닫는 주문〉을 일러 주노라.
　아제 아제 바라아제 바라승아제 모지사바하.
　　　　　　　　　　　　　　　　　　　－靑潭－

○이 까닭에 반야바라밀다주를 설하노라.
　즉, 주에 이르되.
　아제 아제 바라아제 바라승아제 모제 사바하.
　　　　　　　　　　　　　　　　　　　－光德－

○그러므로 반야바라밀다주를 설하노니 주에 가로되,
아제 아제 바라아제 바라승아제 보리사바하.
                                        －李箕永－

○그럼
반야바라밀다가 되어서
이 만트라를 곧 읊으니 들어라.
"가테 가테 파아라가테 파아라상가테 보디스바아하"
(이 만트라로 摩訶般若로 돌아서는 心臟의 말씀이 완성되었다.)
                                        －醉玄－

〈산스크리트 원문과 한문 대조및 번역〉

○ 이 진언은 지혜의 완성에 있어서
 (prajñāparamitāyām ukto mantrah 故說般若波羅蜜多 呪)

다음과 같이 설해졌다.
(tad yathā 即說呪曰)

가테 가테 파아라가테 파아라상가테 보디 스바아하
(gate gate pāragate pāra-samgate bodhi svāhā
 揭諦 揭諦 波羅揭諦 波羅僧揭諦 菩提娑婆訶)

여기에 지혜의 완성의 마음을 끝낸다.
(iti prajñāpāramitā-hṛdayaṃ samāptam.)

위대한 功能을 찬탄함   389

〈 영역본 〉

By thy prajñāpāramitā has this spell been delivered.
It runs like this ; Gone, gone, gone beyond, gone altogether beyond,
O what an awaking,
All-hail ! - This completes the Heart of perfect wisdom.

prajñāparamitā에 의해 전해진 그 진언은 다음과 같노라.
"건너갔네, 건너갔네, 저 언덕에 건너갔네, 저 언덕에 완전히 건너갔네, 오! 이 놀라운 깨달음이여, 만세!"
이 진언이 완건한 지혜의 마음(heart ; 본질)을 완성 시키노라.

〈 낱말 해석 〉

〈揭諦 揭諦 波羅揭諦 波羅僧揭諦 菩提娑婆訶〉
  gate gate pāragate parasamgate bodhi svāhā

· 우리나라에서 전통적으로 '아제 아제 바라아제 바라승아제 모지 사바하'라 음독한다.
  이곳은 蜜說般若 혹은 正說呪詞라 하여 번역하지 않고 산스크리트語를 原音대로 口誦하여 왔다.
  산스크리트語를 우리말로 음역하면 '가테 가테 파아라가테 파아라상가테 보디 스바아하'가 된다.

⟨揭諦⟩ gate

- gate는 gam(가다)이라는 산스크리트 語源에서 파생된 말임.
 이 gate가 문법적으로 정규 산스크리트語가 아니고 俗語的 용법이어서 어미 te를 어떻게 이해하느냐에 따라 번역에 어미상 차이가 난다.

- 일반적으로 여성형 單數呼格(vocative)으로 이해될 때 ⟨가는 이여⟩로 번역된다. 이는 prajñāparamitā는 공격적이고 호전적인 남성이 아니라 한없이 부드럽고 포용하여 잉태하고 생산하는 여성적인 母性으로 보았다 하겠음.
 또 於格일 때는 ⟨갔을 때⟩로 번역되고, gate가 정규문법에 맞추어 동사의 현재 완료형으로 해석하는 경우는 ⟨건너갔네⟩로 번역된다.

⟨波羅揭諦⟩ pāragate

- paragate는 para + gate이다.
 para는 prajna-param-ita의 param으로 「저 언덕 彼岸」을 의미한다.
 呼格일 때는 ⟨저 언덕으로 가는 이(she)여⟩
 於格일 때는 ⟨저 언덕에 갔을 때⟩
 현재 완료형 일 때는 ⟨저 언덕에 건너 갔네⟩로 번역된다.

⟨波羅僧揭諦⟩ parasamgate

- parasamgate는 para + sam + gate이며 sam은 「완전히, 모두」의 뜻이니 呼格일 때는 「저 언덕으로 완전히 가는 이여」로 번역된다.

⟨菩提⟩ bodhi

- 우리말로 전통적으로 ⟨모지⟩라 읽어 왔다. 한문으로 ⟨보제⟩이다.
 bodhi는 呼格이어서 ⟨깨달음이여!⟩로 된다.

〈娑婆訶〉svāha
• 어떤 절정 상태에서 자연 발생적으로 나오는 소리. 「아이구머니!」 「하느님!」「아! 오!」에 해당되는 말로 소원 성취를 기원하는 祕語이다.
• 힌두교의 사제가 神을 찬양할 때 외치는 충만의 소리로 히브리語의 Hallelujah(할렐루야)와 같은 의미로서 〈… 하여 주소서〉에 해당한다.
이 소원을 기원하는 기도문은 만트라 끝에 첨가되었다. 「옴(Aum) … 사바하(svāha)」 곧 〈하옵소서〉〈영원하여이다〉.

〈 講 義 〉

故說般若波羅蜜多呪 即說呪曰
揭諦 揭諦 波羅揭諦 波羅僧揭諦 菩提娑婆訶

이 mantra를 끝으로 우리가 朝夕으로 受持讀誦하던 般若心經의 끝을 맺게 됩니다.

옛 선지식님네의 말씀을 고찰할 것 같으면 처음 觀自在菩薩에서 부터 眞實不虛까지의 229字를 顯說般若라 하여 진리를 言語로 나타낸 부분이며, 故說般若波羅蜜多呪에서 菩提娑婆訶는 般若波羅蜜多 本地, 즉 진리의 音聲的 波動인 진언(mantra)으로 表出한 蜜說般若라 하여 크게 兩分하여 科判하였습니다.

또 唐의 法藏賢首는 故說般若波羅蜜多呪 即說呪曰은 眞言을 말

씀하기 위한 서장이라 하여 牒前起後라 이르고 「아제 아제 바라아제 바라승아제 모지 사바하」는 순수한 진리의 自發光의 眞言이므로 正說呪詞라 구분하였습니다.

故說般若波羅蜜多呪
卽說呪曰
그럼
반야바라밀다가 되어서
이 만트라를 곧 읊으니 들어라.

여기에서 일반 번역자와 다르게 「반야바라밀다가 되어서」라고 옮긴 것은 이미 般若波羅蜜多 本地와 合一됨을 확철히 깨달은 나는 衆生은 중생이지만 중생이 아니어서 內外가 밝게 관철되고 寂과 照가 늘 항상하여 同時됨을 明見함이니, 어찌 막연히 그냥 「그런 까닭에 반야바라밀다주를 설한다」라고만 표현하겠습니까?

예컨데 용광로에 광석덩이와 용광로 가마가 떨어져 따로 있음이 아니라 높은 열을 받은 용광로와 철광이 활활 탐이 용광로이어서 분리할 수 없음과 같이 般若波羅蜜多가 나임을 廓徹通見함에 그곳에서 自發하는 빛이 바로 「아제 아제 바라아제 바라승아제 모지 사바하」인 것입니다.

또 高峰 原妙 和尙이 이르되 「지금 이 감춤은 어디에 있는가? 범의 굴에 들지 않으면 어찌 범을 얻으리오[2]」하심은 진실로 지극한 말씀이니 "지금 여러분은 범의 굴속에 들었습니다. 누가 있어 일러

---

1) 高峰原妙(1238~1295) 중국 元나라 스님. 임제종 양기파의 雪岩의 법을 잇다. 저서로는 고봉록 1권 선요등이 있다.
2) 禪要. 示衆. 其五 (且道 此藏 卽今在甚處 良久云 不入虎穴 爭得虎子)

위대한 功能을 찬탄함   393

보십시오 ……"

여기에 범굴속에 이르니 이미 나도 없고 범도 없어 진실로 이렇게 엎드려 "어홍 어홍"할 뿐이라 하겠습니다. 이러함이 바로 說般若波羅蜜多呪 卽說呪曰일 수 밖에 없습니다.

Edward Conze는 그의 心經 英譯에 「波羅蜜多에 의해 전해진 (By the Prajnaparamita has) 그 眞言(this spell[3])」이라 함은 멋진 번역이라 하겠습니다.

여기에는 오직 觀自在菩薩께서 말씀하시고자 하는 것은 般若波羅蜜多이며, 이 지혜의 완성만이 眞實이고 이 진실이야말로 Mantra임이 함축되었다 하겠습니다.

揭諦 揭諦 波羅揭諦 波羅僧揭諦 菩提娑婆訶[4]
아제 아제 바라아제 바라승아제 모지사바하
gate gate paragate parasamgate Bodhi svaha

옛부터 만트라는 부처님의 비밀한 말씀이어서 번역하면 중생의 着念이 붙으므로 효험이 없어지고 오직 지극한 신심을 가지고 염

---

3) The Heart sutra, (By the prajnāpāramita has this spell been delivered)
4) · 海印寺 高麗大藏經本에는 玄奘譯에는「揭諦 揭諦 波羅揭諦 波羅僧揭諦 菩提僧莎訶」로 되어 있다.
  · 한글 음사는「아제 아제 바라아제 바라승아제 모지 사바하」로 우리나라에서 독송되고 있으며, 필자는 母性의 女性原理로 보고 있으며 한글 뜻 번역은「건너감이여, 건너감이여, 저 언덕으로 감이여, 저 언덕으로 완전히 건너감이여, 깨달음이여(감의 무한한 연속이여) 오! 이 놀라움이여! 만만세!」이렇게 하고 싶다.
  · Max Müller는「oh ! Wisdom, Gone, Gone Gone to the other shore, landed at the other shore, Svaha
    로 英譯하고 있다.
  · Edward Conze는「Gone, gone, gone beyond, gone altogether beyond, · O what an awakening all-hail ! 」로 英譯하고 있다.

하면 불보살의 가피가 있다하여 산스크리트語 그대로 持誦하였습니다.

　이 만트라를 우리나라에서는 전통적으로 「아제 아제 바라아제 바라승아제 모지사바하」로 음독하여 왔고 한자음은 「아제 아제 파라아제 파라승아제 보제 사바하」가 됩니다. 이것을 산스크리트語로 읽으면 「가테 가테 파라가테 파라상가테 보디히 사바야하」가 됩니다.

　그럼 이 만트라에 대하여 몇가지 궁금한 점을 살펴 볼까 합니다.
　첫째, 왜 經末尾에 알쏭달쏭한 만트라가 첨가되어 있을까?
　둘째, 이 말씀이 과연 관자재보살께서 하신 말씀인가?
　셋째, 이 만트라의 뜻은 무엇이며, 그 의미 하는 當處는 무엇인가?
　이 몇가지 의문점을 불교의 根本經典이라 할 수 있는 초기경전의 실례와 부처님 재세시 인도의 사회관습및 환경과 옛 祖師님들의 注解를 살펴 밝히고자 합니다. 더 나아가 세분하여 般若波羅蜜多(智慧의 完成, 內外明徹한 頓覺圓證)이야말로 바로 우리의 유일한 만트라인(眞言) 그 자체 뿐인데, 어찌 이와 같은 만트라가 經尾를 장식할까? 이며 또 지극히 日常的이고 十方에 遍滿한 그 자체임인 부처님인 觀自在菩薩이 과연 이런 말씀을 하셨을까? 또 이 알쏭달쏭하게 느껴지는 이 만트라의 當處는 어디인가? 명확히 아는 것이 心經을 파악하는데 있어서 매우 중요한 의미를 지닌다 하겠습니다.

　그렇습니다.
　無上正等正覺을 이루신 부처님께서 認證하시었고, 衆生구제의 大慈大悲의 원을 세우신 聖者 觀自在菩薩께서는 당시 사회환경 내지 民衆의 思想을 살피신후 이러한 만트라식의 방편을 채택하여 般若波羅蜜의 本地 眞面目인 이 般若心經을 유포시켰다 하겠습니다.

이 呪文思想은 부처님 在世시 이전부터 인도에서 싹이 터 당시는 民衆에게 널리 신봉되었을 뿐 아니라, AD 4~5세기 후는 불교에서 이를 융화·수용되어 급속도로 발전되어 密敎라는 종파를 형성했으며, 오늘날 네팔, 티벳의 불교가 그것입니다.

부처님 在世시 실례로[5]는 제자인 앙그리마에게 임산부를 위료하게 하였는데, 앙그리마는 임산부에게 주문을 외어 고통을 덜게 하여 기원하도록 한 흔적이 있을 뿐 아니라, 雜阿含經같은 初期根本經典에는 흔히 그와 같은 자취를 찾아볼 수 있습니다.

「너희들이 무인광야를 가게될 때 많은 공포가 있을 것이다. 마음이 놀래고 전율이 올 것이다. 이런 때 마땅히 여래를 염하라. 여래는 應共, 等正覺, 佛, 世尊이라고 염하면 공포가 사라진다. 또 법을 염하라. 부처님의 바른 법은 번뇌를 지금 떠나게 하고 때를 기다릴 것 없이 통달친근하여 자각에 의해 알 수 있음을 염하면 공포가 사라진다. 또 승단을 염하라. 세존의 제자들은 잘 수행하는 세간의 복전이라고 염하면 공포가 사라진다.」

―雜阿含經 35卷 毘舍利賈經―

물론 이 초기경전의 말씀은 三寶를 念하라고 설법하신 것이 멀리는 이와 같은 類形이라 하겠습니다. 또 초기경전에 優波先那尊者가 독사에 물려 죽어가면서 舍利弗에게 四大, 五蘊, 六根, 六境, 六識의 어느 것 하나 나다, 내것이다라는 일체의 집착을 벗어버리고 진실로 「내」가 변해서 죽어감이 아님을 말하면서 죽어갔습니다. 이어 舍利弗이 부처님께 아뢰니 부처님께서는 영원한 삶을 사는 게송과 만트라를 일러 주시니 다음과 같습니다.[6]

---
5) 長阿含經 앙그리마經
6) 雜阿含經 9卷 優波先那經. 東國譯經院刊 한글대장경에 나오는 것을 내용을 압축하여 게송과 만트라는 그대로 옮겼다.

第三編 本文解說

…… 上略 ……

발이 없는것
두 발 가진 것 사랑하고 슬퍼하며
네 발과 많은 발을 가진것도 사랑하고 슬퍼하며

물이나 육지에 의지하는
모든 龍을 사랑하고 슬퍼하며
한량이 없고 한량이 있는
일체 중생을 사랑하며

일체를 안락하게 하고
생기는 번뇌를 떠나게 하며
모든 어진이로 하여금
모든 악한 일을 짓지 않게 하려고 한다면

언제나 뱀머리 바위에 살더라도
모든 나쁜 일 모여 오지 않거니
흉하고 해로운 모진 독사가
중생의 목숨을 해칠 수 있으랴

이러한 참된 진리의 말씀은
위없는 큰 스승의 말씀이거니
나는 이제 이 큰 스승님의 진실한 말 외워 익히면
일체의 저 악하고 독한 것도 나를 해치지 못하리

탐·진·치.
이 세간의 세가지 독이니라
이러한 세가지 악하고 독한 것
영원히 없앤 것을 佛寶라 하네
法寶는 온갖 독을 멸해 없애고
僧寶도 또한 흉악한 독을
남김없이 쳐부수고 착한 이를 거두어 보호하네

부처님은 모든 독을 쳐 부수거니
너 뱀독은 이제 부수어 졌느니라.

이제 만트라의 章句를 말하노라.
「오침바례 침바례 침류 파라침류 나제
소나제 지갈제 문나이 삼마이 단제
니라지시 바라구하오례 오오례 스바하」

　이와같이 당시 民衆에 성행하던 만트라를 받아들여 이것을 잘 수긍하여 중생의 마음을 어루만지어 전도 교화한 예는 초기경전에 그 흔적을 찾아 볼 수 있습니다.
　실로 반야심경 末尾에 붙은 만트라야 말로 오늘날까지도 衆生의 마음을 사로잡아 朝夕으로 독송케 하는 原動力이 됨은 진실로 波羅蜜多의 次元에서 본 觀自在菩薩의 通見의 안목의 奇妙라 찬탄할 밖에 없습니다. 民衆에게 신봉되고 있는 것을 「이것은 아니다」라고 단번에 부정함에 오는 민중과 괴리감을 알맞게 교묘히 흡수긍정 하면서도 돌이켜 생각하게 하는 이러한 실례는 초기경전 도처에 남아 있습니다.

아함경에는 젊은 바라문과 버리는 법을 설하신 대기설법[7]이 있는데, 직접 경전의 일부를 읽어보겠습니다.

부처님께서 말씀하시기를 너는 머리를 감고 긴털로 된 흰천을 감았는데 누구의 법인가 하시니 그 바라문은 "이것은 버리는 법을 공부하는 것입니다.' 하니 부처님께서 '어떤 것이 바라문의 버리는 법인가?' 하시니 '이와같이 보름날 머리를 감고 일체법을 닦고 새롭고 깨끗한 깃털로 된 흰천을 감고 손에는 생풀을 들고 힘에 따라 보시하면 복을 짓는데 이것이 버리는 바라문의 법입니다.' 라 하니 부처님께서는 나에게도 버리는 법이 있다 하시며 말씀하시었다.

"즉 살생을 떠나 살생을 하지 않는 것이니 죽이지 않음으로써 살생을 버리는 것이다. 또 도둑질을 떠나 도둑질을 하지 않는 것이니, 도둑질 하지 않음으로써 주지 않는 것, 가지기를 버리는 것이다. 온갖 음행을 떠나 음행을 즐겨하지 않는 것이니, 음행하지 않음으로써 범행 아닌 것을 버리는 것이다. 거짓말을 떠나 거짓말을 즐겨하지 않는 것이니, 거짓말하지 않음으로써 진실하지 않는 말을 버리는 것이다. 두가지 말을 떠나 두가지 말을 즐겨 않는 것이니, 두가지 말을 하지 않음으로써 이간질을 버리는 것이다. 나쁜 말을 떠나 나쁜 말을 즐겨 하지 않는 것이니, 나쁜 말을 하지 않음으로써, 추한 말을 버리는 것이다. 꾸밈말을 떠나 꾸밈말을 하지 않는 것이니, 꾸밈말을 하지 않음으로써 뜻 없는 말을 버리는 것이다. 탐욕을 끊어 괴로운 탐욕을 멀리 떠나는 것이니, 탐욕을 없앰으로써 애착을 버리는 것이다. 성냄을 끊어 성을 내지 않는 것이니, 성을 내지 않음으로써 원한을 버리는 것이다. 바른 소견을 익혀 착각을 일으키지 않는 것이니, 바른 소견으로써 삿된 소견을 버리는

---

7) 雜阿含 37卷 捨行經
   내용을 약간 압축하였으며 부처님의 교화말씀은 그대로 옮겼다.

것이다.
바라문이여,
이것이 성현의 법에서 행하는 버리는 행이다.」

또 비교적 잘 알려진 六方禮經[8]의 좋은 예를 하나 더 들어 보겠습니다.

시가알라 라는 청년은 돌아가신 아버님의 유언에 따라 하늘의 여섯가지 주요방위인 東西南北上下를 경배했다. 이를 보신 부처님께서는 성인들의 율법에서 그 여섯방위의 의미가 다르다고 말씀하셨다. 부처님의 성율에 의하면 이 여섯방위중 東은 부모, 南은 스승, 西는 아내와 자식, 北은 친구 친척 이웃 上은 종교인 下는 종사원, 그 용원을 상징하며 이를 경배해야 한다. 또 부처님께서는 위에 언급된 여섯가지의 가족과 사회집단을 성스러운 것으로 그리고 존중하고 경배해야 한다고 가르치셨다.

시가알라는 말했다.

"부처님이시여 훌륭하십니다. 그것은 마치 거꾸로 된 것이 바로 놓이는 것같고, 숨겨진 것이 드러나는 것 같고, 길 잃은 사람에 길을 일러 주는 것 같고, 어둠 속에 불을 밝혀 눈 있는 이라면 사물을 볼 수 있게 하는

---

8) 長阿含과 中阿含經 중 善生經, 일반적으로 六方禮經으로 알려짐.
이 육방예경은 부처님의 가정관계와 사회관계에 관한 사상을 엿볼 수 있다. 위 인용문은 부처님의 설법을 거의 생략하고 압축하였으며 마지막 시가알라가 진심으로 귀의하는 말은 그대로 옮겼다. 외부세계의 여러 방위에 있는 힘이 센 정령이나 신들이 거주하고 있다 믿어 예배드리는 것은 베다의 오랜 의례이다. 그러나 부처님은 오랜 고질적인 미신적인 관행을 인정하지 않고 마치 헌부대에 새술을 담듯이 그 형식적인 것은 그대로 두고 부처님의 바른 사상을 설법하시었는데 이것은 초기경전에 곳곳이 있으며 이외에도 브라만들에게 성스러운 강에서의 성스러운 목욕대신 내적인 목욕에 대해서 말씀하셨다.

것 같습니다. 부처님께서는 많은 방법으로 이처럼 법을 설하셨습니다. 이제 저는 佛法僧 三寶에 귀의하고자 하옵니다. 부디 저를 속가 제자로 받아주시고 오늘 이후 삶이 계속되는 날까지 귀의토록 하옵소서."

이와같은 부처님의 원만하고 자재한 중생제도의 방편은 어김없이 반야심경에도 도입되어 당시 성행을 하던 呪文思想에 대해 民衆의 顚倒됨을 비난으로만 삼지 않고 또 낡고 헌것을 부정치 않으시고 적소적기에 만트라를 도입시켰음은 진실로 至高한 참 삶으로 승화시킴은 부처님의 원융자재한 祕法妙妙라 찬탄하고 남음이 있겠습니다.

Gate gate paragate parasamgate Bodhi svaha

이 一行의 眞言은 바로 범굴속에 들어간 소식이요, 용광로와 철광이 온통 한덩어리가 되어 발하는 빛이며 진실로 般若波羅蜜의 本地요, 우리의 眞面目이 맞물리어 일체가 딱 떨어지는 소식이니 놀랍고 놀라운 짜임일 뿐입니다. 실로 觀自在께서는 가슴과 하늘이 맞닿게 마음의 경(心經, The Heart Sutra)을 펴보이신 후 무슨 풀잎사귀 같이 사뿐히 하늘을 떠 받드는 솜씨인 것입니다.

아제 아제 바라아제 바라승아제 모지 사바하.

玄奘三藏의 上足이신 新羅 圓測스님은 이 만트라를 번역하지 않는 이유를 서역정음이어서 번역하면 외로 효험을 잃는다[9] 하였고 法藏賢首도 不可釋이며 諸佛의 祕語이어서 늘 독송하여 간직하면 번뇌망상이 제거되고 福德이 增張된다 하시면[10] 굳이 억지로 번역하며 다음과 같다 하였습니다.

아제는 가자 건너자이니 곧 깊은 지혜의 공능이다.
거듭 아제란 나도 건너고 너도 건너자이며 바라아제의 바라는 피안이며 곧 건너는 바의 이르는 곳이다. 바라승아제의 승자는 모두 두루 포함함이니 곧 너와 나 두루 건너고 모두 피안에 이름을 일컫는다.
보리란 말은 누구나 피안에 이르는 대보리가 있는 곳을 일컫는다. 사바하란 말은 앞의 곳에 빠르게 질주하여 속히 재빨리 성취함이다.
(揭諦者 此云去也度也 即深慧功能 重揭諦者 自度度他也 波羅揭諦 波羅此云彼岸 即度所到處也 波羅僧揭諦 僧者總也溥也 即謂自他 專度總到彼岸也 言菩提者 至何等彼岸 謂大菩提處也 言薩婆訶者 此云速疾成 令前所作速病成就故也)

앞에서도 언급하였듯이 만트라, 즉 眞言이란 진리 자체의 音聲的 波動態이어서 무한한 功能을 함유하고 있습니다.

이 비밀하게 말씀하시는 반야는 불가사이한 경계로서 體가 바로 波羅蜜의 本地인 眞空이어서 말로 지금까지 설명한 顯說般若와 다른 것은 아닙니다. 단지 言語로서 그 의미를 드러낼 때 衆生들이 말과 글에 의지하고 끄달려서 견해를 일으키므로 마침내 波羅蜜 本地가 바로 眞空인 줄 모르고, 또 眞空의 實體가 있는 줄 고집하여 이를 실다운 법으로 만들어 도리어 자기를 속박함이니 이것이 무한한 生滅의 輪廻를 거듭하게 됨입니다. 그리하여 波羅蜜 實地도 또한

---

9) 大正新修大藏經 33卷 佛說般若波羅蜜多心經贊
    (此頌不可翻譯 古來相傳 比呪乃是西域正音秘密辭句 飜卽失驗 故存梵語)
10) 大正新修大藏經 33卷 般若波羅蜜多心經略疏
    (揭諦 揭諦 波羅揭諦 波羅僧揭諦 菩提 娑婆訶 二正說呪訶 此有二義 一不可釋 以是諸佛秘語非因位所解 但常誦除障增福 亦不須強釋也)

空한 줄 앎이, 곧 眞空이 바로 空한 줄 徹見함이니 바로 觀自在菩薩의 照見한 行深般若波羅蜜의 當處인 것입니다.

波羅蜜 本地라 하여 實답게 있다는 마음을 일으키면 곧 그것은 이를 執着함이니 다시 無明에 떨어져 生死의 윤회에 들게되는 시초라 하겠습니다.

그래서 永嘉玄覺禪師는 이렇게 노래합니다.

당처를 여의지 않고 항상 맑고 깨끗하니
찾으려 하면 그대는 보지 못하리라

가질 수 없고 버릴 수도 없나니
얻을 수 없는 가운데 이렇게 얻을 뿐

말없을 때 말하고 말할 때 말 없음이여
크게 베푸는 문을 여니 옹색함이 없어라.

누가 나에게 무슨 종취를 아느냐 묻는다면
마하반야의 힘이라고 대답해 주시게
(不離當處常湛然 覓則知君不可見
取不得捨不得 不可得中只麼得
默時說說時默 大施門開無壅塞
有人問我解何宗 報道摩訶般若力)

일체의 自性이 眞空이라서 또 眞空 역시 空함이어서 空性조차도

---

11) 玄覺스님 證道歌의 몇 글귀이다. 최근 退翁 性徹스님의 법어집으로 장경각에서 출판된 것이 있다.

집착하지 않으니 空한 가운데 空한 성품도 없을 수 없는데 어찌 하물며 공한 성품이 공을 집착할 수 있겠습니까?

 그래서 近來 우리나라의 大善知識인 龍城 震鍾禪師[12]께서는 이렇게 도리어 묻고 있습니다.

> 근래의 道를 깨친이들 거의가 저 空에서 벗어나지 않나니. 만약 空과 不空이 함께 空하여 空이 또한 空하고 空이 또한 空하더라도 自性은 꿈에도 보지 못하나니 空이 空하고 空이 空이라 하여 이와같이 전진하여 다함없이 空하다 하더라도 空을 떠나기 어렵고 심지어 良久 默言으로 스스로 증득함을 표현하더라도 옳지 못하니 宗師家에서는 이 空하여 말이 없는 것을 道라 하지 않나니 空은 道가 아니며 空은 性理도 아니니 비유하건대 허공이 자체가 群相이 아닌것과 같아서 覺의 性理 또한 그렇다.
> 그럼 몸을 굴릴 一句를 무어라 해야 하겠는가?

 (近來衲僧이 擧皆悟道云者 所悟不出於空이니 若空不空이 俱空하여 空亦空하고 空亦空이라도 於自家眞性은 未夢見者니 空이 空하고 空이 空이라 하여 如是轉轉無盡空이라도 空은 難離이요, 甚至良久默言하야 自證을 表現하여도 未可기니 宗師家에서는 以空無言으로 不爲道이니 空不是道며 空不是性이니 비유하건댄 虛空이 自體가 群相이 아닌 것과 如하여 覺性亦然耳 然이나 轉身一句을 作麽生道오)

---

12) 龍城震鍾(1864~1940)
 속성은 白氏. 남원에서 출생. 喚醒의 법을 잇다. 독립선언 33인의 1인. 禪農並行說을 주창하였고 경전 번역에 전력함. 화엄경, 원각경 등 주요 경론을 한글 번역하였고, 저서로는 〈歸源正宗〉〈覺海日輪〉〈龍城語錄〉 등이 있으며 근래의 많은 宗師를 배출, 東山, 麟谷, 東軒, 東庵, 古岩, 慈雲 등 법제자가 있다.
 여기 인용문은 鏡峰禪師와 龍城禪師와 선문답한 서간문인데 인용도서는 〈火中蓮華消息〉이다.

여기 龍城禪師의 물음에 필자는 그냥 가볍게「아제 아제 바라아제 바라승아제 모지 사바하」라 하여 둡니다.

이 眞言의 一句를 바로보면 우리들의 一擧手一動作이 그냥 그대로 波羅蜜 本地의 全量表出이고 天下 頭頭物物이 波羅蜜多의 露呈이어서 어느것 하나 畏敬하지 않을 수 없습니다.

여기에 衆生心을 여의게 하고 一超直入如來地에 頓入시키고자 하는 이 만트라야 말로 더할 나위가 없습니다.

Gate gate paragate parasamgate Bodhi svaha
아제 아제 바라아제 바라승아제 모지 사바하.

이 만트라는 정규 산스크리트語가 아니어서 즉 속어적인 용법이어서 명확한 번역은 어렵습니다.

Gate는 gam(가다)의 어원에서 파생된 gata라는 여성형 단순호격(vocative)에서 gate로 변형된 단어로「가는 이여」로 됩니다. 반야심경에서는 智慧의 完成을 도전적이고 호전적인 父性이 아니라 수긍하며 한없이 포용하는 母性으로 보고 있는데 심원한 묘미가 있다 하겠습니다. 또 gate의 어미 te를 於格으로 볼 때는〈갔을 때〉로 번역되고 gate를 정규문법에 맞추어 동사의 현재 완료형으로 보았을 때는〈건너 갔네〉로 번역됩니다. 라즈니쉬같은 이는 의지격인〈가자〉로 보았습니다.

paragate는 para + gate입니다.

para는 param — ita의 param으로 저 언덕(彼岸)으로 Max Müller 같은 이는 landed at other shore(다른 해안에 닿았다)로 영역하였고 Edward Conze는 beyond, 즉 저쪽에, ~을 넘어서로 영역하고 있습니다.

여기에 번역이 呼格일 때는〈저 언덕으로 가는 이(she)여〉이고,

於格일 때는 〈저 언덕에 갔을 때〉이며 현재완료형일 때는 〈저 언덕으로 건너갔네〉고 意志格일 때는 〈저 언덕으로 건너가자〉로 됩니다.

para-sam-gate의 sam은 모두 두루 넓게 완전히의 뜻입니다.

法藏 賢首는 總也溥也라 하였고, Edward Conze 같은 이는 그의 心經英譯에서 altogether라 하였고, 注解에서는 그 뜻을 the meaning of completenss, 즉 완전함의 의미가 있다 하였습니다.

또 Bodhi는 菩提로 음역하였고 이는 깨달음(覺; enlightment)이며 우리는 전통적으로 〈모지〉로 음송하였으며 한문은 〈보제〉입니다. 이는 呼格이어서 〈깨달음이여!〉로 저는 〈감의 무한한 연속이여!〉로 보고 있습니다.

Svāhā는 娑婆訶. 또 고려대장경에는 僧莎訶로 음사되었는데 이는 어떤 절정상태에서 자연발생적으로 나오는 〈아이구머니!〉〈하느님!〉〈아!〉〈오!〉에 해당되는 말로 소원성취를 기원하는 단말마의 祕語라 하겠습니다. 이 svāhā는 본디 힌두교의 사제들이 神을 찬양할 때 외치는 충만의 소리로 히브리語의 Hallelujah(할렐루야)와 같은 의미로 〈… 하게 하여 주소서〉로 보면 또 브라만의 기도문에 처음 옴(Aum)에서 시작하여 마지막 사바하(svāhā)로 끝나는데 이는 〈하옵소서〉나 〈영원하여이다〉에 해당하는 말입니다. 곧 情識이 섞이지 않은 音聲的 진리의 波動態인 것입니다.

이 만트라에 딱 떨어지는 결정적인 번역이 모호하므로 억지로 몇가지 번역의 실례를 들까 합니다.

Gate gate paragate parāsāmgate Bodhi svāhā
가는 이(she)여 가는 이여 저 언덕으로 가는 이여
저 언덕으로 완전히 가는 이여 진리여 영원하소서(呼格)

갔을 때 갔을 때 피안으로 갔을 때
피안으로 완전히 갔을 때 깨달음이로다. 스바하(於格)

건너갔네 건너갔네 저 언덕으로 건너갔네
저 언덕으로 완전히 건너갔네 오! 이 놀라운 깨달음이여
만 만세! (현재 완료형)

가자 가자 더 높이가자 우리 다같이 가자
깨달음이여 영원하여라(意志格)

이 gate가 중복됨은 곧 我相, 人相, 壽者相, 衆生相에서 벗어나 우리 本性鄕인 波羅蜜 本地인 眞空의 나의 眞面目과 契合하여 만만세(svaha)가 되자 쯤이 아닌가?
이건 어디까지나 말마디이지 어디 svaha인가, 무엇이 svaha인가? 開口即錯이라, 다른 道理가 없으므로 끝으로 나의 修道日誌인 〈子正日誌〉의 一部를 소개하면서 이 svāhā를 대신할까 합니다.

svāhā의 경지.
이것은 지극히 평범함을 눈속에 넣어 볼 수 있는 一切에서 解脫의 상태입니다. 이것은 觀自在菩薩의 照見한 當處이고 깨달음 자체인 것입니다. 이것은 般若波羅蜜多의 自發의 순간인 동시에 山河에 山河 自體로 울려 퍼지는 교향악이며, 이것은 그윽한 향내음이며 진실의 축복이리라.
svāhā

子 正 日 誌

宋 醉 玄

1985 年 9 月 2 日
　　古今의 긴 파람 짤라 만든 陽 9 월 초이틀
　　나도 完成된 者로 스스로 옷을 바꾸어 입었지
　　한잔 두잔 제법 醉했다. 아니, 醉山은 술 마시면
　　깨어나는 거지, 정말 그럴까?

　　돌아오는 길 누군가 갈했다.
　　'萬法歸一하니 歸一何處란 公案말입니다. 대관절 어디로 간단 말입니까?'
　　'아 그거요. 그건 歸一이 萬法으로 들어가지요'
　　大岩이 곧 말을 받았다.
　　'아니지요 그건 틀립니다.'
　　내가 냉큼 부정해 버렸다. 약간 무안해진 大岩은 격앙된 목소리로,
　　'하나가 만법으로 돌아갑니다. 틀림없습니다.'
　　'아니지요. 아닙니다.'
　　나는 또 말했다. 그때 잠자코 걷던 石室이 나를 보고 씩 웃으며,
　　'一歸가 萬法으로 들어가니까 一歸가 萬法으로 돌아가지요'
　　말해서 '네에 그건 정답입니다.'라고 나는 대답했다.
　　모두 크게 웃었다. 우스워 웃는 사람, 미친 사람.

오! 내 일찍이 당금에 그것도 내 生日에 이렇게 멋지고 잘
어울리는 대답을 운좋게 듣게 되다니!

1985 年 11 月 14 日
　　꿈이든 생시이든
　　말하고 싶지 않다.
　　이 기막힌 가슴 탁 트이는 기쁨을
　　간밤 무수한 '요놈 봐라'를 반복하였다.
　　너무 또렷하고 오롯이 나타난 有一物
　　어, 요놈 봐라. 어, 요놈봐라.
　　봐라 놈 봐라.
　　아침 잠을 깨우는데도 이 아침까지도 오롯이
　　반복되어지는 요놈 봐라 요놈 봐라

　　긴 죽음과 삶에 걸쳐지는
　　그 어디에도 떨어지지 않는 요놈 봐라

　　요놈 봐라

　　莊周가 나비인지 나비가 莊周인지
　　나는 말하고 싶지 않다.
　　생각하고 싶지도 않다.

1985 年 11 月 15 日
　　　　　(5 年 9 月 어느날 꿈 회억)
　　滿空스님 會上.
　　禪客이 너댓명 벽을 등지고 좌선 중에 있고, 그 중 나도 한

參學門徒였다.

눈 푸른 衲者들이 안광이 형형한 가운데

滿空老師만이 더 이상도 아니고 더 이하도 아닌 표정,

자연스러운 행동.

나는 스님의 入室 제자였다.

스님은 그냥 나를 보고 계시었다.

그후 밤마다 찾아드는 공부

그후 밤마다 오롯함을 더하면서 찾아드는 禪幾.

1985年 12月 21日

꿈은 꿈이었구. 삶도 꿈이었다.

夢下에 홀연히 찾아드는 꿈 가운데 명료함.

허! 그건 의식의 반영없이 그대로 보라는 굼이었지

결국 그 꿈은 의식을, 신경을 절실히 간직한 후 도장과 같이

찍혀 남는 흔적을 그리더군

無捛印, 도장은 찍되 도인(자국)을 남기지 다라

그런 일깨움이었다.

꿈 가운데 허, 허, 연발하는 고놈은,

그래, 도장은 찍더라도 도인은 남기지 마는, 남길 수 없는

그놈 고놈은?

1986年 2月 9日 雪

生日이었지.

陰 正月 正日

나는 졸업을 하고 쌓여도 쌓여도 더 쌓일 것이 없는 그런 生日이었지.

父母未生前의 나.
그런 건 싸가지고 개한테나 주어, 參學人의 속이나 편하게 하지.
그러나 말마라, 먹어도 먹어도 먹지 않는 내 나이.
날마다 나는 生日 나는 生日.
이날 나는 無始以來 고향에서 生日을 맞았다.
홀연히 한 수 적다. 이날 丈夫一大事 마치다.

소쩍새 소쩍다
소쩍다 소쩍새

옛 하늘속에 소쩍다는 소리
옛 우물에 물결 이어서 일고

옛 사람 오늘도
소쩍다 소쩍새
소쩍새 소쩍다

나는 潙山禪師가 그의 弟子 香嚴에게 '자네의 총명과 재주가 대단함을 나는 짐작하네. 그러나 우리에게 生死문제가 가장 根本的이라는 것을 자네는 인정할 걸세. 자, 그럼 나에게 자네가 부모에게서 태어나기 이전의 어떤 상태에 있었는지 이야기 해주게'를 읽다가 문득 어디선가 병과 병이 마주치는 소리를 듣다가, 문득 홀연히 心眼이 빛을 따라감을 보다가, 父母未生前의 나(眞我)가 『나』임을 확철히 알았다.
그 기쁨이랄까, 어처구니 없음에 나오는 웃음이랄까, 나는 웃었다. 그저 웃기만 했다.
꼭 하루 하고도 하루낮을 씁쓸히 웃었다.

古佛의 공부도 특히 기특할 것이 없었군.
천칠백공안 모두 한데 묶어 화장실 벽에 꽂아 두라.
또 홀연히 한 수 적는다.

古人의 홀연히 眼光이 길을 찾는다는 그 말
우린 속지 말자
눈 감아도 감아도 眼光의 길은
암흑 만큼의 깊이에서 빠져나고
온 우주에 兀然히 솟아 오른
맥주병 부딪는 소리.
이 사람아 趙州 그 똥감 차 말고
내 한잔 주지 휘파람으로
月光이 연못을 뚫어도 흔적 없다 누가
말 하던가
오직 月光이 연못을 뚫고
있을 뿐일세.

1986年 8月 25日 雨
억센 비 줄기가 온통 하늘마저 안고 쳐들어 온다.
普照스님 修心訣 읽다
마음대로 읽으니 마음데로 써 놓는다. 祖師여! 哭 하느니 祖師여!

『돈오돈수가 최상근기의 들어감이나, 과거를 미루어 보건데 이미 多生의 깨달음을 의지해 닦아서 점점 익혀 온 것이므로

今生에 듣자마자 깨달아 한번에 마쳤다 하더라도, 이것이 또한 먼저 깨닫고 나서 닦은 근기라 하겠다.(頓悟頓修 是最上根機 得入地 若推過去 已是多生 依悟而修 漸熏而來 至於今生 聞即發悟 一時頓畢 以實而論 是亦先悟後修之機也)』

小衲이 敢祖師 法語에 着語를 붙혀 所見을 보태고져 한다.
『들자리 없는 것을 우린 능히 들어간다 말함과 마찬가지로 또 미루어지는 과거 또한 있지 않다. 現今에 문득 눈이 열려 丈夫之大事를 마쳤다 함은 그뿐이지 원래 닦을 일 또한 따로 있을 수 없음이다.

만나는 山마다 山 아님이 없고
마시는 물마다 피 아니됨이 없네 喝, 一喝』

1986年 8月 28日 晴
　門을 여는 사람이 바로
　門을 닫는 사람이다.

　아! 山을 여는 사람이 바로
　사람이 山임을 아는 사람이다.

1986年 11月 1日
　누군가 피카소에게 물었다.
　『당신이 그린「平和」라는 그림속에는 새가 금붕어 속에 들어있고, 붕어는 새장 속에 있는데 뭣을 나타내려 한 것입니까?』
피카소 이르기를
『평화시에는 무슨 일이든 다 가능하다는 걸 보이려 했답니다.』
小衲이 오늘 이르기를
『自由시에는 코가 똥속에 솟아나고 오른쪽 귀 속으로 들어간 파리가 왼쪽 귓속에서 나온답니다.
　그들에겐 가능이란 말은 없답니다.』

1986年 3月 23日 清
德雲和尙과 차를 나누다가 '좋고 착한 마음을 내어 일을 하니 하는 일마다 慈悲다'라고 말씀하여 나는 곧 바로 '스님, 사문이 되어서 그런 말씀하십니까? 보살이 일을 하되 點點이 慈悲이지, 어쩌자고 그런 말씀을 하십니까?' 하니 바른 자세를 취하였다.
그렇다.
어찌 마음을 내어 行하니 보살행인가
혹, 나쁜 마음을 내어 惡行으로 중생이 제도될까?
그건 분명 聖人이나 제도 할 일이지
아!
안과 밖이 없이 그 생각마저 없이 聖人을 만나면 성인과 나투고 마귀를 만나면 마귀와 나투고 성인도 마귀도 아님을 만났을 때 역시 오른 손을 약간 들어 그들을 구원 할려는가.
　　　　　　　　　　　　　　　笑一笑

1986年 5月 2日
　한낮에 홀연히 적다

別無奇特이라.

이 소리도 아닙니다. 이 소리도 아닙니다.
용각산은 소리가 없습니다.
소리가 없으면 용각산인가
쯔! 말하라
別無奇特이라
별로 특별하고 기이함이 없도다.

절대로 변하는 相對性, 바로 이것이 絶對性이니
實로 알고 알지라,
뭐, 그리 기특한 것이 있다고.

1986年 11月 5日
 * 오!
   眞實로 그러함을
   내 눈 여기 보노니
   '日常事였군요
   그러나 日常事라고만 말씀 마세요'

 * 寂은 萬有가 침몰함이요
   照는 萬無가 살아 남이라
   寂照는 내 그대에게
   맡기노니.

제6장 流通分

〈NOTE〉

○ 大本心經의 流通分의 實例와 大本心經에 대한 고찰을 NOTE 코저 한다.
○ 현재 산스크리트語 寫本은 日本 長谷寺에 소장되어 왔던 필사본을 弘法의 제자 慧運이 847년 중국에서 귀국하면서 가져왔다 함.
○ 중국에도 거의 이 정도의 古本이 전해지고 있음.
○ 漢譯本은 法月(738)의 것이 있고 般若와 利言(790)의 共譯과 智慧輪(850)과 施護(980)의 大本 漢譯이 있다.
○ 佛譯으로는 Feer(1866 paris 출간)의 大本心經의 간행이 있음.
○ 英譯으로는 Max Müller의 1884년에 小本과 더불어 大本心經의 출간이 있으며, 또 최근 연구로는 1948년에 Edward Conze의 Sources and Bibiography of the Prajnaparamita-hrday가 있다. 앞 제1부의 Conge의 산스크리트 語本과 英譯本은 1958년 런던에서 출간한 Buddhist Wisdom Books의 Heart Sutra의 재편성본이다.
○ 流通分의 내용은 세존께서 깊이 관자재보살의 설법을 인증하시었고 이에 법문을 듣던 一切大衆이 皆大歡喜 信受奉行하였다로 끝난다.
○ 다음 옮긴 예문은 大本들 가운데 法月의 重譯과 般若, 利言의 共譯을 들었고, 산스크리트語 英字音寫本은 日本 岩波文庫에서 나카무라 하지메의 교정으로 1959년 출간된 것이며 한글번역은 이기영박사의 역을 그대로 옮겼다.

○ 이 岩波文庫本과 般若共利言 역본, 智慧輪, 施護의 流通分의 내용이 거의 같은데, 法月의 역본만 一切大衆이 부처님의 설법을 듣고 모두 기뻐하고 信受奉行하였다로 되어 있음.

1) 般若, 利信, 共譯本 流通分

如是舍利弗 諸菩薩摩訶薩 於甚深般若波羅蜜多行
여시사리불 제보살마하살 어심심반야바라밀다행
應如是行 如是說已 卽時世尊從廣大甚深三摩地起
응여시행 여시설이 즉시세존종광대심심삼마지기
讚觀自在菩薩摩訶薩言 善哉善哉 善男子 如是如是
찬관자재보살마하살언 선재선재 선남자 여시여시
如汝所說 甚深般若波羅蜜多行 應如是行 如是行時
여여소설 심심반야파라밀다행 응여시행 여시행시
一切如來皆悉隨喜 爾時世尊說是語已 具壽舍利弗大
일체여래개실수희 이시세존설시어이 구수사리불대
喜充遍 觀自在菩薩摩訶薩亦大歡喜 時彼衆會天人阿
희충변 관자재보살마하살역대환희 시피중회천인아
修羅乾闥婆等 聞佛所說 皆大歡喜 信受奉行
수라건달바등 문불소설 개대환희 신수봉행

이와 같으므로 "사리불아, 모든 보살마하살이 아주 깊은 반야바라밀다의 행을 마땅히 이와같이 행하는 것이니라." 이렇게 설법을 마치셨다.

그때 세존께서 광대심심 삼매경으로부터 일어나시어 관자재보살마하살을 칭찬하시며 이렇게 말씀하셨다. "거룩하고도 거룩하도다, 선남자야. 이와 같을지라, 이와 같을지라. 네가 말한대로 아주 깊은 반야바라밀다의 행을 마땅히 이와같이 행한다던, 이와같이 행할 때에 일체 여래가 다 함께 따라서 기뻐하리라."

이때 세존께서 말씀을 마치시자 사리불은 큰 기쁨으로 가득찼으며 관자재보살마하살도 또한 크게 기뻐했으며 저 대중 가운데 있던 하늘·사람·아수라·건달바 등이 부처님의 말씀을 듣고 모두 크게 기뻐하며 믿고 받아 받들어 행했다.

2) 法月 重譯本 流通分

佛說是經已 諸比丘及菩薩衆 一切世間天人阿修羅
불 설 시 경 이   제 비 구 급 보 살 중   일 체 세 간 천 인 아 수 라
乾闥婆等 聞佛所說皆大歡喜 信受奉行
건 달 바 등   문 불 소 설 개 대 환 희   신 수 봉 행

부처님께서 이 설법을 다하시고 나자 모든 비구와 보살 대중과 일체 세간의 하늘과 사람과 아수라·건달바 등이 부처님의 설법하신 바를 듣고 크게 기뻐하며 믿고 받아 받들어 행했다.

3) 산스크리트語 英字音寫大本의 流通分

evam Śāriputra gambhirāyam prajñā-pāramitāyām caryīyam Ś
ikṣitavyaṃ bodhi-sattvena. atha khalu bhagavān tas-māt samādher
vyutthāyāryāvalokiteśva-rasya bodhisattvasya sādhukāram. adāt sā
dhu sādhu kulaputra evam etat ku-laputra. evam etad gambhīrāyām
pra-jñāpāramitāyām caryām cartavyam yathātvayā mirdiṣṭam anumo-

dyate tathāgatair arhadhih idam avocad bhagavān. ana-mdamanā āyusmān. Chāriputra āryā-valokiteśvaraś ca bodhisattvaḥ sā ca sarvāvatī parṣatsadevamānuṣāsura-prajñāpāramitāhṛdaya sūtraṃ samāptam.

　Śāripūtra여, 심원한 지혜의 완성을 실천할 때에 구도자는 이와같이 배워야 할 것이다.
　그 때 세존은, 그 명상으로부터 일어나 구도자 Avalokiteśvāra에게 찬의(贊意)를 표시하셨다. '그러하도다, 그러하도다. 훌륭한 젊은이여, 깊은 지혜의 완성을 실천할 때에는 그와 같이 행하지 않으면 안 된다. 너에 의해서 설해진 그대로 깨달은 사람들이나 존경받을만 한 사람들이 기뻐 받아들일 것이다.' 세존은 기쁨에 넘친 마음으로 이와같이 말씀하셨다. 장로 Sāriputra, 구도자, 성 Avalokiteśvāra, 일체의 회중(會衆), 및 천(天)·인(人)·아수라(阿修羅)·건달바(乾闥婆)까지를 포함하는 모든 세계의 존재들은 세존의 말씀을 듣고 환희(歡喜)하였다.
　여기에 지혜의 마음의 완성이라는 경전을 끝낸다.

　　　　나카무라 하지메교정 岩波文庫本이며 한글역은 이기영 박사의 것을 그
　　　　대로 옮겼다. 이것은 長谷寺 大本이 原本이 되어 보완 英音寫된 것이다.

〈 講　義 〉

　오늘날 우리는 流通分이 생략된 玄奘 三藏의 小本(略本)心經을 受持讀誦하여 왔습니다. 그러나 大本(廣本)心經에는 결말의 문구인, 곧 流通分이 있습니다.

현재 이 大本의 心經 산스크리트語本이 중국에서도 여러 本이 전해지고 있습니다마는, 日本 長谷寺에 전해지고 있는 산스크리트語 大本은 847년 중국에서 慧運이 가져왔다고 하는 세칭 長谷寺本이 소장되어 있습니다 서방의 최초 번역은 佛譯本이며 1866년 Feer가 간행[1]한 것입니다. 그후 1884년 Max Müller가 法隆寺 小本과 비교 연구하여 大本, 小本의 교정본 및 英譯을 앞에 실은 尊勝陀羅尼와 함께 발표한[2] 바가 있습니다.

여기에 소개하고자 하는 유통본은 日本 나카무라 하지메가 교정하여 1959년 岩波文庫本을 번역한 것입니다.

「Śāriputra야 심원한 지혜의 완성을 실천할 때는 구도자는 이와같이 배워야 한다.

그때 세존께서 명상으로부터 일어나 구도자 Avalokiteśvara에게 찬의를 표시하였다.

"옳다 옳다 훌륭한 구도자여 깊은 지혜의 완성을 실천할 때에는 그와 같이 행하여야만 한다. 너에 의해서 설해진 그대로 覺者들이나 존경받을 만한 사람들이 기뻐하며 받아들일 것이다."

세존께서는 기쁨에 넘쳐 이와같이 말씀하시었다.

Śāriputra, 구도자, 성 Avalokiteśvara와 일체 會中및 天・人・阿修羅・乾闥婆까지를 포함하는 모든 세계의 존재들이 세존의 말씀을 듣고 환희하였다.

―――여기더 지혜의 마음의 완성의 말씀을 끝낸다.」

---

1) 'L Essence de a Science Transcendante en trois langues, tibétain sanskrit et mongol' 1866 paris 刊

2) The ancient palm-leaves Containing the Prajna-paramitā-hridays-sutra and Ushni-sha-vigaya-dharan, Edited by F. Max Müller and Bunyiu Nanjio, Clarendon, 1884.

여기에 漢譯 諸本을 비교할 것 같으면, 般若와 利言의 共譯과 智慧輪, 施護의 大本 流通分이 大同小異하며 法月의 譯本만이 간단히 처리되었습니다. 法月 漢譯本은 다음과 같습니다.

「부처님께서 이 설법을 다 하시고 나자 모든 비구와 보살대중과 일체세간의 天·人·阿修羅·乾闥婆등이 부처님의 설법하신 바를 듣고 모두 크게 기뻐하며 信修奉行하였다.」
(佛說是經已 諸比丘及菩薩衆 一切世間天人阿修羅乾闥婆等 聞佛所說 皆大歡喜 信受奉行)」

참고문헌 및 인용도서

1. 解說 般若心經(李靑潭說法)
2. 般若心經(李箕永著)
3. 般若心經講義(光德)

…1, 2, 3의 문헌은 164, 193, 222, 237, 256, 278, 297, 316, 344, 372, 387 쪽의 바탕글임.

4. 大慧度經宗要(元曉)……………………………………………158
5. 般若心經(라즈니쉬 강의)
6. 摩訶般若波羅蜜多心經注解(鏡峰)
7. Buddhist Wisdom Book(Edward Conze)…66, 80, 145, 190, 298, 317, 318, 393
8. 般若波羅蜜多心經贊(圓測)…161, 182, 183, 187, 188, 191, 210, 211, 214, 275, 276, 313, 342, 351, 352, 382, 384, 385, 400, 401
9. 摩訶般若波羅蜜多心經注解(元曉, 凡述復元)
10. 般若波羅蜜多心經幽贊(窺基)……………………174, 191, 211, 212
11. 般若波羅蜜多心經略疏(法藏)……120, 188, 191, 209, 210, 233, 234, 400, 401
12. 般若心經略疏連珠記(師會)
13. 般若波羅蜜多心經三注(慧忠, 慈受, 懷心)…119, 179, 252, 253, 293, 294, 295, 339, 340, 385, 386
14. 大顚注心經(大顚)……………152, 157, 161, 179, 180, 233, 247, 248
15. 禪門拈頌(慧諶)…150, 156, 254, 255, 326, 327, 328, 329, 330, 331, 360, 363
16. 般若波羅蜜多心經添足(弘贊)…153, 154, 155, 192, 235, 236, 253, 276, 277, 295, 296
17. 景德傳燈錄………………………162, 177, 178, 254, 255, 358, 360, 363
18. 注維摩經(僧肇)…………………………………………………172
19. 菜根譚(洪自誠)…………………………………………………163

20. 妙法蓮華經···172, 174, 292
21. 法華義記(法雲)·······································173, 268
22. 金剛經···179
23. 鏡虛語錄(性牛)·····················366, 367, 368, 369, 400
24. 金剛經五家解(得通)··············150, 347, 348, 349, 354, 355
25. 부처님이 계신다면(呑虛)·························179
26. 般若心經疏(慧淨)···································314
27. 證道歌(玄覺)·······································203, 402
28. 大智度論(龍樹)·································200, 248, 249
29. 춤추는 物理(G. 주기프)·······················204, 205
30. 現代物理學과 東洋思想(F. 카프라)·······205, 206, 207
31. 中論頌(龍樹)·································218, 219, 232
32. 般若心經注解(宗勒과 如玘)················234, 235
33. 般若心經疏(明曠)·······························250, 251
34. 六祖壇經(慧能)·······································251
35. 祖堂集··254, 255
36. 馬祖語錄(道一)·······································254, 255
37. 大乘起信論(馬鳴)··············144, 159, 261, 263, 264
38. 大乘起信論疏(元曉)·································264, 265
39. 法性偈(義湘)·······································139, 308
40. 龐居士語錄(龐蘊)·································254, 255
41. 雜阿含經···266, 267, 268, 270, 271, 283, 284, 287, 288, 292, 306, 310, 338, 395
42. The prajnaparamita hrdaya sutra(Max Múller)·······298, 317, 419
43. 팔리어 律藏··································201, 266, 270, 283, 393
44. 圓覺經···272
45. 南傳 小部經典·······································281
46. 中阿含經···283

참고문헌 및 인용도서 423

47. 長阿含經··395, 396, 397, 399, 400
48. 碧巖錄(圓悟)··301
49. 中峯錄(明本)··302, 303
50. 臨濟錄(義玄)····································303, 361, 362, 363, 364, 365
51. 摩訶止觀(智者)··307
52. 華嚴經淸凉疏(證觀)··308
53. 心信銘(僧璨)··138, 309
54. 頓悟入道要門論(大珠)···309, 310
55. 涅槃經··311, 325, 356, 379
56. 般若心經疏(靖邁)··336
57. 涅槃經宗要(元曉)···340, 341
58. 東文選···340, 341
59. 指月錄···359, 362, 365
60. 先師鏡虛和尙行狀(漢岩)···············366, 367, 368, 369, 340
61. 金剛三昧經論(元曉)···151, 379, 380
62. 火中蓮華消息(龍城書簡文)···403
63. 十玄談(同安)···160
64. 相應部經典····························267, 283, 284, 285, 286, 287, 288, 306
65. 中部經典···283
66. 華嚴經···159, 162, 311, 356, 357
67. 趙州錄(從諗)···328
68. 子正日誌(醉玄)···················407, 408, 409, 410, 411, 412, 413, 414
69. 禪要(原妙)··392
70. ○

──내 친구 송준영──

越祖 宋醉玄 法師, 아니 내 친구 송준영에 관하여 이야기 하기로 하자

내가 송준영과 인연을 맺은 것은 참으로 운명적이었다. 불가에서는 운명적이라는 말을 어떻게 이해하는지는 잘 모르지만 내가 송준영을 만난 그날은 아마 1970년 2월의 겨울, 눈내리는 오후였던 듯 싶다.
그때 우리는 첫 대면의 악수를 나누었고 술을 마셨으며, 술집 창밖의 눈송이는 춘천 석사동 거리를 하얗게 덮어가고 있었다.
송준영이 그날 무슨 말을 했는지는 기억나지 않는다. 다만 거침없는 그의 말속에서 그가 걸어온 생애의 한 단면을 어렴풋이 짐작할 뿐이었다. 그는 이미 어느 고승에게서 받은 醉玄이란 법명을 가진 어엿한 불도였고 태권도가 3단쯤 되는 武道人이었다.
그 당시 내게는, 그가 나와는 다른 길을 걸어오면서도 항상 무엇인가 새로운 지향점을 향해 끊임없이 눈을 빛내는 사람으로 비쳐졌다. 늘 우울을 전매상표처럼 달고 다니던 내게 그의 출현은 신선한 충격으로 내 어두운 가슴을 흔드는 것이었다.
그날로부터 우리는 단짝이 되었다. 당시 춘천 교육대학을 벌써 3년째나 1학년에 머물러 있었던 나로서는 이렇게 멋있고 신나는 친구를 사귀게 되었다는 사실에 감격하지 않을 수 없었다.

동갑내기였던 우리는 매일매일 붙어다녔다. 송준영은 장래 불교 소설을 쓰고 싶다고 했다. 깨달음을 지닌 불교 소설! 그것이 송준영이 품은 꿈이었다.

그러나 송준영은 소설을 쓰고 있는 것 같지는 않았다. 그는 언제나 남과 대화하기를 즐겨했고 항상 쾌활한 멋쟁이었다. 몇 번은 내게 그가 쓴 시를 보여준 적도 있었다. 하지만 그의 시는 내가 이해할 수 없는 난해한 것이었고 나는 그의 시를 이해하지 못했다. 그도 그런 것에는 개의치 않는 듯 했다.

"그냥 써 본 거야."

송준영의 말은 늘 언제나 명쾌했다. 그는 〈靑河〉라는 써클을 조직하여 종교와 철학에 관한 토론을 벌이기도 하고, 교내 둔학 모임에도 열성적으로 참여하는 나이먹은 학생이었다. 학교에 들어오기 전에는 부석사에서 당대의 禪師인 東菴性洙 큰 스님을 모시고 수도를 한 경력의 소유자 답지 않게 명상적이라기 보다는 활동적이고 적극적인 행동파였다. 그는 매우 솔직담백한 낭만주의자였다.

"난 속세가 좋아. 여기 이 자리가 바로 나의 좋은 공부방이거든."

"속세가 좋다니! 모두들 이 지겨운 속세를 훌훌 떠나고 싶어하지 않는가. 어느 한적한 산속의 절간에서 유유자적하며 자기만의 깊은 명상에 잠기는 도인의 굳을 한 번이라도 꾸지 않은 사람이 어디 있던가.

"이곳이 절간이 아니고 뭐겠니?"

그는 내게 그렇게 말했다. 시끌벅적한 세상이 바로 절간이라고 말할 수 있는 별 아리송한 친구를 만났다는 사실에 나는 괜스레 흥겹고 신이 났었다.

내가 송준영의 하숙방을 일부러 으슥한 자정쯤에 들르면 그는 으레히 가부좌를 틀고 면벽할 때가 많았다. 내가 문을 열고 들어서는 기척에도 아랑곳하지 않고 그는 돌처럼 앉아 미동도 없었다. 나도 그런 그의 면벽좌선을 깨뜨리고 싶지 않아 그가 피우던 담배를 피워물고 함숨섞인 연기를 풀풀 날리기 일쑤였다. 자욱한 담배 연기가 그의 면벽을 방해할련지는 몰라도 나는 나대로 그 파리한 담배연기의 가물거림을 사랑했었다.

이윽고 송준영은 가부좌를 풀고 돌아서면서 내게 말했다.

"우리 겨울에 동화사에 동안거 가자."

그해가 1970년 12월, 초겨울로 접어들고 있을 무렵이었다.

대구 동화사.

나는 그때 그곳의 기억을 잊지 못한다. 어찌 그곳을 잊을 수 있겠는가. 나는 송준영과 함께 그 추운 겨울의 산사에서 1971년을 맞이했다. 우리는 그곳에서 새벽 4시에 기상하여 저녁 10시에 잠자리에 들 때까지 엄격한 사원의 규칙에 따라 하루 일과를 보내곤 했다.

그것은 내게 있어서 처음 맛보는 경험이었고 새로운 세계에 대한 경이로운 눈뜸이기도 했다. 어떨 때는 밤을 새워 용맹정진할 때도 있었다. 나는 좀이 쑤셔 그것을 제대로 수행할 수 없는 얼뜨기 이방인이었다.

그러나 송준영은 달랐다. 그는 매우 자연스러웠고 마치 물고기가 물을 만난 듯이 행동했다. 나는 그런 그가 몹시도 부러웠다. 그런 어느 날이었다.

밤 11시가 넘어, 밖에는 솔바람이 팔공산의 적막을 고요히 쓸고 있었다. 긴 선방에서 모두들 기침 소리 하나 없이 화두에 몰두해 있었다. 달빛이 잔설처럼 마당에 펼쳐져 있는 밤.

나는 화두고 뭐고 이미 내 마음 속에는 사라져버린 지가 오래였다.

나는 바깥의 풍경에 더 마음을 두고 있었고 쓸쓸한 겨울밤의 그 깊은 소리에 취해 있었다. 술 생각이 간절했다. 솔바람 소리가 그런 나를 속세로 데려다 주었다. 나는 주정뱅이로 헤매었다.

그런데 내 옆에서 죽은 듯이 앉아 정진하던 송준영이가 갑자기 무릎을 탁 치는 것이었다. 그런데 이건 또 무슨 해괴망측한 일이란 말인가. 송준영이 무릎을 탁 치는 동시에 내 입에서 〈할!〉하는 작은 소리가 불숙 튀어나오지 않는가. 나는 상상으로 취한 술이 확 깨는 기분이었다.

스님들이 참선을 하다가 무릎을 탁 치며 할! 한다는 소리는 누누히 들어온 터라 반사작용으로 자연스레 튀어나온 말이리라.

제기랄. 나는 가만히 입속으로 투덜거렸다. 깨친 놈은 송준영인데, 난 곁에서 변죽이나 울려주고 있다니. 참으로 한심하고 한심하도다.

"뭐야!"

내가 그에게 나직히 물었다. 그러자 송준영은 빙그레 웃으면서 자리를 뜨고 밖으로 나가는 것이었다. 그러고는 참선이 끝난 새벽까지 돌아오지 않았다.

송준영이 돌아온 때는 아침 공양이 마악 시작되려는 무렵이었다. 그의 오른쪽 가슴에는 네모난 한지에 묵언과 금식이란 글귀가 선명히 적혀 있었다. 그리고 3일 동안 그는 먹지도 말하지도 않았다. 내가 아무리 말을 걸어도 빙그레 웃기만 할 뿐 도무지 대꾸를 하지 않는 것이었다.

나는 그런 그를 시오리 떨어진 절 아래 쪽 인가가 있는 음식점으로 데리고 갔다. 거기에서 우리는 맛있게 술 몇 잔을 기울이며 아무 말이 없었다. 송준영은 드디어 입을 열었다. 그냥 곤충이 지나간 것 같다고. 달이 곤충으로 날아간 것 같다고. 그런 두서없는 그의 말을 들었던 듯하다. 확실치는 않지만 송준영은 내게 무엇인가 숨기고 있었던 건 아닐까 하는 의문이 지금도 든다.
"사흘을 굶으면 모든 게 다 맛있다야!"
그는 나의 물음에 선문답같은, 아니 일상적인 대답으로 일관하고 있었다. 나는 더이상 묻지 않았다. 그 당시 나는 심한 감기에 시달리고 있었다. 어서 빨리 이곳을 떠나고 싶은 심정이었다. 그런 나의 심정을 이미 헤아리고 있었던지 송준영은 불쑥 말했다.
"내일 아침 떠나자꼬."
이튿날 우리는 태백선의 밤열차를 타고 다음 목적지로 가고 있었다. 수초가 물살에 일렁이듯이, 열차에 몸을 맡긴 채 우리는 아무 말도 하지 않았다. 그냥 외로운 밤만이 차창을 스치고 지나갈 뿐이었다. 내 영혼의 한 귀퉁이에는 알 수 없는 바람이 자꾸만 스멀스멀 기어들어와 고여가고 있었다.
그것이 우리들 방황의 모습이었을까? 아니다. 송준영은 따뜻한 속세의 그리움을 알고 있었던 것이다. 그는 다분히 문학적이었으며 너무나 인간적인 따뜻한 사람이었다.
그후 나는 가끔씩 이렇게 물었다.
"왜지? 왜 무릎을 친 거지. 뭔가 깨친 거야?"
그러면 송준영은
"그냥 바깥이 보고 싶었다. 답답한 방구석보다는 바깥 세상은 얼마나 자유롭니?"
하였다.
답답한 안과 자유로운 바깥은…그렇다…무언가 조금은 알것도 같구나. 그러나 그건 어려움한 안개 속에서 형체없이 떠다니는 무색의 빛과도 같이 나를 미혹의 한 가운데로 내동댕이치고 있었다.

이듬해 송준영은 학교를 졸업하고 정선 두메산골의 한 작은 학교에 발령이 났다. 나는 여전히 교육대학 안에서 방황했고 내 작은 가슴 속에다 외로운 새를 날리곤 했다.

　겨울이 되어 나는 지금은 인기 작가가 되어 있는 이외수라는 괴짜 복학생과 함께 춘천 보리수 다실에서 시화전을 열었는데, 송준영으로부터 그 당시 봉급의 3분의 1쯤 되는 돈을 우편으로 받았다. 거액이었다. 우리는 그가 보내준 돈을 야금야금 축내며 살았다. 그리고 그 이듬해도 역시 졸업을 하지 못했다.

　그런 어느 겨울인가? 한 통의 편지에는 한 사람의 예쁜 이름이 곱게 적혀 있었다. 결혼 청첩장이었다. 당연히 나는 달려가 결혼 축시를 낭송해 주었다. 그리고 뻔질나게 그들의 신접살림살이에 틈입하여 그들을 괴롭혔다. 그러나 그들은 마냥 즐거운 표정이었다. 나의 한심스런 행동을 따뜻하게 살펴준 그들을 떠나 나는 참 많이도 쏘다녔었다.

　나의 미친듯한 방랑이 끝나고 집으로 돌아왔을 때, 송준영과 나와의 소식은 두절되어 있었다. 나는 그가 곧 학교를 그만 두고 대구로 내려갔다는 풍문을 들었고, 나는 내 살기에 몹시 바빠 있어서 그를 까마득히 잊고 있었다. 내 방황의 끝은, 어쨌든 살아가기 였었다. 그것이 송준영으로부터 내가 터득한 마지막 깨침이었는지도 모른다.

　그리고 10년이 흘렀다.

　나는 고등학교 선생으로 학생들을 데리고 강릉 율곡제에 참석한 적이 있었다. 그런데 내 여관방에 전화가 걸려왔다. 뜻밖에도 송준영의 목소리였다.

　"돈선이냐? 나다 준영이다."

　그렇게 하여 우리는 만났다. 우연히 시인 신승근 선생을 만나 내가 왔다는 소식을 들었다고 했다. 10년만의 해후였다.

　그의 얘기는 밤 깊은 줄을 몰랐다.

대구로 내려가서의 경제적인 성공. 그후 사업확장으로 인한 연속적인 실패와 좌절. 보따리 하나 달랑 들고 찾아 들어온 낯설은 강릉. 거기에서 시작한 조그만 화장품 가게가 이제는 강원도를 총괄하는 총판으로 성장하기까지의 고생담을 담담히 말하고 있었다.

"옛날엔 욕심을 많이 부렸던 거라. 이젠 느낀 게 많제. 그냥 열심히 사는 일밖에 더 뭐 있겠노?"

가장 고통스러웠을 때, 송준영은 면벽을 했다고 했다. 아니, 이제는 그것이 일상사가 되어 있었다. 그리고 틈틈이 모아둔 여러 불경의 자료며, 몇 권이나 되는 공책에 빼곡이 적힌 그의 메모를 보여 주었다.

"오로지 이것 하나만 참구할란다."

그것은 반야경에 대한 것이었다. 사실 반야경을 해설하고 거기에 주석을 붙인다는 것은 학문이 깊은 학승에게나 합당한 일이지, 한낱 속세에 몸담은 불자로서는 가당치도 않는 일이었다.

그러나 그의 결심은 이미 확고한 것이었다. 그의 눈빛엔 그 어떤 초월의 의지가 번뜩이고 있었다. 나는 그런 조용한 말과 눈빛을 통해 초발심의 원력을 느꼈으며, 나는 그의 발원이 꼭 이루어지리란 믿음을 가졌다.

그렇게 하여 우리의 만남은 태백산맥을 사이로 두고 이따끔씩 교신을 나누기 시작했다.

송준영은 강릉   l 불교강원을 개설하여 여러 관심있는 분들과 함께 불교의 원리를 연구하고 많은 대중에게 강론을 한다는 소식을 들었다. 그는 모든 일에 적극적이고 능동적이었다.

오늘날의 불교가 고고한 山門에서 벗어나지 못하고 뭇대중과는 지극히 먼 거리에서 선문답이나 하고 있을 때, 송준영은 최소한 자기의 조그만 원력으로나마 불교에 대한 큰흐름을 사람들에게 이해시키고 싶어했다.

그래서 송준영은 '반야심경'을 통한 일반적 이해의 접근을 시도했다. 고대의 산스크리트 원본을 비롯하여 많은 반야경 異本을 두루 섭렵한 다음, 여러 해석들을 나름대로 모으고 분류하여 거기에 자신의 견해를 통일성있게 펼쳐갔다.

그의 작업은 그 어떤 불교학자도 시도하지 않은 독특한 '반야경' 해설이었다. 그는 이 원력의 흐름을 통하여 새로운 마음의 눈뜸을 경험했노라고 내게 실토했다.

그러나 송준영은 그가 참구하는 반야경의 세계에 대한 강한 깨침이 있어야겠다는 생각이 들었다. 그래서 그는 우리나라 불교의 고봉이신 西翁 종정을 찾아갔다. 언감생심 한낱 불자인 주제에 서옹 스님을 뵙기란 하늘의 별따기처럼 어려웠다. 그러나 그의 지극한 정성과 원력이 서옹 스님께 전해졌는지, 송준영은 드디어 서옹스님을 뵐 수가 있었다. 그리고 틈틈이 자신의 '반야심경 강론'을 서옹 스님께 보여드렸다. 하지만 서옹 스님은 그의 반야경 보여드리기에 대해 가타부타 아무런 말씀도 없으셨다고 한다. 그렇게 하기를 칠년.

드디어 서옹 스님으로부터 다음과 같은 말씀이 떨어졌다.

"수고했다. 밥값은 했구나."

비록 간단한 말씀이었지만, 그는 이 말씀이 태어나서 지금까지 들었던 그 어떤 말보다도 깊은 감동으로 남는다고 말했다. 그럴 것이다. 그의 조그만 원력이 이토록 큰 둘레를 이룰줄이야 어찌 알았겠는가.

나는 그런 친구를 두었다는 것이 자랑스럽다. 고승들처럼 좀더 멋들어지게 심오한 선문답을 전할 처지는 아니로되, 그의 열정과 발심이 이룩해낸 '반야심경 강론'이 아무쪼록 많은 사람들에게 빛과 소금이 되어주었으면 하는 바람이다.

나는 갑자기 유마힐을 생각해 냈다.

속세가 절간 같다던 송준영과 일상생활 속에서 해탈을 체득하여야 함을 말한 유마힐!

20년 전 송 준영이 무릎을 쳤던 동화사 선방의 모습이 떠올랐다. 그는 바로 이 날을 미리 바로본 건 아닐까.

그러나 잘 모르겠다. 다만 내가 알 수 있는 건, 송준영은 지금 여기에 하나의 뚜렷한 존재로 우리에게 우뚝 서 있다는 사실 뿐.

4326年 1月   日

최 돈 선(시인)

월조 송준영

1947년 경북 영주 출생. 법명 취현(醉玄). 당호 월조(越祖). 1995년 「월간문학」에 시로 등단하다. 18세 때 선문에 든 이후 동암, 탄허, 고송, 성철, 서옹 등 제조사를 참문하다. 서옹 선사에게 7년간 7차례 서래밀지(西來密旨)를 묻고 수법건당(受法建幢)하다. 시집으로 『눈 속에 핀 하늘 보았니』, 『습득』과 논저 『반야심경 강론』, 『표현방법론으로 본 선시연구』가 있고, 시작법인 『현대시의 이론과 실제』, 선문염송 강의록 『현대언어로 읽는 선시의 세계』가 있다. 제3회 불교문학상과 제6회 박인환문학상을 수상했다. 현재 계간 『시와 세계』 발행인 겸 주간과 동방대학원대 겸임교수로 있다.

禪의 시각으로 읽는
반야심경

지은이_ 월조 송준영
펴낸이_ 조현석
펴낸곳_ 북인

1판 1쇄_ 2010년 03월 30일
출판등록번호_ 313-2004-000111
주소_ 121-842 서울 마포구 서교동 467-4, 301호
전화_ 02-323-7767
팩스_ 02-323-7845

ISBN 978-89-91240-53-7   03320
ⓒ 월조 송준영

책값은 뒤표지에 있습니다.
저자와 협의 아래 인지를 생략합니다.

이 책의 글과 그림에 관한 저작권은 저자와 출판사에 있습니다.
저자 허락과 출판사 동의 없이 내용의 일부를 전용, 발췌를 금합니다.

유교, 불교, 그리스도교, 도교, 단군교 진리 비교

종교는 하나다

진수 함상호

bookin